A Evolução do Teletrabalho

Tomo V: Uma Visão Multidisciplinar

A Evolução do Teletrabalho

Tomo V: Uma Visão Multidisciplinar

Organizadores:

Fabiano Zavanella,
Luis Otávio Camargo Pinto,
Juliana Legentil

Sobratt
Sociedade Brasileira de Teletrabalho e Teleatividades

ipojur.
INSTITUTO BRASILEIRO DE ESTUDOS E PESQUISAS EM CIÊNCIAS POLÍTICAS E JURÍDICAS

LACIER

LACIER
Lacier Livraria e Editora
www.livrarialacier.com.br

Rua Doutor Quirino, 808 – Centro
CEP 13015-081 – Campinas, SP – Brasil

Novembro, 2023

Diretor: *Lacier José de Rezende*
Diretor assistente: *Eduardo Soares Aureliano*
Apoio editorial: *Priscilla Boscariol Dias* – IPOJUR – Coordenadora de Comunicação
Projeto de capa: *Liliane Guedes* – Diretora de Marketing e Comunicação da SOBRATT
Projeto gráfico e editoração eletrônica: *Peter Fritz Strotbek – The Best Page*

Ficha Catalográfica

Dados Internacionais de Catalogação na Publicação (CIP)
(Câmara Brasileira do Livro, SP, Brasil)

E93 A evolução do teletrabalho : tomo V : uma visão multidisciplinar / Organizadores: Fabiano Zavanella, Luis Otávio Camargo Pinto, Juliana Legentil. – 1. ed. – Campinas, SP : Lacier Editora, 2023.
356 p. ; 16 x 23 cm.

ISBN 978-65-88805-65-7

1. Trabalho — Evolução. 2. Teletrabalho — Aspectos sociais. 3. Teletrabalho — Regime jurídico. 4. Regime de trabalho. I. Zavanella, Fabiano. II. Pinto, Luis Otávio Camargo. III. Legentil, Juliana.

CDU 331.4(81)

Índices para catálogo sistemático:

1. Teletrabalho — Aspectos sociais

Angela Schmidt da Rosa – Bibliotecária – CRB-14/1171

Sumário

Apresentação

Ao adentrarmos as primeiras décadas do século XXI, encontramo-nos diante de uma paisagem em constante evolução. A maneira como trabalhamos, interagimos e construímos nossas vidas profissionais tem sido revolucionada por avanços tecnológicos, sociais e culturais. No epicentro dessa transformação, o teletrabalho emergiu não apenas como uma tendência, mas como um pilar fundamental das relações de trabalho modernas. Este livro, "A evolução do teletrabalho: uma visão multidisciplinar – Tomo V", é uma tentativa de decifrar e contextualizar essa revolução.

A própria essência do teletrabalho, com sua capacidade de romper barreiras geográficas e temporais, sugere uma abordagem que seja, ela própria, sem limites. Por isso, nesta obra, convocamos especialistas de diversos países e áreas do saber. Eles trazem à mesa um diálogo rico, cujo objetivo é explorar todas as nuances do teletrabalho, desde os desafios técnicos e logísticos até as implicações psicológicas, sociológicas e jurídicas.

Juristas iluminam o panorama legal, desvendando as intricadas teias de regulamentações que surgem em resposta a essa modalidade de trabalho. Profissionais de saúde discutem o bem-estar, a saúde mental e os desafios ergonômicos, levantando questões vitais sobre como podemos garantir um ambiente de trabalho remoto saudável e sustentável. Gestores e executivos de tecnologia oferecem insights sobre as ferramentas, práticas e estratégias que estão moldando o futuro do trabalho. Cada voz adiciona conhecimentos que se complementam, com profundidade e clareza.

Ao longo do processo de curadoria e organização dessa obra, ficou claro para nós que o teletrabalho não é apenas uma mudança de localização; é uma reimaginação completa do que significa trabalhar. As fronteiras entre vida profissional e pessoal estão se tornando mais fluidas, e as implicações dessa mudança são vastas e multifacetadas.

Ao mesmo tempo, reconhecemos que o teletrabalho não é uma panaceia. Ele traz consigo desafios e questões complexas que exigem soluções inovadoras que considerem as especificidades dos casos concretos. Através dessa obra, esperamos fornecer um ponto de partida para aqueles que buscam navegar neste novo território com informação, compreensão e empatia.

Ao finalizar, não podemos deixar de expressar nossa gratidão a cada colaborador dessa obra. Suas contribuições enriqueceram imensamente o conteúdo e a profundidade deste tomo. Agradecemos também a você, leitor, por se juntar a nós nesta jornada exploratória. Que as páginas seguintes ofereçam clareza, inspiração e uma visão renovada do que o futuro do trabalho pode ser.

Que esta leitura proporcione reflexões profundas e enriquecedoras.

Boa leitura!

Fabiano Zavanella

Luis Otávio Camargo Pinto

Juliana Legentil

Prefácio

Recebi como honraria em meio a tantos nomes que dignificam o direito e o processo do trabalho, o inexcedível convite para prefaciar o interdisciplinar e primoroso trabalho dos admiráveis articulistas que se propuseram a enfrentar, cada um a seu modo, tema de substrato e trato relevante para toda sociedade.

Os contornos do teletrabalho são capazes de gerar num só tempo expectativas sociais diversas quando se pensa em mobilidade, diálogos doutrinários, divergência nas decisões judiciais, estabelecimento de novos conceitos, e porque não dizer: uma real ruptura na própria forma territorial presencial quanto a forma da prestação de serviços na seara global. Tudo permitido pelos avanços tecnológicos da presente quadra que acabaram por resvalar na necessidade de previsões normativas mais próximas da realidade vivenciada.

Da batida do cartão até o reconhecimento da íris; do deslocamento por horas até a empresa e trabalhar em Pequim sendo brasileiro e prestar serviços a uma empresa britânica; do estar presente até o estar *on-line;* estão a revelar condições da profundidade do cenário inenarrável do trabalho realizado através da utilização de mecanismos que encurtam distâncias, disponibilizam serviços jamais imaginados, enfim criam uma *polis* com horizonte ainda em certa medida desfocado para todos nós, resumido pela expressão: trabalhe de onde estiver.

A erosão do modelo anterior vivido que será sublinhado pela transfixação de um novo modelo das formas de trabalho é desafio certo tanto no contexto histórico, pragmático, conceitual e legislativo.

A modernidade com seu aparato de força pujante e global não deixará pedra sobre pedra, ou melhor... atualizando: *"bytes sobre bytes"* para aqueles que ignorarem a existência dos trabalhos sobejamente realizados através de meios tecnológicos e suas diferenças.

Há que se reconhecer a evolução sem descurar de qualquer grau de involução aos direitos e garantias mínimas fundamentais milimetricamente inseridos no texto da Constituição Federal de 1988, como já nos alertou Byung-Chul Han quanto ao passamento da sociedade da disciplina e o nascimento da sociedade do desempenho.

Eventual indiferença científica de reconhecimento do "novo" combinado com eventual ausência de coragem no enfrentamento de temas como o teletrabalho em rota de aproximação plena seria ignorar a obviedade do mundo atual.

O presente trabalho evidencia a coragem dos articulistas, que registram suas digitais na ponta de suas penas, trazendo reflexões, incertezas, dividindo ideias, emprestando soluções, dentro da melhor técnica científica. Meus encômios a todos e para cada um!

São Paulo, 17 de outubro de 2023.

Ricardo Pereira de Freitas Guimarães

Advogado, Professor, Especialista, Mestre e Doutor pela PUC de São Paulo. Titular da cadeira 81 da Academia Brasileira de Direito do Trabalho.

Considerações sobre a Origem, a Evolução e as Perspectivas do Teletrabalho

Alvaro Mello[1]

Eliane Matsuda[2]

Resumo: Apontado como uma das melhores alternativas flexíveis de trabalho, o teletrabalho ganhou corpo no Brasil, ao se levar em consideração, principalmente as mudanças decorrentes da pandemia e da tecnologia da informação. No entanto, quais são as implicações desta nova forma de relação trabalhista? Responde-se basicamente esta questão, analisando os benefícios e implicações que o teletrabalho traz para as pessoas, para as organizações e para a sociedade. Neste sentido, procurou-se ser bastante objetivo ao tratar o tema teletrabalho, com clareza, às constatações

(1) Doutor em Administração pela FEA/USP. Mestre em Administração pela EAESP-FGV. CEO da Beca *e-Work*, empresa pioneira no Brasil na área de treinamento de empreendedorismo e teletrabalho no Brasil e na América Latina. Fundador, ex-Presidente e Conselheiro Técnico da Sobratt Sociedade Brasileira de Teletrabalho e Teleatividades. Vice-Presidente do *ITA International Work Transformation Academy*, membro do *CIDTT – Centro Internacional para el Desarrollo del Teletrabajo*. Consultor em projeto de Mobilidade Corporativa do Banco Mundial na área do Teletrabalho. Autor do Documento elaborado para a OIT, *Brazil Country Study on Telework*. Coautor no *Primer Informe Estado del Teletrabajo em América Latina y el Caribe*. Apresentou trabalhos científicos sobre teletrabalho e empreendedorismo nos seguintes países: Portugal, Suécia, Espanha, Holanda, Argentina, Costa Rica, Colômbia, Uruguai, Chile, Reino Unido, Venezuela, Peru e México.

(2) Auditora atuante no mercado marítimo em empresa multinacional – asiática, responsável pela regional da America Latina. Especializada em *Compliance* pela Fundação Getulio Vargas (FGV). Pós-graduada em Administração Internacional pela Universidade de Kyushu/Japão, com extensão universitária pela Universidade Central da Flórida/EUA (UCF). Possui especializações tributárias, fiscais e de custos pela Universidade de São Paulo (USP-FEA). Bacharelada em ciências contábeis e administração de empresas com ênfase em finanças pela Universidade Paulista. Atuou por mais de 10 anos na auditoria externa, inclusive na *big four Ernst & Young* do Brasil e do Japão. Pesquisadora no Grupo de Excelência do Trabalho na Sociedade em Transformação (GETST) do CRA-SP.

que favorecem a disseminação do teletrabalho. Entre elas, destacam-se o fato de que grande parte da atividade laboral, hoje realizada, está mais relacionada ao tratamento da informação do que à transformação da matéria, e a confirmação de que a separação do pensar e do fazer do modelo tradicional é incompatível com a velocidade das mudanças tecnológicas. Também, foram ressaltados no capítulo, as referências as gerações do teletrabalho segundo a OIT, o papel da Sobratt na evolução do teletrabalho no Brasil, e as perspectivas e o futuro do teletrabalho segundo a visão de vários autores. Neste sentido, desmistifica-se a aplicação dos processos do teletrabalho ao abordar questões e princípios que aparentemente haviam sido considerados obsoletos, porém, se encontram nesta época pós-pandêmica bem atuais, e que ainda, contribuem para esclarecer assim como expandir a adoção do teletrabalho nas empresas nas suas mais variadas categorias.

Abstract: Considering as one of the best flexible work alternatives, teleworking gained the force in Brazil, when taking into consideration, mainly the changes resulting from the pandemic and information technology. However, what are the implications of this new form of working relationship? Basically, the answer to this question analyzed the benefits and implications that teleworking brings to people, organizations, and society. The objective is responding about teleworking, as it is possible to clearly see, in the topics covered, observations, the factors that favor the spread of teleworking. More than this, it emphasized the fact that a large part of the work activity carried out today is more related to the processing of information than to the transformation of matter, and the observation that the separation of thinking and doing in the traditional model is incompatible with the speed of technologies changes. Also highlighted in the chapter were references to the generations of teleworking according to the ILO, the role of Sobratt in the evolution of teleworking in Brazil, and the perspectives and future of teleworking. In this sense, it sought to demystify the application of teleworking processes by addressing issues and principles that had apparently been considered obsolete, however, are very current in this post-pandemic era, which, the knowledge, contribute to clarify and expand the adoption of teleworking in companies in the most varied categories.

Introdução

Do século passado para este, diversas mudanças aconteceram em contexto mundial e de trabalho tais como, crises econômicas, desemprego, necessidade de redução de custos das empresas e, basicamente, com a finalidade das empresas e profissionais se adaptarem às novas realidades de trabalho, foi adotada a estratégia que ficou conhecida como reestruturação produtiva. Tal estratégia foi implementada no período da crise do sistema taylorista-fordista dando espaço para novas formas flexíveis de trabalho e emprego.

Assim, diversos tipos de trabalhos flexíveis surgem, dentre eles o teletrabalho (ILO, 1998). Nesse contexto, a tecnologia da informação também ganha importância, principalmente em relação às facilidades de trocas de informações e comunicação com pessoas do mundo todo por meio de diversas plataformas, tornando-se aliada das várias formas de trabalho flexível, como é o caso do teletrabalho.

O teletrabalho possibilitado pelas tecnologias da informação e comunicações (TIC), de acordo com a ILO (1998), é a modalidade de trabalho à distância, inclusive em casa(*home office*), utilizando computadores e telefone, para a realização do trabalho, além de ser uma atividade que pode ser definida como a ação que facilita, reduz os deslocamentos em grandes centros, diminui a emissão de gases e poluentes e propicia a realização de atividades de qualquer lugar (Nilles, 1997).

Rodrigues (2011) aponta que o teletrabalho tende a ser o modo de prestação de trabalho mais utilizado no decorrer do século XXI, na sociedade da informação, reunindo um elevado número de teletrabalhadores.

Todavia, o teletrabalho era considerado um campo de estudo e atuação pouco conhecido no Brasil, ganhando espaço e notoriedade com a pandemia da Covid-19.

No Brasil, a história do teletrabalho é pontuada por iniciativas empreendedoras desenvolvidas por diversas empresas, instituições e profissionais desde o final do século XX.

As gerações do teletrabalho

O teletrabalho é uma modalidade de trabalho que tem se mostrado em evolução contínua, desde a sua conceituação até as características da atividade em si, aspectos que são referenciados por diversos estudiosos, pesquisadores da temática como Nilles (1997), Di Martino e Wirth (1990), Cataño e Gómez (2014), tanto que existe uma definição sobre o significado do teletrabalho no Brasil, porém, não há uma definição unânime para a atividade pelo menos em contexto Latino-Americano, pois o que há em comum, são termos utilizados para a conceito de teletrabalho (Cataño & Gómez, 2014).

Nessa prerrogativa, a ILO (2019), realizando um levantamento da história do teletrabalho, perpassando por sua evolução conceitual, organiza-se a atividade em 3 gerações em momentos diferentes, sendo: 1ª) *home office*, 2ª) escritório móvel (*mobile office*) e 3ª) o escritório virtual.

A primeira geração identificada como *home office* se refere às atividades laborais realizadas em casa, num ambiente específico ou não, sendo a variante mais conhecida do teletrabalho e marcada por meados da década de 1970 e 1980. A segunda geração marcada pelo escritório móvel ou *mobile office*, é a atividade realizada por profissionais que se encontravam em trânsito, deslocamento, viajando e utilizando meios de comunicação para ter contato com a sede da empresa e acessar documentos. A terceira geração é marcada pela evolução das TICs (tecnologias da informação e comunicação) onde os dados são armazenados em nuvem e seu acesso é feito por pequenos dispositivos, configurando o chamado escritório móvel, possibilitando que o profissional trabalhe dentro da empresa por um mínimo espaço de tempo. O acesso a informações é feito a qualquer hora e de qualquer lugar (ILO, 2019).

Pautado nesse contexto evolutivo, em decorrência da pandemia em 2020, surge o trabalho híbrido, atividade realizada parte do tempo na sede da empresa e parte do tempo de qualquer lugar desde que suportado pelas TIC, configurando então, a quarta geração do teletrabalho.

Entretanto, observando de forma cronológica as gerações anteriores do teletrabalho, e, frente ao escopo brasileiro, entende-se que a pandemia, a velocidade da informação, aplicações tecnológicas e desafios de reorganização corporativa, formatou-se a quarta geração, com o surgimento do modelo híbrido de trabalho pelas organizações públicas e privadas, que combina o trabalho presencial com o trabalho remoto, tem um impacto significativo e trazer diversas mudanças sociais, econômicas, políticas e culturais, particularmente na era pós-pandêmica.

Neste cenário atual, as ações humanas e repetitivas já são substituídas pelas novas configurações automatizadas do "*RPA-Robotic Process Automation*", assim como as longas listas de valores que já são automaticamente confrontadas aos lançamentos bancários e, a qualquer momento, há as divergências, que resultam em pouco menos de 10% de horas a trabalhar. Além destas customizações, já se recebe em poucos segundos relatórios descritivos, em gráficos e, até soluções a efetuar frente aos números trabalhados por "robôs", que assim segue-se no processo das novas ações e fronteiras corporativas a sobrepor em tão singelos atos automatizados.

Desta forma, com o processo evolutivo com a atuação dos equipamentos nas fábricas têxteis, ou os robôs nas indústrias automobilísticas, atualmente vivencia-se a automatização robótica corporativa. Novamente trata-se do duelo entre o homem e a máquina.

Destarte, percebe-se que o teletrabalho se encontra em contínua evolução em seus diferentes aspectos, conceituação, processos adaptativos quanto à sua utilização, adoção e implementação, impactos da atividade em diferentes ambientes, realidades de trabalho, vantagens e desvantagens, saúde mental, bem-estar e qualidade de vida para profissionais e empresas.

Na atualidade esta evolução se caracteriza em aumento na carga horária em treinamentos tecnológicos, utilizando de forma mais consciente as ferramentas, até mesmo para combater as frestas dos crimes cibernéticos, como por exemplo os *phishings, malware* e *fake news*. Além da maior abertura de aplicativos nos sistemas computacionais, para todos os departamentos corporativos, cita-se os controles de horas trabalhadas pelos computadores, aplicativos nos celulares, atualizações das declarações médicas por *QR codes*, compilações de relatórios interdepartamentais, atendimentos na área de saúde por vídeo chamadas ou até mesmo as aulas de yogas por plataformas digitais.

O Teletrabalho no Brasil

Em 1986, a Serpro (empresa pública federal) implantou um projeto piloto de teletrabalho, paralisado em seguida e retomado em 2005, quando realizou efetivamente o projeto sendo considerada instituição pioneira na implantação do teletrabalho e referência no setor público. Já em 1988, o empresário Ricardo Semler da empresa Semco inovou em sua empresa nesta área, ao estimular que seus gerentes trabalhassem de casa. Onze anos depois, em 1997 na cidade de São Paulo, aconteceu o primeiro seminário sobre o teletrabalho, "*Home Office/Telecommuting* — perspectivas de negócios e de trabalho para o 3º milênio", com um público de 300 participantes, entre profissionais, acadêmicos e pesquisadores do assunto, onde foi discutido os benefícios e desafios do teletrabalho. O evento foi considerado a introdução do teletrabalho no Brasil e na América Latina, sendo organizado pela empresa *Brasil Entrepreneur* (atual *Beca e-Work*), servindo de palco para o lançamento do primeiro livro editado sobre o tema pelo autor brasileiro, Alvaro Mello, intitulado "A volta para casa — desmistificando o *telecommuting*".

Em 1999, o Grupo de Excelência de Teletrabalho do CRA-SP, hoje denominado Grupo de Excelência Trabalho em uma Sociedade em Transformação foi criado por Alvaro Mello, e neste mesmo ano, em 1º de setembro nascia a Sobratt — Sociedade Brasileira de Teletrabalho e Teleatividades, fundada pelo mesmo criador do Grupo de Excelência e por outros representantes do CRA-SP. Alvaro Mello foi presidente da Sociedade entre 1993/2003 e 2010/2011, tendo sucessores como Fernando Lima (2004/2007), Ana Manssour (2008/2010), Daniel Guerra (2010), Wolnei Ferreira (2012/2017), Cleo Carneiro (2018/2019) e, no atual momento, sendo representada por Luis Otávio Camargo (2020/2023).

De lá para cá, muitas atividades foram criadas, implantadas e realizadas pela Sobratt tornando-se referência em teletrabalho no Brasil, assim como seu precursor, Alvaro Mello. E, em 2020, já com um corpo de diretores mais robusto representando a Sobratt em diversas cidades e estados, lançou-se o prêmio Sobratt em parceria com a SAP Consultoria, fortalecendo os vínculos entre as instituições, e foi realizada a pesquisa sobre o teletrabalho em diversas empresas do país. Neste mesmo ano começou a pandemia da Covid-19.

Assim, com o advento da pandemia iniciada em 2020, e visando a preocupação e cuidado com a preservação da saúde da população, os governos do mundo todo adotaram o teletrabalho como medida compulsória em muitos países, tornando a atividade amplamente conhecida. O "futuro" havia chegado e o trabalho, estudo, lazer e alguns cuidados com a saúde passaram a ser realizados de casa, no chamado *home office*, variável mais conhecida do teletrabalho.

Destarte, estudo publicado pelo Instituto de Pesquisa Econômica Aplicada (Ipea) intitulada "*Os Condicionantes do Teletrabalho Potencial no Brasil*" traz uma análise dos fatores impulsionadores da adoção do trabalho remoto (teletrabalho) no Brasil, realizada em 2023, com alguns dos seguintes resultados:

- 0,5 milhões de pessoas estão em ocupações, com o potencial de serem realizadas de forma remota, o que representa 22,6% do total de ocupados.
- As mulheres são a maioria dos teletrabalhadores em potencial (cerca de 58%), e os homens são responsáveis pelo volume salarial (54,5%) nesta modalidade de trabalho flexível.
- O trabalho remoto (teletrabalho) se viabiliza predominantemente entre indivíduos instruídos com metade dos teletrabalhadores, com ensino superior completo (58,2%).
- A faixa etária mais passível de atuar remotamente é de 20 a 49 anos, com mais de 70% do total pesquisado.
- O setor informal é minoritário no teletrabalho potencial, representando cerca de 30% desse contingente
- 53,1% do pessoal do setor de serviço trabalha de forma remota, o setor público (26,5%), a indústria (11,2%) e o comércio (8,8%).

Com respeito ao supracitado estudo, o pesquisador do Ipea, Geraldo Góes assim o sintetiza: "os resultados sugerem um perfil específico do trabalhador para o qual o teletrabalho seria mais factível. Pessoas brancas, mulheres, com nível superior completo, atuantes no setor formal e no setor público são os ocupados com a maior chance estimada de estarem nesse regime laboral".

Impactos que afetam o teletrabalho

Na medida em que desde 1997, foram adotadas as teorias japonesas no ocidente, tais como a Teoria Z, Kaizen e o Kanban que demonstram a forte influência que a cultura japonesa permeia nas entranhas corporativas, comportamentais e metodológicas, elas são atualmente revistas, uma vez que as transformações corporativas no Brasil e no mundo, trazem a reflexão, quanto ao equilíbrio tanto na vida privada e como na atuação eficaz na vida corporativa.

Nesta linha de raciocínio, observa-se que o ritmo alucinante de horas trabalhadas particularmente no leste asiático contradiz diretamente às práticas japonesas, já que estas enfatizam uma boa qualidade de vida e planejam com muito mais afinco suas ações corporativas, e integram muitas ações com os seus colegas "robôs". Desta forma, decorre-se daí, um novo conceito organizacional, proveniente do progresso da velocidade tecnológica, engrenando-se à lucidez comportamental humana, e adicionada às ações robóticas.

Por outro lado, as ações de cuidados compulsórios, que a pandemia trouxe para a humanidade, acentuou as reflexões individuais, das quais salientam-se aquelas relativas as boas razões de comportamentos humanos como os valores e o incremento das condições do teletrabalho. Consequentemente, teve-se que desenvolver instantaneamente novas habilidades para a utilização de novos *softwares*, *hardwares* e processos de segurança tecnológicos, dos quais ainda se encontram em processo de melhorias e, quando grande parte das pessoas se viram obrigadas a aprender sobre a tecnologia de seus novos computadores, os melhores recursos de seus celulares, ou até mesmo das conexões tecnológicas que as redes de *internet* dispunha por cabos ou via satélite, que garantisse assim as comunicações com sua empresa, familiares, instituição financeira e, até para seus médicos, em virtude do alto risco de contaminação do vírus. Entretanto, em muitas localidades do Brasil, sequer se dispunha de cabos capacitados a transmitir os sinais da *internet*, em virtude das razões de natureza geográficas, falta de recursos financeiros, e das dificuldades políticas. Desta maneira, o país de uma forma geral, teve que sobrepor seus valores individuais, para que pudesse sobreviver em meio ao caos, e assim a população tivesse os recursos para realizar o teletrabalho garantidos em suas residências (*home office* emergencial).

Atualmente, estas ações já não possuem tantas horas dispendidas para suas tomadas de decisões, mas ainda assim, deve ser motivo de preocupação a qualidade destas informações, pois os "robôs" não possuem o progresso necessário, neste possível conflito entre a máquina e humano.

Em virtude dos impactos da pandemia, muitas empresas tiveram de mudar o seu modo de operacionalizar atividades, adotaram novos modelos de trabalho como o teletrabalho e outras modalidades de trabalhos flexíveis, aumentaram o uso de tecnologias digitais da informação e comunicação com investimentos em plataformas digitais, tais como dados compartilhados em nuvem, *softwares* de gestão de tarefas e equipes, comunicação síncrona e assíncrona, além de outras variáveis relativas ao aumento no número de reuniões via videoconferências, a adoção de estratégias criativas no varejo, o e-commerce, a logística e as cadeias de produção.

Com respeito ao progresso das comunicações por vídeochamadas, observou-se a necessidade para otimizar as conduções das reuniões "online", ao considerar a duração e o planejamento das reuniões, para as apresentações de forma objetiva e clara, com os tópicos a serem abordados, sem perder o foco às tomadas de ações e decisões, e assim a finalidade de atender a demanda das atuais condições da velocidade de informação. Regularmente, as empresas que não cumprem com estas premissas de inovação tecnológica, alinhada a esta velocidade, tem apresentado perdas de mercado e até mesmo financeiras. Daí, as razões da alta administração ter se mostrado muito mais atuante e integrada às suas equipes, comparada com um passado recente, pois a hierarquia organizacional tem cada vez mais se achatado para obter com melhores resultados operacionais e financeiros.

Na realidade, trata-se de assunto enfatizado e amplamente repercutido pela Sobratt que muito antes da pandemia acontecer, já tratava dessa temática organizacional ao auxiliar as empresas na implantação de projetos de teletrabalho (*home office)*, que incluía os seus aspectos jurídicos e legais.

Nessa prerrogativa, a justificativa da legislação trabalhista no âmbito mundial ter sido obrigada a sancionar de forma compulsória os capítulos trabalhistas, para que se adequassem a nova realidade laboral, no Brasil, constatou-se a sanção da Lei n. 14.442/2022 — sobre o teletrabalho (trabalho remoto) e a Lei n. 8.213/1991 — lista B — Síndrome de *Burnout*, que ainda assim, não atendem as necessidades dos funcionários e, muito menos das empresas, em virtude dos procedimentos corporativos não estarem ajustados às atividades rotineiras, para que efetivamente estas demandas sejam solucionadas.

Todavia, é visível que o teletrabalho se tornou evidência no país, tomando proporções inimagináveis em contextos "normais" e hoje, em 2023, passa por mais um desafio ou transformação, com o surgimento da modalidade de teletrabalho denominado trabalho híbrido, na qual o trabalho de natureza intelectual, é realizada parte do tempo no ambiente organizacional e parte em qualquer outro lugar (Perna, 2021). Esta forma de trabalho flexível, realmente que veio para ficar e não é um modismo, é possivelmente visto como uma alternativa viável para enfrentar as dificuldades com gestão do trabalho 100% remoto, o distanciamento social, o estresse, O conflito trabalho-família, e a sensação de abandono por parte dos gestores (Rodrigues, 2011; Abbad & Legentil, 2020; Losekann & Mourão, 2020).

Entretanto, o teletrabalho passa atualmente pelo progresso da resiliência, pois muitos formatos de trabalho têm resultado nas transformações do trabalho híbrido, pois a consciência humana tem aflorado frente como respostas positivas às variedades de desafios que o ambiente corporativo tem trazido, pois, se no passado gastava-se horas no transporte das residências até o escritório (*commuting*), hoje pode-se utilizar este tempo que era gasto no trânsito, em exercícios físicos, garantindo uma melhor qualidade de saúde, ou aprimorando conhecimentos, utilizando plataformas digitais para incrementar conhecimentos em treinamentos e capacitações *on line*. Quanto às gestões corporativas, tem-se observado um momento conturbado, pois as lideranças ainda não apoiam os colaboradores que trabalham remotamente nos processos desenvolvidos associados à Inteligência Artificial, então se tornam pouco eficientes na manutenção da boa qualidade de gestão, fazendo com que as empresas se engessem aos rígidos cenários do conservadorismo, tornando este, um ponto de grande desafio a ser enfrentado.

Neste panorama e delineando uma breve e sucinta linha do tempo do teletrabalho no Brasil, é importante considerar a evolução da sua metodologia e principais variantes da atividade até a atualidade. Contudo, o que antes (e ainda) era conhecido como teletrabalho, com um acesso facilitado à internet, hoje, é conhecido por diversas nomenclaturas, tendo o termo sofrido várias denominações, sendo tratado como trabalho remoto, trabalho virtual, trabalho híbrido, *e-work*, *digital work* etc., configurando uma ampliação do seu significado original, antes majoritariamente abordado como trabalho em casa *(home office)*.

Guia prático das instruções da OIT (na pandemia e depois da pandemia) (ILO -2020)

A partir de estudos feitos pela OIT, com sua experiencia e abrangência mundial, foram feitas algumas instruções em um guia prático, as seguintes práticas da adoção do teletrabalho nas empresas, face ao ambiente tumultuado causado pela pandemia e a pós-pandemia (OIT 2020):

Quanto ao horário de trabalho e organização do trabalho:

• Elaborar e aprovar planos individuais de teletrabalho para todos os teletrabalhadores, incluindo horários de trabalho e tempos de contato;

• Acordar e estabelecer um sistema comum para indicar a disponibilidade entre os membros da equipe para com os clientes;

• Redistribuir equipes multifuncionais e analisar as competências dos trabalhadores, que serão redistribuídos em equipes conforme necessário.

Quanto a gestão de desempenho:

• Definir e comunicar os resultados esperados aos teletrabalhadores;

• Acordar prazos e cronogramas realistas;

• Serão treinados os supervisores diretos e líderes de equipe em gestão de resultados;

• Avaliar e adaptar o teletrabalho a cultura da organização relativa à troca de comentários.

Quanto a digitalização:

• Rever as necessidades tecnológicas e os recursos necessários para os teletrabalhadores;

• Avaliar o nível de conhecimento tecnológico dos teletrabalhadores que receberam formação nesta área;

• Revisar a política interna sobre o uso de tecnologia e ferramentas digitais, para incluir o uso de dispositivos próprios pelos trabalhadores e as modalidades de apoio financeiro ou material para os trabalhadores que trabalham em casa;

• Divulgar amplamente as informações sobre suporte técnico entre os teletrabalhadores;

• Disponibilizar o treinamento em proteção de dados e privacidade, para toda a organização;

• Cumprir a legislação relativa à privacidade da coleta e tratamento de dados pessoais, no Teletrabalho durante e após a pandemia de Covid-19.

Quanto a comunicação:

• Criar um site específico dedicado ao teletrabalho no site ou intranet da organização que inclui informações, recursos e atualizações de políticas internas;

• Informar aos teletrabalhadores foram informados sobre as estratégias de comunicação;

• Divulgar amplamente em múltiplos canais, junto aos teletrabalhadores a informação sobre quando e como os supervisores diretos podem ser contactados;

• Incentivar os teletrabalhadores a participar da comunicação social e informal entre equipes e organizações;

Quanto a saúde e segurança do trabalho:

• Identificar os riscos e perigos potenciais de saúde e segurança, que afetam os teletrabalhadores;

• Informar os teletrabalhadores sobre os seus direitos e deveres relacionados com a sua própria saúde e segurança;

• Revisar as oportunidades de fornecer aos teletrabalhadores o apoio à saúde física e mental, assim como as medidas apropriadas tomadas;

• Rever a concessão da possibilidade de empréstimo de equipamentos ergonômicos (cadeiras, monitores) do escritório durante o teletrabalho.

Quanto as consequências legais e contratuais:

• Revisar as políticas governamentais e o suporte disponível para empregadores com teletrabalhadores;

• Se necessário revisar e ajustar os salários dos teletrabalhadores e os pacotes de benefícios, caso o teletrabalho continue;

• Avaliar e esclarecer as questões legais e fiscais;

• Revisar e processar os vistos, autorizações de trabalho e outras formalidades para teletrabalhadores internacionais.

Quanto ao treinamento:

• Realizar pesquisas *on-line* periódicas;

• Avaliar a formação e prestar apoio aos teletrabalhadores e ao pessoal de gestão;

• Educar e formar em *soft skills* e nas normas de equilíbrio entre trabalho e vida pessoal;

• Oferecer flexibilidade e suporte aos teletrabalhadores.

• Incentivar a comunicação aberta e a cooperação entre supervisores diretos e teletrabalhadores em relação ao agendamento, disponibilidade e estabelecimento de limites;

• Discutir e revelar os desafios de trabalhar em casa com crianças tendo aulas *online* em suas casas, e as formas de apoiar esses teletrabalhadores.

Quanto a confiança e cultura institucional:

• Promover as relações sociais entre os membros da equipe;

• Incentivar os grupos de funcionários e grupos que tenham afinidade a continuar trabalhando e se reunindo;

• Estabelecer a comunicação regular, honesta e positiva da liderança sênior, assim como a incorporação das sessões de perguntas e respostas (dúvidas).

Quanto ao gênero:

• Remover barreiras normativas e crenças de gênero para superar estereótipos e preconceitos;

• Incluir as mulheres e questões de gênero na força-tarefa de resposta à pandemia da Covid-19;

• Ajustar a coleta de dados desagregadas por gênero;

• Conscientizar e apoiar e divulgar entre os teletrabalhadores em relação à violência de gênero.

Perspectivas para o teletrabalho

O teletrabalho no modelo híbrido já pode ser considerado, sem dúvida, um modo de trabalho contemporâneo. Entretanto, ainda não será a única solução nas novas formas de cooperação laboral e organizacional, porém, algumas tarefas, alguns processos e a resolução de alguns problemas possivelmente carecerão, também no futuro, do encontro direto das pessoas, pois outras tarefas poderão ser levadas a cabo por teletrabalho. Por isto, para as pessoas certas e para as tarefas certas, o teletrabalho será um modo de trabalho importante, proporcionando grande número de benefícios tanto aos empregados como à organização.

Sem dúvida alguma, este cenário está sendo redesenhado, ao se levar em conta que as grandes organizações mundiais tem enfrentado os desafios de equipes com escopo mundial, tais como os dilemas com os relacionamentos das equipes multinacionais, formadas com líderes do continente asiático, com coordenadores americanos, com equipe de base da América Latina, Além disto, deve ser considerada a finalidade de alinhar o melhor horário de reuniões da forma mais objetiva possível, pois o fuso horário é algo predominante, e tendo que superar os desafios da boa comunicação, ao se levar em conta os termos culturais, às necessidades da conciliação verbal, com as palavras digitadas nos *e-mails*, nas *calls* , videoconferências e em outras ferramentas tecnológicas disponíveis de comunicação.

Deste modo, com a globalização e as rápidas mudanças no mundo do trabalho, cada vez mais é exigido das pessoas, dos profissionais, das empresas, determinadas habilidades (*soft skills*) como adaptabilidade, inovação, adoção de novas tecnologias digitais e da informação, para facilitar o processo de comunicação no planeta como um todo. De acordo com este contexto evolutivo e de mudanças constantes, o teletrabalho também passou por transformações sob diversos aspectos, tais como a expansão do seu significado e conceito primário, o surgimento de diversos e semelhantes termos para se referir à atividade à esta modalidade de trabalho flexível, fazendo surgir algumas terminologias que podem ficar sob o guarda-chuva do teletrabalho conforme já foi citado visto no decorrer deste capítulo.

Vale salientar, para aqueles que frequentam o mundo internacional corporativo, é sabido que já existe a cultura neutra internacional, pois muitas formas de se expressar já não cabem nos meios de comunicação, como também, muitas palavras ou gestos são bem aceitos pelos e-mails e nos aeroportos. Por isto, deve ser ressaltado que neste momento de incessante desenvolvimento e progresso corporativos no planeta, é a imperativa e primordial resiliência ser reconhecida como a garantia para se obter uma adaptabilidade com clareza da informação interpessoal.

Então, quais as razões de atualmente fala-se tanto sobre o trabalho híbrido? Será esse futuro do trabalho ou o trabalho do futuro, das atividades realizadas à distância? Será essa uma solução para os possíveis impactos negativos atrelados ao teletrabalho? Muitos são os questionamentos e algumas respostas ainda inconsistentes, porém, é inegável que o trabalho híbrido veio para ficar, é um novo marco na evolução do teletrabalho, traz consigo desafios inerentes e questões positivas como por exemplo, minimizar as dificuldades de socialização e de isolamento social oriundas do trabalho 100% remoto.

Vale mencionar que, os reflexos da adoção do trabalho híbrido já se fazem sentir, por exemplo, no movimento urbano da sociedade quando se constata a redução de dias de trabalho presenciais nas empresas, principalmente nas grandes cidades que apresentaram mudanças dos dias picos de congestionamento no trânsito, sendo a quinta-feira o dia de maior trânsito parado, em vez da sexta-feira como era o usual.

Desmistificando o teletrabalho

O teletrabalho, um tema antes pouco difundido, passou a estar cada vez mais presente nas mídias, ultimamente em decorrência da pandemia, contudo ainda é muito incompreendido apesar de haver inúmeros pontos positivos e precauções da atividade tanto para empresas quanto para profissionais. Assim, um dos mitos mais contundentes a ser derrubado é que nem todas as pessoas têm perfil para realizar o teletrabalho, seja pelo tipo de atividade ou pela personalidade. Todavia, para aqueles que adequam os requisitos básicos necessários, o teletrabalho traz muitas vantagens. Para as empresas, agilidade, flexibilidade, horizontalização das relações, descentralização e aumento no grau de satisfação dos funcionários. Para os profissionais, a redução de estresse, a motivação, mais tempo para a família e pessoas queridas. Dessa maneira, se o teletrabalho for bem implementado, resulta na melhora da qualidade de vida dos profissionais, aumenta a produtividade nas empresas e melhora o meio ambiente.

A seguir, são apresentados os seguintes comentários conclusivos que já desmistificavam o teletrabalho baseados nas respostas obtidas em entrevistas realizadas nos anos 2000 com Alvaro Mello, que enfocavam as vantagens, desafios e perspectivas do teletrabalho, e, que ainda são válidas nos dias de hoje:

- O teletrabalho no Brasil era muito pouco estudado e divulgado, daí a razão de muitas vezes ter encontrado empresas que já adotavam "alguma forma" de teletrabalho, mas que necessitavam de maior consistência conceitual no seu entendimento para não comprometer sua implantação.
- São as seguintes as condições favoráveis para o crescimento do teletrabalho no Brasil: o desenvolvimento da tecnologia da informação e das comunicações,

o crescimento da *internet*, a flexibilização das relações trabalhistas e o aumento dos congestionamentos de trânsito.

• O teletrabalho no Brasil deveria, cada vez mais, se tornar mais importante e seguramente se tornaria, um foco de atenção das empresas em virtude das condições favoráveis acima mencionadas.

• Verificou-se que as preocupações com a adoção do teletrabalho eram muito mais com aumento da qualidade e produtividade comparadas com as relacionadas com as reduções de custo. Na realidade, são necessários programas de treinamento em teletrabalho e as novas formas de trabalho, com abordagens comportamentais e culturais do tipo *"learning by doing"* pelos teletrabalhadores.

• Ultimamente o teletrabalho tem sido um tema frequente na mídia, entretanto, o enfoque muitas vezes mistura lendas e realidade, tratando o teletrabalhador principalmente o doméstico, como alguém que trabalha de forma muito mais confortável e, por isso, trabalha menos. Este é um dos aspectos que precisam ser desmistificados, pois atualmente o termo teletrabalho está fortemente associado ao "trabalho em casa" (doméstico). Não devemos esquecer que os benefícios do teletrabalho para o profissional devem ser para uma melhor qualidade de vida, sem dúvida, acarretando, consequentemente, maior produtividade para a empresa. Daí, observamos que muitos que se dizem teletrabalhadores, estão trabalhando muito mais, comparados com o sistema tradicional (ir e vir todos os dias à sede da empresa). Contudo, acreditamos que esta fase passará, e que em breve poderemos como teletrabalhadores, desfrutar das vantagens de trabalhar à distância.

• No trabalho 100% virtual é necessário o contato humano em algum momento, principalmente com os colegas de trabalho. A este respeito sou otimista, pois já foi verificado em alguns países (p. ex.: EUA), onde o teletrabalho e os novos modos de trabalho estão até revitalizando áreas residenciais que antes ficavam praticamente abandonadas durante o dia, enquanto as pessoas iam para os seus empregos em outras áreas. Não devemos nos esquecer que o ser humano é gregário. Precisamos nos relacionar e achamos sempre uma maneira de fazê-lo. Por isso, a prática do teletrabalho não implica necessariamente que o teletrabalhador nunca mais volte à empresa alguns dias da semana ou mês.

• Sabe-se que as pequenas empresas, têm mais flexibilidade interna e os níveis hierárquicos são menores. Isso é uma vantagem para a implantação do teletrabalho, porém, as grandes empresas por terem maiores recursos financeiros e infraestrutura estão mais aptas a implantar o teletrabalho. Todavia, estas categorias de empresas podem se deparar com um dos maiores problemas na implantação do teletrabalho, isto é, quando a sua cultura organizacional não se desenvolveu no sentido dos gerentes praticarem a administração por objetivos, delegando poderes aos subordinados numa relação de *feedback*. Por isto, sabe-se que numa cultura de empresa (grande) em que não haja confiança nas pessoas é muito difícil implantar o teletrabalho com êxito. Além disso, é crucial também, modificar os sistemas de avaliação de desempenho e da carreira. Deve ficar bem claro para todos envolvidos que o teletrabalho não terá qualquer efeito negativo nas suas carreiras. Para alcançar este objetivo, devemos levar em consideração o desempenho do profissional e não o tempo que passam na empresa.

• A implantação do teletrabalho, em tese, é viável para empresas de todos os portes, natureza ou setor. A situação em que as pequenas e microempresas e profissionais autônomos parecem ter mais vantagens que as grandes organizações não é uma verdade absoluta. Contudo, tanto os pequenos negócios como os autônomos, têm mais vantagens porque não têm políticas ou regras de funcionamento como as grandes empresas e, podem mais facilmente implantar o teletrabalho numa base experimental. Por outro lado, podemos entender que o teletrabalho, para as organizações de pequeno porte (com mais flexibilidade interna e menos níveis hierárquicos), é considerado uma das formas de as empresas crescerem sem grandes custos em termos de espaço físico. Por isto, acredita-se que as micro, pequenas e médias empresas são as que também podem aproveitar a prática do teletrabalho.

• Quanto aos profissionais autônomos e liberais, o teletrabalho se caracteriza por não haver vínculo empregatício, pois são prestadores de serviços. Nestas categorias, têm-se as mesmas vantagens dos profissionais com carteira assinada, exigindo-se mais ainda o perfil empreendedor para a execução das suas tarefas. Deve-se lembrar que ao final do mês, o profissional liberal não está incluído em nenhuma folha de pagamento.

• A infraestrutura tecnológica para o exercício do teletrabalho varia desde a utilização de um simples telefone fixo até a manipulação de sofisticados sistemas de informação e das telecomunicações, de acordo com o porte da empresa. Presentemente, os custos das telecomunicações e da informática ainda são relativamente altos, para determinados segmentos de empresas e profissionais, podem ser obstáculos ao exercício do teletrabalho. A este respeito, não há a menor dúvida, pois se os teletrabalhadores se encontram a uma grande distância da sede da empresa, haverá altos custos com os meios de comunicações e de informática, com possíveis efeitos negativos na relação custo/benefício do teletrabalho. Porém, o aumento da concorrência que acontece no presente momento no país, entre os fornecedores de serviços de telecomunicações e de informática, forçará estas empresas a reduzirem seus preços e tarifas. Acredita-se que isto será um fator significativo para fomentar o teletrabalho no Brasil.

• A *internet*, inegavelmente, é uma das principais responsáveis pela popularização do teletrabalho pois facilitou vários processos. Entretanto, continua-se esbarrando no fator humano. O teletrabalho é algo extremamente difícil e exige qualidades especiais do gerente, pois ele não conta mais com os "símbolos" de autoridade que teria dentro da empresa e é considerada uma das tendências que veremos cada vez mais com mais intensidade. Este, inclusive foi um dos temas discutidos congresso internacional de teletrabalho realizado em Estocolmo, em agosto último (2000), onde se deixou bem claro que, a respeito da distância entre os gerentes e subordinados, um regime de teletrabalho pode ser produtivo e eficiente desde que as pessoas envolvidas neste processo saibam administrar e ser administradas por profissionais "invisíveis".

• No seu livro *"O Ócio Criativo"*, Domenico De Masi defende um futuro em que se tem cada vez mais horas livres e que o lazer, o estudo e o trabalho tendem a misturar-se. O trabalho, neste caso, se transforma em diversão e prazer. Acredita-se que a visão do De Masi é bem otimista e tem a finalidade de alertar para o real significado do trabalho. Porém, na medida em que o homem do novo milênio for acostumando-se com os requisitos da nova era, poderá então compatibilizar as horas dedicadas ao trabalho com a sua qualidade de vida. Embora exista o discurso do teletrabalho associado à valorização da qualidade de vida na grande empresa, ainda pouca realização se percebe, em virtude da falta de prioridade, do pessoal despreparado e tantos outros motivos já constados na experiencia profissional dos consultores organizacionais...

• Lidar com a culpa de parar de trabalhar que aflige tantos teletrabalhadores é uma questão que os afeta, principalmente aqueles que não tem uma compreensão exata da sua opção profissional, pois o teletrabalho não é nenhum prêmio e nem uma punição dada pela empresa. Deve-se, portanto, levar em consideração o perfil ideal do teletrabalhador, pois a questão relacionada com o temperamento é básica para o seu sucesso profissional. Sabemos que as pessoas que são, por exemplo, tendencialmente solitárias e têm dificuldades ou desmotivadas em relacionarem-se poderão ter dificuldades com o teletrabalho.

• O teletrabalho será um modo de trabalho no futuro; mas não será a única solução nas novas formas de cooperação organizacional. Algumas tarefas, alguns processos e a resolução de alguns problemas carecerão, também no futuro, do encontro direto das pessoas. Outras tarefas poderão ser levadas a cabo por teletrabalho. Para as pessoas certas e para as tarefas certas, o teletrabalho será um modo de trabalho importante, proporcionando grande número de benefícios tanto aos empregados como à organização.

Conclusões

O teletrabalho no Brasil aumentou a sua adoção, principalmente de maneira improvisada, ao se levar em consideração principalmente as mudanças decorrentes da pandemia e da tecnologia da informação.

Daí, a conscientização das análises dos seus benefícios e implicações que traz para as pessoas, para as organizações e para a sociedade, favorecerem à disseminação dessa modalidade de trabalho flexível, se possível de forma otimizada e planejada. Ressalte-se ainda o fato de que grande parte da atividade laboral hoje realizada, está mais relacionada ao tratamento da informação do que à transformação da matéria, e a constatação de que a separação do pensar e do fazer do modelo tradicional de se trabalhar, é incompatível com a velocidade das mudanças tecnológicas derivada da Inteligência Artificial.

Consequentemente, acredita-se que o teletrabalho no formato **híbrido traz muitos desafios,** ao se vivenciar uma nova revolução corporativa, um progresso humano e corporativo, e, quando novos conceitos administrativos, novos métodos tecnológicos, novos processos automatizados e customizações exigem mais resiliências por parte dos colaboradores e assim, se fazem necessárias. Porém, os colaboradores que não se adequem às "poucas polegadas de uma tela", tem que obrigatoriamente absorver métodos de melhor concentração, processos mais metódicos e devotar seus músculos fisiológicos, para o cumprimento de suas obrigações corporativas. No entanto, os colaboradores que particularmente antes da pandemia já possuíam maior habilidade com o uso das ferramentas tecnológicas, tiveram suas vidas mais customizadas e produtivas, e que muitas vezes os fizeram se "reconscientizarem" em valores humanos, ainda dormentes.

De um modo geral, a adoção do teletrabalho durante a pandemia e na pós-pandemia demostrou ser viável para as relações sociais, modelos de gestão, flexibilização nos contextos de trabalho, equilíbrio da saúde mental, bem-estar e qualidade de vida, ao se tornar numa alternativa mais positiva e benéfica para profissionais e empresas.

Enfim, o teletrabalho ao beneficiar a sociedade com redução do trânsito e consequente diminuição da poluição, melhoria de mais acesso de pessoas com deficiência no mercado de trabalho, trouxe a necessidade de maior alinhamento entre os departamentos de processos, informática e tecnologia e todas as outras áreas da corporação, para que se tenha a comunicação clara, de que muitos processos podem ser migrados para as plataformas digitais, acelerando o resultado das informações, refletindo em ações mais rápidas e pontuais, particularmente nos ambientes corporativos.

Referências

ABBAD, G. S.; LEGENTIL, J. (2020). Novas demandas de aprendizagem dos trabalhadores face à pandemia da Covid-19. In: M. M. Moraes (Ed.). *Os impactos da pandemia para o trabalhador e suas relações com o trabalho.* Vol. 2, (Coleção O trabalho e as medidas de contenção da Covid-19: Contribuições da Psicologia Organizacional e do Trabalho no contexto da pandemia), 45-58. Porto Alegre: Artmed. Disponível em: <https://www.sbpot.org. br/download/281>.

CATAÑO RAMÍREZ S. L.; GÓMEZ RÚA, N. (2014). El concepto de teletrabajo: aspectos para la seguridad y salud en el empleo. *CES Salud Pública*, *5*(1), 82–91.

DI MARTINO, V.; WIRTH, L. (1990). Telework: A New Way of Working and Living. *International Labour Review*, 129(5), 529–554.

GÓES, G. S., MARTINS, F. dos S.; NASCIMENTO, J. A. S. do. (2020). Remote work in the formal and informal sectors in the pandemic. *Carta de Conjuntura (Instituto de Pesquisa Econômica Aplicada)*, *48*, 1–10.

Instituto Brasileiro de Geografia e Estatística (IBGE). (2018). *Pobreza aumenta e atinge 54.8 milhões de pessoas em 2017*. Estatísticas Sociais. Recuperado em dia, 2 primeiras letras do mês ano em: <https://agenciadenoticias.ibge.gov.br/agencia-noticias/ 2012-agencia-de-noticias/noticias/23299-pobreza-aumenta-e-atinge-54-8-milhoes-de-pessoas-em-2017>

Instituto de Pesquisa Econômica Aplicada (Ipea) (2023). *Os Condicionantes do Teletrabalho Potencial no Brasil.* Disponível em: <https ://www.ipea.gov.br>.

International Labor Organization(ILO) (2020). *El teletrabajo durante la pandemia de Covid-19 y después de ella.*

LOSEKANN, R. G. C. B.; MOURÃO, H. C. (2020). Desafios do teletrabalho na pandemia Covid-19: Quando o home vira office. *Caderno de Administração*, 28, edição especial, 71-75.

MESSENGER, J. (2019). Telework in the 21st century: an evolutionary perspective. (ILO). *The Ilo Future Work Series.*

NILLES, J. M. (1997). *Fazendo do teletrabalho uma realidade*. Editora Futura.

RODRIGUES, A. C. B. (2011). *Teletrabalho:* A tecnologia transformando as relações de trabalho. (Dissertação de Mestrado), Faculdade de Direito, Universidade de São Paulo, São Paulo (USP). <https://doi.org/10.11606/D.2.2011.tde-14062012-112439>.

Sociedade Brasileira de Teletrabalho e Teleatividades (SOBRATT) (2016). *Pesquisa Home Office Brasil 2016 – Teletrabalho e Home Office, uma tendência nas empresas brasileiras.* Recuperado em 27 mar. 2018 de: <http://www.sobratt.org.br/index.php/11-e-12052016-estudo-home-office-brasil-apresenta-o-cenario-atual-da-pratica-no-pais-sap-consultoria/>.

WARSHAW, L. J.; STELLMAN, J. M. (1998). Trabajo y Trabajadores. In: *Enciclopedia de Salud y Seguridad en el Trabajo* (ILO). Vol. 1, parte III, (p. 24.1-24.24).

O Profissional Nexialista e o Teletrabalho

Antonio Carlos Aguiar[1]

Num mundo inundado de informações irrelevantes, clareza é poder.

Yuval Noah Harari

Resumo: O teletrabalho apresenta-se como uma importante ferramenta de liberdade, inovação e responsabilidade ao profissional do século XXI. Cada dia mais, problemas complexos, derivados de uma sociedade multidisciplinar, digital e disruptiva exigem soluções que vão muito além dos conhecimentos limitativos e analógicos que serviram à formação dos especialistas do século XX. Há de se buscar nexos. Há de se ter propósito naquilo que se faz e se deixará para que o mundo mude para melhor. Esse é o desafio do nexialista.

Palavras-chaves: Teletrabalho — Complexidade — Velocidade — Especialista — Nexialista.

Abstract: Teleworking presents itself as an important tool of freedom, innovation and responsibility for professionals in the 21st century. Every day more and more complex problems, derived from a multidisciplinary, digital and disruptive Society, require solutions that go far beyond the limiting and analogical knowledge that served to trains specialists in the 20th century. Connections must be sought. You have purpose in what you do and leave so that you can change the world for the better. This is the challenge.

Keywords: Teleworking — Complexity — Speed — Specialist — Nexialist.

---

(1) Advogado. Mestre e Doutor em Direito do Trabalho pela PUC São Paulo. Titular da cadeira 48 da Academia Brasileira de Direito do Trabalho e titular da cadeira 28 da Academia Paulista de Direito do Trabalho.

I) Introdução

Recentemente publiquei um artigo tratando sobre a necessidade do profissional do direito no século XXI ser um nexialista[(2)].

Destaquei a importância de fazermos provocações.

De provocar:

a) pensamentos;

b) certas certezas;

c) sobre o bívio lugar de encontro e desencontro de dicotomias: analógico-digital; passado-futuro; novo-velho; homem-mulher; inclusão-exclusão; forte-frágil; generalista-especialista;

d) refleções de maneira exponencial e para frente, diferentemente de apenas manter o olhar fixo às quadradas imagens refletidas no espelho retrovisor de um mundo analógico e distante, alojado em algum lugar do passado;

e) escolhas que vão além do trajeto da linha de produção linear-escolar que nos foi repassada ao longo de nossa vida educacional e profissional;

f) saídas do conforto do lugar comum.

Pois bem, num mundo **BANI** [*Brittle* (frágil), *Anxious* (ansioso); *Nonlilear* (não linear); e *Incomphehensible* (incompreensível)] e **VUCA** [*Volatility* (volatilidade); *Uncertainty* (incerteza); *Complexity* (complexidade); e *Ambiguity* (ambiguidade)], como o que vivemos atualmente, o profissional precisa a todo momento buscar compreender os porquês presentes nas complexidades que formatam uma realidade mutante e disruptiva.

Em linhas gerais "o **VUCA** é a representação da volatilidade e mudança recorrente do mundo. Já o **BANI** é a representação da "era do caos", excesso de informações e o comportamento de todas as pessoas em relação às mudanças atuais do mundo. A mudança contínua faz parte da nossa realidade, com a fragilidade é possível que algumas falhas possam acontecer, gerando ansiedades nesses mundos.

(2) AGUIAR, Antonio Carlos. Nexialista um novo profissional do (e no) direito. *Revista LTr*, ago. 2023, p. 984.

Resumindo, o mundo VUCA e bani seria um mix dos dois mundos que vivemos em nosso dia a dia"[(3)].

> "Mudanças são sempre estressantes, e o mundo frenético do início do século XXI gerou uma epidemia de stress."[(4)]

Logo, precisamos de reformulação e reengenharia em nossas vidas.

Provoquemos, inovemos e pivotemos.

Pivotar que vem de *pivot* e significa se mover em torno do próprio eixo, sendo uma forma de manter a base de uma ideia, crença ou ideal, sem abandoná-los, buscando, simultaneamente, encontrar novas saídas para que elas cresçam e se desenvolvam.

Pivotar não significa lançar-se do zero, mas, diferentemente, aprender com as lições do que não deu certo, para, então, se adaptar.

Vivemos uma era de mudanças exponenciais.

Vivemos, como bem destaca Pierre Levy, num **planeta nômade**.

O teletrabalho só vem a ajudar, como ferramenta de transição, o enfrentamento a essa realidade nômade.

Onde encontrar os mapas móveis desse espaço flutuante? *Terra incógnita.* Mesmo que consigais por vossa própria conta alcançar a imobilidade, a paisagem continuará a fluir, girar em torno de vós, a vos infiltrar, a transformar-vos a partir de dentro. Não é mais o tempo da história, tendo como referência a escrita, a cidade, o passado, mas de um espaço móvel, paradoxal, que nos vem igualmente do futuro. Não o apreendemos como uma sucessão, só interrogamos as tradições, a seu respeito, por meio de perigosas ilusões de óptica. Tempo errante, transversal, plural, indeterminado, como o que antecede as origens.[(5)]

---

(3) Disponível em: <https://mustedu.com/pt/como-entender-o-mundo-vuca-e-bani#:~:text=Em%20linhas%20gerais%20o%20vuca,%C3%A0s%20mudan%C3%A7as%20atuais%20do%20mundo>. Acesso em: 26 set. 2023, às 14h17.

(4) WILLINAMS, Alex. Prozac Nation Is Now the United States of Xanax. *The New York Times*, 10 jun. 2017. Disponível em: <https://www.nytimes.com/2017/06/10/style/anxiety-is-the-new-depression-xanax.html>. Acesso em: 26 set. 2023, às 17h03.

(5) LÉVY, Pierre. *A inteligência coletiva*. Tradução Luiz Paulo Rouanet. São Paulo: Folha de S. Paulo, 2015. p. 13.

II) O Profissional nexialista

Nexialismo e teletrabalho se irmanam na busca por soluções complexas, além das conhecidas tradicionais.

Normalmente, quando se adentra na seara de formação e atuação no mundo do trabalho, infere-se a ideia tradicional de divisão do tipo de atividade profissional, em: (a) **generalistas**, com aptidões mais gerenciais; e (b) **especialistas**, subdivididos em várias classes de atuação, como consultiva e/ou contenciosa, repartidas em subclasses, a depender da área de atuação específica do profissional.

Há todo um mapeamento detalhado, prevendo o devido enquadramento, por meio de casas individualizadas por matéria, para a sua devida e perfeita atuação dentro desse tabuleiro jurídico-social-profissional.

Ele/ela faz seu trabalho de acordo com os instrumentos cognitivos que lhes são disponibilizados ao longo dos estudos que realizaram e ainda realizam na sua jornada, que vem desde os bancos escolares, repassado programaticamente na linha de produção educacional, até os dias de hoje, dentro das subdivisões estanques e por áreas em que estão inseridos.

Todo esse processo é normal, aceito e funcional.

A provocação, ou melhor, a sugestão de atenção que se faz aqui, não vem com ares reformistas próprios de quem defende uma verdade diferente, com pretensões modificativas de urgência de todo *status quo* vigente.

Não. A intenção é de reflexão, devidamente apropriada a todo aquele que estuda, pensa, analisa e, eventualmente, propõe formas de inovação.

No dia a dia de atuação profissional, após nossa formação escolar precedida por esse fatiamento, acabamos, na grande maioria somos tidos como especialistas.

Nos especializamos em determinados campos específicos.

Nossa área de atuação, tal como nos foi repassada/ensinada, limita-se a um pedaço do corte epistemológico-didático do bolo (que cresce a cada dia por intermédio do fermento exponencial que a sociedade lhe adiciona), que, no seu conteúdo tem vários (e muitos novos) recheios.

Esse viés de divisão, nos faz apresentar soluções de túnel, uma vez que enxergamos a situação pelo comando de nossa visão de túnel, "termo usado para a perda da visão periférica, ou seja, aquela que permite enxergar o campo visual lateral. Nesses casos, a pessoa enxerga perfeitamente o que está na frente — visão central —, mas apresenta dificuldade para enxergar nas laterais"[(6)], justamente o que acontece com a especialidade, formada por um dos pedaços do direito.

Por vezes, contudo, a vida real acaba por ser diferente e mais abrangente, nos traz "o novo" e seus, também novos, problemas, que não se cingem aos nacos de agruras específicos que conhecemos, o que torna muito difícil e, por vezes, até impossível, para sua resolução, a prescrição dos remédio-fracionados-estanques--equidistantes de que o especialista dispõe.

Tampouco o generalista, que tudo conhece, mas, limita-se a um conhecimento superficial, tem condições técnicas de dar solução ao novo: complexo, disruptivo e totalmente diferenciado do até então existente pelo *mindset* analógico.

Nos é assim exigido pensar e trabalhar no meio dessa complexidade, que passa pelo destemor ao novo. Pela perda do medo de errar. Pelo desviar do caminho unicamente traçado pela esteira linear de aprendizado. Pela busca do pulsar criativo. Pelo encontro de nexos. Pelo simples pensar o (ou *um*) novo. Pelo "aceitar, aprender e, de quando em vez, ensinar. Ninguém perde nesse jogo, pois aquele que tiver mais dados e argumentos mostrará um caminho melhor para seguir".[(7)]

O/A profissional do século XXI pode ser definido como um *homo zappiens*, conceito utilizado por Venn & Vrakking para definir os alunos o século XXI, mas que bem se enquadra ao trabalhador/a atual, na medida em que ele/ela também é "direto, ativo, impaciente, incontrolável e, de certa forma, indisciplinado (...), que aprende muito cedo que há muitas fontes de informação e que essas fontes podem defender verdades diferentes"[(8)] e, como tal, não pode ser regrado por normas e/ou ditames próprios de um mundo linear.

Não dá para "rodar" o hardware de uma sociedade eminentemente analógica dentro do software desses novos trabalhadores e seus novos trabalhos.

Dá pau.

---

(6) GUERIOS, Maria Beatriz. Disponível em: <https://mariabeatrizguerios.com.br/2022/07/06/o-que-e-visao-de-tunel/#:~:text=A%20vis%C3%A3o%20de%20t%C3%BAnel%20%C3%A9,dificuldade%20para%20enxergar%20nas%20laterais>. Acesso em: 28 jun. 2023, às 9h45.

(7) KARNAL, Leandro. Criticar no Brasil. *Jornal O Estado de S. Paulo*, 25 jun. 2023.

(8) VRAKKING, Ben; VEEN, Wim. *Homo zappiens, educando na era digital*. Porto Alegre: Artmed, 2009. p. 27.

III) O propósito por trás do teletrabalho

Temos de ser nexialistas. É importante (na verdade, imprescindível) criar conexões e nexos entre saberes, especialmente onde estas relações não são óbvias. Ir além do conhecimento fracionado, para o encontro da complexidade, numa busca infinita de e por conexões, para compreensão e até questionamento com a realidade que nos atropela.

O teletrabalho se apresenta como um modelo mais do que adequado à intersecção de nexos, na medida em que auxilia, em especial, aos jovens, para que o trabalho venha acompanhado de um propósito. Não mais há a necessidade de ser workaholic, que para mostrar à sociedade o quanto se é útil, bom e importante, dando às costas à sua vida: pessoal e familiar. Trabalhar não tem a ver com renúncia, mas, com a busca por um mundo melhor e que faça sentido. Que tenha nexo!

Hoje, tal como destaca o escritor Bruce Feiler, na sua obra *The Search: Finding Meaningful Work in Post-Career*, se deve hoje olhar para o passado e se perguntar o que de positivo e negativo podemos dele extrair.

Dessa observação, tiramos lições de que "alguns podem ter aprendido que é importante trabalhar duro, mas também podem ter percebido que eles não estavam satisfeitos com o que faziam ou que isso sobrecarregava a família"(9).

Além disso, precisamos de igual modo olhar para o futuro. "Ao olhar para frente, você pode se questionar se deseja fazer um trabalho que contribua para tornar o mundo melhor, trabalhar com colegas interessantes ou ajudar a salvar o planeta". (...) "a concepção tradicional de carreira, criada há cerca de 100 anos durante a migração das áreas rurais para as cidades, não se aplica mais à forma como s pessoas vivem hoje. A ideia de escolher uma ocupação aos 20 e poucos anos e mantê-la pelos próximos 50 anos não é uma norma. A cada dois anos e meio, em média, ocorrem reflexões sobre o trabalho atual e possíveis mudanças. Você vai se perguntar diversas vezes se está fazendo o que quer fazer, se quer um novo emprego em sua empresa, se quer largar tudo e partir para algo novo. (...) você deve abandonar a ideia de que há apenas uma história de sucesso e aceitar que cada pessoa define o sucesso de maneira diferente. Seguir o sonho de outra pessoa é tentador, mas não é o caminho certo"(10).

---

(9) Jornal *O Estado de S. Paulo*. Os jovens querem um trabalho que lhes dê sentido. Bruce Feiler. B8 – Caderno Economia & Negócios. Sábado, 29 jul. 2023.

(10) *Idem.*

O fato de poder trabalhar em qualquer lugar e, por vezes, a qualquer momento, traz consigo liberdade, sem perda de responsabilidade. Ao contrário: a responsabilidade é inerente a essa forma de trabalho. Ela só tende a aumentar.

O teletrabalho faz com que sejamos mais criativos, independentes, responsáveis, preparados ao novo e ao inesperado. "Um dos maiores limitantes à criatividade humana é sermos colocados diante de um mundo onde, aparentemente, tudo já está pensado, entendido e bem rotulado, e basta a nós assimilarmos todos esses rótulos"(11).

O tradicional trabalho presencial pode, por vezes, reduzir nossa compreensão para enxergar alternativas. Para sermos criativos e inovadores de inovações. Acaba por nos faltar, por acomodação ou coragem, o passo seguinte do "ir além". Algo preso no *status quo* presencial nos fixa, limita e ao final nos incapacita.

Nesse instante, com apoio no teletrabalho, temos à frente o diferente, que nos abre portas ao novo e suas novas respostas, não mais presos a ordens sem discussão, tal e qual aquela "que se atribui, em seu anedotário, a Beethoven, direcionada a um determinado barão, o qual, num certo dia, havia lhe enviado um bilhete, com o seguinte teor: 'Toque tal peça! Assinado: barão tal, proprietário de tantos e tantos títulos e terras'. E Beethoven teria escrito uma resposta reduzida a um bilhetinho que dizia o seguinte: 'Não tocarei! Assinado, Ludwig van Beethoven, proprietário de um cérebro'"(12).

IV) Conclusão

O momento é de alquimia. Uma alquimia que indica, aponta e mostra os problemas e adversidades do um do moderno (BANI e VUCA), mas, que ao mesmo tempo abre as portas no novo e todo o seu ferramental resolutivo a apontar os nexos dentro do mosaico contemporâneo de complexidade.

Inteligência e criatividade humanas são indispensáveis. Teletrabalho e nexialismo são ótimos referenciais de completude e integração rumo a esse enfrentamento.

Referências

Livros

CARDOSO, Rafael. *Design para um mundo complexo.* São Paulo: Ubu, 2016.

---

(11) GALVÃO, Lúcia Helena. *SIMBOLISMOS em a Divina Comédia, de Dante Alighieri.* Rio de Janeiro: Hanoi Editora, 2023. p. 12.

(12) Ob. cit., p. 13.

CARVALHAL, André. *Viva o fim:* almanaque de um novo mundo. 1. ed. São Paulo: Paralela, 2018.

CHAISON, Eric J. *Cosmic Evolution.* Cambridge, MA: Harvard University Press, 2001.

DEMARCHI, Ana Paula Perfetto. *Gestão estratégica de* design *com a abordagem de* Design Thinking*:* Proposta de um sistema de produção de conhecimento. 2011. 302f. Tese (Programa de pós-graduação stricto sensu em Engenharia e Gestão do Conhecimento) – Universidade Federal de Santa Catarina.

GALVÃO, Lúcia Helena. *SIMBOLISMOS em a Divina Comédia, de Dante Alighieri.* Rio de Janeiro: Hanoi Editora, 2023. p. 12.

HAMEL, Gary; ZANINI, Michele. *Humanocracia:* criando organizações tão incríveis quanto as pessoas que as formam. Tradução Melissa Medeiros. Rio de Janeiro: Alta Books, 20212.

LÉVY, Pierre. *A inteligência coletiva.* Tradução Luiz Paulo Rouanet. São Paulo: Folha de S. Paulo, 2015.

NOBREGA, Clemente. Em busca da empresa quântica. São Paulo: Ediouro, 1998.

NOVAES, Adalto. *Mundos possíveis.* Dentro da obra por ele organizada. Mutações. O Futuro não é mais o que era. São Paulo: Edições SESC SP, 2013.

RIES, Eric. *A* startup *enxuta:* como os empreendedores atuais utilizam a inovação contínua para criar empresas extremamente bem-sucedidas. Tradução Texto Editores. São Paulo: Le Ya, 2012.

ROBERTSON, Brian J. *HOLACRACIA o novo sistema de gestão que propõe o fim da hierarquia.* Benviará. Tradução Cristina Sant'Anna. 1. ed. São Paulo: SOMOS/Saraiva, 2016.

VRAKKING, Ben. VEEN, Wim. *Homo zappiens, educando na era digital.* Porto Alegre: Artmed, 2009.

Jornais

KARNAL, Leandro. Criticar no Brasil. Jornal *O Estado de S. Paulo*, 25 jun. 2023.

DE LIMA. João Gabriel. Da turma de Marx à turma de Mark. Jornal *O Estado de S. Paulo*, 14 nov. 2020.

FEILER, Bruce. Os jovens querem um trabalho que lhes dê sentido. Caderno Economia & Negócios. Jornal *O Estado de S. Paulo*. Sábado, 29 de julho de 2023.

Internet

<https://mustedu.com/pt/como-entender-o-mundo-vuca-e-bani#:~:text=Em%20linhas%20gerais%20o%20vuca,%C3%A0s%20mudan%C3%A7as%20atuais%20do%20mundo>. Acesso em: 26 set. 2023, às 14h17.

<https://www.onews.com.br/sem-categoria/a-arte-e-a-ciencia-de-conectar-diferentes-saberes-voce-conhece-o-nexialismo/>. Acesso em: 28 jun. 2023.

<https://www.ieepeducacao.com.br/mundo-bani/>. Acesso em: 27 jun. 2023, às 19h36.

Cisco Visual Networking, Index: Forest and Trends, 2017-2022. *White Paper*, 27 fev. 2019. Disponível em: <https://www.cisco.com/c/en/us/solutions/collateral/service-provider/visual-network-index-vni/whitw-paper-c11-741490.html>.

GUERIOS, Maria Beatriz. Disponível em: <https://mariabeatrizguerios.com.br/2022/07/06/o-que-e-visao-de-tunel/#:~:text=A%20vis%C3%A3o%20de%20t%C3%BAnel%20%C3%A9,dificuldade%20para%20enxergar%20nas%20laterais>. Acesso em: 28 jun. 2023, às 9h45.

OLIVEIRA, Rafael Santos de. *Do analógico ao digital:* um olhar sobre o direito à informação na sociedade em rede a partir da transição tecnológica da TV brasileira. Disponível em: <https://www.researchgate.net/profile/rafael-oliveira-44/publication/323459301_do_analogico_ao_digital_um_olhar_sobre_o_direito_a_informacao_na_sociedade_em_rede_a_partir_da_transicao_tecnologica_da_tv_brasileira/links/5f03347545851550508dcc12/do-analogico-ao-digital-um-olhar-sobre-o-direito-a-informacao-na-sociedade-em-rede-a-partir-da-transicao-tecnologica-da-tv-brasileira.pdf?origin=publication_detail>. Acesso em: 09 ago. 2022, às 23h14.

WILLINAMS, Alex. Prozac Nation Is Now the United States of Xanax. *The New York Times*, 10 jun. 2017. Disponível em: <https://www.nytimes.com/2017/06/10/style/anxiety-is-the-new-depression-xanax.html>. Acesso em: 26 set. 2023, às 17h03.

Proteção de Dados, Teletrabalho e suas Intersecções: Do Regramento Português aos Desafios no Brasil

Célio Pereira Oliveira Neto[(1)]

Resumo: Este artigo se dedica a traçar um breve panorama das intersecções do teletrabalho na proteção de dados, elegendo para tanto o modelo português, haja vista as expressas disposições do Código do Trabalho (CT) a respeito dos direitos da personalidade, especialmente no que se refere a vigilância à distância e proteção de dados, assim como na Lei n. 67/98 que recepcionou e regulamentou o Regulamento Geral de Proteção de Dados (RGPD) e, inclusive disposições da CNPD (Comissão Nacional de Proteção de Dados) relativas às intersecções do teletrabalho na proteção de dados, projetando desafios e apresentando medidas de cautela a serem adotadas no Brasil.

Palavras-chave: Teletrabalho — Proteção de dados — intersecções — Monitoramento — Vigilância à distância.

Abstract: This article is dedicated to providing a brief overview of the intersections of teleworking in data protection, choosing the Portuguese model for this purpose, given the express provisions of the Labor Code (CT) regarding personality rights, especially with regard to remote surveillance and data protection, as well as in Law 67/98 which received and regulated the General Data Protection Regulation (GDPR) and, including provisions of the CNPD (National Data Protection

---

(1) Membro da Academia Brasileira de Direito do Trabalho (Titular da cadeira 75). Pós-Doutorando pela Faculdade de Direito da Universidade do Porto. Doutor e Mestre em Direito do Trabalho pela PUC/SP. Professor. Membro do Grupo de Pesquisa GETRAB-USP. Membro do Instituto Brasileiro de Direito Social Cesarino Júnior. Membro da *Comunidad para la Investigación y el Estudio Laboral y Ocupacional*. Membro do Instituto dos Advogados Brasileiros (IAB). Coordenador do Conselho de Relações Trabalhistas da Associação Comercial do Paraná. Diretor Jurídico da Sociedade Brasileira de Teletrabalho e Teleatividades — SOBRATT. Sócio fundador Célio Neto Advogados.

Commission) regarding the intersections of teleworking in data protection of data, projecting challenges and presenting precautionary measures to be adopted in Brazil.

Keywords: Teleworking — Data protection — Intersections — Monitoring — Remote surveillance.

Introdução

Com a passagem do átomo ao *bit*, de forma imperceptível, ou mesmo inconsciente, no quotidiano de cada um, são armazenados dados — num cenário em que o homem se torna fonte de informação pessoal(2).

Maria Regina Redinha e Maria Raquel Guimarães, há mais de 20 anos já anunciavam: "pela primeira vez, o motor do crescimento económico é a informação e não o setor energético",(3) alertando inclusive que a informação tendia a ser um bem apropriável.

A coleta massiva de dados é exponencialmente potencializada com a *internet* das coisas (*IoT – Internet of Things*) que permite que aparelhos de uso doméstico conversem entre si, recolhendo e combinando dados pessoais, assim como hábitos de consumo e o próprio modo de vida de cada um, com o objetivo de melhor servir ao ser humano, do que é exemplo o *Firebox* que possibilita servir um café quando o clima esfria, ou mesmo o *Samsung Smart Hub* que informa ao usuário quais as necessidades de compra do mercado — ambos a partir do uso do *smartphone*.(4)

Nesse cenário, não pode passar ao largo a previsão de que até 2020 a estimativa era de que ao menos cento e cinquenta milhões de dispositivos inteligentes estivessem ligados em rede, com o potencial de registrar, tratar, armazenar e transferir dados de forma contínua.(5)

Ao abordar a combinação dos dados à luz da Constituição da República de Portugal (CRP), Jorge Miranda e Rui Medeiros pontuam que o que se busca evitar é que se possa traçar "uma imagem completa da pessoa capaz de identificar

---

(2) MOREIRA, Teresa Alexandra Coelho. *A privacidade dos trabalhadores e as novas tecnologias de informação e comunicação:* contributo para um estudo dos limites do poder de controlo electrónico do empregador. Coimbra: Almedina, 2010. p. 53 e 75.

(3) REDINHA, Maria Regina Gomes; GUIMARÃES, Maria Raquel. O uso do correio electrónico no local de trabalho — algumas reflexões. In: *Estudos em homenagem ao Professor Doutor Jorge Ribeiro de Faria*. Faculdade de Direito da Universidade do Porto. Coimbra: Coimbra Editora, 2003. p. 647-671. Disponível em: <https://repositorio-aberto.up.pt/bitstream/10216/24325/2/49769.pdf>, p. 647-648.

(4) Este artigo tem por esqueleto parte do Relatório apresentado como requisito para o Pós-Doutoramento na Faculdade de Direito da Universidade do Porto.

(5) DIAS, Carlos André Ferreira. *A Privacidade na era da Internet das Coisas..., cit.*, p. 8 e p. 31.

todos os seus movimentos, os seus bens, as suas doenças, as suas crenças, em suma, todos os aspetos mais recônditos da sua vida privada e pessoal"[(6)], afinal o direito à privacidade ganha relevo ainda maior numa sociedade da informação que se pretenda democrática e pluralista.

A combinação e integração de inteligência artificial (IA), *machine learning*, computação em nuvem, *internet* das coisas, e sobretudo *internet* de todas as coisas (*IoE — Internet of Everything* — noção mais vasta, não se limita às coisas, abrangendo pessoas, processos e dados, interligados nesta rede), mormente numa cidade inteligente onde a hipervigilância pode se fazer presente (*smart city*), despe o indivíduo[(7)], que tem o seu perfil traçado, com amplificação dos riscos aos direitos da personalidade.

A partir desse contexto, e considerando que o uso da tecnologia se faz diuturnamente presente no curso do contrato de trabalho, a coleta de dados acaba por ocorrer com frequência, do que o uso de computadores no desempenho das atividades é um dos exemplos.

E quando se trata de dados pessoais, por evidente, estes não só estão sujeitos à proteção de dados, como também representam risco de agressão aos direitos da personalidade, amplificados pela ambivalência da tecnologia, na medida em que o equipamento de trabalho não só representa o meio de execução da atividade, como, ao mesmo tempo, pode ser o instrumento utilizado para o controle.

Como base estruturante faz-se mister entender que o direito à proteção de dados e autodeterminação informativa compõe nova categoria de direitos fundamentais, destacado da privacidade, diante da aplicação da vertente dinâmica da privacidade, que corresponde à capacidade de os indivíduos (titulares dos dados) terem acesso ao conteúdo e fluxo da informação, detendo o controle sobre a informação que lhes diz respeito.

1. Intersecções do teletrabalho na proteção de dados: modelo português

Considerada a necessidade de abordar o tema de forma sucinta em respeito às limitações de uma obra coletiva, elege-se o monitoramento e vigilância à distância, assim como a fiscalização *in loco*, como principais intersecções do teletrabalho na proteção de dados.

---

(6) MIRANDA, Jorge; MEDEIROS, Rui de. *Constituição Portuguesa Anotada*. Tomo I. Coimbra: Coimbra Editora, 2010. p. 788-789.

(7) DIAS, Carlos André Ferreira. *A Privacidade na era da Internet das Coisas...*, *cit.*, p. 8 e p. 25.

1.1. Disciplina geral

De um lado, amparado no direito constitucional da livre iniciativa, previsto no art. 61º, n. 1, o empregador possui o direito de verificar o cumprimento da atividade laboral, além de tomar ciência e acompanhar o que ocorre na sede da empresa, no âmbito do seu poder de gerenciamento da atividade, diante da relação de subordinação do trabalhador, forte do art. 11º, Código do Trabalho de Portugal (CT) e art. 80º, alínea *"c"* da Constituição da República de Portugal (CRP).(8)

Soma-se que o empregador detém a propriedade dos equipamentos de trabalho, custeando a atividade e tendo preocupação com a segurança da informação, sobretudo interesse em prevenir danos relativos à quebra de confidencialidade, preservação do *know-how*, prevenção de danos a terceiros, inclusive de modo a cumprir princípios da proteção de dados pessoais.

De outro lado, o empregado possui o direito à reserva da intimidade e privacidade, e proteção de dados pessoais, mantendo os seus direitos laborais inespecíficos, que se atrelam diretamente à dignidade da pessoa humana.

Nessa esteira, o CT, forte art. 20º veda o uso de "meios de vigilância à distância no local de trabalho, mediante o emprego de equipamento tecnológico, com a finalidade de controlar o desempenho profissional do trabalhador", só considerando tal procedimento como lícito quanto tenha por finalidade resguardar a proteção e segurança de pessoas e bens ou quando particulares exigências inerentes à natureza da atividade o justifiquem.

Já no que diz respeito à fiscalização *in loco*, o CT é expresso ao tratar, em seu art. 170º, da privacidade do trabalhador em regime de teletrabalho, no item 2, disciplinando que

> sempre que o trabalho seja realizado no domicílio do trabalhador, a visita ao local de trabalho só deve ter por objecto o controlo da actividade laboral, bem como dos instrumentos de trabalho e apenas pode ser efectuada entre as 9 e as 19 horas, com a assistência do trabalhador ou de pessoa por ela designada.(9)

---

(8) OLIVEIRA NETO, Célio Pereira. Proteção de dados e uso da tecnologia no monitoramento do trabalhador: da experiência portuguesa às projeções no Brasil. In: *Revista Electrónica de Direito*, n. 2, jun. 2023, vol. 31

(9) PORTUGAL. Disponível em: <https://dre.pt/legislacao-consolidada/-/lc/75194475/20170724090 0/73439934/diploma/indice#:~:text=2%20%2D%20Sempre%20que%20o%20teletrabalho,de%20 pessoa%20por%20ele%20designada>. Acesso em: 23 out. 2021.

Na Comunidade Europeia, a Recomendação do Comitê de Ministros sobre o Tratamento de Dados Pessoais no contexto do emprego (CM/REC 2015/5) é no sentido de que não sejam permitidos sistemas e tecnologias de informação que tenham por escopo principal monitorar a atividade e comportamento de empregados, e quando tal ocorrer indiretamente sempre ter em consideração os direitos fundamentais, reforçando a vedação de videovigilância em locais de uso pessoal dos colaboradores.

A Lei de Execução do Regulamento Geral de Proteção de Dados — Lei n. 58/2019 — disciplinando regras de aplicação ao RGPD em Portugal, em seu art. 28º, n. 4 e n. 5, veda o uso de imagens coletadas por meio de sistemas de vídeo ou outros meios de vigilância à distância, só os admitindo no âmbito do processo penal, e condicionando a apuração de responsabilidade disciplinar (trabalhista) à utilização no processo penal.

Por sinal, a prova obtida por meio de controle oculto encontra óbice no art. 32º, n. 8 da CRP, que expressamente prevê a nulidade, dentre outras, da prova obtida por abusiva intromissão na vida privada, no domicílio, na correspondência ou nas telecomunicações, constituindo violação à autodeterminação informativa.

1.2. Intersecções na prática em Portugal

Consoante lição de Teresa Coelho Moreira, o controle à distância muitas vezes ocorre de forma fria, incisiva, não perceptível, tornando o trabalhador por vezes transparente, conectado a todo tempo, tolhendo a sua liberdade de manifestação, o que fica potencializado pela ambivalência da aplicação tecnológica, na medida em que o computador pode incluir ao mesmo tempo as atividades de produção e controle, haja vista a quantidade de dados gerados para o empregador quando da execução da atividade, e mesmo o aspecto temporal, na medida em que o dado coletado e armazenado pode ser usado em tempo distinto, indo inclusive além da verificação de temas laborais.[10]

Fato a ser notado, pois, é que a mesma tecnologia utilizada para o exercício da atividade pode ser usada para o monitoramento do trabalhador, o que conduz à preocupação quanto à definição de perfis do trabalhador que fica desnudado, na medida em que o uso dos computadores e programas deixa rastros digitais, sendo

(10) DIAS, Teresa Alexandra Coelho. *A privacidade dos trabalhadores...*, p. 419, 421 e 449; e, DIAS, Teresa Alexandra Coelho. *Direito do Trabalho..., cit.*, 2022, p. 224.

possível verificar quem fez, quando e o que fez, colhendo-se interesses e preferências do trabalhador.[11]

Maria Regina Gomes Redinha chama a atenção quanto à invisibilidade do controle, pois estabelece-se "um controle difuso e ausente que não possibilita o acompanhamento pelo trabalhador da fiscalização que sobre si é exercida", de maneira que "não sabe nem tem possibilidade de saber por quem, quando e como está a ser vigiado".[12]

Talvez por isso que o código português preveja que o empregador deve informar sobre a existência e finalidade dos meios de vigilância, com o que se dá cumprimento ao princípio da transparência, que implica na garantia do oferecimento de informações claras, precisas e facilmente acessíveis ao titular.

Ao tratar especificamente do teletrabalho, Teresa Coelho Moreira faz referência ao potencial do crescente uso da IA combinado com a videovigilância, audiovigilância, geolocalização, controle através das redes sociais, mensagens instantâneas, dados biométricos e reconhecimento facial, que permitem monitorar virtualmente todos os aspectos da vida profissional e extraprofissional do trabalhador.[13]

A análise dos sites de navegação combinada com o cruzamento de dados permite conhecer preferências sexuais, religião, preocupações relativas à saúde (dados sensíveis) aos quais se somam esporte de preferência e outros, isso porque tudo fica armazenado no computador, seja por meio de *browsers* que permitem verificar as conexões, páginas visitadas, tempo da visita e datas, por meio dos *cookies* que possibilitam guardar a informação da visita a um determinado *site*, ou mesmo mediante o uso de *firewalls* para proteger a rede que nessa missão acabam realizando registro das atividades.

A pandemia da Covid-19 acelerou sobremaneira o reconhecimento da sociedade quanto às facilidades e benefícios do teletrabalho. Nesse cenário, parte dos gestores reconheceram a autonomia de suas equipes e passaram a gerir resultados, porém, outra parte passou a preocupar-se com o monitoramento de seus subordinados[14], fazendo inclusive uso de programas para tal fim.

---

(11) DIAS, Teresa Alexandra Coelho. *A privacidade dos trabalhadores..., cit.*, p. 39-43.

(12) REDINHA, Maria Regina Gomes. *Da protecção..., cit.*, p. 880.

(13) DIAS, Teresa Alexandra Coelho. Teletrabalho e privacidade. *Questões Laborais*, n. 60, jul. 2022, p. 181-197.

(14) OLIVEIRA NETO, Célio Pereira. *Trabalho em ambiente virtual..., cit.*, p. 295.

Softwares diversos foram postos no mercado internacional com a finalidade de controlar entrega, produtividade, períodos de inatividade e *sites* navegados. *On-line*, o programa *Teramind*, entre muitos outros, propõe o monitoramento de trabalhadores, inclusive abrindo opção para o modo furtivo, para ter certeza de que está monitorando o verdadeiro comportamento do empregado, anuncia o programa.(15)

Mediante uso da tecnologia, há ainda diversas estratégias de *peeking*, entre as quais os sensores de cadeira que medem e registram o tempo em que o trabalhador permanece sentado no seu posto de trabalho.(16)

Durante a Covid-19, diante do isolamento social e da envergadura que ganhou o teletrabalho, objeto à época do Decreto-lei n. 10-A/2020, a CNPD se posicionou quanto às questões relativas ao controle pelo empregador, tanto dos tempos de trabalho quanto da própria atividade prestada pelo empregado, com o escopo de "garantir a conformidade do tratamento de dados pessoais dos trabalhadores com o regime jurídico de proteção de dados e minimizar o impacto sobre a privacidade em regime de teletrabalho".

Para a CNPD, "independentemente da propriedade dos instrumentos de trabalho, o empregador mantém os poderes de direção e de controlo da execução da prestação laboral", contudo, considerando a inexistência de disposição legal que regule o controle à distância, aplica-se a regra geral.

Tomando, pois, por base a expressa previsão do art. 20º do CT, a CNPD redigiu orientações sobre o controle à distância em regime de teletrabalho, enunciando que a "regra geral de proibição de utilização de meios de vigilância à distância, com a finalidade de controlar desempenho profissional do trabalhador, é plenamente aplicável à realidade do teletrabalho", rejeitando soluções tecnológicas para o controle à distância do desempenho.

A CNPD apontou:

> são disso exemplo os *softwares* que, para além do rastreamento do tempo de trabalho e de inatividade, registram as páginas de internet

---

(15) *"perhaps most importantly, you'll want the option to run the software in a stealth mode, so you can be sure you're monitoring employee's true behavior ... Further, it can be deployed both in silent and transparent mode."*

Teramind, Detecção de ameaças internas e monitoramento de funcionários | Teramind, in: <https://www.teramind.co/> Acesso em: 31 maio 2023.

(16) REDINHA, Maria Regina Gomes. Os direitos de personalidade..., *cit.*, p. 2.

visitadas, a localização do terminal em tempo real, as utilizações de dispositivos periféricos (ratos e teclados), fazem captura de imagem do ambiente de trabalho, observam e registram quando se inicia o acesso a uma aplicação, controlam o documento em que se está a trabalhar e registam o respetivo tempo gasto em cada tarefa (*v.g. TimeDoctor, Hubstaff, Timing, ManicTime, TimeCamp, Toggl, Harvest*).

Em seguida expressou a posição de que ferramentas como estas recolhem dados pessoais em excesso, indo muito além do controle legitimado no trabalho desenvolvido na sede da empregadora, "e a circunstância de o trabalho estar a ser prestado a partir do domicílio não justifica uma maior restrição da esfera jurídica dos trabalhadores".

Prosseguiu inadmitindo impor ao trabalhador que mantenha a câmera de vídeo permanentemente ligada, vedando *a priori* a possibilidade de gravação de teleconferências entre o empregador (ou dirigentes) e os trabalhadores.

Por outro lado, reafirmou a possibilidade de o empregador manter o poder de controlar a atividade do trabalhador, por meio da fixação de objetivos, criação de obrigações de reporte na periodicidade que julgar adequada, ou mesmo agendando reuniões em teleconferência.

Já no que se refere ao registro da jornada de trabalho, a CNPD admitiu que tal seja levada a efeito por meios tecnológicos, desde que nos mesmos moldes da marcação presencial, de tal arte que as ferramentas que registram os horários sejam desenhadas, desde a concepção e por padrão, de modo a observar o princípio da minimização na coleta de dados, ou seja, não obtendo mais dados do que o necessário à finalidade proposta.

E, caso o empregador não disponha de ferramentas que atendam a tanto, de forma excepcional, entende a CNPD, que:

> é legítimo ao empregador fixar a obrigação de envio de *e-mail*, *SMS* ou qualquer outro modo similar que lhe permita, para além de controlar a disponibilidade do trabalhador e dos tempos de trabalho, demonstrar que não foram ultrapassados os tempos máximos de trabalho permitidos por lei.

Dispôs ainda que o controle da disponibilidade do trabalhador e do cumprimento dos horários de trabalho pode ser levado a efeito "por via de contacto telefônico ou eletrónico por parte do empregador".

Na mesma linha de proteção aos direitos da personalidade, o Parecer 2/2017 GT29 (Grupo de Trabalho do Art. 29 [Grupo de Trabalho para a Proteção das Pessoas no que diz respeito ao Tratamento de Dados Pessoais] apresenta reflexão de que o empregador pode pensar existir uma justificação para implantar pacote de *softwares* com a capacidade de registrar digitação no teclado, movimento do mouse, capturas de ecrã, registrar as aplicações utilizadas e o tempo de uso, ou mesmo coletar imagens por câmeras web, no entanto, diz o parecer, que o tratamento seria desproporcional, possivelmente sem fundamento jurídico.(17)

Ao sublinhar os riscos decorrentes do uso das novas tecnologias, o Parecer 2/2017 GT 29 aponta para o necessário equilíbrio entre o interesse legítimo dos empregadores, propondo avaliação da proporcionalidade das medidas adotadas nos diferentes cenários antes do início do tratamento, a fim de verificar se de fato este é necessário para atingir uma finalidade legítima, bem como as medidas a serem adotadas para mitigar as restrições do direito à vida privada e à confidencialidade das comunicações, tendo ainda em conta o princípio da minimização dos dados, conservando as informações pelo prazo mínimo e necessário, sendo em seguida excluídas.

Nesse cenário, todo e qualquer monitoramento só poderá ser levado a efeito se observados os princípios que regem a coleta de dados, sobretudo da finalidade legítima que funciona como princípio orientador dos demais(18), na medida em que os dados devem ser adequados, pertinentes, não excessivos, completos e atualizados em conformidade com a finalidade, só sendo conservados pelo tempo necessário para o cumprimento da finalidade. E claro, levados ao conhecimento do trabalhador, diante da transparência que se impõe, e a fim de que o empregado possa fazer uso do direito à autodeterminação informativa.

2. Desafios para o Brasil diante das intersecções do teletrabalho na proteção de dados

2.1. Vetores constitucionais

À luz do Direito Lusitano, o monitoramento do trabalhador e a videovigilância para controle do desempenho profissional representa clara violação ao art. 20.º do CT. No Brasil, todavia, inexiste legislação expressa a respeito o que amplifica os riscos para empregadores e trabalhadores.

(17) EUROPEAN DATA PROTECTION BOARD, *Article 29 Data Protection..., cit.*

(18) DIAS, Teresa Alexandra Coelho. *A privacidade dos trabalhadores..., cit.*, p. 818.

De toda sorte, o ponto de partida para análise é a CRFB (Constituição da República Federativa do Brasil). Com efeito, a concretização dos direitos da personalidade decorre do princípio da dignidade da pessoa humana, previsto no art. 1º, inciso III da CRFB, destacando-se como vetores de aplicação o art. 5º, especialmente no que tange à livre manifestação do pensamento (inciso IV); direito de resposta proporcional ao agravo, além da indenização por dano material, moral ou à imagem (inciso V); intimidade, vida privada, honra e imagem, assegurado o direito à indenização em caso de violação (inciso X), inviolabilidade da casa (inciso XI) e inviolabilidade da correspondência (inciso XII).

A liberdade de pensamento, prevista pelo art. 5º, inciso IV da CRFB, significa ausência de impedimento de a pessoa ter as suas convicções e respeito ao seu modo de ver o mundo. A seu turno, a liberdade de pensamento informa a liberdade de expressão, pela qual o homem se expressa no seu modo de ser.

Tais diretrizes constitucionais se revelam, pois, essenciais para a plenitude do exercício dos direitos da personalidade, que se atrelam diretamente à dignidade da pessoa humana.

O art. 4º da CRFB, ao tratar das relações internacionais, consigna de modo expresso o princípio de prevalência dos direitos humanos. Logo em seguida, o título II tutela os Direitos e Garantias Fundamentais, elencando rol de direitos inerentes à condição de pessoa humana.(19)

E o § 1º do art. 5º da CRFB trata da aplicação imediata dos direitos fundamentais, que permitem a ampliação dos direitos da personalidade positivados, haja vista que o § 2º do art. 5º da CRFB cuida da não exclusão de direitos e garantias previstos em tratados internacionais, ou seja, a ampliação dos direitos expressamente previstos na Carta Magna.

Seguindo a ordem constitucional, o Código Civil de 2002 (CCB) passou a tratar da matéria, dedicando o Capítulo II ao tema, sob o título *Direitos da Personalidade*. Nos termos do art. 11 do CCB, por serem inerentes à dignidade da pessoa humana, ressalvados os casos previstos em lei, os direitos da personalidade são reconhecidos na legislação infraconstitucional com seu caráter de irrenunciabilidade e intransmissibilidade.

Os dispositivos que cuidam dos direitos da personalidade devem ser combinados, quando cabível aos arts. 186, 187, 927 e 932 — todos do CCB — relativos,

(19) Texto adaptado de: OLIVEIRA NETO, Célio Pereira. *Trabalho em ambiente virtual..., cit.*, p. 76.

respectivamente: ao ato ilícito; abuso de direito; obrigação de indenizar pelo ato ilícito; e responsabilidade do empregador por atos de seus prepostos.

A Lei Geral de Proteção de Dados (LGPD), a seu turno, tem por objetivo proteger os direitos fundamentais de liberdade e de privacidade e o livre desenvolvimento da personalidade da pessoa natural, entendendo-se livre desenvolvimento da personalidade como projeção do ser humano na sociedade, visto que o ser humano se realiza em sociedade, assumindo crucial importância a proteção de dados a fim de projetar a correta identidade do titular.

Todos os dispositivos elencados devem ser lidos em conjunto e orientados pelo art. 1º da CRFB, respeitando-se a dignidade da pessoa humana e os valores sociais do trabalho e da livre-iniciativa. Isso porque, no desenvolvimento do trabalho, o empregado não perde a condição de pessoa humana, que se mantém íntegra, de tal modo que o poder diretivo e de fiscalização do empregador tem de ser coordenado de sorte a preservar os direitos de personalidade do empregado.

2.2. Ponderação de valores

Considerados os vetores constitucionais, se o controle for incisivo e contínuo, flerta-se perigosamente com a invasão desmedida da privacidade, em possível violação aos direitos da intimidade e vida privada.[20]

Com efeito, como se sabe, o poder diretivo é limitado, não estando autorizado o ingresso na esfera dos direitos personalíssimos, dos quais o trabalhador não se despe no curso de uma relação laboral.

A observância dos direitos da personalidade não significa, contudo, que estes adquiram caráter absoluto perante outro direito fundamental ou de âmbito constitucional. Mesmo as liberdades protegidas não são definitivas, afinal inexistem direitos absolutos.[21]

Seguindo nessa esteira de raciocínio, observa-se o teor do Enunciado n. 139 da III Jornada de Direito Civil[22] que ao tratar da limitação dos direitos da personalidade, disciplina que “os direitos da personalidade podem sofrer limitações, ainda que não especificamente previstas em lei, não podendo ser exercidos com

(20) OLIVEIRA NETO, Célio Pereira; CALCINI, Ricardo Adequação à LGPD..., *cit.*

(21) OLIVEIRA NETO, Célio Pereira. *Trabalho em ambiente virtual:* causas, efeitos e conformação. 2. ed., rev., atual. e ampl. São Paulo: LTr, 2022. p. 311.

(22) Não vinculativo.

abuso de direito de seu titular, contrariamente à boa-fé objetiva e aos bons costumes".[23]

Como acréscimo de argumento quanto à limitação dos direitos da personalidade, vale registrar o teor do Enunciado n. 274 da IV Jornada de Direito Civil:

> Os direitos da personalidade, regulados de maneira não exaustiva pelo Código Civil, são expressões da cláusula geral de tutela da pessoa humana, contida no art. 1º, inc. III, da Constituição (princípio da dignidade da pessoa humana)[24]. Em caso de colisão entre eles, como nenhum pode sobrelevar os demais, deve-se aplicar a técnica da ponderação.
>
> Diante do exposto, no Brasil, ante a ausência do mesmo comando do código de trabalho lusitano, o empregador pode monitorar resultados e metas do teletrabalhador, mas não tem a faculdade de fiscalizá-lo durante todo o curso do trabalho, auferindo pari passo a execução das atividades, haja vista que a vigilância à distância pode invadir a esfera da privacidade, e as novas tecnologias combinadas com aplicativos, permitem que o controle por vezes vá além inclusive daquele presencialmente exercido.[25]

Nesse sentido, quanto à possibilidade de exercício do poder de fiscalização em geral, desde que não avance sobre a intimidade do trabalhador, decisão da 5ª Turma do Tribunal Superior do Trabalho de lavra do Min. Guilherme Caputo Bastos:

> o exercício do poder fiscalizatório, realizado de modo impessoal, geral, sem contato físico ou exposição da intimidade, não submete o trabalhador a situação vexatória nem caracteriza humilhação, vez que decorre do poder diretivo do empregador, revelando-se lícita a prática desse ato.[26]

Por falar em fiscalização, no entanto, não voltada ao cumprimento das atividades ou produtividade, mas relativa às normas de saúde e segurança no trabalho à distância, cabe observar o Enunciado 23[27], da Comissão 3, do CONAMAT, que assim dispõe:

---

(23) BRASIL. Conselho da Justiça Federal. *Enunciado n. 139*. Disponível em: <https://www.cjf.jus.br/enunciados/enunciado/222>. Acesso em: 15 maio 2023.

(24) BRASIL. *Constituição da República Federativa do Brasil, de 1988*. Disponível em: <https://www.planalto.gov.br/ccivil_03/constituicao/constituicao.htm>. Acesso em: 15 maio 2023.

(25) OLIVEIRA NETO, Célio Pereira. *Trabalho em ambiente virtual:* causas, efeitos e conformação. 2. ed., rev., atual. e ampl. São Paulo: LTr, 2022.

(26) TRIBUNAL SUPERIOR DO TRABALHO (5ª Turma). *Processo n. TST-RR-169000-71.2009.5.02.0011*. Relator Ministro Caputo Barros. Julgado em 04.05.2016.

(27) Ainda que sem efeito vinculativo.

COMISSÃO 3

23.TELETRABALHO. FISCALIZAÇÃO DO MEIO AMBIENTE LABORAL. OBRIGAÇÃO DO EMPREGADOR. LIMITES

SEMPRE QUE O TELETRABALHO SEJA REALIZADO NO DOMICÍLIO DO TRABALHADOR, A VISITA AO LOCAL DE TRABALHO PARA FINS DE FISCALIZAÇÃO DO MEIO AMBIENTE LABORAL, DEVERÁ SE DAR:

(I) COM A ANUÊNCIA E PRESENÇA DO EMPREGADO OU DE ALGUÉM POR ELE INDICADO;

(II) A VISITA AO LOCAL DE TRABALHO SÓ DEVE TER POR OBJETO O CONTROLE DA ATIVIDADE LABORAL, BEM COMO DOS INSTRUMENTOS DE TRABALHO;

(III) EM HORÁRIO COMERCIAL SEGUNDO OS USOS E COSTUMES DO LOCAL;

(IV) COM RESPEITO AOS DIREITOS FUNDAMENTAIS — INTIMIDADE E VIDA PRIVADA — DO EMPREGADO.

Se de um lado, a privacidade e a intimidade (art. 5º, X, CF) são direitos fundamentais; de outro, o meio ambiente saudável e equilibrado (art. 225, CF), incluso o do trabalho (art. 200, VIII, CF), com a redução dos riscos inerentes ao labor (art. 7º, XXII, CF) igualmente figura como direito fundamental dos trabalhadores, resultando no dever de prevenção do empregador, que se obriga a manter o meio ambiente do trabalho saudável e equilibrado, minimizando riscos inerentes ao labor.

Como se nota, quando se trata de inspeção na casa do teletrabalhador, para efeitos de verificação do cumprimento de normas de saúde e segurança no trabalho, há uma colisão de direitos fundamentais, sendo que parte deste choque se dá diante de direitos do próprio trabalhador (privacidade e intimidade x saúde e segurança), de sorte que um dos direitos deve ceder diante do outro, no caso concreto, com base nos subprincípios da adequação, necessidade e proporcionalidade em sentido estrito, sempre respeitando o núcleo essencial do direito preterido.

Por seu teor, o Enunciado n. 23, da Comissão 3, do CONAMAT, serve de importante referencial, inclusive para as negociações coletivas prevendo a inspeção na casa do teletrabalhador, no que tange ao cumprimento das normas de saúde e segurança, respeitando-se a privacidade e a intimidade.

2.3. Cautelas a serem adotadas

Em respeito aos direitos da personalidade, fazendo uso de parte dos aprendizados a partir da experiência lusitana e conformando-os ao direito brasileiro, se houver monitoramento do teletrabalhador, é recomendável que o empregador adote os seguintes procedimentos:

> *i)* informar ao teletrabalhador acerca do monitoramento;
>
> *ii)* justificar o motivo do monitoramento, sem abuso de poder;
>
> *iii)* controlar metas e resultados, mas não os momentos de inatividade;
>
> *iv)* criar política de teletrabalho, impondo ao empregado a obrigação de colocar um fundo de tela a fim de preservar a intimidade lar, quando em *home office*;
>
> *v)* implementar política de adequação à LGPD, visando a tutela dos dados dos trabalhadores.

No que se refere à possibilidade de as câmeras de vídeo manterem-se ligadas durante reunião com o empregador, clientes, fornecedores ou *stakeholders*, alia-se à posição externada pela autoridade francesa[(28)] de proteção de dados — *Commission Nationale de l'Informatique et des Libertés* (CNIL — Comissão Nacional de Informática e Liberdades), para quem a abertura da câmera confere maior fluidez à comunicação e contribui para o convívio, no entanto, constitui processamento de dado pessoal, e com potencial para divulgação de informações íntimas. Nesse sentido, orienta a adoção de soluções tecnológicas que desfoquem o fundo, preservando a casa ou local onde está o teletrabalhador.[(29)]

A autoridade francesa de proteção de dados, por sinal, quando questionada se "o empregador pode controlar a atividade dos empregados em casa?", em apertada síntese responde que sim, pois o empregador possui o poder de supervisionar e controlar a execução das tarefas, alerta, no entanto, para que não haja abuso de poder, de modo que o empregador deve sempre justificar que as medidas implementadas são proporcionais ao objetivo perseguido, assim como respeitam os direitos e liberdades dos empregados, especialmente a vida privada.[(30)]

---

(28) OLIVEIRA NETO, Célio Pereira. *Trabalho em ambiente virtual:* causas, efeitos e conformação. 2. ed., rev., atual. e ampl. São Paulo: LTr, 2022. p. 297.

(29) CNIL — Comissão Nacional de Informática e Liberdades. Les questions-réponses de la CNIL sur le télétravail. *CNIL*, 08 set. 2021. Disponível em: <https://www.cnil.fr/fr/les-questions-reponses-de-la-cnil-sur-le-teletravail>. Acesso em: 15 maio 2023.

(30) CNIL — Comissão Nacional de Informática e Liberdades. Télétravail: les règles et les bonnes pratiques à suivre. *CNIL*, [s.d]. Disponível em: <https://www.cnil.fr/fr/teletravail-les-regles-et-les-bonnes-pratiques-suivre> Acesso em: 15 maio 2023.

Considerações finais

O fato de a legislação brasileira não vedar o monitoramento e a vigilância à distância do trabalhador não significa que se possa fiscalizar pari passo a execução das atividades, na medida em que os vetores constitucionais conduzem à compreensão de que um controle incessante ou mesmo monitoramento contínuo tende a violar a privacidade, intimidade e proteção de dados pessoais do teletrabalhador, recomendando-se a adoção das cautelas indicadas neste artigo.

Referências

BRASIL. Conselho da Justiça Federal. *Enunciado n. 139*. Disponível em: <https://www.cjf.jus.br/enunciados/enunciado/222> Acesso em: 15 maio 2023.

______. *Constituição da República Federativa do Brasil, de 1988*. Disponível em: <https://www.planalto.gov.br/ccivil_03/constituicao/constituicao.htm>. Acesso em: 15 maio 2023.

CNIL — Comissão Nacional de Informática e Liberdades. Les questions-réponses de la CNIL sur le télétravail. *CNIL*, 08 set. 2021. Disponível em: <https://www.cnil.fr/fr/les-questions-reponses-de-la-cnil-sur-le-teletravail>. Acesso em: 15 maio 2023.

DIAS, Carlos André Ferreira. *A Privacidade na era da Internet das Coisas:* Direitos de Personalidade e Proteção de Dados. Dissertação de Mestrado, Faculdade de Direito da Universidade do Porto, 2019. Disponível em: <https://hdl.handle.net/10216/140094>. Acesso em: 15 maio 2023.

ECIJA, Antas da Cunha. *Direito na era Digital:* Direito à Desconexão. Desligar telemóvel e computador fora do horário trabalho pode vir a ser um direito dos trabalhadores. Disponível em: <https://adcecija.pt/direitos-na-era-digital-direito-a-desconexao-desligar-telemovel-e-computador-fora-do-horario-trabalho-pode-vir-a-ser-um-direito-dos-trabalhadores/>. Acesso em: 17 out. 2023.

EUROPEAN DATA PROTECTION BOARD, *Article 29 Data Protection..., cit.*

MIRANDA, Jorge; MEDEIROS, Rui de. *Constituição Portuguesa Anotada*. Tomo I, Coimbra: Coimbra Editora, 2010.

MOREIRA, Teresa Coelho. *A privacidade dos trabalhadores e as novas tecnologias de informação e comunicação:* contributo para um estudo dos limites do poder de controlo electrónico do empregador. Coimbra: Almedina, 2010.

______. *A privacidade dos trabalhadores e as novas tecnologias de informação e comunicação:* contributo para um estudo dos limites do poder de controlo electrónico do empregador. Coimbra: Almedina, 2010.

______. *Direito do Trabalho na Era Digital*. Coimbra: Almedina, 2022.

______. Algumas Implicações Laborais do Regulamento Geral de Proteção de Dados no Trabalho 4.0. *Revista Questões Laborais*, dez. 2017, n. 51.

______, Teletrabalho e privacidade. *Revista Questões Laborais*, jul. 2022, n. 60, 181-197.

OLIVEIRA NETO, Celio Pereira. *Trabalho em ambiente virtual:* causas, efeitos e conformação. 2. ed., rev., atual. e ampl. São Paulo: LTr, 2022.

______. Proteção de dados e uso da tecnologia no monitoramento do trabalhador: da experiência portuguesa às projeções no Brasil. *Revista Electrónica de Direito*, jun. 2023, n. 2, vol. 31.

______; CALCINI, Ricardo. Adequação à LGPD no recrutamento e seleção de candidatos a emprego. *Consultor Jurídico*, 24 set. 2020. Disponível em: <https://www.conjur.com.br/2020-set-24/pratica-trabalhista-adequacao-lgpd-recrutamento-selecao-candidatos-emprego. Acesso em: 15 maio 2023.

PORTUGAL. Disponível em: <https://dre.pt/legislacao-consolidada//lc/75194475/201707240900/73439934/diploma/indice#:~:text=2%20%2D%20Sempre%20que%20o%20teletrabalho,de%20pessoa%20por%20ele%20designada>. Acesso em: 23 out. 2021.

______. Disponível em: <https://www.cnpd.pt/media/zkhkxlpx/orientacoes_controlo_a_distancia_em_regime_de_teletrabalho.pdf>.

______. Disponível em: <https://dre.pt/legislacao-consolidada/-/lc/75194475/201707240900/73439941/diploma/indice>.

REDINHA, Maria Regina Gomes. *Da protecção da personalidade no Código do Trabalho.* Coimbra: Coimbra Editora, 2004.

______. 1ª Sessão: Os desafios sociais no contexto europeu e brasileiro, [Participantes: Nair Portela Silva Coutinho, Nídia Maria de Morais Cardoso de Menezes Abrunhosa, Pedro Garrido Rodríguez, Rafael De Sousa Castelo, Ruy Celso Barbosa Florence]. *I Congresso Global de Direitos Humanos*, Lamego, Portugal, 2019. Disponível em: <https://doity.pt/GDH.LAMEGO> Acesso em: 15 maio 2023.

______. Os direitos de personalidade no Código do Trabalho: actualidade e oportunidade da sua inclusão. *A Reforma do Código do Trabalho.* Coimbra: Coimbra Editora, 2005. Disponível em: <https://repositorio-aberto.up.pt/bitstream/10216/18699/2/49726.pdf>. Acesso em: 15 maio 2023.

______; GUIMARÃES, Maria Raquel. O uso do correio electrónico no local de trabalho – algumas reflexões. In: *Estudos em homenagem ao Professor Doutor Jorge Ribeiro de Faria.* Faculdade de Direito da Universidade do Porto, Coimbra Editora, Coimbra, 2003, p. 647-671. Disponível em: <https://repositorio-aberto.up.pt/bitstream/10216/24325/2/49769.pdf>.

TERAMIND. Detecção de ameaças internas e monitoramento de funcionários. *Teramind.* Disponível em: <https://www.teramind.co/>. Acesso em: 31 maio 2023).

TST — TRIBUNAL SUPERIOR DO TRABALHO (5ª Turma). *Processo n. TST-RR-169000-71.2009.5.02.0011.* Relator Ministro Caputo Barros. Julgado em 04 maio 2016.

Motricidade e Ensino Remoto

Christiano Nogueira[1]

Resumo: Escrever um artigo com o referido tema é algo largamente desafiador, não só pelo fato do ensino remoto nas séries iniciais da escolarização ser algo recente, mas também pelo fato de que, para cada faixa etária, de acordo com suas demandas e fases do desenvolvimento, há múltiplas características distintas a serem evidenciadas e levadas em consideração para uma análise significativa. Diante destas distintas características, o presente artigo buscou estabelecer relação científica de diferentes referências bibliográficas sobre desenvolvimento, processo de aprendizagem e ensino remoto de crianças inseridas nas séries iniciais de escolarização (Educação Infantil e primeiro ciclo do Ensino Fundamental). Os diferentes autores evidenciam a importância do corpo, das experiências vividas e das relações interpessoais para a construção de competências, de conhecimentos e de saberes imprescindíveis para o desenvolvimento integral do ser humano e, principalmente para o processo de aprendizagem. Diante dos diferentes conhecimentos científicos sobre o desenvolvimento humano e das diferentes experiências vividas e relatadas pelos docentes durante e após o período de reclusão por conta do Covid-19, conclui-se que o ensino remoto não seria o caminho ideal para a educação nas séries iniciais, ficando este como uma ferramenta para a melhoria do processo de escolarização e para situações emergenciais específicas.

Palavras-chave: Motricidade, Ensino Remoto, Psicomotricidade, Aprendizagem, desenvolvimento infantil.

Abstract: Writing an article on this topic is quite challenging, not only because remote teaching in the initial grades of schooling is something recent, but also because, for each age group, according to their demands and stages of development, there are multiple distinct characteristics to be highlighted and taken into consideration for a meaningful analysis. Given these distinct characteristics, this

(1) Educador Físico. Especialista em Psicomotricidade. Especialista Internacional em Técnicas e Práticas Corporais (Paris). Mestre em Ciências da Educação. Professor Universitário. Terapeuta Psicomotor Infanto-juvenil. Assessor e Supervisor Educacional e Clínico.

article sought to establish a scientific relationship between different bibliographical references on the development, learning process and remote teaching of children in the initial grades of schooling (Early Childhood Education and the first cycle of Elementary School). The different authors highlight the importance of the body, lived experiences and interpersonal relationships for the construction of skills, knowledge and essential knowledge for the integral development of human beings and, mainly, for the learning process. Given the different scientific knowledge about human development and the different experiences lived and reported by teachers during and after the period of seclusion due to Covid-19, it is concluded that remote teaching would not be the ideal path for education in the initial grades, becoming a tool for improving the schooling process and for specific emergency situations.

Keywords: Motor skills, Remote Learning, Psychomotricity, Learning, child development.

Fundamentação teórica

Escrever um artigo com o referido tema é algo largamente desafiador, não só pelo fato do ensino remoto nas séries iniciais da escolarização ser algo recente e, por isso, não haver grandes parâmetros científicos sobre o tema, mas também pelo fato de que, para cada faixa etária, de acordo com suas demandas e fases do desenvolvimento, há múltiplas características distintas a serem evidenciadas e levadas em consideração para uma análise significativa.

Desta forma, me deterei a trazer uma análise a partir dos diferentes conhecimentos científicos, que temos até então, sobre o desenvolvimento neuropsicomotor e sobre a aprendizagem, correlacionando-os com as múltiplas realidades sociais e profissionais daqueles que estão envolvidos no processo de ensino e aprendizagem da educação nas séries iniciais, da educação infantil e do ensino fundamental 1.

Primeiramente, precisamos reconhecer que o Ser Humano é um ser social, o qual depende das relações interpessoais e objetais para seu desenvolvimento e para a aprendizagem, assim como o fato de que seu organismo é dependente do movimento e da atividade física para um funcionamento saudável.

Partiremos do olhar orgânico humano para entendermos a real importância do movimento para o desenvolvimento e para a aprendizagem, deixando a análise do olhar social para o momento seguinte.

Historicamente, nas diferentes civilizações, desde a antiguidade, a visão do corpo humano passou por diversas transformações. Segundo Fonseca (1995), desde Aristóteles passando pelo cristianismo, o corpo foi negligenciado em função do espírito, sendo considerado por Descartes como objeto e fragmento do espaço visível separado da ideia de um Ser Inteligível.

Apenas a partir do século XIX, o corpo passa a ser estudado por neurologistas e psiquiatras a fim de compreender a composição das estruturas cerebrais e a compreensão de fatores patológicos, respectivamente.

Estes estudos, por intermédio de evidências científicas no século XX, a princípio no campo patológico, trouxeram a percepção de que corpo e mente são inseparáveis. A partir destes conhecimentos, novos estudos, agora voltados para a área do desenvolvimento psicológico da criança, deram luz à interdependência do corpo e da mente no processo de desenvolvimento e aprendizagem humana, tanto pedagógica quanto social.

Wallon foi o grande pioneiro da visão psicomotora humana, ao evidenciar que o movimento é a única expressão do pensamento e o primeiro instrumento no desenvolvimento do psiquismo da criança, trazendo uma visão dialética entre o corpo e o psiquismo. Segundo Fonseca (1995), Wallon dedicou parte de seus estudos para demonstrar a ação recíproca entre as funções mentais e as funções motoras, argumentando que o desenvolvimento da mente resulta do determinismo dialético de ambas as funções.

O autor afirma que "é uma ilusão frequente dos psicólogos acreditarem que as formas ou transformações da vida psíquica podem ser reduzidas apenas a fatores ou elementos psíquicos" (WALLON, 2008 p. 32), destacando a importância da atividade postural e sensório-motora como pontos de partida do desenvolvimento da atividade intelectual infantil. Para isto, ele descreveu 5 fases deste desenvolvimento que entende a íntima relação entre corpo e psiquismo, o que podemos chamar de "Do ato ao pensamento", título de uma de suas obras.

Esses estudos de Wallon influenciaram muito outros autores e pesquisadores de diferentes áreas científicas, tais como: psiquiátricas, psicológicas, pedagógicas e da educação física, as quais passaram a considerar a relevância do corpo no desenvolvimento neurofuncional do Ser Humano. Segundo Fonseca (1995, p. 12) "a fecundidade do pensamento de Wallon continua em permanente atualização, uma vez que perspectiva o estudo da criança na sua totalidade e renuncia às abordagens unidimensionais ou setoriais".

Outra maneira de entender e reafirmar esta íntima relação entre o corpo e a mente surge dos estudos da neurociência, que trouxeram descobertas sobre o funcionamento do cérebro, suas funções e modificabilidade. A compreensão fisiológica e funcional do cérebro destacou que a inteligência, as emoções, assim como a motricidade, são geridas por este órgão mais organizado e complexo do nosso organismo humano.

Logo, a partir dessas evidências científicas contemporâneas, fica impossível manter uma visão dicotômica entre corpo e mente, tendo em vista que os três domínios humanos (cognitivo, afetivo e motor), responsáveis por toda forma de relação e de aprendizagem, são geridos pelo mesmo sistema do organismo, o Sistema Nervoso.

Além disto, os estudos do famoso psicólogo soviético, Alexander Romanovich Luria, evidenciam que toda ação voluntária humana, intencional, é resultado do trabalho integrado das diferentes áreas cerebrais. Em seus estudos, o referido autor descreveu a existência de três unidades neurofuncionais do cérebro, cada qual com sua funcionalidade, mas interligadas diretamente e, portanto, interdependentes na construção de toda ação e pensamento humano.

Filogeneticamente, a ciência reconhece a grande versatilidade do cérebro para se adaptar frente a novas demandas e necessidades, cada vez mais complexas e simbólicas, alterando e modificando os sistemas e conhecimentos antigos em sistemas e conhecimentos novos, constituindo novos comportamentos.

Além de mudanças biológicas ocorridas ao longo do tempo, o cérebro também passou por transformações oriundas da evolução cultural, com o surgimento da linguagem e organização social. Para Fonseca (1995, p.21),

> "[...] a evolução cultural, dependente do envolvimento, de onde emergem a postura bípede, a manipulação tecnológica, a caça, a linguagem e a organização social, que traduzem os comportamentos a aprender, onde, de fato, a motricidade e a psicomotricidade assumem funções verdadeiramente transcendentes."

Em unanimidade, muitos autores reconhecem que estas mudanças na funcionalidade cerebral emergem da motricidade, da relação do indivíduo como o meio. As perspectivas sobre o desenvolvimento humano, descritas por Wallon, Piaget e Luria, por exemplo, relevam que a evolução e o desenvolvimento da criança vão do reflexo à reflexão, do ato ao pensamento e do gesto à palavra, reforçando a presença da motricidade na origem do pensamento, da linguagem e da relação.

Discussão

Desde o nascimento, as relações estabelecidas pelo bebê com a sua mãe ou com um cuidador acontecem de maneira primitiva. Os atos reflexos do bebê permitem que, além de buscar sua sobrevivência, estabeleçam conexões nervosas por intermédio das múltiplas sensações geradas pelos mesmos. A cada gesto realizado, o cérebro recebe uma infinidade de informações proprioceptivas, táteis, visuais, auditivas, olfativas e/ou gustativas que permitem que ele vá se estruturando funcionalmente, constituindo uma série de conhecimentos e consciências, os quais servirão de base para a construção das ações, comportamentos e pensamentos.

Aos poucos, conexões cerebrais vão acontecendo, permitindo um controle voluntário de suas ações e, consequentemente, a inibição das ações reflexas. A possibilidade de agir voluntariamente requer, cada vez mais, um planejamento do ato motor para que ele se torne coeso, harmônico e preciso que, por sua vez, é resultado do desenvolvimento de suas capacidades cognitivas e de raciocínio.

Esses axiomas do desenvolvimento evidenciam a importância do movimento para o desenvolvimento das capacidades psíquicas das crianças, tanto cognitivas, ao exigir raciocínios lógicos, hipotéticos, espaciais, por exemplo, quanto emocionais, ao gerar autonomia e independência para a criança, construindo uma autoimagem positiva, por intermédio de um sentimento de competência, de capacidade para solucionar desafios e conquistar desejos. Este sentimento de competência positivo dará, ao indivíduo, energias para a busca de novos conhecimentos e para o desenvolvimento de novas capacidades, evidenciado por Gallahue (2005, p. 05) quando afirma que "vários fatores que envolvem habilidades motoras e desempenho físico interagem de maneiras complexas com o desenvolvimento cognitivo e afetivo".

Essa citação de David L. Gallahue, uma das maiores referências sobre o desenvolvimento motor humano, reforça a influência recíproca da motricidade nas faculdades psíquicas, assim como delas na motricidade humana.

Diante de todas as evidências científicas expostas até aqui, precisamos considerar os benefícios do movimento para a saúde física e mental. Diversos estudos da área saúde já demonstraram os benefícios da atividade física no tratamento e na prevenção de doenças, inclusive psíquicas, como a depressão e a ansiedade, por exemplo, além de mostrarem a melhora na qualidade de vida, no sistema cardiorrespiratório, sistema hormonal e imunológico, na vida social, dentre outros benefícios.

A professora Dra. Priscila Nakamura, em um artigo publicado pelo Ministério da Saúde Brasileiro em 2021, explica que a atividade física gera a liberação de endorfina, o principal hormônio responsável pela sensação de bem-estar, alegria, bom humor e satisfação, além de auxiliar na comunicação neural, ampliando suas conexões, assim como na diminuição da velocidade da perda destes mesmos neurônios. A mesma professora afirma que a atividade física e o movimento corporal também auxiliam na vida social, pois muitas atividades corporais são praticadas em grupos ou próximo deles, proporcionando também benefícios para a saúde física e mental por intermédio das relações estabelecidas nessas práticas.

Segundo o Dr. Hélio Costa, ortopedista do Hospital Brasília, o corpo humano foi concebido e projetado para se movimentar, desde o início da vida. Nossos músculos, tendões, ligamentos e nossos ossos são dependentes da motricidade para que se mantenham saudáveis realizando adequadamente todas as suas funções, assim como na prevenção de lesões por acidente ou pelo envelhecimento. Segundo ele, o movimento e a atividade física, que no início da vida acontece praticamente por intermédio das atividades recreativas, favorecem na organização neurofuncional, assim como no crescimento e desenvolvimento da massa corporal.

Além disto, o movimento tem um papel fundamental no desenvolvimento da funcionalidade humana. O movimento não é apenas uma ação mecânica de grupos musculares articulando o corpo humano de uma maneira irracional, sem intenção ou planejamento. Desde a tenra idade, ainda antes de completar um ano, a partir do momento que o bebê passa a ter ações motoras voluntárias, ele começa a desenvolver sua intencionalidade, uma busca por algo que lhe atrai e lhe desperta desejo. Para tal, em busca de satisfazer seu desejo e conquistar o idealizado, ele precisa dar atenção àquilo que deseja, manter esta atenção e esta intenção além de realizar tudo o que puder e for necessário para o sucesso de sua busca.

Toda busca é uma ação práxica, a qual necessita de uma organização psicomotora, do amadurecimento adequado das estruturas neurofuncionais, conhecidas como bases psicomotoras. Sem que haja uma organização tônica e postural, permitindo a coordenação de movimentos no tempo e no espaço, coordenação esta que é resultado da consciência corporal e da lateralização do corpo, a probabilidade de não alcançar seu objetivo com eficácia e com economia de energia torna-se grande, aumentando as chances do fracasso e construindo um sentimento de incompetência.

Ao reconhecermos o desenvolvimento psicomotor humano como a principal ferramenta da funcionalidade humana, passamos a entender a relevância do movimento para o desenvolvimento de todas as faculdades psíquicas da criança. Como estamos falando de aprendizagem, para que ela aconteça, uma organização psicomotora precisa apresentar-se madura, dando suporte para todo complexo processo de aprendizagem. Segundo Fonseca (2014), Wallon encara o desenvolvimento psicomotor como uma sequência cronogênica de diversas fases articuladas, revelando uma integração de funções neurológicas (neurofuncionalidade) e não uma simples adição segmentada ou empilhada, as quais dependem das experiências vividas para seu amadurecimento.

Para Fonseca (2014, p. 23):

> "A Psicomotricidade para se desenvolver corretamente como característica eminentemente humana tem que respeitar estritamente a sequência temporal das diversas fases do desenvolvimento motor que ela relaciona e coordena neurofuncionalmente."

Uma organização tônica atencional e tônica postural dará suporte para o processamento das informações pedagógicas inerentes na tarefa, assim como para a ação de leitura ou de escrita da mesma. Além disto, esta ação necessitará de uma organização perceptiva do próprio corpo, da sua lateralidade e dominância lateral, assim como da organização espaço temporal que fora desenvolvida por meio da exploração do corpo da criança no espaço, nas múltiplas experiências motoras vivenciadas. Só assim, esta criança terá condições de se organizar corporalmente para atuar no espaço gráfico, bidimensional, das folhas dos livros e dos cadernos.

Quando as necessidades para o pleno desenvolvimento psicomotor não são supridas em cada faixa etária do desenvolvimento infantil, lacunas em seu desenvolvimento se instaurarão, dificultando ainda mais seu processo de alfabetização e de aprendizagem escolar. Serão notadas dificuldades como: a criança não consegue permanecer parada e atenta por tempo suficiente para a tarefa, não tem equilíbrio suficiente para a manutenção na posição adequada e para a liberação do ato motor ocular da leitura ou viso motor da escrita, apresentará dificuldade de memorizar o formato correto de cada letra ou número, uma vez que mal conhece o formato do próprio corpo, não saberá distinguir direita de esquerda, espelhando letras e números além do tempo natural de desenvolvimento, terá dificuldade de se organizar nos espaços delimitados da folha de papel, assim como na organização lateral-espacial da escrita ocidental (da esquerda para a direita e de cima para baixo), por exemplo, apresentará irritabilidade e resistência para o processo de aprendizagem, criará um sentimento de incompetência para tal processo, tendo em vista a quantidade de fracassos e a dificuldade para alcançar a progressão pedagógica, assim como dificuldades de interação social, de autoimagem dentre muitas outras dificuldades com origem na desorganização psicomotora.

Segundo Estanislau e Bressan (2014), os estudos sobre saúde mental têm identificado o sistema escolar como um espaço estratégico e privilegiado na implementação de políticas de saúde pública para crianças e jovens, destacando-o como principal núcleo para a promoção e prevenção de saúde mental, por concentrar em um único ambiente a maior parte da população jovem, por uma boa parte do dia, desenvolvendo um trabalho sistematizado e passível de adaptações.

Além disso, o conceito de promoção de saúde apresentado pela Organização Mundial da Saúde pressupõe que um dos determinantes sociais para o desenvolvimento da saúde mental é a educação escolar. Este ambiente, por intermédio de toda equipe de profissionais capacitados para suas diferentes funções educacionais, principalmente os professores, tem a condição de ter uma observação mais crítica e fidedigna do comportamento dos alunos, permitindo uma intervenção direta e imediata na construção do comportamento e da personalidade dos alunos nos diferentes contextos (tarefas acadêmicas, socialização, esportes, alimentação etc.), além de ter a condição de flexibilizar o currículo para enfatizar assuntos relevantes na promoção de saúde mental e social.

Segundo Estanislau e Bressan (2014, p. 17):

> "Um professor bem informado e sensível pode tanto promover saúde mental quanto atuar na prevenção de transtornos, por exemplo, identificando sinais que demandem encaminhamentos para avaliação de equipe de saúde mental, contribuindo para uma intervenção precoce."

Conclusão

Diante desses múltiplos olhares científicos sobre o desenvolvimento e aprendizagem humana, fica evidente a necessidade de movimento para o desenvolvimento integral da criança, assim como da relação com outras pessoas não familiares, principalmente seus pares (outras crianças) para que haja um desenvolvimento saudável que favorecerá em todo o processo de aprendizagem escolar e no desenvolvimento da civilidade.

Além disto, é importante ressaltar que alguns processos da aprendizagem acadêmica não podem ser realizados à distância, como, por exemplo, a aprendizagem da escrita. Ela requer uma supervisão direta de um especialista em educação infantil e primária, cuidando da maneira de sentar e da postura do braço, da forma correta de segurar o lápis (riscante), na construção do percurso correto do riscante no registro de cada código linguístico e matemático, assim como na correta organização do gesto no espaço gráfico. O mesmo pode ser afirmado em relação ao processo de aprendizagem socioemocional, a qual depende principalmente do contato direto das crianças e jovens com outros seres humanos, dada a influência que estas relações têm no desenvolvimento das habilidades socioemocionais, sob a tutela de profissionais capacitados dentro do ambiente escolar.

Estanislau e Bressan (2014, p. 51) afirmam que "um educador em posse de conhecimentos sobre Aprendizagem Socioemocional, sabendo da sua importância para a formação da personalidade de seus alunos, compreendendo como tais habilidades influenciam positivamente no processo de ensino-aprendizagem e sabendo como aplicar esses conhecimentos em SALA DE AULA, tem em mãos uma ferramenta muito valiosa".

Vale lembrar, que o profissional especialista em educação, sendo pedagogo ou profissional de educação física, tão desvalorizados por nossa sociedade latino-americana, tem uma formação que o capacita a exercer os inúmeros papéis do processo educacional, que lhes dá o conhecimento sobre as necessidades e os caminhos para o desenvolvimento em cada faixa etária, a fim de dar luz ao protagonismo da criança, com mediações precisas, adequadas a capacidade de cada educando, para fazer com que ele elabore estratégias para alcançar os objetivos educacionais e de seu desenvolvimento integral. Essa desvalorização chega ao ponto de muitos cidadãos acreditarem que são capazes de exercer a função de um professor sem nunca ter estudado para tal.

Logo, com a evidência de que o corpo, por intermédio da motricidade, é a única ferramenta de relação entre o universo psíquico e o ambiente, do qual a mente extrai todas as informações que utilizará para construir sua sapiência e perspicácia para a vida, privar a criança de estabelecer relações com os outros e, consequentemente, consigo mesma, ao manter o processo de ensino-aprendizagem escolar à distância, longe do olhar especializado do professor, é algo terrível para o desenvolvimento psicomotor e para a saúde mental do ser humano, como evidenciam os diferentes estudos e conhecimentos científicos do desenvolvimento humano.

Algumas pesquisas realizadas após período pandêmico, como (SOARES, 2023; CORREA, 2023; QUEIROZ *et al.*, 2021) sinalizaram algumas dificuldades em diferentes aspectos do desenvolvimento das crianças em idade escolar, envolvendo desde o processo de alfabetização, passando por diferenças de autonomia, iniciativa e socialização. Algumas evidências, sinalizam que a reclusão domiciliar em prol de um ensino remoto, trouxeram sérios prejuízos às crianças da Educação Infantil e do Ensino Fundamental 1, cada qual com suas demandas de desenvolvimento pertinentes à sua faixa etária e ao processo de aprendizagem escolar.

Pensar no ensino remoto e na tecnologia de educação como recursos pontuais para enriquecer o desenvolvimento da criança, sem privá-la de apresentar-se diariamente às inúmeras experiências escolares, seria algo considerável para a melhoria do processo de ensino-aprendizagem, dado o avanço da tecnologia e significativo aumento do domínio de tecnologias por parte dos educadores, como sinalizam os estudos de Rondini *et al.* (2020).

O desenvolvimento de neurofuncionalidades humanas requer ações práticas, motoras. Diante disto, o ambiente escolar é o espaço adequado para o desenvolvimento integral dos educandos, tanto nos aspectos motores, quanto nos aspectos cognitivos e afetivos. A privação destas experiências e vivências ocorridas durante o período pandêmico trouxe um aumento significativo de necessidades de apoios terapêuticos, como evidenciado por inúmeros profissionais da educação e da área terapêutica[(2)] pós-período pandêmico da Covid-19.

Desta forma, precisamos ter muito cuidado com a implementação do ensino remoto para as séries iniciais da educação, tendo em vista a necessidade de experiências concretas por parte dos educandos, a capacidade e necessidade de múltiplas intervenções diretas no ambiente escolar realizadas pelos profissionais de educação, assim como pela necessidade evidente de algumas habilidades e aprendizagens escolares por uma observação e mediação direta dos professores em relação às ações motoras de seus alunos, desde a correção postural do corpo como da maneira correta de executar alguns movimentos.

Este cuidado garantirá que a educação continue atuando na formação e no desenvolvimento integral de um cidadão, ao olhar para os diferentes aspectos que compõe a sua construção e amadurecimento, não apenas na escolarização,

(2) Informações verbais adquiridas pelas reuniões e formações realizadas pelo autor com diversos profissionais de educações de diferentes escolas de São Paulo e com terapeutas de diferentes áreas que também observaram diversas mudanças em suas clínicas após a pandemia de Covid-19.

na transmissão de informações por intermédio das ferramentas digitais, as quais sabemos que enriquecem as diferentes práticas educacionais com suas tecnologias e recursos.

Referências

CORREA, C. da S. Return to presential activities post-pandemic and learning difficulty in the early years of elementary school: An assessment of the level of alphabetical reading and writing. *Research, Society and Development*, [S. l.], v. 11, n. 15, p. e400111537307, 2022. DOI: 10.33448/rsd-v11i15.37307. Disponível em:< https://rsdjournal.org/index.php/rsd/article/view/37307>. Acesso em: 28 set. 2023.

COSTA, Hélio. Corpo em movimento: O corpo humano foi concebido e projetado para se exercitar, do início de sua existência até o fim da vida. *Hospital de Brasília*. Brasília, 05 abr. 2020. Disponível em: <https://hospitalbrasilia.com.br/pt/sobre-nos/blog/corpo-em-movimento#:~:text=do%20Hospital%20Bras%C3%ADlia-,O%20corpo%20humano%20foi%20concebido%20e%20projetado%20para%20se%20exercitar,com%20o%20menor%20gasto%20energ%C3%A9tico>. Acesso: 07 set. 2023.

ESTANISLAU, Gustavo M.; BRESSAN, Rodrigo A. *Saúde Mental na Escola:* o que os educadores devem saber. Porto Alegre: Artmed, 2014.

FONSECA, Vitor da. *Dificuldades de coordenação psicomotora na criança:* a organização práxica e a dispraxia infantil. Rio de Janeiro: Wak Editora, 2014.

______. *Manual de Observação Psicomotora*. Porto Alegre: Artes Médicas, 1995.

LURIA, Alexander R. *A Construção da Mente*. São Paulo: Ícone, 2015.

Ministério da Saúde. *Movimente-se mais!* Um pouquinho por dia já proporciona benefícios físicos e mentais. Brasil, 1º out. 2021. Disponível em: <https://www.gov.br/saude/pt-br/assuntos/saude-brasil/eu-quero-me-exercitar/noticias/2021/movimente-se-mais-um-pouquinho-por-dia-ja-proporciona-beneficios-fisicos-e-mentais#:~:text=Ao%20colocar%20o%20corpo%20em,alegria%2C%20bom%20humor%20e%20satisfa%C3%A7%C3%A3o>. Acessoem : 07 set. 2023.

NICOLELIS, Miguel. *O Verdadeiro criador de tudo:* como o cérebro humano esculpiu o universo como nós conhecemos. São Paulo: Planeta, 2020.

QUEIROZ, M. de; SOUSA, F. G. A. de; PAULA, G. Q. de. Educação e Pandemia: impactos na aprendizagem de alunos em alfabetização. *Ensino Em Perspectivas*, 2(4), 1–9, 2021. Disponível em: <https://revistas.uece.br/index.php/ensinoemperspectivas/article/view/6057>. Acesso em: 07 set, 2023.

RONDINI, Carina A.; PEDRO, Ketilin M.; DUARTE, Cláudia dos S. Pandemia da Covid-19 e o ensino remoto emergencial: mudanças na prática pedagógica. *Interfaces Científicas*, Aracajú, v. 10, n. 1, p. 41-57, Número Temático, 2020.

WALLON, Henri. Do ato ao pensamento: ensaio de psicologia comparada. Tradução de Gentil Avelino Titton. Rio de Janeiro: Vozes Editora, 2008.

Home Office para Profissionais de Saúde Mental: Desafios e Perspectivas

Cláudia Catão Alves Siqueira[1]

Marcelo Nascimento Russo[2]

Resumo: A virada do século trouxe consigo avanços tecnológicos significativos, mas foi a crise sanitária da Covid-19 que catalisou uma mudança abrangente na maneira como vivemos e trabalhamos. De repente, as paredes de nossa casa se tornaram as fronteiras de nossos escritórios, salas de aula e consultórios terapêuticos. Enquanto muitos setores foram abalados e desafiados, os profissionais de saúde mental se encontraram em uma encruzilhada única. Este capítulo se propõe a desvendar as múltiplas camadas dessa transformação, especialmente no que se refere à psicologia e aos serviços de saúde mental. O trabalho remoto, ao mesmo tempo que possibilitou a continuidade dos atendimentos, também levantou questões sobre confidencialidade, eficácia terapêutica a distância e a própria saúde mental dos profissionais de saúde mental. Como manter um ambiente seguro e propício à terapia em casa? Como lidar com o próprio estresse e *burnout* enquanto se atende a demandas altas e complexas? Aqui, iremos explorar não apenas as adaptações práticas dos profissionais de saúde mental, mas também as implicações legais e éticas que emergiram. A digitalização dos serviços psicológicos, com todos os seus benefícios e desafios, está redefinindo o que significa receber e fornecer cuidados em saúde mental. Seja você um profissional da área, um estudioso do direito, ou simplesmente alguém curioso sobre o impacto da tecnologia na saúde mental, este

(1) Psicanalista e Doutora em Telepsicologia (Instituto de Psicologia Clínica da Universidade de São Paulo). Professora da Casa dos Insights. Com mais de 100 palestras para organizações e universidades. Participou do grupo de trabalho que originou a Resolução CFP 11/2018. Realizou especializações em e-Health na Universidade de Sidney, Health Care Innovation na Wharton School e Telemedicina na Icahn School of Medicine at Mount Sinai.

(2) Engenheiro e CEO da Casa dos Insights. É *Master of Business Administration* em Gestão de Negócios pelo IBMEC. Coautor do livro: *Psicoterapia* On-line — *Ética, Segurança e Evidências Científicas sobre as Práticas Clínicas Mediadas por Tecnologias* e do *Guideline Brasileiro para a prática telepsicológica.*

capítulo promete um mergulho profundo no coração da psicologia contemporânea, iluminando o caminho para o que está por vir.

Palavras-chave: Telepsicologia — Psicoterapia *on-line* — Saúde mental — *Home office.*

Na realidade, o *home office* é muito mais desafiador do que os profissionais de qualquer área poderiam imaginar. Ele não é desafiador apenas para os profissionais de saúde mental, mas para qualquer tipo de profissional. Temos que entender que o contexto do desejo pelo *home office* veio de uma época em que vivíamos, "*out of home*" o tempo todo, e havia um anseio por retornar a nossa casa, à nossa família, às nossas coisas. Vivíamos no trabalho e, de vez em quando, passávamos por nossa casa. Esse era o contexto. Havia internamente um anseio de retornar à casa em que vivíamos: lugar de descanso, casa do final de semana, casa com a família, onde não há obrigações de maiores tarefas. Esse era o conceito de ir para casa.

A grande discussão contra o *home office* nas empresas era que acreditava-se que seria o "*home off*", um trabalho desligado na casa, pois se considerava que o profissional ia enrolar, fingir que estava trabalhando e não estaria comprometido. Portanto, era sempre um conflito muito grande permitir ou não que a pessoa trabalhasse em casa. Com a chegada da pandemia da Covid-19(3), as pessoas foram obrigadas a ficar em casa; o que mudou um pouco o cenário do desejo de estar ali, especialmente quando foram forçadas a permanecer, no início, pelo medo de contrair a doença, de morrer, entre outros. Os relacionamentos foram testados. Algumas pessoas resolveram seus problemas seja através do divórcio seja consertando sua relação com o outro, enquanto muitas enfrentaram crises significativas. Perceberam que não conheciam seus filhos, entregavam-nos de manhã na escola e os pegavam à noite. Os filhos, em muitos casos, eram criados pela escola, ou seja, não eram criados por ninguém.

As pessoas foram confrontadas com o abandono generalizado que estavam causando a si mesmas, aos seus amados, aos seus parceiros e aos seus filhos. Começaram a perceber que estavam dedicando grande parte de sua vida ao trabalho e muito pouco à vida pessoal. Esse era o contexto em que a conversa sobre *home office* começou.

No caso dos psicoterapeutas(4), tivemos um contexto semelhante. Se fizermos um paralelo, passávamos o dia inteiro no consultório; saíamos cedo e o consultório

(3) A Organização Mundial da Saúde (OMS) declarou oficialmente a Covid-19 como uma pandemia em 11 de março de 2020. *World Health Organization*.

(4) Para uma leitura mais fluida, usaremos o termo "psicoterapeuta". No entanto, é importante destacar que este termo engloba psicólogos, psicanalistas, psiquiatras e outros profissionais da saúde mental.

se tornava a nossa casa. A rotina era exaustiva, e fazer a refeição no local de trabalho se tornou um hábito para a maioria de nós. Quem se arriscava a ter preciosos momentos com seus filhos na hora do almoço, sempre ficava com uma incerteza pairando no ar: se conseguiriam retornar a tempo. Era um sacrifício manter um consultório do qual dependíamos financeiramente. Não me refiro aos psicoterapeutas, que podiam trabalhar o número de horas que desejassem, mas àqueles que dependiam desse trabalho e precisavam atender um número específico de pacientes para pagar as contas no final do mês. Havia muita dificuldade.

Muitos psicoterapeutas perceberam que, embora cuidassem da saúde mental de todos, negligenciavam seu próprio bem-estar. Como manter uma rotina de autocuidado, alimentar-se bem, manter-se hidratado e fazer atividades físicas para garantir a saúde mental? Observamos muitos adoecendo, desde problemas musculoesqueléticos, como dores nas costas e lombares, até doenças graves. Muitos enfrentavam problemas de saúde devido à sobrecarga emocional, e não processavam adequadamente o estresse acumulado. Era evidente que algo precisava mudar para que as pessoas pudessem viver de maneira mais saudável e equilibrada.

A telessaúde(5) e a telepsicologia(6) surgiram inicialmente como uma resposta às necessidades de populações em regiões remotas, onde a escassez de profissionais de saúde dificultava o acesso ao atendimento básico. A ideia era criar pontes virtuais que permitissem a esses indivíduos receber cuidados sem a necessidade de deslocamento a grandes centros urbanos. No entanto, esses serviços *on-line* começaram a ser reconhecidos não apenas como uma ferramenta para áreas isoladas, mas também como uma solução inovadora para aliviar as pressões da vida urbana. Assim, a telepsicologia passou a ser valorizada não apenas por sua capacidade de alcançar lugares distantes, mas também como um meio de proporcionar flexibilidade e conveniência para psicoterapeutas e pacientes nos agitados centros urbanos.

Em termos regulatórios, a relação entre a psicologia e as novas tecnologias no Brasil data de 2000. Para entender a evolução e os desafios enfrentados pelos psicólogos, especificamente, é crucial contextualizar historicamente e juridicamente as resoluções do Conselho Federal de Psicologia (CFP) relacionadas à Psicoterapia *On-line*, como é conhecida popularmente a Telepsicologia.

---

(5) Telessaúde é definida como o uso de tecnologias de informação e de telecomunicação que medeiam o atendimento clínico de profissionais da saúde realizados a distância e suas inter-relações com educação, saúde pública e promoção de saúde (*O'Toole, M.T.*, 2003).

(6) A telepsicologia é um segmento da telessaúde que emprega novas tecnologias de informação e comunicação associadas à Internet, com o objetivo de aumentar o acesso da população à prestação de serviços psicológicos de alta qualidade, bem como promover educação continuada de profissionais de saúde mental, independentemente de sua localização geográfica (Catão & Russo, 2018).

A primeira resolução a tratar da Psicoterapia *On-line* no Brasil foi a CFP n. 03/2000, alterada pela CFP n. 10/2003. O atendimento psicoterapêutico mediado por computador (como conhecido na época), sendo uma prática ainda não reconhecida pela psicologia, só poderia ser utilizado profissionalmente se fizesse parte de um projeto de pesquisa e tivesse a autorização dos respectivos Comitês de Ética. Sites que ofereciam esses atendimentos deveriam exibir um selo de certificação fornecido pelo CFP. Esse selo deveria ser interativo, levando, ao ser clicado, a uma página do CFP que confirmava a autenticidade e regularidade do serviço (Resolução CFP n. 003/2000 e Resolução CFP n. 010/2003).

Na resolução CFP n. 12/2005, que revogou as anteriores, as exigências relativas à pesquisa foram mantidas, mas a resolução, especificamente no Capítulo II, art. 6º e 8º, passa a reconhecer os serviços psicológicos mediados por computador, contanto que não sejam psicoterapêuticos. Assim, psicólogos cadastrados no Conselho Regional de Psicologia podem oferecer serviços psicológicos mediados por computador pontuais, desde que sejam classificados como orientação psicológica, permitindo a cobrança de honorários pelos serviços prestados; e havia necessidade dos sites que ofereciam esses atendimentos exibirem um selo de certificação do CFP (Resolução CFP n. 012/2005).

A partir da resolução CFP n. 11/2012, também revogando a anterior, especificamente, no Capítulo I, art. 1, reconhece-se serviços psicológicos realizados a distância, como: orientações psicológicas limitadas até 20 encontros; processos de seleção de pessoal; aplicação de testes; supervisão de trabalho de psicólogos e atendimento eventual de clientes em trânsito e/ou de clientes que momentaneamente se encontrem impossibilitados de comparecer ao atendimento presencial. Os psicólogos devem garantir o sigilo das informações e informar os clientes sobre os recursos tecnológicos utilizados. As exigências relativas à pesquisa e à necessidade de um selo de certificação no site são mantidas (Resolução CFP n. 011/2012).

Com a expansão do acesso à *Internet* para a população brasileira, a popularização dos dispositivos móveis, o avanço das pesquisas na área oferecendo fundamentação empírica para a implementação e expansão desses atendimentos psicológicos on-line (Siqueira, 2016), e à medida que as novas tecnologias se integram mais profundamente em nossa vida, tornou-se imperativo para o Conselho Federal de Psicologia (CFP) adaptar-se a essa nova realidade. Criou-se grupos de trabalho em cada regional para garantir que tanto os psicólogos quanto os indivíduos que buscam esses serviços tivessem clareza, diretrizes e proteção legal. Assim, a resolução CFP 11/2012 é revogada sendo substituída pela CFP 11/2018.

Até o início da pandemia da Covid-19, a resolução CFP 11/2018 era a que estava em vigor e normatizava a prestação de serviços psicológicos mediados por tecnologias, já aludindo às obrigações estabelecidas pelo Marco Civil da Internet e, posteriormente, pela Lei Geral de Proteção de Dados (LGPD). Essas legislações enfatizam a importância da privacidade e da segurança das informações dos usuários (Resolução CFP n. 011/2018).

Os serviços psicológicos autorizados na resolução CFP 11/2018 por meio digital incluem: consultas e atendimentos psicológicos de variadas naturezas, realizados em tempo real (síncronos) ou não (assíncronos); processos de seleção de pessoal; uso de instrumentos psicológicos, desde que estejam em conformidade com regulamentações específicas, e que sejam padronizados e normatizados para uso on-line e supervisão técnica relacionada à atuação profissional de psicólogos em diversos contextos. Outro ponto relevante é a flexibilidade quanto ao número de encontros virtuais: a resolução não estipula um limite. Contudo, a resolução é clara em determinar situações em que a assistência psicológica mediada por tecnologia não é adequada: atendimentos em cenários de urgência ou emergência, assistência em situações emergenciais decorrentes de catástrofes ou desastres e atendimentos a indivíduos ou grupos em contextos em que exista violação de direitos ou episódios de violência. Tais situações demandam o contato presencial, dada a complexidade e gravidade das circunstâncias (Resolução CFP n. 011/2018).

Buscando adaptar-se rapidamente a cenários desafiadores da pandemia da Covid-19, e preservar a integridade e o bem-estar dos pacientes e profissionais da área de psicologia, foi publicada uma alteração vigente até a data de publicação deste livro, a resolução CFP n. 04/2020. Esta, basicamente, possibilita ao psicólogo prestar serviços psicológicos por meios de Tecnologia da Informação e da Comunicação somente com um cadastro prévio, sem a necessidade da emissão de parecer do respectivo CRP, por conta da pandemia. E também foram suspensas as restrições quanto a: atendimentos em situações de urgência e emergência, atendimentos em situações de emergência e desastres e atendimentos a pessoas e grupos em situação de violação de direitos ou violência (Resolução CFP n. 004/2020).

Com a legalização e autorização, surgiram novos psicoterapeutas interessados nesse campo. Para nossa surpresa, não eram os jovens "tecnológicos" que procuravam a Casa dos Insights[(7)]. Eram psicoterapeutas mais experientes, que

(7) Desde 2014, a *Casa dos Insights* capacita profissionais de saúde para que possam oferecer atendimentos psicoterapêuticos pela Internet por meio do Consultório Virtual Seguro®. No cenário brasileiro, ocupamos uma posição de vanguarda nessa área. Somos ardorosos defensores de uma Psicoterapia *On-line* que seja sustentável, ética e, sobretudo, segura, com uma ênfase particular

sentiam que estavam sacrificando suas vidas, confinados em consultórios, vendo a vida passar pela janela. Enquanto cuidavam de milhares de pessoas ao longo de décadas, veem seus filhos crescerem, seus netos nascerem em outra parte do mundo e eles sem poder acompanhar.

Essa sensação de confinamento gerava uma crise existencial: "Vou continuar fazendo isso pelo resto da minha vida? Cuidando da vida dos outros enquanto não vivo a minha?". Alguns queriam morar na praia, outros queriam mudar de carreira. Percebemos que esse desejo de viver a vida em sua plenitude, com autocuidado e priorizando o bem-estar, ganhava força. A pandemia impulsionou essa tendência, especialmente entre psicoterapeutas que já estavam capacitados e conduziam seus consultórios on-line com profissionalismo. Para eles, a telepsicologia representava uma oportunidade de viver de forma mais plena. Até mesmo pacientes, que inicialmente eram resistentes ao atendimento on-line, começaram a perceber os benefícios.

Contra argumento de alguns psicoterapeutas como "não quero *on-line*" ou "atendimento *on-line* não tem aliança terapêutica[(8)]", entre outras ideias equivocadas disseminadas pela mídia e pelas redes sociais, estes começam a acreditar que o psicoterapeuta bem preparado oferece um fluxo de atendimento potente. A relação terapêutica extrapola a presença física, mostrando que a técnica clínica de excelência pode ser mediada por tecnologias. E isso provocou uma revolução tanto para os pacientes, que buscam viver plenamente sua vida, quanto para os psicoterapeutas.

Estes últimos, especialmente os mais experientes com duas ou três décadas de prática presencial, passaram a reconsiderar suas escolhas de vida: "Agora vou viver na praia, era meu sonho", "Vou para a montanha", "Quero ver meus netos nascerem", "Meu filho mora em outro país, vou passar um tempo com ele". Seja por períodos determinados ou como uma mudança permanente de vida, houve

---

na proteção dos dados dos pacientes. Depois de anos de esforço conjunto, com a participação no grupo de trabalho do CRPSP, finalmente vimos a aprovação da normativa que dá o respaldo legal à telepsicologia no país.

(8) Aliança Terapêutica é definida como uma ligação colaborativa e afetiva entre o psicoterapeuta e o seu paciente, e pode incluir fatores como empatia, *rapport*, aceitação, acolhimento, crenças e expectativas do profissional e do paciente, habilidades técnicas não verbais utilizadas para validar a fala do paciente, habilidade do profissional em identificar obstáculos que podem impedir as mudanças, bem como o conjunto das habilidades clínicas de comunicação. É fundamental que esses fatores estejam presentes em todas as interações psicoterápicas, independentemente da orientação teórica do psicoterapeuta. A Aliança Terapêutica é um ingrediente essencial para que os objetivos de um processo terapêutico sejam alcançados (Catão & Russo, 2018).

um significativo movimento de transição de consultórios presenciais para consultórios virtuais. Esses psicoterapeutas buscavam a possibilidade de viver de forma nômade, escolhendo onde e como queriam passar sua vida. Esse fenômeno é particularmente interessante, pois permite aos profissionais, pela primeira vez, viver a vida de forma autêntica, focando em relacionamentos de qualidade, rotinas de autocuidado e bem-estar. Afinal, a vida é breve, e cada momento deve ser vivido plenamente. Contudo, essa mudança também trouxe desafios.

Enquanto psicoterapeutas experientes migravam para essa nova modalidade de trabalho de forma coerente e bem pensada, muitos recém-formados, ainda inexperientes, tentavam aderir ao movimento de forma precipitada e, por vezes, inadequada. Frequentemente ouvimos de profissionais recém-saídos da universidade: "Eu vou atender do meu quarto mesmo". Vou usar o computador que eu já tenho, aquele que uso para *games*". Eles não possuem experiência clínica, supervisão ou mesmo um ambiente adequado. Muitos pensam: "Usar a plataforma *Zoom* ou similar", ambientes inadequados e inseguros nos quais a proteção de dados não é garantida, e a ética do cuidado é negligenciada (Stempel, J., 2021). Esses profissionais começam a oferecer um serviço que se assemelha a uma psicoterapia, mas que definitivamente não adere aos conceitos básicos e fundamentais de uma ética segura e baseada em evidências em prática mediada por tecnologias.

A possibilidade de desqualificação do trabalho on-line é uma grande preocupação para nós. Se não for gerida adequadamente, essa percepção pode se multiplicar rapidamente, de maneira quase exponencial, prejudicando a aceitação e a confiabilidade dessa modalidade de trabalho. Muitas pessoas, ao serem atendidas por esses psicoterapeutas, sentem que estão apenas num bate-papo informal ou num "papo solto". Quando desistem, saem criticando — e com razão. Um único exemplo ruim pode levar alguém a generalizar e dizer que todo atendimento on-line não presta. É muito perigosa a maneira insidiosa com que o público pode desqualificar o serviço quando é mal atendido repetidamente. Existem também muitas plataformas de atendimento on-line que não têm supervisão adequada, não zelam pelo cuidado e não monitoram de perto a qualidade do trabalho que o psicoterapeuta oferece.

Existe também a questão da falta de conhecimento por parte do profissional. Muitos saem da universidade ou de suas formações sem nunca ter ouvido falar de psicoterapia on-line. Poucas faculdades abordam esse tema com a seriedade necessária. Assim, da noite para o dia, quando o profissional decide realizar atendimento on-line, ele simplesmente usa o que tem disponível, liga a câmera e acredita que a sessão acontecerá apenas por sua decisão. Independentemente da abordagem de trabalho, sabemos que é necessário ter bagagem teórica, técnica, supervisão e prática sob a orientação de alguém mais experiente.

A psicoterapia *on-line* deve ser encarada como uma especialidade, uma área distinta, pois tem requisitos muito específicos. O profissional precisa entender de tecnologia, dominar a ferramenta que pretende usar, resolver problemas comuns, decidir quando encaminhar o paciente para o atendimento presencial ou não, elaborar contratos adequados e, acima de tudo, estabelecer uma aliança terapêutica mediada por tecnologias. Essa aliança não ocorre naturalmente. Ela é construída por meio de atitudes e trocas relacionais que começam bem antes da primeira sessão. Essa construção é fundamental para que, no momento da sessão, tanto o psicoterapeuta quanto o paciente estejam em sintonia, permitindo a construção de uma forte aliança terapêutica.

Uma aliança terapêutica robusta é a chave preditora da qualidade e do resultado do trabalho do psicoterapeuta. Ignorar os cuidados na construção dessa aliança é negligenciar a possibilidade de obter resultados ineficazes ou mesmo adversos em relação à psicoterapia. Assim, a conscientização dos psicoterapeutas sobre a necessidade de formação, de treinamento, de um ambiente adequado e reconhecimento de suas próprias limitações é fundamental. Admitir "eu não sei, mas vou aprender" é crucial para desenvolver um trabalho remoto psicoterápico com qualidade. Esse é o padrão que o trabalho em si merece, que os psicoterapeutas brasileiros merecem e que a saúde mental da população exige.

Uma parte frequentemente negligenciada na atuação dos psicoterapeutas é o manejo do ambiente. Para que um psicoterapeuta consiga mobilizar a área de sua mente responsável por elaborar um trabalho psicoterapêutico, ele precisa estar centrado e aterrado. É essencial um ambiente silencioso, e o psicoterapeuta deve estar no local com alguns minutos de antecedência. Esse ambiente deve ser reconhecido como um refúgio seguro, livre de interrupções. São inúmeros os aspectos que precisam ser cuidadosamente considerados ao preparar o ambiente terapêutico. Para que o psicoterapeuta possa realmente se concentrar e estabelecer uma conexão profunda com seu paciente, é imprescindível que o ambiente esteja livre de distrações e interrupções. Situações como dividir o espaço com outras atividades, ter fluxo constante de pessoas, estar à espera da campainha tocar e a possibilidade de crianças entrarem no ambiente são prejudiciais ao processo terapêutico.

O psicoterapeuta precisa estar plenamente presente durante a sessão, e qualquer desvio de atenção, por menor que seja, pode ser percebido pelo paciente. Se o psicoterapeuta não está integralmente focado, o paciente pode sentir-se desamparado ou até mesmo abandonado. Muitas vezes, a busca pela terapia é justamente uma tentativa de encontrar um espaço onde se este sinta ouvido e valorizado, algo que pode ter faltado em outras áreas da vida do paciente. Portanto, quando essa conexão genuína não ocorre na terapia, devido às distrações do ambiente ou falta de presença do psicoterapeuta, pode ser mais do que apenas um momento frustrante — pode ser retraumatizante. Para alguém que já viveu situações em que as pessoas ao seu redor não estavam disponíveis emocionalmente, enfrentar a mesma situação na terapia pode perpetuar sentimento de rejeição e solidão. Cada detalhe e cada ação do psicoterapeuta têm um profundo impacto no bem-estar emocional do paciente. Por isso, é de suma importância que tanto o paciente quanto o ambiente terapêutico sejam tratados com o máximo respeito e consideração.

É crucial entender que proporcionar um ambiente inadequado para o atendimento terapêutico não só desgasta o paciente como também compromete a qualidade do serviço prestado. Ambientes desorganizados, em que o psicoterapeuta se encontra mal posicionado ou onde há constantes interrupções, não são propícios para um trabalho terapêutico eficaz. Mães que têm crianças pequenas, por exemplo, podem achar ainda mais desafiador garantir um espaço de trabalho tranquilo em casa. Dessa forma, psicoterapeutas podem se ver na necessidade de buscar alternativas, como espaços de *co-working*, para oferecerem terapia de qualidade, especialmente se o ambiente doméstico não se mostrar adequado.

Outra questão se refere aos custos associados à psicoterapia *on-line*. É um erro presumir que o atendimento *on-line* eliminará todos os investimentos tradicionalmente associados ao trabalho presencial. Pelo contrário, os psicoterapeutas podem precisar investir ainda mais, seja em formação, tecnologia ou infraestrutura adequada. Ao fazer a transição do atendimento presencial para o on-line, o objetivo não deve ser apenas manter, mas sim elevar o padrão de qualidade do serviço. A satisfação do psicoterapeuta, assim como a confiança de seus pacientes, depende dessa busca constante por excelência.

Para garantir uma prática profissional segura e atualizada, é crucial contratar um ambiente para atendimento exclusivo da área da saúde, que ofereça segurança, um prontuário eletrônico auditável e outras funcionalidades, como assinatura com certificação digital, compatível com a Lei Geral de Proteção de Dados (LGPD). Especialmente em um mundo suscetível a falsificações, integrar uma assinatura eletrônica ao seu ambiente de trabalho é um passo essencial para aprofundar a profissionalização. Plataformas populares e gratuitas de videoconferência têm maior suscetibilidade a golpes, especialmente porque permitem que qualquer indivíduo baixe o aplicativo e crie um perfil sem passar por um processo rigoroso de verificação. Além disso, existe o risco de que essas plataformas utilizem dados sensíveis de saúde para propósitos comerciais, comprometendo a privacidade e a confidencialidade dos pacientes. Essa situação enfatiza a necessidade de psicoterapeutas optarem por soluções mais seguras e especializadas ao oferecer atendimento on-line.

Considerando a Lei Geral de Proteção de Dados e, principalmente, a falta de conhecimento e cuidado em relação a esta, nossa preocupação é profunda. Sabemos que somos constantemente escutados, ouvidos e lidos em todos os aplicativos. Quando o psicoterapeuta faz o *download* de softwares "gratuitos", ele está ciente de que seus dados são o preço dessa "gratuidade"; afinal, não existe real gratuidade na *Internet*. Se não há pagamento financeiro, os dados dos pacientes são a moeda de troca, e isso é ainda pior do que pagar financeiramente. Ao usar esses serviços, o psicoterapeuta compromete a segurança dos dados do paciente, um dano grave.

É evidente que o sigilo e a privacidade são éticas primordiais para profissionais de saúde e, de fato, para qualquer profissional — seja ele de saúde mental ou não. No campo da saúde mental, os dados são extremamente sensíveis, por se tratar de questões particulares e subjetivas. Ao utilizar um *e-mail* não criptografado ou compartilhar um diagnóstico através de plataformas gratuitas populares, há um risco significativo de que essas informações sejam utilizadas em campanhas publicitárias ou para aprimorar a experiência do usuário — neste contexto, dados sensíveis do paciente — em redes sociais.

Esses dados sensíveis que estão sendo fornecidos e, preocupantemente coletados, permanecem no escuro sobre como eles podem ser utilizados no futuro. Uma vasta quantidade de *big data* está sendo fornecida de forma irresponsável, incluindo dados das sessões terapêuticas. A forma como o ser humano se expressa, seus mecanismos de defesa, e sua psique estão sendo disponibilizados gratuitamente. Sabemos, por estudos e previsões atuais, o potencial das redes neurais e da inteligência artificial em prever padrões humanos. Em breve, não seria surpreendente se essas empresas nos compreendessem da mesma forma que um profissional de saúde compreende seu paciente. Ao fornecer ideias, percepções e suas intuições para empresas não autorizadas, estamos dando a elas ferramentas poderosas, sem saber como serão usadas de maneira ética ou antiética. Portanto, o ponto mais crítico é a imprudência com que os psicoterapeutas oferecem dados e conteúdo de sessão em plataformas não seguras em busca de uma "gratuidade" ilusória.

Além disso, os investimentos em equipamentos são imperativos. Os equipamentos tecnológicos tendem a se tornar obsoletos rapidamente. Essa realidade demanda um investimento contínuo, desafiando o mito de que a terapia on-line custa menos do que a presencial. Os custos associados a atualização e manutenção de equipamentos são significativos, e o recomendado é que o psicoterapeuta se planeje financeiramente para atualizações a cada dois anos. A rápida evolução tecnológica reforça a necessidade dessa preparação constante.

Devemos lembrar que situações como quedas de energia ou perda de conexão com a *Internet* estão fora do nosso controle. E muitas vezes, o paciente pode estar em um estado de intensa mobilização ou enfrentando momentos de profunda angústia, devido ao assunto que está sendo trabalhado na sessão *on--line*. Estar apto para assegurar a continuidade e o suporte em situações de falhas tecnológicas exige um computador reserva, um carregador de baterias portátil, uma conexão de Internet móvel, por exemplo. Ter plano para falhas tecnológicas é uma das características de um psicoterapeuta verdadeiramente capacitado para o atendimento on-line.

Mais um dos desafios singulares dos psicoterapeutas que adotam o atendimento *on-line*. Por exemplo, quando um paciente apresenta ameaças a si mesmo ou a terceiros durante uma sessão on-line, o psicoterapeuta pode se sentir despreparado. Assim, é imprescindível que o psicoterapeuta estabeleça, desde o início da terapia, um Protocolo de Emergências bem delineado. Esse protocolo deve incluir medidas como a coleta de contatos de emergência do paciente e sua localização atual. Em momentos de crise, manter a comunicação contínua com o paciente é vital, assim como acionar rapidamente sua rede de apoio e, se necessário, os serviços de emergência locais. Posteriormente, é essencial documentar o incidente e revisar regularmente o protocolo para otimizar a resposta a futuras emergências. A capacitação constante em gerenciamento de crises também se mostra fundamental para garantir que o psicoterapeuta esteja sempre preparado para enfrentar tais situações, mesmo no ambiente virtual.

Uma preocupação significativa relacionada aos psicoterapeutas contratados por diversas plataformas de atendimento on-line é a falta de clareza e orientação sobre a natureza dos contratos que estão assinando. Nesse modelo de contratação de profissionais para atendimento da demanda da plataforma da saúde, não há orientações claras sobre a importância de efetuar contribuições individuais. Tal desinformação pode afetar drasticamente a segurança financeira e previdenciária desses profissionais a longo prazo. Considerando que todos estão sujeitos a riscos, muitos desses profissionais não possuem amadurecimento quanto à necessidade de contratar seguros ou planejar financeiramente o futuro. Esta é uma questão jurídica e tributária que merece atenção e que impacta diretamente a estabilidade desses psicoterapeutas.

O advento do *home office*, apesar dos desafios inerentes, trouxe uma oportunidade de revisão e adaptação das práticas dos profissionais de saúde mental. A Covid-19 serviu como catalisador para a adoção mais ampla da telepsicologia, reforçando a ideia de que, sob as orientações corretas, a qualidade do atendimento não precisa ser comprometida pela distância. Entretanto, é imperativo que estes profissionais não negligenciem o próprio bem-estar, equilibrando as exigências profissionais com momentos de autocuidado. A telepsicologia deve ser vista não apenas como uma resposta imediata a uma situação atípica, mas como um recurso valioso com potencial para enriquecer permanentemente o campo da psicologia.

Por fim, urge reforçar a necessidade de adaptação e resiliência em face das adversidades e a compreensão de que, seja presencial ou virtualmente, a promoção da saúde mental deve sempre ser central.

Referências

BRASIL. *Resolução CFP n. 003/2000*. Conselho Federal de Psicologia (2000). Disponível em: <https://atosoficiais.com.br/cfp/resolucao-do-exercicio-profissional-n-3-2000-regulamenta-o-atendimento-psicoterapeutico-mediado-por-computador>.

______. *Resolução CFP n. 010/2003*. Conselho Federal de Psicologia (2003). Disponível em: <https://atosoficiais.com.br/cfp/resolucao-do-exercicio-profissional-n-10-2003-altera-a-resolucao-cfp-no-003-2000?origin=instituicao>.

______. *Resolução CFP n. 012/2005*. Conselho Federal de Psicologia (2003). Disponível em: <https://atosoficiais.com.br/cfp/resolucao-do-exercicio-profissional-n-12-2005-regulamenta-o-atendimento-psicoterapeutico-e-outros-servicos-psicologicos-mediados-por-computador-e-revoga-a-resolucao-cfp-n-003-2000>.

______. *Resolução CFP n. 011/2012*. Conselho Federal de Psicologia. (2012). Disponível em: <https://atosoficiais.com.br/cfp/resolucao-do-exercicio-profissional-n-11-2012-regulamenta-os-servicos-psicologicos-realizados-por-meios-tecnologicos-de-comunicacao-a-distancia-o-atendimento-psicoterapeutico-em-carater-experimental-e-revoga-a-resolucao-cfp-n-12-2005>.

______. *Resolução CFP n. 011/2018*. Conselho Federal de Psicologia (2018). Disponível em: <https://atosoficiais.com.br/cfp/resolucao-do-exercicio-profissional-n-11-2018-regulamenta-a-prestacao-de-servicos-psicologicos-realizados-por-meios-de-tecnologias-da-informacao-e-da-comunicacao-e-revoga-a-resolucao-cfp-no-11-2012?origin=instituicao>.

______. *Resolução CFP n. 004/2020*. Conselho Federal de Psicologia (2020). Disponível em: <https://atosoficiais.com.br/cfp/resolucao-do-exercicio-profissional-n-4-2020-dispoe-sobre-regulamentacao-de-servicos-psicologicos-prestados-por-meio-de-tecnologia-da-informacao-e-da-comunicacao-durante-a-pandemia-do-covid-19?origin=instituicao>.

O'TOOLE, Marie T. *Miller-Keane Encyclopedia & Dictionary of Medicine, Nursing & Allied Health*. 7. ed. Saunders, 2003. 2344 p. ISBN 978-0721697918.

SIQUEIRA, Claudia Catão Alves. *Eficácia das psicoterapias breves psicodinâmicas pela internet, por meio de videoconferência, no tratamento de adultos com Transtorno Depressivo Maior*. Revisão sistemática segundo modelo da Colaboração Cochrane. 2016. Tese (Doutorado em Psicologia Clínica) – Instituto de Psicologia, Universidade de São Paulo, São Paulo, 2016. Doi:10.11606/T.47.2017.tde-20032017-122017.

SIQUEIRA, Cláudia Catão Alves; RUSSO, Marcelo Nascimento. *Psicoterapia* on-line: ética, segurança e evidências científicas sobre práticas clínicas mediadas por tecnologias. 1. ed. São Paulo: Zagodoni, 2018. 128 p.

STEMPEL, J. Zoom reaches $85 mln settlement over user privacy, 'Zoombombing'. *Reuters*, 2021. Disponível em: <https://www.reuters.com/technology/zoom-reaches-85-mln-settlement-lawsuit-over-user-privacy-zoombombing-2021-08-01/>. Acesso em: 25 set. 2023.

WHO — World Health Organização. Disponível em: <https://www.who.int/emergene cies/diseases/novel-coronavirus-2019/interactive-timeline#event-72>.

O Teletrabalho na Magistratura e na Advocacia

Diego Petacci[1]
Luiz Eduardo Amaral de Mendonça[2]

Resumo: O presente artigo tem por finalidade identificar o alcance prático do teletrabalho na magistratura e na advocacia. Nada melhor do que identificar tal tema na visão de um magistrado, quanto à magistratura, e de um advogado, quanto à advocacia.

A Resolução n. 227/2016 do CNJ foi a primeira regulamentação abrangente sobre o teletrabalho para servidores públicos do Poder Judiciário, embora ainda não envolvesse a magistratura. O art. 2º, I, da Res. 227/2016 define teletrabalho como *"modalidade de trabalho realizada de forma remota, com a utilização de recursos tecnológicos"*.

O teletrabalho somente chegou à magistratura em razão da pandemia de Covid.19 e da necessidade de realização de atos processuais à distância, com audiências virtuais e limitação extrema da prática de atos presenciais.

Cita-se inicialmente a Resolução n. 354/2020 que regulamentou as audiências por videoconferência e telepresenciais (definidas no seu art. 2º[3]), sendo clara

(1) Juiz do Trabalho Substituto no Tribunal Regional do Trabalho da 2ª Região. Mestre em Direito do Trabalho pela Faculdade de Direito da Universidade de São Paulo. Professor universitário. Escritor.

(2) Advogado. Mestre em Direito do Trabalho pela Pontifícia Universidade Católica de São Paulo. Especialista em Direito do Trabalho e Processual do Trabalho pelo COGEAE — PUC-SP. Extensão em Liderança Sindical Empresarial pela Fundação Getúlio Vargas — GV — *Law* de São Paulo — FGV. Pesquisador do GETRAB-USP.

(3) Art. 2º Para fins desta Resolução, entende-se por:
I – videoconferência: comunicação a distância realizada em ambientes de unidades judiciárias; e
II – telepresenciais: as audiências e sessões realizadas a partir de ambiente físico externo às unidades judiciárias.

a opção pela adoção da modalidade telepresencial em hipóteses de calamidade pública, como a pandemia de Covid-19:

> Art. 3º As audiências telepresenciais serão determinadas pelo juízo, a requerimento das partes, se conveniente e viável, ou, de ofício, nos casos de:
>
> I - urgência;
>
> II - substituição ou designação de magistrado com sede funcional diversa;
>
> III - mutirão ou projeto específico;
>
> IV - conciliação ou mediação; e
>
> V - indisponibilidade temporária do foro, calamidade pública ou força maior.
>
> Parágrafo único. A oposição à realização de audiência telepresencial deve ser fundamentada, submetendo-se ao controle judicial. (redação original)

A partir de então, foi desenvolvida aos trancos e barrancos uma cultura de realização de atos por meio virtual, com a prevalência da adoção do sistema *Zoom*, sendo inclusive regulamentado o atendimento a advogados por meio do balcão virtual (Resolução n. 372/2021).

Um detalhe importante: a magistratura de 1º grau e a própria advocacia militante não foram consultadas acerca de tais medidas. Simplesmente se entendeu que esse deveria ser o caminho, do dia para a noite, e assim foi imposto. Um dos articulistas do presente artigo inclusive destacou as incongruências da imposição do modelo virtual em um país de exclusão digital sem o mínimo de cautela com a promoção de ferramentas adequadas para tal, em outro artigo. Chamo a atenção para o seguinte fragmento de tal texto:

> O Processo do Trabalho é o processo do assalariado que sustenta sua família com um a dois salários mínimos, do sujeito que vai a pé para o trabalho porque não recebe vale-transporte, do dono daquele boteco de esquina que deixa de pagar o IPTU para poder pagar o aluguel do salão e o salário do seu balconista (isso quando consegue pagar).
>
> *"Blockchains"*, *"interface"*, "algoritmos", e outros termos são uma realidade distante de pessoas que no momento dependem de auxílio do

---

Parágrafo único. A participação por videoconferência, via rede mundial de computadores, ocorrerá:
I - em unidade judiciária diversa da sede do juízo que preside a audiência ou sessão, na forma da Resolução CNJ n. 341/2020; e
II - em estabelecimento prisional.

> governo para comer. Estamos nos descolando da realidade que nos cerca.
>
> Não adianta invocar uma suposta "Justiça 4.0" quando o Brasil, no que tange ao acesso efetivo das pessoas a tais bens tecnológicos, apresenta-se a passos lentos e desconcertados. A Justiça pode até tentar ser 4.0, mas o Brasil está mais para aquele carrinho 1.0 lotado de gente subindo a serra quase parando.[4]

Curiosamente, quando finalmente houve uma maior adaptação da comunidade jurídica ao modelo virtual, inclusive com a proliferação de processos adotando o modelo "Juízo 100% Digital" da Resolução n. 345/2020 do CNJ[5], surgiu um clamor na cúpula do Judiciário, com o controle da pandemia via vacinação, fomentado por parte da mídia, de retorno ao modelo presencial. Algumas manifestações denotavam a incorreta impressão de que juízes e servidores simplesmente não trabalharam na modalidade virtual durante a pandemia. Ora, quem movimentou os processos, a Matrix?

Eis que surgiu a Resolução n. 481/2022 do CNJ, que modificou a Resolução n. 354/2020, impondo que, mesmo nos atos virtuais, o magistrado estivesse presente à unidade judiciária.[6]

Antes da referida resolução, em novembro de 2022, no julgamento do PCA 0002260-11.2022.2.00.0000, o CNJ

> "criou condições para o trabalho remoto de magistrados, como a presença do juiz na comarca, com o comparecimento na unidade jurisdicional em pelo menos 3 (três) dias úteis na semana, com a publicação prévia da escala de comparecimento presencial do juiz na comarca, devidamente autorizada pela Presidência e/ou Corregedoria do Tribunal, o atendimento virtual de advogados, defensores e promotores, quando

---

(4) PETACCI, Diego. Não existe Justiça 4.0 no Brasil 1.0. *Conjur.* Disponível em: <https://www.conjur.com.br/2020-set-28/diego-petacci-nao-existe-justica-40-brasil-10>. Acesso em: 15 out. 2023, 20h15.

(5) Res. CNJ n. 345/2020, art. 1º, § 1º No âmbito do "Juízo 100% Digital", todos os atos processuais serão exclusivamente praticados por meio eletrônico e remoto por intermédio da rede mundial de computadores.

(6) Art. 3º As audiências só poderão ser realizadas na forma telepresencial a pedido da parte, ressalvado o disposto no § 1º, bem como nos incisos I a IV do § 2º do art. 185 do CPP, cabendo ao juiz decidir pela conveniência de sua realização no modo presencial. Em qualquer das hipóteses, o juiz deve estar presente na unidade judiciária. *(Redação dada pela Resolução n. 481, de 22.11.2022)*

solicitado, a produtividade igual ou superior à do trabalho presencial e prazos razoáveis para realização de audiências, desde que vinculadas ao Juízo 100% digital ou aos Núcleos de Justiça 4.0."[7]

Convém destacar ainda a Resolução 343/2020 do CNJ que estipula condições especiais de trabalho para magistrados(as) e servidores(as) com deficiência, necessidades especiais ou doença grave ou que sejam pais ou responsáveis por dependentes nessa mesma condição, admitindo a estes o teletrabalho, sem que sejam computados no percentual máximo de 30% de vagas destinadas ao teletrabalho (Resolução n. 227/2016).

O resumo desse cenário é que atualmente o magistrado está na unidade judiciária, advogados e partes na maioria das vezes estão à distância, por vezes a conexão de *internet* falha, o ato é redesignado e posteriormente repetido na modalidade presencial.

Há uma repulsa da cúpula do Poder Judiciário ao modelo de teletrabalho de magistrados, em especial na Justiça do Trabalho, mesmo que as partes adotem o modelo de Juízo 100% digital e estejam adequadamente equipadas para tal. Ao ponto da Corregedoria Geral da Justiça do Trabalho exigir que as atas de audiência informem se o magistrado está na unidade judiciária ao tempo do ato[8], e empreender investigações sobre IPs das máquinas usadas pelos juízes, independentemente de procedimento administrativo prévio, embora esta última conduta esteja sendo rechaçada judicialmente[9].

Mesmo com a exigência do trabalho presencial, a rotina do magistrado naturalmente demanda o trabalho fora da unidade judiciária, na análise dos autos e prolação de sentenças e outras decisões que demandem maior tempo de maturação. Importante destacar que o magistrado não tem jornada fixa de trabalho, podendo trabalhar mais ou menos a depender de sua carga de trabalho e de sua rotina, seja na prolação de decisões, no atendimento a advogados e partes, ou na administração de pessoal na unidade judiciária. Em todas essas atividades, no mesmo dia de trabalho o juiz pode realizar trabalho presencial e teletrabalho, a depender da necessidade do caso e do próprio jurisdicionado.

Seria evidentemente mais salutar adotar o princípio da adaptabilidade na escolha no modelo de trabalho a ser adotado para grupos de processos específicos,

(7) Um dos considerandos da Resolução 481/2022.

(8) Provimento 4/GCGJT de 2023.

(9) Por exemplo, Proc. Cível. 1083606-43.2023.4.06.3800.

de acordo com a necessidade dos jurisdicionados. Há casos em que a distância da parte torna necessário o ato telepresencial. Ao revés, há casos em que a complexidade da causa demanda uma maior proximidade entre partes, advogados(as) e magistrado(a), justificando o modelo presencial. O que não é produtivo, no entanto parece predominar, é o açodamento na imposição de cima para baixo do modelo a ser adotado.

Ouvir magistrados de 1º grau e advogados militantes da linha de frente seria um bom caminho para se chegar a soluções práticas e eficazes, que não padeçam de pouca exequibilidade.

Destacados os principais reflexos do teletrabalho na magistratura e especialmente as principais críticas ao modelo imposto atualmente, convidamos o leitor a analisar o mesmo tema sob a ótica da advocacia, permitindo assim uma análise mais completa do tema.

O teletrabalho na advocacia

O primeiro aspecto que merece ser destacado é que a Justiça do Trabalho sempre foi pioneira na implantação do Processo Judicial Eletrônico (PJE), bem como no processo de digitalização de todo o seu sistema nacional. A justiça especializada trabalhista sempre andou lado a lado com a evolução tecnológica, de maneira que quando se viu obrigada a fechar as portas de seus tribunais em razão da pandemia provocada pelo covid19, conseguiu, a duras penas e com muita dedicação dos magistrados(as) e advogados(as), garantir aos seus jurisdicionados o acesso constitucional à Justiça.

Antes da pandemia ocasionada pelo covid19, o tema do teletrabalho na Justiça do Trabalho só vinha sendo discutido quando uma ação versasse sobre algum direito de um teletrabalhador, figura trazida pela reforma trabalhista (Lei n. 13.467/2017).

Nesse sentido, é possível afirmar que a primeira discussão trazida pelo teletrabalho ao processo do trabalho tenha sido com relação à sua competência territorial, prevista no art. 651 da CLT.

A reforma trabalhista, que instituiu a figura do teletrabalhador, gerou inicialmente algumas dúvidas à advocacia militante na esfera trabalhista acerca de qual regra aplicar à questão da competência territorial.

Havia dúvidas de qual seria o juízo competente para julgar uma ação trabalhista de um trabalhador contratado pela internet ou por um site, que residisse em um Estado para trabalhar em uma empresa localizada em outro Estado ou até mesmo de outro país.

Quando as leis ligadas à competência da justiça do trabalho foram idealizadas, não se imaginava a figura do teletrabalhador. Como regra, no processo do trabalho, a competência territorial é determinada pela localidade na qual o empregado, reclamante ou reclamado, prestar serviços ao empregador, mesmo que tenha sido contratado noutro local ou no estrangeiro, nos termos do art. 651, *caput*, da CLT.

A lei ainda dispõe que quando for parte no dissídio agente ou viajante, é competente a Vara da localidade em que o empregador tiver o seu domicílio, salvo se o empregado estiver imediatamente subordinado à agência, ou filial, caso em que será competente a Vara em cuja jurisdição estiver situada a mesma agência ou filial (art. 651, § 1º, da CLT).

Passados quase sete anos da reforma trabalhista, é possível afirmar que a Justiça do Trabalho conviveu bem com essa "nova" modalidade de prestação de serviços, especialmente durante e após a pandemia do Coronavírus e, nas palavras do Ministro Evandro Valadão[(10)] "*em razão dos avanços tecnológicos, os conceitos de espaço e tempo, no processo de contratação, foram relativizados. As normas do processo do trabalho constantes da CLT muitas vezes mostram-se insuficientes como instrumento de operacionalização do direito, por evidente descompasso ou não aderência à realidade fenomênica do mundo atual, do avanço tecnológico, das empresas virtuais, enfim, de uma conjuntura disruptiva*".

Nesse sentido, a advocacia viu como um avanço o entendimento predominante da Justiça do Trabalho em aceitar que se o local de prestação de serviço fosse diferente do local de contratação, ambos os foros seriam competentes, cabendo ao empregado a escolha que melhor permita à parte colher e produzir as suas provas.

Feita essa ressalva que se referia à relação de um jurisdicionado (teletrabalhador), é possível afirmar que, da mesma forma como ocorreu com a magistratura, a advocacia só passou a trabalhar de forma telepresencial com a pandemia da Covid-19.

---

(10) Disponível em: <https://www.tst.jus.br/-/tst-define-compet%C3%AAncia-para-julgar-a%C3%A7%C3%A3o-de-trabalhador-contratado-por-meio-de-site-de-empregos#:~:text=De%20acordo%20com%20o%20artigo,cabendo%20ao%20empregado%20a%20escolha>. Acesso em: 15 out. 2023.

Como bem destaca o art. 133 da CRFB/88 o advogado(a) é indispensável à administração da justiça e essa classe profissional se viu obrigada a se adaptar rapidamente às ferramentas tecnológicas de atuação remota, ante ao distanciamento social imposto pelas autoridades sanitárias e governamentais.

Como bem destacou Gustavo Granadeiro Guimarães[11], quando presidia a Comissão da Advocacia Trabalhista da OAB-SP, ... "*A discussão, com ponderosos posicionamentos em defesa de ambos os modelos, é assaz interessante, seja porque o art. 813 da CLT, de meridiana clareza, determina que as audiências 'realizar-se-ão na sede do Juízo ou Tribunal em dias úteis', seja porque o art. 190 do CPC, de aplicação subsidiária, autoriza as partes, em legítimo negócio processual, fazer 'mudanças no procedimento para ajustá-lo às especificidades'*".

Se a causa da implantação do trabalho remoto na advocacia não é motivo de comemorações — já que provocada por uma trágica pandemia que ceifou a vida de milhares de pessoas no Brasil, impõe-se reconhecer que as consequências para a advocacia foram muito mais positivas do que negativas.

Conforme destacado acima, o Conselho Nacional de Justiça (CNJ) impôs de forma pouco democrática e sem ouvir aqueles que frequentam diariamente os Fóruns, o retorno imediato dos magistrados de primeira instância ao modelo 100% presencial, como se a experiência vivida no período de emergência sanitária, tivesse sido negativa. Com o devido respeito, não foi!

Quando o CNJ ignora a realidade dos fatos e determina que a regra da magistratura trabalhista seja o trabalho presencial e a exceção seja o modelo telepresencial, fica evidente que está adotando lógica inversa à da advocacia trabalhista que abraçou o modelo virtual e remoto, como regra, e a modalidade presencial, como exceção.

Com efeito, o legado deixado pelo trabalho remoto no processo do trabalho facilitou, e muito, o dia a dia da advocacia. A realização de audiências telepresenciais, sessões de julgamento nos tribunais, utilizando as plataformas digitais e a possibilidade de despachos mediante o "balcão virtual" trazido pela Resolução n. 372/2021, trouxeram considerável economia de tempo e dinheiro para advogados e jurisdicionados. A possibilidade de saneamento do processo antes das audiências de instrução tem agilizado a tramitação dos feitos, que já vinha sendo muito acelerada pela implantação do Processo Judicial Eletrônico — PJE.

(11) Disponível em: <https://www.conjur.com.br/2023-abr-12/gustavo-guimaraes-audiencias-telepresenciais-justica-trabalho>. Acesso em: 15 out. 2023.

A advocacia, em especial nos grandes centros, sempre teve como um de seus principais desafios o tempo despendido para deslocamento de ida e volta aos Fóruns. O teletrabalho provou não ser mais necessário que o(a) advogado(a) se desloque ao Fórum para celebração de boa parte dos atos processuais, fato que corrobora com o princípio da celeridade e economia processual. Com menos pessoas frequentando os Fóruns, o Estado também acaba tendo uma economia considerável.

A possibilidade do(a) advogado(a) poder executar outras tarefas enquanto aguarda o início da audiência ou a sua sessão de julgamento aumentou a produtividade tanto dos advogados de reclamantes quanto dos advogados da parte ré. As audiências telepresenciais, também, possibilitaram que advogados tivessem contato com audiências de outras localidades do país sem que fosse necessário "viajar", economizando tempo e dinheiro para as partes.

Diferentemente ao que ocorreu com a alta cúpula da magistratura trabalhista, em que atualmente se nota certa repulsa ao modelo de teletrabalho de magistrados, partindo-se da equivocada premissa de que o magistrado só estaria à disposição dos jurisdicionados no modelo presencial, pode-se dizer que a maior parte dos(as) advogados(as) aderiu e reconheceu a modalidade telepresencial como extremamente salutar, sendo que a Ordem dos Advogados do Brasil vem adotando postura que respeita a decisão individual de cada advogado.

A advocacia reconhece a necessidade de criar normas que visem evitar interpretações contraditórias de resoluções, atos e portarias emanadas pela alta e distante cúpula do Judiciário, trazendo maior segurança jurídica a todos os jurisdicionados, mas há que se reconhecer que a regra atual pecou quando não ouviu quem está mais próximo dos jurisdicionados.

Feitas essas observações, impõe-se reconhecer que todo esse entusiasmo com o modelo de advocacia remota não quer dizer que tal modalidade não precise corrigir alguns problemas no dia a dia.

Destacados os pontos positivos do teletrabalho na advocacia devemos destacar alguns pontos que se mostraram negativos, a saber:

No que tange à vida pessoal dos(as) advogados(as), tal qual como ocorre com os teletrabalhadores previstos na CLT, há diversos relatos de reclamações com o excesso de trabalho e da confusão entre o que seria atividade profissional e atividade pessoal.

Diversas notícias[12] demonstram um aumento de caso de estresse, depressão e até mesmo síndrome bounout na advocacia no período pós pandemia, sendo que alguns dos fatores apontam para a adoção do teletrabalho desregulado.[13] A Ordem dos Advogados do Brasil chegou a publicar a "Cartilha da Saúde Mental da Advocacia"[14], disponibilizando inclusive serviços de atendimento psicossocial.

No que pertine ao ambiente de trabalho virtual, um dos principiais desafios para a advocacia trabalhista tem sido a falha de conexão com a internet das partes, procuradores e testemunhas durante as audiências de instrução e sessões de julgamento nos tribunais. Tais problemas exigem mais do que investimentos por parte dos advogados em ferramentas tecnológicas, pois muitas vezes as falhas decorrem de circunstâncias alheias à sua vontade ou das partes, como no caso de falta de energia, sinal de internet, dentre outros.

Outro problema enfrentado pela advocacia diz respeito à insegurança de que haja comunicação entre partes, testemunhas e advogados durante a audiência mediante contato via algum aplicativo de conversa *on line*. Não foram poucos os casos em que ficou comprovado que o advogado estivesse "passando informações" durante o depoimento ou testemunho em juízo, o que fere a imparcialidade da prova.

De forma geral, é possível afirmar que o teletrabalho na advocacia tem trazido muito mais benefícios do que problemas. Mais do que destacar e justificar os pontos negativos, o presente estudo ousa apontar algumas sugestões e ideias que visam contribuir para superar os desafios negativos trazidos pelo trabalho telepresencial na advocacia.

Com relação à reclamação de insegurança nas audiências de instrução e, como forma de evitar que as partes e testemunhas estivessem sendo orientadas em tempo real, bastaria exigir que a câmera ficasse distante do depoente e advogado, para que se possa ter a visão do local, tendo certeza de que não há anotações, celulares ou pessoas por perto, auxiliando nas respostas. Há quem defenda que as audiências de instrução devessem ser realizadas somente no modo presencial, permitindo ao juiz que esteja mais próximo das partes e testemunhas. Nesse sentido, a sugestão seria que a modalidade de audiências telepresenciais devessem ser

---

(12) Disponível em: <https://valor.globo.com/carreira/noticia/2022/01/07/burnout-do-setor-juridico-sobrecarga-leva-jovens-advogados-a-pedirem-demissao.ghtml>. Acesso em: 15 out. 2023.

(13) Disponível em: <https://www1.folha.uol.com.br/poder/2023/09/mudancas-no-ambiente-de-trabalho-afetam-saude-mental-de-advogados.shtml>. Acesso em: 16 out. 2023.

(14) Disponível em: <https://s.oab.org.br/pdf/cartilha-saude-mental-terceira-ed.pdf>. Acesso em: 16 out. 2023.

garantidas somente para as audiências iniciais, de conciliação ou até UNA, em que não houvesse prova oral.

No que tange ao aumento na quantidade de inscrições para a sustentação oral nos tribunais regionais e a demora das sessões de julgamento, bastaria cada tribunal regional disponibilizar para os advogados inscritos o resultado do voto antes da sessão começar. Tal prática já tem sido adotada pelo TRT da quarta Região e tem demonstrado que muitos advogados acabam desistindo da sustentação oral ou focando apenas nos pontos importantes diante do voto já disponibilizado.

Longe de querer esgotar o tema, mas esperançosos de que no futuro os magistrados, advogados e representantes do Ministério Público possam ser ouvidos para juntos possam chegar a uma combinação pacífica e harmoniosa do trabalho remoto com o presencial.

Referências

BRASIL. Tribunal Superior do Trabalho. Disponível em: <https://www.tst.jus.br/-/tst-define-compet%C3%AAncia-para-julgar-a%C3%A7%C3%A3o-de-trabalhador-contratado-por-meio-de-site-de-empregos#:~:text=De%20acordo%20com%20o%20artigo,cabendo%20ao%20empregado%20a%20escolha>. Acesso em: 15 out. 2023.

______. Ordem dos Advogados. *Cartilha de saúde mental.* Disponível em: <https://s.oab.org.br/pdf/cartilha-saude-mental-terceira-ed.pdf>. Acesso em: 16 out. 2023.

CNJ, *Res. n. 227/2016.*

______. *Res. n. 343/2020.*

______. *Res. n. 354/2020.*

______. *Res. n. 372/2021.*

______. *Res. n. 481/2022.*

CGJT. *Provimento 4/GCGJT, de 2023.*

FOLHA DE S. PAULO. Jornal. Disponível em: <https://www1.folha.uol.com.br/poder/2023/09/mudancas-no-ambiente-de-trabalho-afetam-saude-mental-de-advogados.shtml>. Acesso em: 16 out. 2023.

GRANADEIRO. Gustavo Guimarães. Disponível em: <https://www.conjur.com.br/2023-abr-12/gustavo-guimaraes-audiencias-telepresenciais-justica-trabalho>. Acesso em: 15 out. 2023.

PETACCI, Diego. Não existe Justiça 4.0 no Brasil 1.0. *Conjur.* Disponível em: <https://www.conjur.com.br/2020-set-28/diego-petacci-nao-existe-justica-40-brasil-10> Acesso em: 15 out. 2023, às 20h15.

VALOR ECONÔMICO. Disponível em: <https://valor.globo.com/carreira/noticia/2022/01/07/burnout-do-setor-juridico-sobrecarga-leva-jovens-advogados-a-pedirem-demissao.ghtml>. Acesso em: 15 out. 2023.

O Regime de Teletrabalho no seu Processo Legislativo Pós-Covid

Duarte Abrunhosa e Sousa[1]

Resumo: Com o presente artigo, pretende-se compreender a evolução do regime de teletrabalho no âmbito da "Legislação Covid" para uma fase pós-Covid. Deste modo, serão identificadas as alterações posteriores com vista a assegurar uma regularização e normalização do regime nas normas de trabalho, assim como uma análise crítica às soluções encontradas pelo legislador português.

I. Introdução

Durante a pandemia Covid-19, o conceito de teletrabalho passou a integrar o vocabulário dos trabalhadores. Com efeito, as autoridades nacionais viram o regime do teletrabalho como uma solução para garantir a manutenção da prestação de trabalho sem o recurso à presença física no local de trabalho habitual do trabalhador. Esta solução foi útil quer para o sector público, quer para o sector privado, que foi estabelecendo que o trabalhador prestasse a sua atividade laboral no domicílio sempre que tal prestação fosse compatível. Apenas desta forma seria possível reduzir o risco de contágio nos locais de trabalho e manter a economia e os serviços essenciais a funcionar.

Tal como outros países, o legislador português fez um esforço com vista a garantir que o risco de contágio fosse reduzido através da promoção e dinamização de trabalho no local de trabalho. Esta iniciativa legislativa promovida pela necessidade de confinamento, dividiu-se essencialmente em dois grupos autónomos: (i) medidas de apoio a empresas por redução de atividade; (ii) medidas de promoção de trabalho a partir de casa. No presente artigo, vamos colocar o nosso

(1) Doutor em Direito. Investigador do CIJ — Centro de Investigação Jurídica da Faculdade de Direito da Universidade do Porto. Advogado. Membro do Comité executivo da rede CIELO Laboral.

enfoque nas medidas identificadas em (ii) e perceber a sua evolução no decurso da pandemia até a presente data.

II. Enquadramento do teletrabalho em Portugal

O teletrabalho foi integrado pela legislação portuguesa em 2003 com a publicação do primeiro Código do Trabalho[(2)]. Este regime manteve-se consagrado no Código do Trabalho no decurso das alterações ocorridas em 2009[(3)].

Em Portugal, o teletrabalho tem uma natureza consensual[(4)], tendo em conta que depende de acordo entre o trabalhador e o empregador. Não obstante, existe a possibilidade de o trabalhador impor unilateralmente o teletrabalho nos seguintes casos: (i) em situações de violência doméstica[(5)]; (ii) tendo o(a) trabalhador(a) um filho com idade inferior a três anos[(6)] ou (iii) se for cuidador informal não principal[(7)]. Assim, apenas o trabalhador, nestes cenários específicos, tem a possibilidade de determinar a prestação de teletrabalho, quando tal seja compatível com o recurso a meios tecnológicos. Acresce ainda que não existe no Código do Trabalho nenhuma previsão que determine a possibilidade de ser o empregador a impor de forma unilateral a prestação de trabalho em regime de teletrabalho.

O teletrabalho foi muito pouco utilizado em Portugal até o início do confinamento resultante da pandemia Covid-19. Dados estatísticos apontavam para 2.464 teletrabalhadores em 2010 e 805 no ano de 2014[(8)]. Isto não quer dizer que não existissem já vários casos de trabalho híbrido, mas que não tinham relevo estatístico. Os empregadores não integravam estas situações como uma verdadeira prestação de teletrabalho em sede dos respetivos quadros de pessoal, apesar de se tratar de uma modalidade de contrato de trabalho autónoma[(9)]. Portanto, admite-se

(2) Cfr. Lei n. 99/2003, de 27 de agosto.

(3) Cfr. Lei n. 7/2009, de 12 de fevereiro.

(4) Para uma abordagem mais estruturada sobre o regime de teletrabalho em vigor, cfr. Sousa Duarte Abrunhosa, O enquadramento legal do teletrabalho em Portugal. *Revista Derecho Social y Empresa*, n. 6, 2016, Ed. Dykinson, p. 136-153; SOUZA, Duarte Abrunhosa. Telework and Labor Conditions. In: Portugal, *IUSLabor* 2/2017, p. 46-51. Disponível em: <https://www.upf.edu/web/iuslabor/2/2017>.

(5) Cfr. art. 166.º-A, n. 2 do Código do Trabalho.

(6) Cfr. Art. 166.º-A, n. 3 do Código do Trabalho.

(7) Cfr. Art. 166.º-A, n. 5 do Código do Trabalho.

(8) Cfr. *Livro Verde sobre Relações Laborais*, Gabinete de Estratégia e Planeamento do Ministério do Trabalho, Solidariedade e Segurança Social. Guilherme Dray (Coord.), 2016. p. 177. Este documento contém a evolução dos contratos de teletrabalho entre os anos de 2010-2014 com base na informação prestada pelos empregadores nos quadros de pessoal.

(9) No âmbito do Código do Trabalho de 2009, o teletrabalho passou a assumir a natureza de modalidade contratual. Nesta medida, existe uma obrigação comunicar esta modalidade contratual à

que os teletrabalhadores informais, ainda que parciais, fossem em número substancialmente superior aos dados indicados nas estatísticas oficiais.

Aqui chegados, o legislador português determinou que teletrabalho consiste na prestação laboral realizada pelo trabalhador em cumprimento dos seguintes três requisitos, que têm sido interpretados como cumulativos: i) regime de subordinação jurídica; ii) habitualmente fora da empresa; e iii) com recurso a tecnologias de informação e de comunicação. Admite-se ser possível a execução de um contrato de trabalho não só em teletrabalho, como também no local de trabalho em dias diversos. O legislador nacional revela igualmente alguma atenção quanto aos problemas de isolamento do trabalhador e quanto à propriedade dos instrumentos de trabalho enquanto fatores distintivos deste tipo de prestação de trabalho.

Este regime de trabalho não foi concebido para o trabalhador desempenhar a sua atividade a partir de casa e ao mesmo tempo fazer o acompanhamento escolar dos filhos. O objetivo é garantir que o trabalhador possa laborar em local diverso da empresa recorrendo a meios tecnológicos, afastando-se, por esta via, do conceito de trabalho no domicílio[10]. Desta forma, é possível uma relação de trabalho não estar dependente da alocação a um local de trabalho tradicional. O teletrabalho é um instrumento que faculta esta possibilidade no Código do Trabalho.

III. Evolução do teletrabalho na legislação Covid

No dia 03.03.2020, foi publicado o Despacho n. 2875-A/2020. Em contexto de impacto inicial da pandemia[11] em Portugal, este diploma adotou medidas para acautelar a proteção social dos beneficiários que se encontrassem impedidos, temporariamente, do exercício da sua atividade profissional por ordem da autoridade de saúde, devido ao perigo de contágio pelo Covid-19. Posteriormente, foi publicado o Decreto-lei n. 10-A/2020, de 13 de março, que estabeleceu um conjunto de medidas excecionais e temporárias relativas à situação epidemiológica da Covid-19. Esta foi, aliás, uma iniciativa legislativa promovida apenas dois dias depois da Organização Mundial de Saúde ter classificado a Covid-19 como uma pandemia. Com vista a permitir uma compensação para as faltas de trabalhadores motivadas por assistência inadiável a filho ou outro dependente a cargo menor de 12 anos, ou, independentemente da idade, com deficiência ou doença crónica, decorrentes de suspensão das atividades letivas e não letivas presenciais em estabelecimento

---

segurança social, nos termos do disposto no art. 32º, n. 1 do Código Contributivo e fazer o respetivo reporte no quadro de pessoal.

(10) Cfr. Lei n. 101/2009, de 8 de setembro.

(11) Ainda não decretada à data pela Organização Mundial de Saúde.

escolar ou equipamento social de apoio à primeira infância ou deficiência[12], foi criado um apoio excecional à família para trabalhadores por conta de outrem e para trabalhadores independentes. No entanto, este apoio não era concedido se fosse possível aos trabalhadores prestar atividade de outra forma, nomeadamente teletrabalho. O legislador usou de forma igual o conceito de teletrabalho não só para o contrato de trabalho subordinado, como também para os trabalhadores independentes. Portanto, sendo o contrato de teletrabalho uma modalidade de contrato de trabalho, a identificação deste conceito parece ser imprecisa[13]. Até porque um trabalhador independente que possa prestar a sua atividade através de meios tecnológicos a partir do seu domicílio, não está abrangido pelo regime de teletrabalho previsto no Código do Trabalho.

A intensidade do crescimento da pandemia fez com que fosse decretado o Estado de Emergência com efeitos a partir do dia 22.03.2020[14]. Assim, foi publicado o Decreto n. 2-A/2020, de 20 de março que procedeu à execução desta declaração do Estado de Emergência. Aqui houve um evidente aumento da intensidade normativa quanto ao teletrabalho, uma vez que foi determinado que passaria a ser obrigatória a adoção do regime de teletrabalho, independentemente do vínculo laboral, sempre que as funções em causa o permitissem[15]. Gradualmente, o legislador foi mencionando o conceito de teletrabalho até identificar este regime como obrigatório. Ou seja, deixou de ser possível ao trabalhador impor o teletrabalho ou o trabalhador requerer.

Nesta esteira, foi publicado o Despacho n. 3614-D/2020, de 23 de março, que definiu as orientações para os serviços públicos em cumprimento do Decreto n. 2-A/2020, de 20 de março. Assim, era assumido pelo legislador que o teletrabalho se apresenta como uma solução que permite manter genericamente o funcionamento e a qualidade dos serviços públicos, sendo, por este fator, a sua adoção obrigatória sempre que as funções em causa o permitissem. À partida, estas orientações base não foram muito além daquilo que resultava já para o sector privado. No entanto, algumas orientações específicas ajudam a orientar o caminho pretendido pelo sector público. Desde logo, ficou determinado que

---

(12) Cfr. art. 22º a 24º do Decreto-lei n. 10-A/2020, de 13 de março.

(13) Na verdade, parece resultar alguma falta de atenção da própria elaboração do diploma, face à urgência da sai publicação que levou a que a mesma gralha fosse reproduzida em Diário da República, não só no seu art. 23º, n. 3, como também no art. 24º, n. 5. Por outras palavras, a intenção do legislador foi recorrer a um conceito empírico de teletrabalho sem recorrer àquele que resulta do Código do Trabalho.

(14) Cfr. Decreto do Presidente da República n. 14-A/2020, de 18 de março.

(15) Cfr. art. 6º Decreto n. 2-A/2020, de 20 de março.

são consideradas compatíveis com o teletrabalho todas as funções que possam ser realizadas fora do local de trabalho e através do recurso a tecnologias de informação e de comunicação.

Com o fim do Estado de Emergência, foi reduzida a pressão dos trabalhadores trabalharem fora dos locais de trabalho. Desta forma, foi publicada a Resolução do Conselho de Ministros n. 33-A/2020, de 30 de abril que declarou a situação de calamidade, no âmbito da pandemia da doença Covid-19. Esta resolução determinava em geral que a *população dev*[ia] *procurar cumprir um dever cívico de recolhimento domiciliário, dando primazia às atividades, decisões e deslocações que não impliquem um contato social alargado.* Por este motivo, era determinado que os trabalhadores deveriam manter-se em teletrabalho sempre que as funções desempenhadas o permitissem, independentemente do vínculo laboral.

Com o Decreto-lei n. 20/2020, de 1º de maio, foram alteradas as medidas excecionais e temporárias relativas à pandemia da doença Covid-19. O teletrabalho continuou a ser utilizado como ferramenta para garantir que a prestação de trabalho deixasse de ser prestada no local de trabalho. Neste caso, ficou determinado um regime excecional para os trabalhadores de grupos de risco. Por este motivo, foi determinada a possibilidade dos trabalhadores imunodeprimidos ou portadores de doença crónica poderem faltar ao trabalho mediante declaração médica, apenas no caso de não poderem desempenhar a sua atividade em regime de teletrabalho ou outras formas de atividade. O objetivo do legislador foi impor a prestação de teletrabalho a trabalhadores de risco cujo empregador iniciasse o processo de regresso aos locais de trabalho. Permitiu assegurar que estes trabalhadores pudessem justificar a sua ausência quando a prestação de trabalho tivesse que ser realizada nas instalações da empresa.

Por fim, a Resolução do Conselho Ministros n. 40-A/2020, de 29 de maio, prorrogou a declaração da situação de calamidade num contexto de algum abrandamento das medidas de desconfinamento. Deste modo, a população portuguesa deixou de estar vinculada ao dever cívico de recolhimento domiciliário. Por este motivo, o regime de teletrabalho, de acordo com esta resolução, deixou de ser obrigatório.

IV. Problemas práticos no decurso de confinamento resultante da pandemia Covid-19

Uma vez que nos encontrávamos num contexto de pandemia, parte das soluções implementadas pelo legislador foram um foco de problemas práticos. A ausência de rigor no regime estabelecido fez com que fossem colocadas questões quanto à sua implementação num mercado de trabalho onde o teletrabalho era meramente residual.

Uns dos problemas estava desde associado à necessidade de cumprimento de algumas obrigações formais relacionadas com o regime de teletrabalho. O mais básico passava pela formalização em contrato de teletrabalho[(16)]. No entanto, durante a pandemia estávamos perante a aplicação de um regime de teletrabalho por força da lei. Por este motivo, não era adequado penalizar as partes que deveriam já estar distanciadas em virtude da pandemia com a necessidade de celebração de um contrato. Para além disso, esta prestação de teletrabalho pode não coincidir com um acervo de vontade das partes. Deste modo, entendemos que apenas haveria lugar à formalização se fosse vontade do empregador ou trabalhador aplicar as regras já previstas no Código do Trabalho e não pela imposição desta tipologia de prestação de trabalho.

Para além disso, questionava-se se era necessário comunicar a alteração da modalidade contratual à segurança social nos termos do disposto no art. 32º, n. 1 do Código Contributivo. De igual modo, levantou-se também a questão quanto à obrigação de comunicação aos Fundos de Compensação nos termos do disposto nos arts. 5º e 6º da Portaria n. 294-A/2013 de 30 de setembro. Ora, esta tipologia de comunicações resulta diretamente da alteração da modalidade contratual para teletrabalho. Pese embora não tenha qualquer efeito quanto às obrigações contributivas do empregador ou trabalhador, ainda assim é necessário proceder as estas duas comunicações quando as partes estabelecem uma relação de teletrabalho. Todavia, entendemos que o regime estabelecido na "legislação COVID" não tem a natureza de teletrabalho nos termos previstos no Código do Trabalho. O legislador foi crescendo, ao longo dos diplomas, na ideia de promover formas alternativas de trabalho com vista a afastar os trabalhadores dos locais tradicionais de trabalho. O teletrabalho foi um enquadramento essencialmente literal, uma vez que a expressão foi usada igualmente para trabalhadores independentes. Por outro lado, o teletrabalho pressupõe um consenso das partes, salvo as situações excecionais em que pode ser imposto de forma unilateral por parte do trabalhador. Seria pouco credível que fosse intenção do legislador onerar empregador com mais uma obrigação formal que não resulta da vontade de nenhuma das partes, mas que é o resultado de uma necessidade de natureza pública em contexto de pandemia. Por fim, relembre-se que o teletrabalho é uma forma de prestação laboral que é incompatível, por exemplo, com o acompanhamento escolar dos filhos.

(16) Cfr. art. 166º, n. 7 do Código do Trabalho.

Estes não foram, contudo, os únicos problemas práticos. A experiência reduzida anterior não permitiu a existência de grande riqueza de antecedentes doutrinários e jurisprudenciais, pelo que acabaram por surgir outras questões, como a aplicação do regime de faltas, a forma de resolução do conflito entre empregador e trabalhador quanto à possibilidade de a função ser desempenhada em teletrabalho; possibilidade da prestação de trabalho subordinado a partir de casa sem recurso a novas tecnologias; e o já menciona problema quanto ao pagamento de subsídio de refeição ao trabalhador que presta teletrabalho. No entanto, estas são questão que se colocam ao teletrabalho em geral e não à "Legislação Covid" em particular(17).

V. O teletrabalho em Portugal numa era pós-Covid

Um dos grandes problemas na fase pós-covid foi resistir a alguma pressão colocada pela opinião pública sobre o regime de teletrabalho. Na realidade, ficou evidente para todos que o teletrabalho, ainda que parcial, iria tornar-se uma modalidade contratual habitual nas relações de trabalho. Não só por iniciativa do trabalhador, mas também como política interna das empresas. Por este motivo, chamámos já a atenção para o risco de se poder "matar" o teletrabalho neste processo legislativo(18).

A Lei n. 83/2021, de 6 de dezembro procurou introduzir algumas alterações ao regime. Desde logo, determinou que pode exercer a atividade em regime de teletrabalho um trabalhador da empresa ou outro admitido para o efeito dividindo o conceito teletrabalhador superveniente ou originário. Assim, o art. 166.º do Código do Trabalho reforçou esta posição referindo que a implementação do regime de teletrabalho depende sempre de acordo escrito, que pode constar do contrato de trabalho inicial ou ser autónomo. Consagrou ainda de forma clara o regime híbrido, estabelecendo no mesmo artigo que o acordo de teletrabalho define o regime de permanência ou de alternância de períodos de trabalho à distância e de trabalho presencial. Relativamente a critérios do acordo, ficou estabelecido que este deve conter:

(a) A identificação, assinaturas e domicílio ou sede das partes;

---

(17) Para um maior desenvolvimento, cfr. Breve viagem pelo regime de teletrabalho na "Legislação Covid", Covid-19 e trabalho: o dia seguinte, *Estudos APODIT* 7, Ed. Maria Rosário Palma Ramalho e Teresa Coelho Moreira, AAFDL, 2020. p. 49-64.

(18) Cfr. Não matem o teletrabalho! — uma pespetiva do teletrabalho em Portugal. Org. Fabiano Zavanella e Luis Camargo Pinto. *A evolução do teletrabalho*. Tomo I. Aspetos jurídicos. Lacier, p. 137-145. 2021.

(b) O local em que o trabalhador realizará habitualmente o seu trabalho, o qual será considerado, para todos os efeitos legais, o seu local de trabalho;

(c) O período normal do trabalho diário e semanal;

(d) O horário de trabalho;

(e) A atividade contratada, com indicação da categoria correspondente;

(f) A retribuição a que o trabalhador terá direito, incluindo prestações complementares e acessórias;

(g) A propriedade dos instrumentos de trabalho, bem como o responsável pela respetiva instalação e manutenção; e

(h) A periodicidade e o modo de concretização dos contactos presenciais a que se refere a alínea c) do n. 1 do art. 169.º-B.

Por sua vez, a forma escrita é exigida apenas para prova da estipulação do regime de teletrabalho.

Importa sublinhar que de acordo como art. 166º, n. 6, se a proposta de acordo de teletrabalho partir do empregador, a oposição do trabalhador não tem de ser fundamentada, não podendo a recusa constituir causa de despedimento ou fundamento da aplicação de qualquer sanção.

No caso de a atividade contratada com o trabalhador ser, pela forma como se insere no funcionamento da empresa, e tendo em conta os recursos de que esta dispõe, compatível com o regime de teletrabalho, a proposta de acordo feita pelo trabalhador só pode ser recusada pelo empregador por escrito e com indicação do fundamento da recusa. Portanto, o ónus do empregador para determinar a recusa é superior à do empregador.

Relativamente à questão do local de trabalho, este deve estar previsto no acordo de teletrabalho que pode ser alterado pelo trabalhador, mediante acordo escrito com o empregador. Por sua vez, o empregador pode definir, por regulamento interno publicitado, e com observância do Regulamento Geral sobre a Proteção de Dados, aprovado pelo Regulamento (UE) 2016/679 do Parlamento Europeu e do Conselho, de 27 de abril de 2016, as atividades e as condições em que a adoção do teletrabalho na empresa poderá ser por ele aceite.

Estas alterações de 2021 aumentaram ainda a possibilidade de realização de teletrabalho imposto unilateralmente, nos termos previstos no art. 166.º A. Para este efeito foi acrescentado, a extensão do direito para pais com filhos até aos 8 anos de idade nas seguintes situações: (a) Nos casos em que ambos os progenitores reúnem condições para o exercício da atividade em regime de teletrabalho, desde que este seja exercido por ambos em períodos sucessivos de igual duração num prazo de referência máxima de 12 meses; (b) Famílias monoparentais ou situações em que apenas um dos progenitores, comprovadamente, reúne condições para o exercício da atividade em regime de teletrabalho. Este alargamento abrangeu também o trabalhador a quem tenha sido reconhecido o estatuto de cuidador informal não principal, mediante comprovação do mesmo, nos termos da legislação aplicável, quando este seja compatível com a atividade desempenhada e o empregador disponha de recursos e meios para o efeito.

Nos termos do disposto no art. 167.º, o acordo de teletrabalho passou a poder ser celebrado com duração determinada ou indeterminada. Assim, sendo o acordo de teletrabalho celebrado com duração determinada, este não pode exceder seis meses, renovando-se automaticamente por iguais períodos, se nenhuma das partes declarar por escrito, até 15 dias antes do seu término, que não pretende a renovação. Por sua vez, se o acordo for de duração indeterminada, qualquer das partes pode fazê-lo cessar mediante comunicação escrita, que produzirá efeitos no 60.º dia posterior àquela. Isto significa que os acordos com duração indeterminada permitem uma gestão mais eficaz por parte das empresas. Não obstante, qualquer das partes pode denunciar o acordo durante os primeiros 30 dias da sua execução.

Ficou ainda determinado em 2021 que cessando o acordo de teletrabalho no âmbito de um contrato de trabalho de duração indeterminada, ou cujo termo não tenha sido atingido, o trabalhador deve retomar a atividade em regime presencial, sem prejuízo da sua categoria, antiguidade e quaisquer outros direitos reconhecidos aos trabalhadores em regime presencial com funções e duração do trabalho idênticas.

O tema mais polémico a ser resolvido era o dos instrumentos de trabalho e do pagamento de despesas. A solução encontrada pelo legislador e introduzida no art. 168º não foi muito feliz, sendo que a versão atual é já uma correção sobre as alterações de 2021 — foram objeto de regulação através da Lei n. 13/2023, de 3 de abril. Ora, ficou estabelecido que o empregador é o responsável pela disponibilização ao trabalhador dos equipamentos e sistemas necessários à realização do trabalho e à interação trabalhador-empregador, devendo o acordo especificar se são fornecidos diretamente ou adquiridos pelo trabalhador, com a concordância do empregador acerca das suas características e preços. O ónus das despesas é colocado nas partes no momento da celebração do acordo. O legislador acrescenta ainda que são integralmente compensadas pelo empregador todas as despesas adicionais que, comprovadamente, o trabalhador suporte como direta consequência da aquisição ou uso dos equipamentos e sistemas informáticos ou telemáticos necessários à realização do trabalho, incluindo os acréscimos de custos de energia e da rede instalada no local de trabalho em condições de velocidade compatível com as necessidades de comunicação de serviço, assim como os custos de manutenção dos mesmos equipamentos e sistemas.

O contrato individual de trabalho e o instrumento de regulamentação coletiva de trabalho aplicável devem fixar na celebração do acordo para prestação de teletrabalho o valor da compensação devida ao trabalhador pelas despesas adicionais. Na ausência de acordo entre as partes sobre um valor fixo, consideram-se despesas adicionais as correspondentes à aquisição de bens e ou serviços de que o trabalhador não dispunha antes da celebração do acordo, assim como as determinadas por comparação com as despesas homólogas do trabalhador no último mês de trabalho em regime presencial.

Para incentivar ao pagamento de compensação, ficou determinado que seria considerada, para efeitos fiscais, como custo para o empregador e não constitui rendimento do trabalhador até ao limite do valor definido por portaria dos membros do Governo responsáveis pelas áreas dos assuntos fiscais e segurança social. Esta alteração foi relevante porque na versão estabelecida em 2021 não se encontrava legalmente determinada esta possibilidade de qualificar a compensação como custo. A Portaria n. 292-A/2023, de 29 de setembro aprovou a fixação dos valores limites da compensação devida ao trabalhador pelas despesas adicionais com prestação de trabalho em regime de teletrabalho que não constitui rendimento para efeitos fiscais ou de base de incidência contributiva para a segurança social, tendo como valor de referência um máximo de um euro por dia.

Por outro lado, sendo os equipamentos e sistemas utilizados no teletrabalho fornecidos pelo empregador, as condições para o seu uso para além das necessidades do serviço são as estabelecidas pelo regulamento interno. Em caso de inexistência de regulamento interno as condições são definidas pelo acordo previsto no art. 166º.

As alterações legislativas ainda não estão devidamente alinhadas com a realidade, mas o processo legislativo pós-covid não forçou alterações demasiado exigentes que pudessem prejudicar o desenvolvimento do teletrabalho em Portugal.

VI. Conclusões

O período de confinamento impôs um regime obrigatório de teletrabalho que permitiu que as sociedades modernas verificassem a compatibilidade desta modalidade contratual com a manutenção da atividade profissional. Apesar deste período ser atípico, entendemos que o teletrabalho numa era da Covid-19 não estava totalmente abrangido pelo regime em vigor. Desde logo porque este teletrabalho é igualmente aplicável a relações de trabalho não subordinado que não estão vinculados à legislação laboral em sentido estrito. Por este motivo, não deveriam ser realizadas as comunicações à Segurança Social e Fundos de Compensação, por não se tratar de uma modificação da modalidade contratual, até porque, a dado momento, a prestação de trabalho nestas condições deixou de carecer de vontade das partes por ter passado a estar abrangido por um regime obrigatório.

Nesta medida, havia receio que o processo legislativo reativo fosse "matar" o teletrabalho tornando-o demasiado oneroso para as empresas. Apesar de tudo, o legislador português acabou por colocar sempre no trabalhador o ónus de solicitar o pagamento de despesas. Assim, pretendeu-se assegurar o pagamento destas despesas, pese embora com uma tutela com algumas limitações.

O processo legislativo pós-Covid foi adequado, uma vez que acabou por ser o conservador suficiente para não cometer erros desnecessários. Bem sabemos a dificuldade de legislar tão próximo do período de confinamento. Com o passar do tempo, admite-se que as falhas legislativas possam ser substituídas por normas mais eficazes. Não "matar" o teletrabalho foi a primeira conquista destas alterações numa fase pós-pandemia. Veremos o que nos aguarda nos próximos anos.

Teletrabalho no Período Pós-Pandemia: O Fim da Precarização

Eduardo Gomes Gaelzer[1]

Fabiano Zavanella[2]

Resumo: O presente artigo visa fazer uma breve análise sobre a evolução do teletrabalho no ordenamento jurídico, especialmente no período em que foi declarada a situação de Emergência em Saúde Pública de Importância Nacional (ESPIN) em decorrência da Infecção Humana pelo novo Coronavírus (2019--nCov; Covid-19). Ainda, este ensaio pretende instigar os leitores ao abandono de implementações precárias de trabalho remoto com o uso de meios tecnológicos de comunicação, mormente porque as normas celetistas possuem previsões expressas sobre o teletrabalho, permitindo com validade e eficácia a celebração de normas coletivas a respeito.

Palavras-chave: Teletrabalho — Previsão legal — Aplicação precária — Normas coletivas.

Abstract: This article aims to provide a brief analysis of the evolution of teleworking in the legal system, especially in the period in which the Public Health Emergency of National Importance (ESPIN) was declared as a result of Human Infection by the new Coronavirus (2019-nCov; Covid-19). Furthermore, this essay intends to encourage readers to abandon precarious implementations of remote work with the use of technological means of communication, especially because CLT norms have express provisions on teleworking, validly and effectively allowing the celebration of collective norms in this regard.

(1) Doutorando em Direito do Trabalho pela UBA. Especialista em Direito do Estado pela UFRGS. Especialista em Direito do Trabalho pela UNISINOS. Pesquisador do GETRAB-USP. Diretor da SOBRATT no Rio Grande do Sul. Professor universitário. Advogado.

(2) Doutor em Direito do Trabalho pela FDUSP. Mestre em Direito do Trabalho pela PUC-SP. Diretor Executivo do IPOJUR. Diretor da SOBRATT. Pesquisador do GETRAB-USP. Advogado.

Keywords: Teleworking — Legal provision — Precarious application — Collective norms.

1. Introdução

Como é de conhecimento público, a Lei n. 13.467, 11 de novembro de 2017, acrescentou, alterou e revogou uma série de dispositivos previstos na CLT. Dentre os direitos que foram ineditamente contemplados na norma trabalhista foram introduzidos dispositivos que versam sobre o teletrabalho.

Esta modalidade de execução do contrato de trabalho decorre de uma série de inovações tecnológicas que permitem ao empregado prestar serviços ao empregador diretamente do lugar que ele seja mais adequado, incluindo-se neste caso a sua residência. Os meios de trabalho remoto, portanto, encontram-se previstos na norma trabalhista e tutelados pelo Estado segundo previsões legais muito bem específicas e estruturadas.

Infelizmente com a pandemia do novo coronavírus (2019-nCov; Covid-19) a população mundial se viu diante de uma nova rotina composta por isolamento social, com restrições inclusive de circulação em locais públicos e privados. No meio do trabalho não seria diferente: uma série de medidas provisórias, leis, decretos e atos normativos determinaram que as pessoas mantivessem isolamento e distanciamento social também no âmbito das relações de trabalho.

Esta situação emergencial e transitória foi observada pelos entes governamentais que sugeriram e autorizaram, por intermédio de medidas provisórias e legislações esparsas, a prestação laboral por intermédio do teletrabalho, do trabalho remoto e do "*home office*".

Houve grande confusão no que respeita a estes institutos, na medida em que o teletrabalho possui regramento o próprio na norma trabalhista brasileira (inclusive com previsões bastante claras para a prestação e desenvolvimento laboral), ao passo que as demais modalidades (trabalho remoto e "*home office*") foram autorizadas de maneira precária e sem que houvesse punições na sua implementação no âmbito das relações empregatícias.

Decorridos quase três anos da declaração de situação de Emergência em Saúde Pública de Importância Nacional (ESPIN) em decorrência da Infecção Humana pelo novo coronavírus, assim como mais de um ano em que as medidas de distanciamento isolamento social foram abolidas por diversas razões (vacinação, índices de contaminação abaixo do tolerável, políticas de saneamento e tratamento da patologia, etc.) ainda é possível verificar a implementação do regime de trabalho remoto de modo precário e sem o devido cumprimento das normas-padrão estabelecidas na CLT, a propósito, muito embora haja previsões legais para a prestação dos serviços de maneira correta e tutelado pelo direito trabalhista.

Ademais, existem instrumentos legais e amplamente debatidos que autorizam, em sede de normas coletivas, o ajustamento do teletrabalho com regulamentos específicos para a categoria de trabalhadores e de empregadores, de modo a adequar essa modalidade contratual a efetiva prestação dos serviços com maior afinco e características próprias.

Por meio deste artigo se busca explicitar brevemente a evolução legal do teletrabalho no ordenamento jurídico brasileiro, as situações em que houve tolerância da adoção do trabalho remoto e do "*home office*", em condições precárias e sob o regime de exceção, assim como a possibilidade de adequações de regramentos próprios sobre o teletrabalho no campo do Direito Coletivo do Trabalho para aprimoramento desta modalidade de prestação laboral (levando-se em conta as especificidades de empregados e empregadores no que respeita a natureza do trabalho prestado).

2. Da evolução do teletrabalho na legislação trabalhista brasileira

Anteriormente à entrada em vigor da Reforma Trabalhista (Lei n. 13.467/2017) não havia previsão do teletrabalho no ordenamento jurídico pátrio. A norma legal trazia em seu bojo o art. 6º da CLT, que dispunha que *"Não se distingue entre o trabalho realizado no estabelecimento do empregador, o executado no domicílio do empregado e o realizado a distância, desde que estejam caracterizados os pressupostos da relação de emprego"*.

Pela redação dada pela Lei n. 12.551/2011 ao dispositivo supramencionado, o legislador entendeu pela necessidade de prever que o labor, mesmo prestado fora das dependências físicas do empregador e/ou realizado à distância, não teriam o condão de afastar o vínculo empregatício do trabalhador, mantendo-o sob a tutela dos direitos trabalhistas então previstos e salvaguardados na CLT.

Também há previsão no art. 83 da CLT, que estabelece ser "*... devido o salário-mínimo ao trabalhador em domicílio, considerado este como o executado na habitação do empregado ou em oficina de família, por conta de empregador que o remunere*".

Contudo, com o advento da Lei n. 13.467, que entrou em vigor em 11 de novembro de 2017 e acresceu, alterou e revogou uma série de dispositivos da CLT, houve o incremento da modalidade do teletrabalho à seara legal trabalhista, dado aos avanços tecnológicos e a necessidade de a legislação pátria acompanhar essas condições sociais. Segundo o legislador, a norma trabalhista não poderia ficar dissociada de uma realidade fática que se introduzia e fixava com rapidez e sucesso no contexto laboral brasileiro.

Para tanto, foi introduzido o capítulo II-A à CLT, que versa especificamente acerca do teletrabalho em âmbito nacional.

Inicialmente o art. 75-B da CLT considerava como teletrabalho a prestação de serviços preponderantemente fora das dependências do empregador, com a utilização de tecnologias de informação e de comunicação que, por sua natureza, não se constituem como trabalho externo.

Segundo a norma celetista, o comparecimento do trabalhador às dependências do empregador para a realização de atividades específicas que exigissem a sua presença na sede patronal não descaracteriza o regime de teletrabalho.

Para a adequada utilização dessa modalidade laboral era imperioso constar expressamente no contrato individual de trabalho tal condição, especificando as atividades que seriam realizadas pelo empregado em teletrabalho. Caso já houvesse relação contratual pretérita à alteração legislativa em comento, empregado e empregador poderiam modificar a prestação para o teletrabalho por intermédio de mútuo acordo entre as partes, mediante o correspondente registro em aditivo contratual. Faz-se a ressalva que para ser válida a alteração do regime de teletrabalho para o presencial por determinação do empregador, deveria ser garantido prazo de transição mínimo de quinze dias, com correspondente registro em aditivo contratual.

Ainda, hipóteses relativas à responsabilidade pela aquisição, manutenção ou fornecimento dos equipamentos tecnológicos e da infraestrutura necessária e adequada à prestação do teletrabalho, bem como ao reembolso de despesas arcadas pelo empregado, serão previstas em contrato escrito, sendo que estas utilidades não integrariam a remuneração do empregado.

No tocante às normas de saúde e segurança do trabalho, a Lei n. 13.467/2017 previu que caberia ao empregador instruir os empregados, de maneira expressa e ostensiva, tudo a respeito acerca das precauções para evitar doenças e acidentes de trabalho. Por outro lado, caberia ao empregado assinar um termo de responsabilidade onde se comprometia a seguir as instruções fornecidas pelo empregador, neste aspecto.

Em suma, estas são as bases legais oriundas da Reforma Trabalhista (Lei n. 13.467/2017) que introduziram a prestação laboral de modo remoto e por intermédio de meios tecnológicos, mantendo os trabalhadores regidos pela CLT e com todos os benefícios sociais e trabalhistas vigentes.

3. Do teletrabalho no início do período pandêmico

Foi publicada a Medida Provisória n. 927, de 22 de março 2020 (publicada no *DOU* de 22 de março 2020, em edição extra), que então dispôs sobre as medidas trabalhistas que poderiam ser adotadas pelos empregadores para preservação do emprego e da renda e para enfrentamento do estado de calamidade pública (reconhecido pelo então Decreto Legislativo n. 6, de 2020, com duração até o dia 31 de dezembro de 2020) e da emergência de saúde pública de importância internacional decorrente do Coronavírus (Covid-19).

A Medida Provisória n. 927/2020 reconhecia a hipótese de "força maior" para os fins do art. 501 da CLT e autorizava a celebração de acordo individual escrito a fim de garantir a permanência do vínculo empregatício (inclusive sendo supremo aos demais instrumentos normativos, legais e negociais, respeitados os limites estabelecidos na Constituição).

No que respeita especificamente ao teletrabalho, referida norma oriunda de ato do Chefe do Poder Executivo Federal, poderia o empregador, a seu critério, alterar, inclusive para estagiários e aprendizes, o regime de trabalho presencial para o de teletrabalho e, precariamente, para o trabalho remoto ou outro tipo de trabalho à distância, e determinar o retorno ao regime de trabalho presencial, independentemente da existência de acordos individuais ou coletivos, dispensado o registro prévio da alteração no contrato individual de trabalho.

Essa alteração do regime de trabalho deveria notificada ao empregado com antecedência de, no mínimo, 48 horas, por escrito ou por meio eletrônico.

Eventual indenização ou fornecimento dos insumos necessários à prestação de serviços nestas condições (tais como acesso à internet, equipamento de informática, etc.) deveria estar previsto em contrato escrito, firmado previamente ou no prazo de trinta dias, contado da data da mudança do regime de trabalho.

Caso o empregado não possuísse os equipamentos tecnológicos e a infraestrutura necessária, o empregador poderia fornecer os equipamentos em regime de comodato e pagar por serviços de infraestrutura, o que não caracterizaria verba de natureza salarial. Na impossibilidade de oferecimento de equipamentos, o período da jornada normal de trabalho seria computado como tempo de trabalho à disposição do empregador.

Não havia necessidade de controle de horário de trabalho do empregado, pois o regime de trabalho remoto seria tratado como equivalente a trabalho externo.

O tempo de uso de aplicativos e programas de comunicação fora da jornada de trabalho normal do empregado não constituiria tempo à disposição, regime de prontidão ou de sobreaviso, exceto se houvessem previsões em acordo individual ou coletivo.

A Medida Provisória n. 927/2020 não foi convertida em Lei. Em face do Ato Declaratório do Presidente da Mesa do Congresso Nacional n. 92, de 2020, ficou definido que seu prazo de vigência foi encerrado no dia 19 de julho de 2020.

4. Das novas normas trabalhistas acerca do teletrabalho durante o período pandêmico

Já no ano de 2021, em meio ao período mais nefasto da pandemia da Covid-19, foram editadas novas normas trabalhistas que contemplariam o teletrabalho no contexto social brasileiro.

Foi publicada a Medida Provisória n. 1.046, de 27 de abril 2021 (*DOU* de 28 de abril 2021), que dispôs sobre as medidas trabalhistas que poderiam ser adotadas pelos empregadores para preservação do emprego e da renda, durante o prazo de 120 dias, para o enfrentamento do estado de calamidade pública e de emergência de saúde pública de importância internacional decorrente da Covid-19.

Em moldes extremamente semelhantes aos da Medida Provisória n. 927/2020, supramencionada MP previu normas sobre a adoção do teletrabalho e trabalho remoto precário.

Esta MP não foi convertida em Lei e vigorou até 25 de agosto de 2021.

Por outro lado, no exercício de 2022 foram publicadas as Medidas Provisórias ns. 1.108 e 1.109.

A Medida Provisória n. 1.109, de 25 de março de 2022 (publicada *DOU* de 28 de março de 2022), que dispunha sobre as medidas trabalhistas alternativas que poderão ser adotadas por empregados e empregadores para o enfrentamento das consequências sociais e econômicas de estado de calamidade pública em âmbito nacional ou em âmbito estadual, distrital ou municipal reconhecido pelo Poder Executivo federal.

Estas medidas poderiam ser adotadas exclusivamente para trabalhadores em grupos de risco ou para trabalhadores de áreas específicas dos entes federativos atingidos pelo estado de calamidade pública, no prazo de 90 dias (prorrogável enquanto durar o estado de calamidade pública em âmbito nacional, estadual, distrital ou municipal). Não houve conversão dessa Medida Provisória em Lei Federal.

Havia previsão expressa sobre a adoção do teletrabalho e trabalho remoto de caráter precário, nos moldes semelhantes à Medida Provisória n. 927/2020 e Medida Provisória n. 1.046/2021.

5. Da Medida Provisória que foi convertida em Lei Federal e alterou definitivamente os artigos da CLT sobre o teletrabalho

A Medida Provisória n. 1.108, de 25 de março de 2022 (prevista no *DOU* de 28 de março de 2022), modificou artigos da CLT que versam sobre o teletrabalho e trabalho remoto.

Dita Medida Provisória redefiniu o conceito do teletrabalho, fazendo constar que "*Considera-se teletrabalho ou trabalho remoto a prestação de serviços fora das dependências do empregador, de maneira preponderante ou não, com a utilização de tecnologias de informação e de comunicação, que, por sua natureza, não se configure como trabalho externo*".

O comparecimento, ainda que de modo habitual, às dependências do empregador para a realização de atividades específicas, que exigisse a presença do empregado no estabelecimento, não descaracterizaria o regime de teletrabalho ou trabalho remoto.

Agora, o empregado submetido ao regime de teletrabalho ou trabalho remoto poderia prestar serviços por jornada ou por produção ou tarefa.

Na hipótese da prestação de serviços em regime de teletrabalho ou trabalho remoto por produção ou tarefa, estes empregados estariam excetuados do capítulo da CLT que trata sobre a duração do trabalho (art. 62, inciso III da CLT).

Por oportuno, o regime de teletrabalho ou trabalho remoto não se confundia e nem se equiparava à função/ocupação de operador de *telemarketing* ou de teleatendimento.

Ainda, o tempo de uso de equipamentos tecnológicos e de infraestrutura necessária, e de *softwares*, de ferramentas digitais ou de aplicações de *internet* utilizados para o teletrabalho, fora da jornada de trabalho normal do empregado não constituía tempo à disposição, regime de prontidão ou de sobreaviso, exceto se houvesse previsão em acordo individual ou em acordo ou convenção coletiva de trabalho.

Era permitida a adoção do regime de teletrabalho ou trabalho remoto para estagiários e aprendizes.

Aos empregados em regime de teletrabalho se aplicavam as disposições previstas na legislação local e nas normas coletivas (convenções e acordos coletivos de trabalho) relativas à base territorial do estabelecimento de lotação do empregado.

Ao contrato de trabalho do empregado, admitido no Brasil e que optasse pela prestação de teletrabalho fora do território nacional, aplicar-se-ia a legislação brasileira. Excetuavam-se dessas situações de trabalhadores contratados ou transferidos para prestar serviços no exterior (segundo hipóteses previstas na Lei n. 7.064/1982) ou disposição em contrário estipulada entre as partes.

Empregado e empregador poderiam firmar acordo individual acerca dos horários e os meios de comunicação entre empregado e empregador, desde que assegurados os repousos legais.

O empregador não era responsável pelas despesas resultantes do retorno ao trabalho presencial, na hipótese de o empregado optasse pela realização do teletrabalho ou trabalho remoto fora da localidade prevista no contrato, salvo disposição em contrário estipulada entre as partes.

A Medida Provisória n. 1.108/2022 foi convertida na Lei n. 14.442, de 02 de setembro de 2022 (*DOU* de 05 de setembro de 2022), vindo a alterar definitivamente os conceitos e as diretrizes normativas acerca do teletrabalho na CLT e que atualmente vigor no ordenamento jurídico brasileiro.

6. Do encerramento do período pandêmico no Brasil

A partir da publicação da Portaria n. 913, de 22 de abril de 2022 (*DOU* de 22 de abril de 2022 – edição extra), do Ministério da Saúde, foi declarado o encerramento da Emergência em Saúde Pública de Importância Nacional (ESPIN) em decorrência da Infecção Humana pelo novo Coronavírus (2019-nCov; Covid-19) de que tratava a Portaria GM/MS n. 188/2020.

A pandemia de 2020 acelerou mais ainda esse processo social do teletrabalho (ou trabalho remoto) e o uso cada vez mais frequente da tecnologia em práticas diárias até então realizadas de modo presencial, como reuniões remotas proporcionadas por aplicativos como *Zoom* e *Google Meet*.

O Código do Trabalho de 2003 de Portugal acompanha o conteúdo do Acordo Quadro Europeu sobre o Teletrabalho(3) e reconhece a subordinação e conceitua o trabalho remoto ou teletrabalho como: "(...) a prestação laboral realizada com subordinação jurídica, habitualmente fora da empresa do empregador, e através do recurso a tecnologias de informação e de comunicação"(4).

O trabalho remoto configura uma modalidade atípica de emprego habitual que se caracteriza pela flexibilidade em relação à execução temporal e espacial da prestação, que possui localização indefinida e desmaterializada. Portanto, pressupõe separação geográfica, permanente ou não, entre o local de execução da prestação e o local, principal ou descentralizado, da organização empresarial ou de acolhimento físico do processo produtivo(5).

O teletrabalho foi além de ser uma atividade em local não situado nas instalações da entidade empregadora, uma vez que nem as prestações de serviços que deslocam o trabalhador para o espaço físico da empresa cliente(6) foi possível. As pessoas foram obrigadas a trabalharem em suas residências, mesmo em segmentos da economia que nunca se utilizaram do trabalho remoto(7).

---

(3) O Acordo Quadro Europeu sobre Teletrabalho define o teletrabalho subordinado e o caracteriza como voluntário, regulamentando as condições de trabalho, a proteção de dados, a salvaguarda da privacidade, os equipamentos, aspectos de saúde e segurança, a organização do trabalho, a formação profissional e, por fim, os direitos coletivos do trabalhador. (COMISSÃO EUROPEIA. *Teletrabalho:* no entender da Comissão, o novo acordo constitui uma boa notícia para os trabalhadores e para as empresas. Bruxelas, 16 jul. 2002. Disponível em: <https://ec.europa.eu/commission/presscorner/detail/pt/IP_02_1057>. Acesso em: 10 set. 2022)

(4) REDINHA, Maria Regina Gomes. Teletrabalho — anotação aos arts. 233º a 243º do Código de Trabalho de 2003. *Working Paper*. Faculdade de Direito da Universidade do Porto, s.d., p. 1. Disponível em: <https://www.cije.up.pt/download-file/216>. Acesso em: 15 set. 2023.

(5) *Idem.*

(6) *Idem.*

(7) Para Maria Regina Gomes Redinha, o fato de a prestação passar a ser do tipo "home office" não mudaria, pois a autora já tratou anteriormente sobre essa questão: "Coloca-se, então, a questão de determinar se o teletrabalho prestado num centro satélite (unidade física apartada da localização central da empresa, cuja propriedade e exploração cabe ao empregador, e onde vários trabalhadores partilham o espaço, infraestruturas e equipamento necessários à prossecução da actividade laboral. Numa perspectiva técnico-jurídica o centro satélite, por vezes também designado por telecentro, embora imprecisamente, faz parte do complexo das "instalações da empresa", uma vez que é propriedade da entidade empregadora e é por esta explorado e gerido. Porém, por definição, o centro satélite é uma unidade descentrada, afastada do núcleo principal da empresa, sem outra vida que não seja a que o acolhimento dos teletrabalhadores proporciona. A prestação de teletrabalho neste modelo organizativo não difere, por conseguinte, da prestação no domicílio do trabalhador, num centro comunitário ou até num sistema intinerante ou móvel, sem referência a local fixo e determinado, não existindo qualquer razão para um tratamento diferenciado baseado apenas na

A adaptação a essa nova realidade durante a pandemia foi essencial e, praticamente, obrigatória, a ponto de o ambiente de trabalho físico oferecido em prédios e conglomerados comerciais serem questionados quanto à sua relevância e necessidade no futuro, o que ocasionou a queda do valor de cotas de Fundos Imobiliários de tijolo, como também os de shopping centers também, pois o mesmo processo ocorreu nesse segmento também, resultando na imposição de fechamento das lojas, que foram obrigadas a deslocar seus empregados para o sistema remoto, sendo substituídas pelo e-commerce como nunca antes havia ocorrido.

O debate sobre o modelo clássico de empregador e empregado subordinado, a precarização de mão de obra, a exclusão de trabalhadores do mercado formal e, como adaptar as novas modalidades de prestação de serviços sem o abandono de mínima garantia de cobertura social foi trazido à cena.

Urge a conciliação e adaptação exigida por tais imperativos aos princípios do Direito do Trabalho, ou seja, no ajuste das normas jurídicas à realidade econômica e tecnológica, para o estabelecimento de limites possíveis ou necessários e determinar quais são[8].

Em decorrência do encerramento do período pandêmico no Brasil as normas emergenciais e de caráter provisório perderam eficácia e deixaram de vigorar no ordenamento jurídico pátrio. Porém, as normas ordinariamente aprovadas permaneceram em vigor e produzem efeitos na atualidade, inclusive no que respeita ao teletrabalho.

Não se justificam mais a implementação de trabalho prestado remotamente ou denominado *"home office"*, porquanto a norma celetista possui moderna previsão para sua implementação no âmbito das relações contratuais trabalhistas.

Ademais, merece ser destacado o disposto no art. 611-A, inciso VIII da CLT, que expressamente prevê que *"A convenção coletiva e o acordo coletivo de trabalho têm prevalência sobre a lei quando, entre outros, dispuserem sobre"*; *"teletrabalho,*

---

titularidade jurídica do direito de propriedade sobre as instalações (...) excluem-se, portanto, da noção de teletrabalho as situações que importam actividades fora da empresa, mas apenas de forma esporádica ou transitória, ou aqueloutras que combinem a prestação de actividade fora e dentro da empresa, mas nas quais a actividade desenvolvida noutro local que não a empresa seja apenas incidental ou irregular". (REDINHA, Maria Regina Gomes. Teletrabalho – anotação aos arts. 233º a 243º do Código de Trabalho de 2003. *Working Paper.* Faculdade de Direito da Universidade do Porto, s.d., p. 2. Disponível em: <https://www.cije.up.pt/download-file/216>. Acesso em: 15 set. 2023.

(8) MANNRICH, Nelson. Empregabilidade, ocupação e novas formas de trabalho. *Revista da Faculdade de Direito da Universidade de São Paulo*, v. 100, p. 103-119, jan./dez. 2005, p. 104.

regime de sobreaviso, e trabalho intermitente". Tal tema merece destaque em item específico abaixo.

7. Das considerações sobre as normas coletivas e o teletrabalho

A Constituição Federal do Brasil reconhece o trabalho como um direito fundamental do homem e, nos termos do art. 7º, inciso XXVI, consagra as convenções e os acordos coletivos de trabalho como instrumentos para perfectibilização dos direitos dos trabalhadores urbanos e rurais.

Por outro lado, o art. 611-A, inciso VIII da CLT prevê expressamente que as convenções e os acordos coletivos de trabalho podem versar validamente sobre ajustes relacionados ao teletrabalho, visto que tais decorrem da autonomia das vontades coletivas que derivam do dispositivo constitucional supramencionado, mormente depois de amplamente debatidos pelas agremiações sindicais.

Nesse sentido faz-se aplicável o teor da Tese 1046 do STF, em que há supremacia do negociado sobre o legislado, inclusive no tocante ao teletrabalho, visto que, segundo a tese fixada pelo Supremo Tribunal Federal em Repercussão Geral (RE 1121633), "*são constitucionais os acordos e as convenções coletivos que, ao considerarам a adequação setorial negociada, pactuam limitações ou afastamentos de direitos trabalhistas, independentemente da explicitação especificada de vantagens compensatórias, desde que respeitados os direitos absolutamente indisponíveis*".

A Suprema Corte Brasileira ratifica a interpretação de dar validade, reconhecimento e eficácia às convenções e aos acordos coletivos de trabalho (art. 7º, inciso XXVI da Constituição Federal) decorrentes da autotutela das partes e assim reforço a previsão do art. 611-A, inciso VIII da CLT.

Essa análise formal se mostra necessária com o propósito de reiterar o não cabimento de adoção de formas precárias de trabalho prestado fora das dependências do empregador. A legislação trabalhista possui normas expressas sobre o teletrabalho e aceita as normas coletivas das partes e sindicatos para promover os ajustes atinentes aos contratos de trabalho.

8. Considerações finais

Repisa-se que a evolução legislativa se mostrou necessária no período anterior, durante e pós-pandemia do novo coronavírus (2019-nCov; Covid-19), especialmente no que respeita a implementação e adequação do teletrabalho, do trabalho remoto e do "*home office*".

Tolerou-se a implementação precária da prestação do labor para salvaguardar o trabalho e sustento de milhões de brasileiros no curso do período de emergência em saúde global.

Contudo, finalizado este triste período da história humana contemporânea não se justifica mais a utilização desses mecanismos em caráter precário e transitório, inclusive diante da possibilidade de ajustes aos casos específicos por meio de normas coletivas (acordos e convenções coletivas), como aliás, se mostra o caminho mais adequado no sentido da proteção dos trabalhadores e, ainda, adequação da gestão em si dos diversos modelos de negócio que temos no mercado produtivo.

Referências

ALONSO, João Carmelo; SANTOS, Dione Almeida; SERPA, Patrícia Oliveira Castro. A importância do teletrabalho e os desafios em sua implementação durante a pandemia. In: Nelson Mannrich (Org). *Relações de trabalho e desafios da tecnologia em ambiente pós-pandemia.* Leme, SP : Mizuno, 2021. Vários autores.

BATALHA, Elton Duarte. Teletrabalho — a Reforma Trabalhista brasileira e a estrangeira. In: Nelson Mannrich (Org). *Reforma Trabalhista:* reflexões e críticas. 2. ed. São Paulo : LTr, 2018. Vários autores.

CEZARIO, Priscila Freire da Silva. Caracterização do Teletrabalho no ordenamento pátrio e aplicação da norma no teletrabalho transnacional e no teletrabalho transregional. *Revista do Tribunal Superior do Trabalho*, São Paulo, SP, vol. 85, n. 4, out./dez. 2020. p. 187.

DELGADO, Mauricio Godinho; DELGADO, Gabriela Neves. *A reforma trabalhista no Brasil com comentários à Lei n. 13.467/2017*. São Paulo, SP: LTr, 2017.

GAELZER, Eduardo Gomes. *22 Anos da SOBRATT:* A Evolução do Teletrabalho: Tomo I: Aspectos Jurídicos. Fabiano Zavanella e Luis Otávio Camargo Pinto (Coords.). Campinas: Lacier Editora, 2021. Vários autores.

MANNRICH, Nelson. Empregabilidade, ocupação e novas formas de trabalho. *Revista da Faculdade de Direito da Universidade de São Paulo*, v. 100, p. 103-119, jan./dez. 2005

PRATA, Marcelo Rodrigues. O direito à desconexão do teletrabalhador. *Revista LTr Legislação do Trabalho*, São Paulo, SP, vol. 84, n. 11, p. 1.391-1.400, nov. 2020.

REDINHA, Maria Regina Gomes. Teletrabalho — anotação aos artigos 233º a 243º do Código de Trabalho de 2003. *Working Paper*. Faculdade de Direito da Universidade do Porto, s.d., p. 1. Disponível em: <https://www.cije.up.pt/download-file/216> Acesso em: 15 set. 2022

ZAVANELLA, Fabiano. *22 Anos da SOBRATT:* A Evolução do Teletrabalho: Tomo I: Aspectos Jurídicos. Fabiano Zavanella e Luis Otávio Camargo Pinto (Coords.). Campinas: Lacier Editora, 2021. Vários autores.

ZAVANELLA, Fabiano. *Direito do Trabalho e Gestão Corporativa*. Desafios da gestão frente ao Direito 4.0. São Paulo: LTr, 2023.

De los Desafíos del Teletrabajo por Cuenta Ajena al Trabajo Nómada

Esperanza Macarena Sierra Benítez[1]

Resumen: El 10 de julio de 2021 se publica en España Ley 10/2021, de 9 de julio, de trabajo a distancia. La norma regula el trabajo a distancia, es decir, el trabajo que se realiza fuera de los establecimientos y centros habituales de la empresa, y del que el teletrabajo es una subespecie que implica la prestación de servicios con nuevas tecnologías. A los retos que se planteaban en el ámbito laboral español (tasas de temporalidad, riesgo de pobreza salarial, precariedad laboral y una fuerte segmentación), en el año 2021, se suman nuevos desafíos que obligan a afrontar los cambios de la era post-Covid en los procesos de globalización y digitalización. La Ley 28/2022, de 21 de diciembre, de fomento del ecosistema de las empresas emergentes que se publica en España es consciente de los activos que tenemos en este país para la atracción de profesionales altamente cualificados que desarrollan su actividad, por cuenta propia o ajena, mediante herramientas electrónicas (buenas conexiones a Internet, buen clima, buenas comunicaciones, etc.). Por este motivo y para atraer el talento se contempla una nueva categoría de visado y de autorización de residencia para regular la estancia y residencia de los denominados nómadas digitales, cuyo estilo de vida les permite trabajar en remoto y cambiar de residencia frecuentemente, compatibilizando el trabajo de alta cualificación con el turismo inmersivo en el país de residencia. En este estudio vamos a hacer referencia a los desafíos actuales del trabajo remoto y, por lo tanto, de sus variantes: teletrabajo y trabajo nómada, que constituye una modalidad de teletrabajo internacional.

Palabras clave: Trabajo remoto — Teletrabajo — Teletrabajo internacional — Nómada digital — Protección social.

Abstract: On 10 July 2021, Law 10/2021 of 9 July on teleworking was published in Spain. The law regulates remote work, i.e., work carried out outside the compa-

(1) Profesora Titular de Derecho del Trabajo y de la Seguridad Social, Universidad de Sevilla. Miembro Internacional de la ABDT, Brasil.

ny's usual quarters, of which teleworking is a subspecies involving the provision of services using new technologies. In addition to the challenges posed in the Spanish labour sphere (temporary employment rates, risk of wage poverty, job insecurity and strong segmentation), in the year 2021, new challenges were added that made it necessary to face the changes of the post-Covid era in the processes of globalisation and digitalisation The Law 28/2022, of 21 December, on the promotion of the start-up ecosystem published in Spain is aware of the assets that we have in this country for attracting highly qualified professionals who develop their activity, whether self-employed or employed, through electronic tools (good Internet connections, good climate, good communications, etc.). For this reason, and in order to attract talent, a new category of visa and residence permit is being considered to regulate the stay and residence of the so-called digital nomads, whose lifestyle allows them to work remotely and change residence frequently, combining highly qualified work with immersive tourism in the country of residence. In this study we will refer to the current challenges of remote work and, therefore, to its variants telework and nomadic work, which constitutes a form of international telework.

Keywords: Remote work — Teleworking — International teleworking — Digital nomad — Social protection.

1. El teletrabajo por cuenta ajena

A) La regulación del teletrabajo por cuenta ajena en el sector privado

Con la anterior crisis sanitaria de la Covid-19 en la Unión Europea proliferó el teletrabajo obligatorio impuesto como medida de contención de la pandemia y de aislamiento social para que, en los casos de compatibilidad de la prestación de servicios con el teletrabajo, los trabajadores continuaran la prestación de servicios en sus domicilios en la etapa dura de la pandemia. Esto generó casos de abusos y de regulación desigual entre trabajadores que tenían garantizados los derechos como teletrabajadores por contar con una cobertura negociada en su empresa antes de la declaración de la pandemia, frente a aquellos otros trabajadores que no contaban con esa regulación garantizada al no haber implementado el empresario el teletrabajo. La declaración del teletrabajo como medida de contención sanitaria derivada de la Covid-19 originó el auge del trabajo a distancia precarizado y sin garantía, al que se ha denominado como el "teletrabajo de la emergencia".

La extensión y normalización del teletrabajo sin un marco legal suficiente obliga al legislador a establecer una nueva regulación que contemple las garantías necesarias del marco de las relaciones laborales. Con este propósito se regula la Ley 10/2021, de 9 de julio, de trabajo a distancia "equilibrando el uso de estas nuevas formas de prestación de trabajo por cuenta ajena y las ventajas que suponen para las empresa y personas trabajadoras, de un lado, y un marco de derechos que satisfagan, entre otros, los principios sobre su carácter voluntario y reversible, el principio de igualdad de trato en las condiciones profesionales, en especial la retribución, incluida la compensación de gastos, la promoción y la formación profesional, el ejercicio de derechos colectivos, los tiempo máximos de trabajo y los tiempos mínimos de descanso, la igualdad de oportunidades en el territorio, la distribución flexible del tiempo de trabajo, así como los aspectos preventivos relacionados básicamente con la fatiga física y mental, el uso de pantallas de visualización de datos y los riesgos de aislamiento"[(2)].

Esta norma pretende igualar el tratamiento jurídico en los aspectos más importantes del teletrabajo y del trabajo a distancia, acudiendo en la medida necesaria a la negociación colectiva, que se considera instrumento imprescindible para completar la normativa aplicable en cada uno de los sectores específicos, estableciendo criterios propios[(3)]. Las partes del convenio colectivo se comprometen a impulsar el teletrabajo, sin perjuicio de la necesaria garantía de la actividad presencial cuando la naturaleza de los servicios prestados así lo exija o se requiera. Para la empresa actúa como un elemento de atracción y retención del talento; y para cada trabajador que voluntariamente se acoja a esta modalidad de trabajo a distancia supone una mejora importante de su bienestar, una ordenación del tiempo de trabajo diferente que puede permitir una mayor conciliación de su vida profesional y personal favoreciendo la productividad; y para la sociedad constituye una ventaja por tratarse de un modelo más sostenible, evolucionado e inclusivo socialmente, y adicionalmente, más respetuoso con el medio ambiente[(4)]. No obstante, el convenio colectivo no es el único instrumento de la negociación colectiva para regular el trabajo a distancia, sino que cabe el acuerdo colectivo cuyas cláusulas pueden ser objeto de revisión en los tribunales de justicia. Así, por ejemplo, una sentencia de la Audiencia Nacional declaró nulas las cláusulas de un acuerdo colectivo de adhesión relacionadas con la compensación de gastos por teletrabajar; exigencia de que el teletrabajador facilite a la empresa su número

---

(2) Preámbulo IV de la Ley 10/2021, de 9 de julio, de trabajo a distancia.

(3) SIERRA BENÍTEZ, Esperanza Macarena. Visión general de la regulación del teletrabajo en España: la Ley 10/2021, de 9 de julio, de trabajo a distancia. En: FELICIANO, Guilherme G; AZAVEDO LIMA, Patricia Helena; MATOS, Larissa (Orgs.). *Desafíos do teletrabalho.* Estudos do Núcleo de Pesquisa e Extensão "O Trabalho além do Direito do Trabalho. (FDUSP). *Campinas:* Lacier Editora. p. 179-181.

(4) Anexo III del Acuerdo de teletrabajo y otras formas de flexibilidad que modifica el VI Convenio Colectivo de la empresa Telefónica Servicios Audiovisuales, SAU (Resolución de 22 de abril de 2022, de la Dirección General de Trabajo, por la que se registra y publica dicho Acuerdo (BOE 12 de mayo de 2022, núm. 113).

de móvil y correo electrónico personales; limitación del derecho a la desconexión digital; entrada del Servicio de Prevención de Riesgos Laborales en el domicilio del teletrabajador; ejercicio de la reversibilidad por el teletrabajador, y renuncia del teletrabajador a cualquier reclamación caso de revocarse la autorización de trabajo a distancia(5). En este caso el acuerdo de trabajo a distancia se incorpora como un acuerdo de adhesión, es decir, no ha sido el resultado de la negociación entre empresario y trabajador, sino que ha sido fijado unilateralmente por el empresario, y los trabajadores se han adheridos voluntariamente al mismo. No estamos ante un acuerdo de trabajo a distancia propiamente dicho, sino ante un acuerdo de adhesión que no determina *per se* la nulidad de todas las cláusulas, sino que esa situación debe ser especialmente tenida en cuenta al momento de su interpretación y el análisis de la validez de algunas de sus cláusulas y comprobar que se ha mantenido la libertad de contratar, o la libertad para aceptar o no el acuerdo de trabajo a distancia ofrecido por el empresario(6).

La Ley 10/2021, de 9 de julio de trabajo a distancia regulada en España distingue entre trabajo a distancia y el teletrabajo. El primero comprende a las relaciones de trabajo por cuenta ajena a distancia con carácter regular, es decir, la prestación de la actividad realizada, en un período de referencia de tres meses, de un mínimo del 30% de la jornada o porcentaje proporcional equivalente. Y, el segundo, el teletrabajo. se contempla como aquél que se realiza mediante el uso exclusivo o prevalente de medios y sistemas informáticos, telemáticos y de telecomunicación(7). Esto significa que el teletrabajo esporádico o no habitual no goza de las garantías de la norma y, por lo tanto, de la protección de los teletrabajadores esporádicos por cuenta ajena. Y, por lo tanto, permite a las empresas la implantación de "micro fórmulas de conciliación" mediante el teletrabajo, al margen de los requisitos legales.

La Ley 10/2021 solo contempla por lo tanto el trabajo a distancia y el teletrabajo por cuenta ajena en el sector privado, y no contempla otras formas de manifestarse la prestación a distancia como pueden ser los trabajadores autónomos,

(5) Sentencia de la Audiencia Nacional Social núm. 44/2022, de 22 de marzo de 2022.

(6) ARETA MARTÑÍNEZ, María. El acuerdo de trabajo a distancia (teletrabajo) en el sector de contact center: ¿cuál es su naturaleza jurídica?, ¿qué consecuencias jurídicas lleva aparejada la nulidad de algunas cláusulas? *Revista de Jurisprudencia Laboral.*, n. 9/2022, p. 1-19.

(7) GARCÍA VIÑA, Jordi. El nuevo trabajo a distancia en España. En: FELICIANO, Guilherme G; AZAVEDO LIMA, Patricia Helena; MATOS, Larissa (Orgs.). *Desafíos do teletrabalho.* Estudos do Núcleo de Pesquisa e Extensão "O Trabalho além do Direito do Trabalho" (FDUSP), *Campinas:* Lacier Editora. p. 208.

incluidos los autónomos económicamente dependientes[8], por lo que se entiende que sea la negociación colectiva el mecanismo imprescindible para completar la regulación del trabajo a distancia, ya que la Ley no aborda todos los aspectos del trabajo a distancia y del teletrabajo de las personas que trabajan por cuenta ajena en el sector privado. En definitiva, el gran reto del trabajo por cuenta ajena es la necesidad de reforzar la negociación colectiva y, por lo tanto, los instrumentos colectivos como los convenios colectivos y/o pactos o acuerdos colectivos de teletrabajo. No obstante, este desafío no es suficiente si no existe una verdadera cultura formativa que promueva la retención del talento y la profesionalidad basada en la mutua confianza de los sujetos del contrato de trabajo y, por lo tanto, en la corresponsabilidad de las partes contractuales para alcanzar una óptima prestación de servicios no solo productiva sino saludable[9]. No olvidemos que la voluntariedad de las partes para teletrabajar ES un principio esencial del teletrabajo, al que hay que dotar de un mayor contenido conforme a los desafíos del trabajo digital.

B) La regulación del teletrabajo por cuenta ajena en el sector público

En el sector público el Real Decreto-ley 29/2020, de 29 de septiembre[10], estableció unas medidas urgentes en materia de teletrabajo en las Administraciones Públicas[11]. En este ámbito entiende el teletrabajo como modalidad preferente de trabajo a distancia que se realiza fuera de los establecimientos y centros habituales de la Administración, para la prestación de servicios mediante el uso de nuevas tecnologías. La finalidad principal es asegurar el normal funcionamiento de las Administraciones Públicas, impulsando una nueva forma de organización y estructuración del trabajo para el mejor servicio a los intereses generales. Esta norma introduce un nuevo art. 47 bis en el Texto Refundido de la Ley del Estatuto del Empleado Público (TRLEP) contemplando un marco regulador básico para todas las Administraciones Públicas, y estableciendo la competencia estatal

(8) Regulado en la Ley 20/2007, de 11 de julio, del Estatuto del trabajo autónomo (*BOE* 12 jul. 2007, n. 166). El trabajador autónomo económicamente dependiente es el que realiza una actividad económica o profesional a título lucrativo y de forma habitual, personal, directa y predominante para una persona física o jurídica, denominada cliente, del que dependen económicamente por percibir de él, al menos, el 75 por ciento de sus ingresos por rendimientos de trabajo y de actividades económicas o profesionales (art 11 de la Ley 20/2007).

(9) La 111ª Reunión de la Conferencia Internacional del Trabajo, celebrada en Ginebra del 27 de mayo al 11 de junio, se debatió y aprobó la inclusión de las condiciones de trabajo seguras y saludables en el marco de la OIT relativo a los principios y derechos fundamentales en el trabajo.

(10) En el sector público existía una normativa contemplada en el ámbito europeo, nacional, autonómico y local.

(11) *BOE* 30 sep. 2020, n. 259.

sobre la legislación laboral en el caso del personal laboral (excluido del ámbito de aplicación de la Ley 10/2021) , que permite que las Administraciones Públicas puedan desarrollar sus instrumentos normativos propios reguladores del teletrabajo en sus organizaciones públicas. La regulación del art. 47 bis contempla, entre otros, que el teletrabajo: 1) se desarrollará en aquellos puestos de trabajo que sean compatibles con las necesidades del servicio; 2) debe contribuir a una mejor organización del trabajo a través de la identificación de objetivos y la evaluación de su cumplimiento. De entre los aspectos relevantes de la definición y naturaleza del teletrabajo cabe destacar: 1) el contenido competencial del teletrabajo que podrá desarrollarse siempre que las necesidades del servicio lo permitan, debiendo cada Administración garantizar en todo caso la atención directa presencial a la ciudadanía; 2) que se debe servir con objetividad a los interés generales; y 3) que el teletrabajo no se debe conceptualizar como un derecho subjetivo porque su utilización deberá venir supeditada a que se garantice la prestación de los servicios públicos, y en todo caso habrá de asegurarse el cumplimiento de las necesidades del servicio. Como se ha afirmado, el art. 47 bis deja un amplio espacio regulatorio y negociador para los convenios y los contratos de trabajo (como hemos visto para el sector privado en la Ley 10/2021), en general, y para los reglamentos de desarrollo en particular, un instrumento muy idóneo para implementar el teletrabajo en el sector público(12).

En general, teniendo en cuenta la necesaria y previa implantación de la Administración digital eficaz como presupuesto del teletrabajo, cabe destacar la insuficiente y ambigua regulación del marco estatal del teletrabajo que provoca enormes divergencias en el ámbito público. En este sentido, la doctrina mantiene la necesidad de delimitar los contenidos básicos que deberían tener las normas que regulen el teletrabajo con la finalidad de dotar a este ámbito de una mayor seguridad jurídica (por ejemplo, estableciendo las bases conceptuales, los requerimientos previos, la delimitación del marco legal de carácter básico y los instrumentos convenientes para regular de forma adecuada el teletrabajo en el sector público)(13).

En este breve comentario de la norma del teletrabajo en este sector en el que confluyen dos tipos de personal: el personal funcionario y el personal laboral

---

(12) ALMONACID LAMELAS, Víctor. Regulado el teletrabajo para las AAPP: el nuevo artículo 47 bis del TREBEP. *El consultor de los Ayuntamientos,* n. 11, nov. 2020, p. 106. Disponível em: <https://elconsultor.laley.es/Content/Documento.aspx?params=H4sIAAAAAAAEAMtMSbF1jTAAAkNTMyBQK0stKs7Mz-7M1MjAyMLA0NgAJZKZVuuQnh1QWpNqmJeYUpwIAFCV8yTUAAAA=WKE>.

(13) MARTÍNEZ GUTIÉRREZ, Rubén. Teletrabajo y sector público. En: ORTEGA GIMÉNEZ, Alfonso. *Teletrabajo y Derecho Internacional Privado.* Problemas y soluciones. Aranzadi, Cizur Menor (Navarra), 2023. p. 269.

al servicio de las Administraciones Públicas[(14)] ¿cuál es el gran reto de la era digital en esta forma de prestación de servicios? Con independencia de la necesidad de mejorar y alcanzar la seguridad jurídica normativa, entendemos que la norma debe partir de la nueva realidad social en la que se encuentra inmersa el mundo globalizado: el envejecimiento de la población y las dificultades de adaptación al mundo digital, y en ocasiones de los propios jóvenes que no gozan de las suficientes competencias digitales. El propio Gobierno es consciente de la labor del personal que desarrolla tareas de atención necesariamente presencial, así como de cuáles son los cuerpos o categorías no susceptibles de teletrabajar por desempeño obligatorio presencial o de atención al público[(15)]. Es necesario recordar que la prestación de servicios mediante teletrabajo está sujeta, en todo caso, a las necesidades del servicio y queda supeditada a que se garantice la atención directa presencial a la ciudadanía[(16)].

En España existe un proyecto de real decreto por que se regula el teletrabajo en la Administración General del Estado que fija los criterios generales del teletrabajo y la posibilidad de teletrabajar tres días cada semana[(17)]. En el plano regulatorio el proyecto inicial de la Ley de la Función Pública establecía expresamente que no constituye un derecho, y que está supeditado a las necesidades organizativas y del servicio[(18)]. No obstante, la realidad es que uno de cada cuatro funcionarios de la Administración General del Estado teletrabaja, puesto que el marco del plan de medidas de ahorro y eficiencia energética de la AGE lo ha permitido y se ha convertido en una práctica generalizada difícil de revertir en una Administración Pública en la que el número de servidores públicos va menguando, y entendemos que no son sustituibles por la implantación de la

(14) Véase el RDL 5/2015, de 30 de octubre, por el que se aprueba el texto refundido de la Ley del Estatuto Básico del Empleado Público (*BOE* 31 oct. 2015, n. 261).

(15) Véase la Resolución de 14 de noviembre de 2022, de la Secretaría de Estado de Función Pública, por la que se publica el "Acuerdo Marco para una Administración del siglo XXI" (*BOE* 17 nov. 2022, n. 276).

(16) Plan de medidas de ahorro y eficiencia energética de la Administración General del Estado y las entidades de sector público institucional estatal (Orden PCM/466/2022, de 25 de mayo, por la que se publica el Acuerdo del Consejo de Ministros de 24 de mayo de 2022, por el que se aprueba el plan de medidas de ahorro y eficiencia energética de la Administración General del Estado y las entidades del sector público institucional estatal, BOE 26 de mayo de 2022, núm. 125).

(17) Proyecto de Real Decreto por el que se regula el teletrabajo en la Administración del Estado (15.12.2021). Se espera que esta norma sirva como normativa a seguir en las distintas Administraciones Públicas.

(18) Proyecto de Ley de la Función Publica de la Administración del Estado (*BOCG*, Seria A, 24 mar. 2023, n. 149-1). Disponível em: <https://www.congreso.es/public_oficiales/L14/CONG/BOCG/A/BOCG-14-A-149-1.PDF>.

Administración Digital, al menos por ahora. En estos momentos el teletrabajo generalizado y estandarizado puede ser una modalidad que no garantice la prestación de los servicios públicos, y que asegure el cumplimiento de las necesidades del servicio(19). Las proyecciones de tendencia a 2031 sobre el envejecimiento de las plantillas en la Administración General del Estado (2021) reflejan una pérdida masiva de efectivos, con el 59,64% de la plantilla jubilada (99.772 efectivos). Por el contrario, se espera que permanecerán en activo 67.506 (40,36%), 57.076 de personal funcionario de carrera y 10.430 de personal laboral(20).

2. Teletrabajo internacional y trabajo nómada: el gran desafío en la era digital

En España se publica la Ley 28/2022, de 21 de diciembre, de fomento del ecosistema de las empresas emergentes (BOE 22 de diciembre de 2022), en la que menciona el trabajo del nómada digital para dar cobertura a una realidad incipiente de movilidad internacional de carácter flexible. Esta ley equipara a los nómadas digitales con los trabajadores a distancia de todo tipo de sectores y empresas para hacer referencia a un estilo de vida que permite a las personas trabajar en remoto y cambiar de residencia frecuentemente, compatibilizando el trabajo de alta cualificación con el turismo inmersivo en el país de residencia. Esta es una ley de contenido económico que no cuenta con una regulación social y propia del Derecho del Trabajo en el ámbito internacional. El legislador no considera únicamente al nómada digital como un trabajador propiamente dicho, y por ello se centra en una nueva forma de trabajo remoto "que presenta muchos y variados contornos". Por este motivo nos preguntamos cuál es el significado jurídico laboral de esta nueva manifestación del trabajo remoto y la configuración de su protección social en el ámbito transnacional.

A) El trabajo nómada y el fomento de ecosistema de las empresas emergentes

La Ley 28/2022 entiende que con el auge de las empresas tecnológicas y del trabajo digital en la economía globalizada, atraer el talento e inversión a través

---

(19) Véanse. las noticias aparecidas en los medios de información, por ejemplo, *Noticias Antena 3*, "Colapso Seguridad Social". Disponível em: <https://www.antena3.com/noticias/economia/imposible-conseguir-cita-previa-seguridad-social-llevo-25-dias-intentandolo-hay-forma_2023021463ebb700b5cd320001292d02.html>.

(20) Ministerio de Hacienda y Función Pública. Empleo Público, *Estudios sobre el envejecimiento de las plantillas en la Administración General del Estado 2021 y proyección futura a 2031*. Ene. 2021, p. 16. Disponível em: <https://funcionpublica.hacienda.gob.es/dam/es/portalsefp/funcion-publica/rcp/envejecimiento/Estudio2021.pdf>.

de los nómadas digitales cobra cada vez más importancia. En este sentido, identifica a los nómadas digitales con emprendedores o trabajadores a distancia que están al margen de la protección del trabajo asalariado o industrial recogido en el texto del Estatuto de los Trabajadores elaborado en el siglo pasado. El propio Preámbulo de la Ley menciona que la intención es favorecer el establecimiento en España de los emprendedores y trabajadores de empresas emergentes, así como de los trabajadores a distancia de todo tipo de sectores y empresas para incluirlos en el término «nómadas digitales» y definirlos como: "personas cuyos empleos les permiten trabajar en remoto y cambiar de residencia frecuentemente, compatibilizando el trabajo de alta cualificación con el turismo inmersivo en el país de residencia"(21). La norma reconoce que la atracción de este tipo de perfiles tiene efectos económicos positivos en su nuevo lugar de residencia, porque contribuyen a activar el consumo y permiten generar una red y oportunidades de valor para otros profesionales como, por ejemplo, los del sector audiovisual. Se estima que los nómadas digitales gastan 787 mil millones de dólares, lo que significa dinero en bienes y servicios locales, contribuyendo así a las economías locales y al PIB del país donde se encuentren. Se estima que en el mundo existen unos 35 millones de nómadas digitales (junio 2022)(22).

En este sentido, el primer reto con el que nos enfrentamos es la falta de una regulación internacional y, teniendo en cuenta la norma española, una definición que los delimite desde el punto de vista jurídico-laboral. Así, por ejemplo, podemos decir que en Europa los nómadas digitales son considerados como teletrabajadores extranjeros, a los que se les permite teletrabajar en un país cualquiera de Europa para una empresa empleadora radicada en el extranjero, mediante la obtención de las visas dotadas de un régimen de concesión flexible.

La norma española establece un régimen tributario específico para que las personas desplazadas que teletrabajen en territorio español se sometan al Impuesto de la Renta de las Personas Físicas (IRPF) de no residentes, relajándose los requisitos para acceder a este régimen. Por otro lado, establece también un régimen migratorio conocido como el nuevo visado por teletrabajo internacional, para incentivar el establecimiento en España de los nómadas digitales que, con posterioridad les permite solicitar una autorización de residencia que se tramita ante la Unidad de Grandes Empresas y Colectivos estratégicos (por 3 años, renovable por otros 2) y conseguir la residencia permanente pasados los 5 años.

(21) Preámbulo IV, Ley 28/2022.

(22) Fuente: Planet Nomad.

En este último caso, como es obvio, alcanzada la residencia dejaría de ser un nómada digital[(23)], y entonces le sería de aplicación la normativa internacional en materia de teletrabajo internacional, en relación con la ley y jurisdicción aplicable conforme a una interpretación amplia de la normativa de la Unión Europea para las personas que residen y trabajan en uno de los Estados Miembros de la Unión Europea o del Espacio Económico Europeo (EEE), conforme al principio fundamental de la libre circulación de trabajadores[(24)].

B) El instrumento que permite la movilidad internacional: Las visas nómadas

Las visas nómadas son el instrumento que permite a los teletrabajadores extranjeros permanecer en un territorio temporalmente y prestar servicios, bien por cuenta ajena o por cuenta propia, para una empresa o clientes extranjeros no radicadas en el territorio donde temporalmente se establecen. No nos cabe la menor duda de que el trabajo en remoto permite la movilidad internacional, pero los nómadas digitales no pueden solicitar un visado de trabajo tradicional, ya que necesitarían un contrato con una empresa local y/o una carta de invitación. Tampoco una visa de turista porque no son turistas, y tampoco pueden permanecer más tiempo del que les permite dicha visa (90 días). La visa de nómada digital se concede principalmente en el caso de que se disponga de recursos suficientes y, por regla general, debe suscribir un seguro privado médico además del seguro de viaje, y acreditar que se trabaja en remoto[(25)].

La gran mayoría de los países del mundo han regulado las visas para nómadas digitales. En España los requisitos son: estar en posesión de un número de identificación fiscal (NIF) y aportar documentación junto con la solicitud de visado, por ejemplo, pasaporte; pago de tasa, acreditación de una relación laboral o profesional a la fecha de la solicitud con la empresa o empresas extranjeras con las que mantiene dicha relación (debe aportar certificado de la empresa con un mínimo de tres meses de antigüedad) y, en su caso, carta de la empresa extranjera autorizando el trabajo en remoto, recursos económicos, certificado de antecedentes penales del país de residencia; acreditación de que dispone de un seguro

---

(23) CARRASCOSA BERMEJO, Dolores "Seguridad Social en el teletrabajo internacional postpandémico y en el caso específico del nomadismo digital". *Labos*, vol. 4, n. 1, 2023, p. 59.

(24) Véase FERNÁNDEZ ORRICO, Javier. "En espera de una regulación jurídico laboral sobre teletrabajo en la Unión Europea". En: ORTEGA GIMÉNEZ, Alfonso. *Teletrabajo y Derecho Internacional Privado.* Problemas y soluciones. Aranzadi, Cizur Menor, 2023. p. 143 a 172.

(25) ETIAS, Vías nómadas en países de la UE en: <https://www.etiasvisa.com/es/noticias/nomadas-digitales-ue>.

de enfermedad público o privado que proporcione coberturas equiparables a las previstas por el Sistema Nacional de Salud. Y, por último, original y copia de la acreditación de la titulación o experiencia profesional de graduado o postgraduado de universidades de reconocido prestigio, o documentación que acredite una experiencia profesional mínima de 3 años en funciones análogas a las del puesto a desempeñar y que pueda considerarse equiparable a la referida condición de titulación. En el caso de pretender el ejercicio de profesiones reguladas, se debe acreditar la homologación del título conforme a la normativa sectorial relativa a su ejercicio(26).

C) La protección social en los nómadas digitales. Breve referencia

En materia de protección social y, en concreto, en los aspectos relacionados con la Seguridad Social, el Ministerio de Asuntos Exteriores publica en su página que si la persona solicitante está cubierta por una norma internacional de coordinación de sistemas de seguridad social, y ésta sí prevé la cobertura sanitaria en España, deberá acreditarlo mediante certificado de derecho emitido por la institución competente del Estado en cuyo sistema de seguridad social esté asegurado. En otros casos, es decir, cuando la persona no esté cubierta por una norma internacional de coordinación de sistemas de seguridad social y trabajo por cuenta ajena, acreditación de la inscripción de la empresa, o justificación de solicitud de su inscripción en la Seguridad Social. Hay que tener en cuenta que debe presentar una declaración responsable donde figure el compromiso de cumplimiento, con carácter previo al inicio de la actividad laboral(27).

En estos casos se requiere una documentación que permita al Estado aplicar la normativa internacional en materia de seguridad social. Con respecto al nómada digital debemos señar que la Unión Europea no contempla nada en materia de Seguridad Social respecto a los nómadas digitales. Los Reglamentos de Coordinación de los Sistemas de Seguridad Social no contemplan estas nuevas formas de realización del trabajo remoto, como tampoco el teletrabajo internacional(28). En materia de teletrabajo internacional existe un reciente Acuerdo Marco

(26) Ministerio de Asuntos Exteriores. Unión Europea y Cooperación. *Requisitos Visado Nómadas Digitales*. Mayo 2023. Disponível em: <https://www.exteriores.gob.es/Consulados/estambul/es/Comunicacion/Noticias/Paginas/Articulos/Requisitos-Visado-Teletrabajo.aspx>.

(27) *Idem*.

(28) CARRASCOSA BERMEJO, Dolores "Seguridad Social en el teletrabajo internacional postpandémico y en el caso específico del nomadismo digital", ob. cit., p. 68.

sobre la aplicación del art. 16.1 del Reglamento 883/2004 en los supuestos de teletrabajo transfronterizo habitual. La importancia del Acuerdo radica en que permite que no se le aplique a un teletrabajador la ley de seguridad social del Estado de residencia. En este sentido el "principal factor disonante con el teletrabajo en la ordenación en el citado Reglamento es vincular la ley aplicable al lugar habitual de trabajo"(29). No obstante, se trata de un Acuerdo sobre aspectos concretos del teletrabajo transfronterizo habitual por cuenta ajena que no interpreta o aplica otras nuevas situaciones del teletrabajo internacional.

En España, como hemos visto con anterioridad -y como en el resto de los países de la UE- la situación dependerá básicamente de si el nómada digital cxtracomunitario proviene o no de un Estado con el que España tenga o no convenio internacional de Seguridad Social. Con respecto a los nómadas digitales ciudadanos de la UE, y conforme al principio de libre circulación de trabajadores, habrá que estar a las soluciones interpretativas y aplicativas adoptadas en el seno del derecho de la UE y que, igualmente constituyen otro desafío del teletrabajo transnacional de la UE y, en su caso, de trabajo nómada necesitado de una actualización normativa que se aproxime a la realidad del trabajo y/o de la prestación de servicios digitales en este ámbito.

Referencias

ALMONACID LAMELAS, Víctor. Regulado el teletrabajo para las AAPP: el nuevo artículo 47 bis del TREBEP. *El consultor de los Ayuntamientos*, n. 11, nov. 2020, p. 106. Disponível em: <https://elconsultor.laley.es/Content/Documento.aspx?params=H4sIAAAAAAAEAMtMSbF1jTAAAkNTMyBQK0stKs7Mz7M1MjAyMLA0NgAJZKZVuuQnh1QWpNqmJeYUpwIAFCV8yTUAAAA=WKE>.

ARETA MARTÑÍNEZ, María. El acuerdo de trabajo a distancia (teletrabajo) en el sector de contact center: ¿cuál es su naturaleza jurídica?, ¿qué consecuencias jurídicas lleva aparejada la nulidad de algunas cláusulas? *Revista de Jurisprudencia Laboral*, n. 9/2022.

CARRASCOSA BERMEJO, Dolores Seguridad Social en el teletrabajo internacional postpandémico y en el caso específico del nomadismo digital. *Labos*, vol. 4, n. 1, 2023.

FERNÁNDEZ ORRICO, Javier En espera de una regulación jurídico laboral sobre teletrabajo en la Unión Europea. En: ORTEGA GIMÉNEZ, Alfonso. *Teletrabajo y Derecho Internacional Privado.* Problemas y soluciones. Aranzadi, Cizur Menor, 2023.

(29) GÓMEZ AVELLEIRA, Francisco Javier. El Acuerdo Marco europeo sobre la ley de seguridad social aplicable al teletrabajo transnacional. *El foro de Labos*, 21 sep. 2023. Disponível em: <https://www.elforodelabos.es/2023/09/el-acuerdo-marco-europeo-sobre-la-ley-de-seguridad-social-aplicable-al-teletrabajo-transnacional/>.

GARCÍA VIÑA, Jordi. El nuevo trabajo a distancia en España. En: FELICIANO, Guilherme G.; AZAVEDO LIMA, Patricia Helena; MATOS, Larissa (Orgs.). *Desafíos do teletrabalho.* Estudos do Núcleo de Pesquisa e Extensão "O Trabalho além do Direito do Trabalho" (FDUSP). *Campinas:* Lacier Editora, 2023.

GÓMEZ AVELLEIRA, Francisco Javier. El Acuerdo Marco europeo sobre la ley de seguridad social aplicable al teletrabajo transnacional. *El foro de Labos,* 21 sep. 2023. Disponível em: <https://www.elforodelabos.es/2023/09/el-acuerdo-marco-europeo-sobre-la-ley-de-seguridad-social-aplicable-al-teletrabajo-transnacional/>.

MARTÍNEZ GUTIÉRREZ, Rubén Teletrabajo y sector público. En: ORTEGA GIMÉNEZ, Alfonso. *Teletrabajo y Derecho Internacional Privado.* Problemas y soluciones. Aranzadi, Cizur Menor (Navarra), 2023.

SIERRA BENÍTEZ, Esperanza Macarena. Visión general de la regulación del teletrabajo en España: la Ley 10/2021, de 9 de julio, de trabajo a distancia. En: FELICIANO, Guilherme G.; AZAVEDO LIMA, Patricia Helena; MATOS, Larissa (Orgs.). *Desafíos do teletrabalho.* Estudos do Núcleo de Pesquisa e Extensão "O Trabalho além do Direito do Trabalho" (FDUSP). *Campinas:* Lacier Editora, 2023.

Shadow IT, LGPD e os Impactos no Teletrabalho

Fernando Angelieri[1]

Resumo: A tecnologia é a ferramenta que alavancou o teletrabalho em todo o mundo. Porém seu uso imediatismo e sem planejamento, exigidos pela pandemia de 2020, trouxe à toda um problema já conhecido dos gestores de TI que é o uso não autorizado de equipamentos ou softwares não homologados pela empresa, no jargão conhecido e *"Shadow IT"*. Neste capítulo vamos abordar o que é o *"Shadow IT"*, suas consequências em especial com proteção de dados e como evitá-la.

Shadow IT — Definição

O termo *"Shadow IT"* foi cunhado para descrever qualquer tipo de infraestrutura de tecnologia, ou serviços, onde a empresa não autorizou, mas o funcionário faz uso, mesmo que de forma temporária.

A área de tecnologia, que deveria ficar responsável por este controle, fica à parte do processo pois desconhece o seu uso ou se o conhece, não possui controle sobre sua gestão.

Quadros de tarefas Kanban, troca de arquivos, compartilhamento de calendários, dispositivos de armazenamento externos (*pen drive*), aplicativos de videoconferência etc. são alguns exemplos de tecnologias comumente usadas pelos funcionários com o desconhecimento pela equipe técnica.

Uso de equipamentos não homologados, por exemplo um *notebook* pessoal usando um *software* corporativo é também uma forma de *"Shadow IT"*.

---

(1) Diretor de tecnologia da SOBRATT — Sociedade Brasileira de Teletrabalho e Teleatividades. Consultor do GCONTT em implementação de projetos de teletrabalho e sócio fundador da *TradingWorks — TWO*, solução em nuvem com foco na gestão de pessoas. Com mais de 30 anos de experiência na área de TI, atuou em grandes empresas como Accenture e Microsoft. Formado em Processamento de Dados com master em Gestão Estratégica de TI pela FIAP e Master em Administração pela FVG.

Razões para o uso

As razões são bastante óbvias, de um lado temos um departamento de TI que segue uma lista de requisitos de governança e atendimento de prioridades por chamado, do outro temos sistemas de fácil uso, e bastando preencher um cadastro e o sistema está pronto para ser usado.

Não que eu concorde com áreas de TI que estejam defasadas ou sem a devida priorização das demandas da área de negócio, mas atualmente os funcionários nem mais estão indo fazer alguma requisição para a TI, pois o tempo para abrir o chamado, ele já fez o cadastro, configurou e está consumindo as funcionalidades da ferramenta, sendo bastante comum detectar este tipo de uso apenas quando um chamado é aberto para um problema na ferramenta X ou Y, e o suporte então identifica que não se trata de uma ferramenta corporativa e sim de algo escolhido diretamente pelo funcionário ou já em uso difundido pelo seu departamento.

Na pandemia vimos uma explosão do uso de tecnologia sem o devido tratamento pela equipe de TI, mas apenas deixou claro que isso já existia, seu volume apenas se tornou maior dado às necessidades emergenciais e até incentivados por algumas empresas do tipo "tentem encontrar alternativas para o trabalho remoto".

Riscos

Mas se é tão simples, fácil e muitas vezes sem custos, qual o problema de os funcionários encontrarem alternativas em que a área de TI da empresa não está conseguindo suprir?

Essa é uma pergunta que não tem uma resposta simples, mas envolve análises que a área de negócio não tem total habilidade para analisar.

Deixo tentar clarificar colocando alguns exemplos práticos.

O departamento de vendas criou uma pasta compartilhada em um serviço da *web* como um *Google Drive*, *Microsoft OneDrive* ou similar. Como é um serviço fora da rede da empresa, os *"logins"* são feitos usando *e-mails* particulares.

Digamos que estes documentos são considerados "inofensivos" pelo gestor da área como apresentações de produto, *pitch* de vendas, um ou outro repositório de propostas ou mesmo uma tabela de preço dos produtos.

E então o que acontece quando um vendedor é desligado da empresa? A TI desliga seus acessos corporativos, entretanto este repositório "pirata" continua sendo válido e acessível, cabendo aos responsáveis do departamento, ou quem "criou" o espaço compartilhado em dar esta manutenção. Sim, esta manutenção não será dada em tempo hábil, se é que ela será algum dia feita, talvez por conter documentos "inofensivos", não é tão prioridade assim, mas e se o vendedor desligado acabou entrando num concorrente? Ele então continua com acesso a informações que eram consideradas "inofensivas" por uns, mas preciosas por outros.

Agora imagina que este departamento comercial está usando não apenas repositório de documentos, mas o planejamento estratégico está em uma ferramenta de *Kanban* também sem a visibilidade e administração da TI?

Como mencionado na definição, serviços não homologados também são uma forma de *Shadow IT* e aqui vai outro exemplo prático.

Você, gestor de uma filial, tem dificuldade de manter sua infraestrutura local. A matriz não libera corretamente os recursos para que alguém ou alguma empresa homologada possa ajudar com a rede local, impressoras, sistemas de *Wi-Fi* ou telefonia.

Uma empresa de suporte de TI local é chamada para suprir esta necessidade. Senhas de rede, autorização de equipamentos não homologados conectados na empresa, liberação de acesso remoto são alguns itens que esta empresa de suporte está realizando na filial sem um contrato adequado ou avaliação das suas competências.

Uma simples manutenção na impressora de rede ou máquina copiadora podem trazer sérios riscos para a empresa. No caso da copiadora e impressora, é possível colocar um programa malicioso que lê a memória dos itens impressos ou copiados. Não estou dizendo que um simples técnico de informática terá intenção de ter acesso aos relatórios da empresa, mas é algo que precisa de mapeamento adequado.

Há quem diga que o risco do *Shadow IT* esteja no ataque de malwares ou entrada de vírus. Eu particularmente acredito que o maior risco do *Shadow IT* é o comprometimento de informações sensíveis da empresa. Colaboradores de outros departamentos não possuem total capacidade de análise de um *software* ou *hardware* para decidir ou tomar uma posição técnica de segurança.

Como evitar

Nas décadas de 1980 e 1990, "o todo poderoso" CPD (antigo nome do atual TI) era a última palavra na empresa, já que a área de negócio não possuía outra alternativa senão a aguardar sua solicitação ser atendida, se assim o fosse. Esse histórico de poder continuou até depois dos anos 2000 onde a TI tinha certo controle pois os *softwares* ainda eram caros e de difícil instalação, ou do lado prático do funcionário, colocá-lo para funcionar.

Pouco a pouco os *softwares* de prateleira, literalmente vendidos nas prateleiras dos supermercados, começaram a ser usados dentro das empresas. Ainda era complexos e muitas vezes a TI bloqueava instalações de softwares de terceiros, mas nos últimos 10 anos, com a normalização das soluções em nuvem, um rápido e fácil cadastro e você já estava consumindo uma bela solução tecnológica que resolve um problema de negócio de seu departamento.

Se é tão simples da área de negócio atingir seu objetivo, qual o problema de não fazê-lo? Por que é a área de TI quem deve encabeçar estes projetos?

Segundo o Gartner, 38% das compras de tecnologia já são gerenciadas, definidas e controladas pelos líderes de negócios e não pela TI.

Pessoalmente eu acredito que esta é a saída para a diminuição do uso de tecnologia não mapeada e de atender as necessidades de negócio da empresa, afinal, é para isso que a área de Tecnologia existe na empresa, não para ser o "dono" da demanda, mas um facilitador.

Ao invés de "A área de finanças solicitar para a TI um novo *software* de gestão de caixa", temos então "A área de finanças solicita para a TI acompanhar o projeto de atualização da tecnologia de gestão de caixa". Parece uma pequena mudança, mas é gigantesca sua diferença.

Agora a TI não é mais responsável pela demanda e sim a área de negócios, o gerente de projeto, os acompanhamentos, reuniões de análises de soluções, tudo isso será administrado por quem está solicitando, com isso a TI poderá atender muito mais departamentos do que quando ela é a responsável por tudo.

Se você é um gestor da empresa e está lendo isso, pode se perguntar "mas meu departamento não tem mão de obra para tocar projetos assim", bem, esse é o motivo de que quando o projeto é tocado pela área de TI ele tende a se estender mais que o desejado, pois ele também não tem todos os recursos disponíveis para atender toda a empresa ao mesmo tempo. Mesmo assim, quando a área de negócios fica à frente, ela tem a oportunidade de filtrar as melhores soluções ou definir suas prioridades.

Eu sempre brinquei que a TI não gasta nada, mesmo que empresas tenham orçamentos de vários milhões na TI.

Colocar orçamento na TI é uma forma de gerar o *Shadow IT*, pois a TI propriamente não tem gastos. Se ela precisa comprar um servidor novo, é para que uma área de negócio a utilize. Se precisa contratar desenvolvedores, é para desenvolver algo que uma área de negócio necessite, e assim por diante.

Ao deixar o orçamento nas mãos do negócio, a TI fica específica no que ela se propõe que é garantir a integridade dos sistemas. Quanto estes sistemas vão custar ou o quanto trará de retorno ao negócio, isto é uma decisão puramente da área de negócio.

Isso não quer dizer que a TI deve ser relapsa, reativa e sem opinião. Pelo contrário, acho que ela deve ficar atenta às mudanças do mercado (técnico e de negócios) e tentar forçar que as áreas de negócio sigam com as evoluções, mas a decisão final sempre deve ser do negócio. Decisão sobre custos e retorno principalmente.

O que tem para olhar?

Se o negócio vai tocar todo o projeto, o que a TI se encarregará?

Parafraseando Donna Fitzgerald, pesquisadora do *Gartner*, na nova era da economia digital, a realidade é que a maioria das organizações irão suportar *softwares* e serviços fora da gestão da TI, a única solução é melhorar a colaboração e comunicação entre a TI e os negócios para que as surpresas sejam minimizadas.

Surpresas sejam minimizadas, acho que este é o ponto onde a TI pode ajudar. Assim como a área jurídica auxiliará na análise de um contrato de aquisição de produtos ou serviços, observando as entrelinhas, a TI também fará o seu papel nestas entrelinhas tecnológicas.

Segue alguns pontos técnicos que eu gosto de ver quando estou analisando uma solução para a área de negócios:

> ***Single sign-on* ou SSO** — É uma forma de autenticação (identificação do funcionário) onde ele não precisa ter um acesso diferente na plataforma. Basta ele estar "conectado" à empresa, que ele possui acesso ao *software* de negócio. O inverso é o mesmo, assim que ele deixar de ser funcionário, imediatamente seu acesso é cortado, sem nenhuma intervenção adicional.

Como dei em alguns exemplos acima, a desconexão de sistemas de funcionários desligados é um grande problema de segurança das empresas. Das que possuem o processo de desconexão sem o uso do SSO, tem um alto custo operacional em cada admissão e desligamento de um colaborador.

Resumo dos benefícios:

• Garantia de integridade de acesso quando um colaborador muda de área ou é desligado da empresa;

• Baixo custo de manutenção de segurança dos sistemas;

• Zero problemas no esquecimento de remoção de permissões quando o funcionário é desligado.

Exportação dos dados — Uma forma do fornecedor criar um *lock-in* (proteção contra você migrar para outra solução) é reduzir opções de exportação de dados. Mesmo que nas especificações técnicas este item esteja informado, analisar todo seu conteúdo é fundamental para verificar se realmente todas as informações importantes são passíveis de exportação e se após exportadas elas são consumíveis, ou seja, passíveis de serem importadas em outro sistema.

Imagine um sistema de CRM (software de relacionamento de clientes), dificilmente a exportação de um CRM será diretamente importado em outro *software*, mas um mínimo deve ser garantido como os dados do cliente e histórico dos seus eventos. A TI pode ajudar nesta análise.

Benefícios:

• Em caso de rompimento de contrato ou falência da empresa, há possibilidade de continuidade da solução;

• Não ficar de refém do fornecedor quando em renovações de contratos e valores;

Integração — Em muitos casos, um sistema de uma área, necessita consumir ou enviar dados para outra área ou processo.

Na década de 1990 popularizou-se o ERP (*Enterprise Relationship Manager*). Nome bonito para dizer de um sistema integrado de gestão. Com isso as integrações, tão complicadas na época, eram, teoricamente, reduzidas a poucas interfaces.

Se sistemas monolíticos tem uma vantagem de ser tudo integrado (ou quase tudo), há as desvantagens associada à figura do pato: Ele voa, ele nada, ele anda, mas tudo sem grandes elegâncias.

Após a virada do *bug* do milênio (ano 2000), grande fomentador dos ERPs, um novo conceito começou a surgir com *"Best-of-Breed"* que é quando você escolhe os melhores módulos para a área de negócio, independente se é com o mesmo fornecedor ou não.

Isso volta à questão do motivo do uso dos ERPs, estar tudo integrado, mas o benefício em ter um *software* mais adequado para o negócio se torna mais importante que a complexidade das integrações, que então estavam sendo mais facilitadas pelas novas tecnologias.

Para as soluções atuais as integrações passaram a ser produzidas por APIs.

Estas APIs são uma forma técnica de expor os dados de uma aplicação e "facilitar" a integração com outra. Este facilitar é proposital estar "entre aspas" pois nada é tão simples quanto o *PowerPoint* usado pelo vendedor durante o processo de venda, mas ainda é uma forma viável de integração entre os sistemas, permitindo que dois softwares distintos, troquem dados de forma transparente ao usuário final, que é exatamente o princípio básico da API.

Benefícios:

- O usuário não tem que fazer trocas de arquivos para atualização de sistemas;
- A integridade da informação é preservada, ao não permitir a interação humana, a possibilidade de fraude é diminuída ou eliminada;
- Comunicação em tempo real ou perto disso, não ficando dependentes de processos que levam dias ou semanas para serem atualizados.

Infraestrutura — Cada vez mais raro as soluções de software necessitarem de algum equipamento local na empresa, mas se ainda for o caso, é fundamental entender e estimar os custos de aquisição e de manutenção. É o famoso TCO (*Total Cost of Ownership*) ou Custo Total de Propriedade. Não é apenas o custo daquele servidor que será adquirido, mas o quanto ele custará ao longo dos anos. Este equipamento irá quebrar ou necessitar de alguma atualização, ou mesmo instalar versões atualizadas dos *softwares* e sistemas operacionais para melhorias ou evitar falhas de segurança. Ele também precisará consumir energia dos equipamentos de *no break*, mais espaço nas fitas de *backup* etc., etc., etc., bem acredito que entendeu o conceito. O custo da solução não é apenas aquele valor da licença que o vendedor está apresentando.

Se por um lado a análise da infraestrutura de servidores não é mais necessária, os equipamentos pessoais ainda podem ser um gargalo.

Certa vez acompanhei um problema típico da *Shadow IT*. A área de negócios fechou contrato com uma solução em nuvem e que necessitava de *tablets* para executar a aplicação final. Foi aberto uma requisição para a área de compras que adquiriu 80 *tablets Android* com determinadas requisições técnicas, entretanto o fator custo foi determinante e mesmo que tecnicamente os tablets tinham os requisitos pelo fornecedor, eles não o faziam com qualidade, em especial foi o sensor de GPS, tecnicamente existia, mas na prática era impraticável a sua utilização.

Além dos custos com os equipamentos perdidos, houve atraso de meses na implementação da solução.

Outro exemplo vivenciado por mim teve um problema parecido, só que no consumo de dados.

A área de negócio alugou *tablets* para as equipes remotas e contrataram um plano de dados com determinado limite de transferência. O valor dos equipamentos e do plano de dados encaixava com o disponível no orçamento, entretanto o plano de dados era suficiente para funcionar por menos de 10 dias devido ao volume de dados consumido pela aplicação. Exemplo prático onde a área de TI deve ser responsável por analisar e garantir requisitos mínimos para rodar a solução.

Benefícios:

• Correta identificação de que a solução é facilmente consumível fora das dependências da empresa, fundamental para o teletrabalhador operar a solução sem complexidades técnicas de conexão remota;

• Análise de custo real da solução como hardware, software, backups, transferência de dados etc.;

• Dado o custo real, a análise real dos benefícios atingidos por aquela solução A frente a solução B.

Controle de acesso — Parece óbvio, mas existem muitas soluções onde o controle de acesso não é uma premissa da solução onde um usuário básico pode ter acesso a itens que não seja de sua alçada.

Outro problema do controle de acesso é quando é tão complexa sua implementação que há brechas de segurança de forma involuntária.

Durante uma POC (*Proof of Concept* ou Prova de Conceito) com escopo reduzido, estes problemas podem não ser tão evidentes quando a solução é colocada em produção na empresa. Com a experiência da área de TI, este problema pode ser evidenciado com antecedência, mitigado ou pelo menos, garantido seu entendimento e limitações.

Benefícios:

• Garante a correta divisão de tarefas dentro do *software*;

• Controla o que cada nível de acesso pode visualizar de dados e informações.

Módulos e planos — Por má fé do vendedor ou ingenuidade de quem está comprando, é muito comum termos uma demonstração de um produto completo, mas na proposta comercial recebermos o preço de uma solução mais econômica, a fim de acelerar o processo de venda. Entretanto quando adquirido, começa-se a sentir necessidade de abrir aquele *"dashboard"* apresentado no momento da venda e descobre que ele se encontra em um outro plano comercial e será necessário um novo desembolso.

Eu mesmo já caí neste truque. Sim a TI não é infalível! Num projeto de aquisição de uma solução de um CRM, tudo parecia perfeito na compra, características do projeto e inclusive ao longo da POC a solução estava aderente ao que o negócio desejava. Quando adquirimos a solução, o ambiente foi reduzido em suas funcionalidades "pois esse foi o plano contratado". É mais ou menos assim, você entrar numa revenda de carros, fazer um *test-drive* na versão mais luxuosa, o vendedor te mostrar o preço do mais econômico e te entregar o carro econômico, só que você testou o mais luxuoso. Enfim, no meu caso a empresa reembolsou o dinheiro pago, mas os meses de projeto ficaram como prejuízo mesmo.

Também não posso deixar de citar outro caso tragicômico.

Nos sistemas em nuvem, ou que tecnicamente são chamados de sistemas *SaaS* (*Software as a Services* ou *Software* como Serviço), um plano limita a empresa de usar funcionalidades adicionais, não há como alguém usar a mais do que foi contratado.

Nos licenciamentos de *software* em grandes contratos corporativos, você tem em mãos todas as versões disponíveis para uso, necessitando apenas que a cada ano seja reportado suas utilizações. Isso mesmo, é como se você consumisse a energia elétrica de sua casa e você mesmo informasse para a concessionária o quanto gastou.

Neste caso tragicômico que em que eu trabalhei, havia uma discussão sobre o TCO de uma solução frente à outra. Os números apresentados por uma área aparentemente não estavam corretos com o tradicional modelo de licenciamento que é: Você paga por quantas unidades você consumir.

Esta área insistia em que o contrato com o fornecedor (um grande fornecedor que tem três letras em seu nome) permitia instalar sua solução em quantos servidores fossem necessários. Desta forma, a solução de negócio apresentada tinha o menor TCO dos cenários propostos e assim foi definido sua escolha, sob o meu protesto vencido.

Eis então que passa alguns anos, depois da consolidação do consumo do sistema, que o fornecedor (aquele das três letras) veio cobrar o licenciamento, que ultrapassava a casa dos milhões de dólares.

Benefícios:

- Garantir a compra exata do produto necessário e seus reais custos;
- Reduzir ou eliminar possibilidade de passivo contratual;
- Reduzir ou eliminar uso de direitos autoriais não licenciados.

Riscos associados e a LGPD

Acredito que nos tópicos anteriores, o risco associado à falta de gestão de artefatos tecnológicos ficou bem evidente, mesmo assim vou deixar claro os tópicos:

- Acesso a dados da empresa por ex-funcionários;
- Falta de controle sobre quem acessa o que;

- Perda da informação quando o administrador do ambiente é feito por um funcionário que deixou a empresa;
- Custos não previstos com licenciamento ou infraestrutura;
- Risco de publicidade de informações sigilosas.

Se estes pontos já devem ser suficientes para você entender a importância da governança da TI, temos um agravante que não apenas temos potenciais prejuízos com a divulgação de informações sigilosas, como também a possibilidade de receber multas e trazer publicidade (negativa) por uma atuação da Lei Geral de Proteção de Dados ou LGPD.

Imagina que o marketing da empresa tenha seus diversos repositórios de dados de forma não estruturada. Listas com nomes de contatos, preferências, telefone, e-mail e outras informações pessoais. Agora imagina que o *marketing* está usando uma ferramenta de compartilhamento de documentos não homologado pela empresa e para trazer mais "facilidade" ao compartilhar estes documentos com o time e as empresas terceirizadas do marketing, alguém deixou este repositório de forma pública, acreditando que ninguém saberá qual é o *link* de acesso a este conteúdo.

Algo como 10 anos atrás aconteceu exatamente este problema com o Governo Federal, onde um repositório público continha senhas de acesso de todas as redes sociais do governo.

Do ponto de vista da LGPD, o vazamento de dados pessoais é tão importante quanto é o vazamento de senhas para uma empresa.

A Autoridade Nacional de Proteção de Dados (ANPD) pode não apenas aplicar multas pesadas como também obrigar a tornar público este problema, trazendo duplo prejuízo para sua empresa.

Outro agravante é que se a ANPD se deparar com uma falta de gestão sobre os dados pessoais, penalidades adicionais podem ser aplicadas, ou seja, multa sobre o vazamento e também pela falta de gestão, com possibilidade de novos vazamentos no futuro.

Conclusões

Durante a pandemia explodiram os casos de Shadow IT pelas empresas e as tornou mais vulneráveis, pelo menos nos primeiros meses, mas ao mesmo tempo as áreas de TI tiveram que se adaptar em seus processos e até mesmo reescrever suas velhas e ultrapassadas políticas de segurança.

Em muitos casos, 100% de nossas informações já são geradas pelo meio digital. Negligenciar as ferramentas que as vão gerenciar é garantia de problemas no futuro, sejam elas internos e de fácil administração do incidente, como ter que publicar em grandes meios de comunicação sobre falhas e dados vazados de sua empresa.

Assim como em uma casa onde você deve chamar arquitetos e engenheiros para o correto desenho e cálculo das estruturas, a equipe de TI tem todos os requisitos para auxiliar a área de negócios para escolher e implementar a melhor solução.

Referências

Gartner. *Make the Best of Shadow IT*. Disponível em: <https://www.gartner.com/smarte-rwithgartner/make-the-best-of-shadow-it>.

Donna Fitzgerald. Disponível em: <https://www.gartner.com/analyst/29956>.

The State of Attack Surface management 2022. Disponível em: <https://info.randori.com/hubfs/State%20of%20ASM%20Report.pdf>.

Teletrabalho e *Compliance*: Desafios e Oportunidades

Flavia Filhorini Lepique[1]

Resumo: Este artigo aborda a crescente tendência do teletrabalho e suas implicações no contexto do compliance, aspecto este fundamental para as organizações, sobretudo na era digital. Enquanto o teletrabalho oferece flexibilidade e eficiência, ele também traz consigo uma série de desafios, dentre os quais a implantação e manutenção do compliance, ou seja, a conformidade com regulamentações, normas e políticas organizacionais. Neste contexto, procuramos explorar os obstáculos enfrentados pelas organizações, bem como as oportunidades que o teletrabalho traz para fortalecer o compliance.

Palavras-chave: Teletrabalho — Conformidade — *Compliance* — Riscos — Cultura organizacional — Monitoramento de atividades — Comunicação.

Abstract: This article examines the rising trend for teleworking and its implications in the context of compliance, a fundamental aspect for organizations in the digital age. While teleworking offers flexibility and efficiency, it also has a series of challenges, among them maintenance of compliance, i.e., conformity with organizational rules, regulations and policies. In this context, we explore the hurdles faced by organizations as well as the opportunities that teleworking can bring to strengthen compliance.

Keywords: Teleworking — Conformity — Compliance — Risks — Organizational culture — Monitoring of activities — Communication.

(1) Bacharel em Direito pela Universidade Presbiteriana Mackenzie. Advogada. Especialista nas áreas de Direito do Trabalho, Empresarial e *Compliance*. MBA pela Universidade da Califórnia e Pela Fundação Getúlio Vargas nas áreas de Economia e Direito Empresarial, respectivamente. Extensão em Negociação em Harvard. Conselheira Certificada, Presidente da Comissão de Compliance da OAB SP. Conselheira do CESA — Centro de Estudos das Sociedades de Advogados. Diretora do INCOM — Instituto Internacional de *Compliance*. Conselheira certificada.

1. Introdução

O teletrabalho emergiu como uma modalidade de trabalho cada vez mais presente e relevante na era digital. As tecnologias de comunicação e colaboração passaram a permitir que empregados, prestadores de serviços e outros colaboradores, trabalhassem remotamente, o que fez com que surgissem inúmeros e significativos desafios, sobretudo no que diz respeito às questões de confidencialidade, proteção de dados e manutenção dos programas de compliance, cujas normas, políticas organizacionais, códigos internos e cultura de conformidade são vitais para a perenidade, sustentabilidade e a reputação das empresas.

2. Teletrabalho e *compliance*: Conceito preliminares

O teletrabalho refere-se à prática de executar tarefas profissionais fora do ambiente físico da empresa, muitas vezes em um ambiente remoto, como a residência do empregado, prestador de serviço, ou em qualquer outro ambiente no qual seja possível sua conexão com o mundo. O teletrabalho tem crescido em larga escala, sendo cada vez mais difícil encontrarmos empresas que não possibilitem essa modalidade de trabalho e interação.

O crescimento do trabalho remoto trouxe grandes desafios para diversas áreas, inclusive para o compliance. Essa realidade exige uma série de adaptações e desenvolvimento de ferramental, com o objetivo de assegurar que todos os esforços em termos de conformidade, não sejam perdidos, e, ainda, que sejam continuadamente aperfeiçoados.

Como consequência da transformação na dinâmica de trabalho das empresas, sobretudo com o trabalho por meio telemático, houve um aumento de exposição a diversos agentes de risco, sendo que mesmo com mapeamento constante, o seu respectivo enfrentamento é cada vez mais desafiador.

Nesta esteira, o primeiro passo para ter um programa de integridade/*compliance* eficiente durante o trabalho remoto é o de assegurar que todos aqueles que participam da vida da empresa (empregados, prestadores de serviços, colaboradores, sócios) continuem cumprindo as políticas desenvolvidas pela empresa, o que se deve levar à constante transformação e adaptação a esta dinâmica.

Mas o que vem a ser o compliance?

Mercedes Stinco, ao prefaciar o Guia do Instituto Brasileiro de Governança Corporativa — IBGC, intitulado "Compliance à Luz da Governança Corporativa", define que "compliance é entendido em sentido amplo, como a busca permanente de coerência entre aquilo que se espera de uma organização — respeito a regras, propósito, valores e princípios que constituem sua identidade — e o que ela de fato pratica no seu dia a dia. É uma questão que atinge entidades de todos os portes e setores, independentemente do nível de maturidade dos seus sistemas de governança"(2).

O risco que envolve o Compliance corresponde ao risco das sanções legais ou regulamentares, perdas financeiras ou mesmo perdas reputacionais decorrentes da falta e cumprimento de disposições legais, regulamentares e códigos de conduta(3).

O compliance faz parte de um dos mecanismos da governança corporativa, uma vez que ela é o conjunto de práticas ou de mecanismos com intuito final de tomadas de decisão de acordo com a visão da empresa, em prol de seus resultados, de sua eficiência e de sua imagem. Portanto, seu risco é de exposição às sanções legais ou regulatórias, danos financeiros e colisões negativas na imagem empresarial em decorrência de possíveis inobservâncias normativas e legais, falta de boas condutas, não conformidades e fracassos que podem ser pertinentes ao gerenciamento de funções e conflitos de interesses(4).

3. Desafios

3.1. Comunicação eficaz

A comunicação eficaz é uma das questões mais críticas. A distância física pode dificultar a comunicação clara e rápida e resultar em desalinhamentos nas operações e nas práticas de compliance, caso as mudanças em razão do trabalho remoto não sejam acompanhadas de atualizações tecnológicas e evolução significativa nas formas de se relacionar, de comunicar e de interagir.

Em diversos casos, há a necessidade de se intensificar a comunicação, por meio de treinamentos, canais de diálogo, educação contínua e uma posição clara da empresa sobre o que ela espera dos seus empregados, colaboradores e líderes.

Qual comportamento é esperado? Quais os direitos e obrigações que fazem parte de um contrato de trabalho ou de emprego? Quando o trabalho passa a exceder o que foi pactuado? A empresa está aberta ao diálogo? Como funcionam os canais de conversa e de denúncia?

---

(2) IBGC. *Compliance à Luz da Governança Corporativa*, p. 91

(3) COIMBRA, Marcelo Aguiar; ALESSI, Vanessa (Orgs.). *Manual de compliance preservando a boa governança e a integridade das organizações*, 2006, p. 2.

(4) FULLER, Greice Patrícia; FIGUEIREDO, Leidi Priscila. *Compliance* Empresarial e Tutela Penal na Sociedade da Informação. *Revista dos Tribunais*, v. 996, p. 573-588, out. 2018, p. 02.

Estas respostas e mudanças no dia a dia devem ser cada vez mais "conversadas" e tratadas com "transparência".

3.2. Monitoramento de atividades

O monitoramento de atividades dos colaboradores à distância é outro ponto de atenção, o qual levanta preocupações éticas e legais. As empresas precisam equilibrar a necessidade de monitorar o cumprimento de políticas com a privacidade dos empregados e demais colaboradores, o que muitas vezes reside numa linha tênue de atuação.

Faz parte do poder de direção do empregador controlar e direcionar as atividades de seus empregados, desde que respeitada a Constituição Federal e as leis vigentes. Esse poder diretivo está ligado ao vínculo de subordinação estabelecido na relação de trabalho.

Contudo, apesar dos poderes concedidos aos empregadores, os empregados são seres humanos com direitos irrenunciáveis, como a proteção de seus dados pessoais, intimidade, honra, privacidade e liberdade de expressão. A Constituição Federal proíbe a violação da intimidade, vida privada, honra e imagem das pessoas, com possíveis implicações legais, incluindo indenizações por danos materiais e morais.

Impossível se torna aperfeiçoar e estabelecer regras de manutenção da governança e dos programas de compliance, sem que nos aprofundemos não só em estudos relacionados ao direito do trabalho e programas de integridade e compliance, mas também, obrigatoriamente, no direito das obrigações, estudos relacionados ao entendimento sobre confidencialidade e não competição (muitas vezes nos recorrendo ao direito comparado), Lei Geral de Proteção de Dados e pelo estudo de medicina e saúde ocupacional.

Adicionalmente, há que se ter treinamento constante com relação às políticas internas que informem os empregados sobre as políticas de uso de equipamentos e sistemas de informática fornecidos pela empresa, utilização dos *e-mails* corporativos e da *internet.*

Desta feita, uma vez que o teletrabalho, tendo em conta os aspectos ora mencionados, seja bem estruturado, poderá ser um vetor de facilitação de transparência e transformação nas organizações, tendo em vista as comodidades proporcionadas pela ausência de locomoção, bem como agilidade na comunicação.

3.3. Regulamentações Internacionais

Em um ambiente globalizado, o cumprimento de regulamentações internacionais pode ser complexo. Empresas que operam em diferentes jurisdições devem garantir que estejam em conformidade com as leis de cada local.

Cada país tem seu próprio conjunto de regulamentações em áreas que vão desde tributação e direito do trabalho, passando por questões ambientais e de segurança. As regulamentações internacionais podem variar consideravelmente, e o que é permitido em um país pode ser estritamente proibido em outro, o que torna o cumprimento das leis de todos os países em que uma empresa opera algo extremamente complexo.

Os desafios do cumprimento de regulamentações internacionais são multifacetados. Em primeiro lugar, as empresas precisam estar cientes das leis em todos os países em que operam. Isso exige uma equipe legal experiente, uma comunicação efetiva e rápida, bem como recursos substanciais dedicados à pesquisa e monitoramento das mudanças regulatórias.

Além disso, as empresas também devem adaptar suas operações e políticas para cumprir as regulamentações de cada jurisdição. Isso pode envolver a personalização de contratos, práticas de trabalho, políticas de segurança, dentre tantos outros documentos e procedimentos. A complexidade aumenta à medida que a empresa opera em um número maior de países.

O não cumprimento das regulamentações internacionais pode ter sérias consequências para as empresas multinacionais. Isso pode incluir multas substanciais, perda de licenças comerciais, danos à reputação e litígios. Em alguns casos, o não cumprimento pode até resultar em prisão de executivos ou outras penalidades legais.

Além disso, o não cumprimento das regulamentações internacionais pode afetar a eficiência operacional e a competitividade das empresas. Regulamentações rigorosas podem impor restrições que tornam mais difícil para as empresas operarem de maneira eficaz e rentável.

Ultrapassar fronteiras, capitaneado sobretudo pelo nomadismo digital, ao mesmo tempo que cria um ativo imenso em razão do compartilhamento de diferentes culturas, rapidez na integração das tarefas e relações, também demanda a fortificação do investimento em Compliance, em ferramentas de monitoramento, personalização das políticas, treinamento constante e integração tecnológica.

Nesse sentido, a gestão eficaz da conformidade (Compliance) internacional é uma parte crítica do sucesso a longo prazo das empresas multinacionais em uma economia globalizada em constante evolução.

3.4. *Cultura organizacional*

A manutenção de uma cultura organizacional sólida em um ambiente de teletrabalho compreende aprendizado e transformações constantes, mas por outro lado ela pode seivar profundas modificações, resultantes em ativos extremamente sólidos.

A cultura organizacional pode ser descrita como um sistema de crenças e valores que é compartilhado entre um grupo de pessoas, ditando interações, estruturas, processos de tomada de decisão e os mecanismos de controle na produção de normas de comportamento, definindo como as coisas devem ser feitas dentro da organização[(5)].

Manter uma cultura organizacional sólida no ambiente de teletrabalho requer um compromisso constante com o aprendizado e a adaptação. As empresas precisam investir em estratégias que permitam aos empregados se manterem conectados à missão, visão e valores da organização, mesmo à distância. Isso deve envolver a realização de treinamentos online, comunicação eficaz e o desenvolvimento de práticas que promovam a coesão e a identificação com a cultura corporativa.

À medida que as empresas adotam uma abordagem mais flexível em relação ao local de trabalho, podem surgir novos valores e normas. A ênfase na autonomia, na confiança e na responsabilidade individual pode se tornar mais proeminente, substituindo, em parte, a cultura tradicional de presença física no escritório.

Importante notarmos que um dos desafios críticos da manutenção de uma cultura organizacional sólida no teletrabalho é garantir que os empregados se sintam parte de uma comunidade coesa e que compartilham os mesmos objetivos e valores da empresa. Para que a falta de interação presencial não dificulte a construção desse senso de pertencimento, as empresas devem ser criativas na promoção de atividades que aproximem os colaboradores, mesmo que virtualmente.

4. Das oportunidades de melhoria do *compliance* no teletrabalho

Embora tenha trazido uma série de desafios para as empresas, o teletrabalho também oferece oportunidades significativas para o aperfeiçoamento e melhoria

---

(5) DIAS, Reinaldo. *Cultura organizacional:* construção, consolidação e mudanças. São Paulo: Atlas, 2013.

nos programas de *compliance*. O ambiente de trabalho remoto proporciona flexibilidade e agilidade na adaptação às mudanças regulatórias em constante evolução, proporcionando benefícios tanto para as organizações quanto para seus empregados.

Uma das principais vantagens do teletrabalho é a capacidade de resposta rápida às mudanças regulatórias. As equipes de compliance podem implementar novos procedimentos e políticas com maior agilidade, garantindo que a empresa esteja em conformidade com as regulamentações mais recentes. Isso reduz o risco de não conformidade e as possíveis penalidades associadas.

A flexibilidade do teletrabalho também permite que as equipes de *compliance* aprimorem suas práticas de monitoramento e relatórios. Com o uso de ferramentas e tecnologias avançadas, as organizações podem coletar e analisar dados em tempo real, identificando áreas de não conformidade com maior precisão. Isso, por sua vez, permite que as empresas tomem medidas corretivas mais eficazes e oportunas.

Além disso, o teletrabalho possibilita a criação de programas de treinamento e conscientização mais abrangentes. Os empregados podem participar de treinamentos *online* e acessar recursos de aprendizado de forma mais flexível, permitindo que eles estejam atualizados com as regulamentações / diretrizes atuais. Isso contribui para uma cultura de conformidade mais forte em toda a organização.

Em resumo, o teletrabalho, apesar dos desafios iniciais, certamente é uma oportunidade valiosa para o aperfeiçoamento dos programas de compliance. Ao abraçar as oportunidades oferecidas pelo teletrabalho, as empresas podem se posicionar de forma mais eficaz em um ambiente regulatório em constante evolução.

Regime Jurídico do Teletrabalho

Gustavo Filipe Barbosa Garcia[(1)]

Resumo: O presente artigo tem como objetivo analisar a atual disciplina jurídica do teletrabalho, tendo em vista as alterações decorrentes da Lei n. 14.442/2022. Com esse objetivo, são estudados os principais aspectos envolvendo o trabalho remoto, como o conceito e a duração do trabalho.

Palavras-chave: Teletrabalho — Trabalho remoto — Trabalho híbrido — Trabalho por produção — Trabalho por tarefa.

Abstract: This article aims to analyze the current legal discipline of telework, in view of the changes resulting from Law 14.442/2022. With this objective, the main aspects involving remote work are studied, such as the concept and the duration of work.

Keywords: Telework — Remote work — Hybrid work — Production work — Work by task.

1. Introdução

O presente artigo tem como objetivo analisar o atual regime jurídico do teletrabalho, tendo em vista as alterações decorrentes da Lei n. 14.442/2022.

Com esse objetivo, são estudados os principais aspectos envolvendo o trabalho remoto, com destaque ao conceito, à duração do trabalho e às normas aplicáveis.

Para o estudo do tema proposto, é utilizado o método dedutivo, adotando-se técnicas de pesquisa científica, com base em referências legislativas, doutrinárias e de natureza jurisprudencial.

---

(1) Livre-Docente pela Faculdade de Direito da Universidade de São Paulo. Doutor em Direito pela Faculdade de Direito da Universidade de São Paulo. Especialista em Direito pela Universidade de Sevilla. Pós-Doutorado em Direito pela Universidade de Sevilla. Membro Pesquisador do IBDSCJ. Membro da Academia Brasileira de Direito do Trabalho, Titular da Cadeira 27. Membro do Instituto Brasileiro de Direito Processual. Professor Universitário. Advogado.

2. Trabalho a distância

O *teletrabalho* é uma modalidade de trabalho a distância, típica dos tempos contemporâneos, em que o avanço da tecnologia permite o labor fora do estabelecimento do empregador (normalmente na própria residência do empregado), embora mantendo o contato com este por meio de recursos eletrônicos e de informática, principalmente o computador e a *internet.*

Enquanto o trabalho em domicílio é mais comum em atividades manuais, o *teletrabalho*, normalmente, é desenvolvido em diversas atividades que exigem conhecimentos mais especializados, como auditoria, gestão de recursos, tradução, jornalismo e digitação(2).

Conforme Amauri Mascaro Nascimento, o *trabalho a distância*, no enfoque do *teletrabalho*, é aquele que "não é realizado no estabelecimento do empregador, e sim fora dele", "com a utilização dos meios de comunicação que o avanço das técnicas modernas põe à disposição do processo produtivo"(3).

Embora o trabalho a distância seja normalmente realizado na própria residência do empregado, segundo a doutrina, não se restringe a essa hipótese. Efetivamente, há centros de trabalho que estão situados fora do estabelecimento do empregador, os quais também podem ser considerados "unidades de fornecimento de trabalho a distância", podendo haver "centros de atendimento de serviços fora das empresas beneficiadas"(4).

Na realidade, pode-se dizer que o trabalho a distância é gênero, tendo como espécie o *teletrabalho*. Em termos doutrinários, o trabalho em domicílio, de certa forma, também seria uma modalidade de trabalho a distância(5).

O *teletrabalho*, como modalidade especial, diferencia-se da figura mais genérica do trabalho a distância, justamente em razão da ênfase na utilização de recursos eletrônicos, de informática e de comunicação.

O Código do Trabalho de Portugal, de 2009, no art. 165º, dispõe que *teletrabalho* é "a prestação laboral realizada com subordinação jurídica, habitualmente

---

(2) BARROS, Alice Monteiro de. *Curso de direito do trabalho*. 2. ed. São Paulo: LTr, 2006. p. 304.

(3) NASCIMENTO, Amauri Mascaro. *Curso de direito do trabalho*. 26. ed. São Paulo: Saraiva, 2011. p. 1.010.

(4) *Ibidem*, p. 825.

(5) GARCIA, Gustavo Filipe Barbosa. *Curso de direito do trabalho*. 17. ed. São Paulo: Saraiva, 2022. p. 267-271.

fora da empresa e através do recurso a tecnologias de informação e de comunicação".

Quando presentes os requisitos do vínculo de emprego, deve ser observada a igualdade de tratamento entre os trabalhadores a distância e os demais empregados, com fundamento nos arts. 5º, *caput*, e 7º, inciso XXXII, da Constituição da República e arts. 6º e 83 da Consolidação das Leis do Trabalho.

Mesmo sendo realizado o trabalho fora do estabelecimento do empregador, na modalidade *teletrabalho*, se estiverem presentes os requisitos dos arts. 2º e 3º da CLT, tem-se a existência da relação de emprego.

Em razão das peculiaridades da forma de exercício do referido labor, a subordinação e a pessoalidade podem exigir um exame mais cuidadoso no caso concreto. De todo modo, havendo o controle e a direção quanto à forma do trabalho, mesmo que por meio de instrumentos eletrônicos, fica reconhecida a presença da subordinação jurídica.

Confirmando o exposto, não se distingue entre o trabalho realizado no estabelecimento do empregador, o executado no domicílio do empregado e o realizado a distância, desde que estejam caracterizados os pressupostos da relação de emprego (art. 6º da CLT, com redação dada pela Lei n. 12.551/2011). Os meios telemáticos e informatizados de comando, controle e supervisão se equiparam, para fins de subordinação jurídica, aos meios pessoais e diretos de comando, controle e supervisão do trabalho alheio *(art. 6º, parágrafo único, da CLT, incluído pela Lei n. 12.551/2011)*.

A atual redação do art. 6º, *caput*, da CLT faz menção ao trabalho em domicílio e ao trabalho a distância (sob o nítido enfoque do *teletrabalho*), embora a disciplina jurídica possa ser semelhante ou coincidente.

Com isso, observa-se o expresso reconhecimento legislativo de que o *teletrabalho*, como modalidade de trabalho a distância, quando presentes os requisitos da relação de emprego, com destaque à subordinação jurídica, não se diferencia das demais modalidades de vínculo empregatício.

No caso do *teletrabalho*, em razão das peculiaridades quanto à forma da prestação do serviço pelo empregado e do exercício do poder de direção pelo empregador, como explicita o parágrafo único do art. 6º da CLT, a subordinação pode ser decorrente de meios telemáticos e informatizados de comando, controle e supervisão, os quais são equiparados aos tradicionais meios pessoais e diretos de comando, controle e supervisão do trabalho alheio. O poder de controle do empregador, assim, pode ser exercido por meio de recursos da telefonia e da informática, em especial com a utilização da *internet*.

Uma vez presente o vínculo de emprego, a forma diferenciada de exercício do labor, verificada no teletrabalho, não afasta a incidência dos direitos trabalhistas assegurados ao empregado.

3. Teletrabalho

A Lei n. 13.467/2017 acrescentou ao Título II da CLT, sobre normas gerais de tutela do trabalho, o Capítulo II-A, a respeito do *teletrabalho*. A Lei n. 14.442/2022, que entrou em vigor em 05.09.2022, estabeleceu modificações a respeito do tema.

Desse modo, a prestação de serviços pelo empregado em regime de teletrabalho deve observar o disposto no referido Capítulo da Consolidação das Leis do Trabalho *(art. 75-A da CLT, incluído pela Lei n. 13.467/2017)*.

Considera-se teletrabalho ou trabalho remoto a prestação de serviços fora das dependências do empregador, de maneira preponderante ou não, com a utilização de tecnologias de informação e de comunicação, que, por sua natureza, não configure trabalho externo *(art. 75-B da CLT, com redação dada pela Lei n. 14.442/2022)*.

Sendo assim, inclui-se no conceito de teletrabalho ou trabalho remoto a prestação de serviços pelo empregado de forma híbrida ou mista, isto é, dentro e fora das dependências do empregador, sem que se exija a preponderância desta última situação.

O teletrabalho é realizado em local diverso do estabelecimento do empregador, de forma preponderante ou não, com a utilização de recursos tecnológicos, de informática e de comunicação eletrônica, como ocorre no *home office* e no labor em centros ou estações de trabalho.

O comparecimento, ainda que de modo habitual, às dependências do empregador para a realização de atividades específicas que exijam a presença do empregado no estabelecimento não descaracteriza o regime de teletrabalho ou trabalho remoto *(art. 75-B, § 1º, da CLT, incluído pela Lei n. 14.442/2022)*.

O empregado submetido ao regime de teletrabalho ou trabalho remoto pode prestar serviços por jornada ou por produção ou tarefa *(art. 75-B, § 2º, da CLT, incluído pela Lei n. 14.442/2022)*.

Essa previsão é passível de crítica, uma vez que mesmo no teletrabalho ou trabalho remoto, por envolver empregado, a jornada de trabalho não se confunde com as formas de fixação do salário. Trata-se, assim, de institutos distintos, voltados à duração do trabalho e à remuneração. Vale dizer, a jornada de trabalho não é excluída em decorrência de o salário ser fixado por produção ou tarefa (art. 78, art. 142, § 2º, art. 478, § 5º, art. 483, *g*, art. 487, § 3º, e art. 582, § 1º, *b*, da CLT)[(6)]. Na verdade, o salário pode ser fixado por unidade de tempo, por unidade de obra (produção) ou por tarefa, o que se distingue da jornada de trabalho propriamente.

Na hipótese da prestação de serviços em regime de teletrabalho ou trabalho remoto por produção ou tarefa, não se aplica o disposto no Capítulo II do Título II da Consolidação das Leis do Trabalho (arts. 57 a 75), sobre duração do trabalho *(art. 75-B, § 3º, da CLT, incluído pela Lei n. 14.442/2022).*

No mesmo sentido, o art. 62, inciso III, da CLT, com redação dada pela Lei n. 14.442/2022, dispõe que não são abrangidos pelo regime de duração do trabalho os *empregados em regime de teletrabalho que prestam serviço por produção ou tarefa*.

Anteriormente, o art. 62, inciso III, da CLT, incluído pela Lei n. 13.467/17, previa os empregados em regime de teletrabalho, sem fazer essa delimitação quanto à *prestação do serviço por produção ou tarefa*. Com a Lei n. 14.442/2022, passam a ser abrangidos pelos preceitos sobre duração do trabalho os *empregados em regime de teletrabalho que prestam serviço por jornada* (art. 75-B, § 2º, da CLT)[(7)].

O art. 7º da Constituição da República assegura aos trabalhadores urbanos e rurais os direitos à remuneração do trabalho noturno superior à do diurno (inciso IX), à duração do trabalho normal não superior a 8 horas diárias e 44 semanais (inciso XIII) e à remuneração do serviço extraordinário superior, no mínimo, em 50% à remuneração do trabalho normal (inciso XVI).

---

(6) Orientação Jurisprudencial 235 da SBDI-I do TST: "Horas extras. Salário por produção. O empregado que recebe salário por produção e trabalha em sobrejornada tem direito à percepção apenas do adicional de horas extras, exceto no caso do empregado cortador de cana, a quem é devido o pagamento das horas extras e do adicional respectivo".

(7) CALCINI, Ricardo; MORAES, Leandro Bocchi de. Teletrabalho e horas extras: qual regra deve ser aplicada? *Consultor Jurídico*, 8 set. 2022: "a nova legislação do teletrabalho impõe, dentre outras obrigações às empresas, o pagamento de horas extras para os trabalhadores que estiverem executando suas atividades remotamente, por jornada". Disponível em: <https://www.conjur.com.br/2022-set-08/pratica-trabalhista-teletrabalho-horas-extras-qual-regra-aplicada>. Acesso em: 08 set. 2023.

Logo, apenas em razão de especificidades da forma de trabalho, que tornem incompatível com a incidência das normas sobre a duração do labor, é que podem ser afastados os direitos decorrentes, como os relativos a intervalos e remuneração de horas extras e de trabalho em horário noturno com os respectivos adicionais. Na verdade, o empregado não terá direito às previsões relativas à duração do trabalho somente em hipóteses excepcionais. O art. 62, inciso III, da CLT, assim, deve ser interpretado conforme a Constituição[8].

Para que o mencionado dispositivo não afronte as normas constitucionais que asseguram os direitos relativos à duração do trabalho, embora o teletrabalho não se confunda com o trabalho externo, defende-se o entendimento de que a exclusão das disposições sobre duração do trabalho (art. 62, inciso III, da CLT) somente ocorre quando as atividades exercidas pelo teletrabalhador que presta serviço por produção ou tarefa forem incompatíveis com a fixação de horário de trabalho.

Nesse enfoque, o trabalho a distância, como ocorre no labor em domicílio e no teletrabalho (mesmo que o serviço seja prestado por produção ou tarefa), por si, não é suficiente para excluir os direitos relativos à jornada de trabalho.

Aplicando-se de forma extensiva e analógica as exigências do art. 62, inciso I, da CLT, apenas se o empregado exercer atividade que seja *incompatível com a fixação de horário de trabalho*, devendo essa condição ser anotada na Carteira de Trabalho e Previdência Social e no registro de empregados, é que não haverá direito ao regime de jornada de trabalho e, portanto, à remuneração de horas extras e de trabalho em horário noturno, à hora noturna reduzida e aos intervalos[9].

Portanto, se houver controle da jornada de trabalho, ainda que por meio remoto, com a utilização de recursos tecnológicos e de informática (art. 6º, parágrafo único, da CLT), defende-se o entendimento de que haverá direito à remuneração de labor em prorrogação de jornada, em horário noturno (inclusive hora noturna reduzida) e de intervalos não usufruídos.

---

(8) GARCIA, Gustavo Filipe Barbosa. *CLT comentada*. 8. ed. Salvador: JusPodivm, 2022. p. 144-146.

(9) DELGADO, Mauricio Godinho. *Curso de direito do trabalho*. 15. ed. São Paulo: LTr, 2016. p. 1.002: "Dentro da situação-tipo aventada pelo art. 62, I, da CLT (labor externo insuscetível de controle de jornada) podem se inserir três outras possibilidades importantes, do ponto de vista do mundo laborativo: b.1) o tradicional *trabalho no domicílio*, há tempos existente na vida social, sendo comum a certos segmentos profissionais, como as costureiras, as cerzideiras, os trabalhadores no setor de calçados, as doceiras, etc.; b.2) o *novo* trabalho no domicílio, chamado *home-office*, à base da informática, dos novos meios de comunicação e de equipamentos convergentes; b.3) o *teletrabalho*, que pode se jungir ao *home-office*, mas pode também se concretizar em distintos locais de utilização dos equipamentos eletrônicos hoje consagrados (informática, *internet*, telefonia celular etc.)" (destaques do original).

Nesse sentido, sabendo-se que o art. 8º da CLT autoriza a aplicação *subsidiária* do Direito Comparado, o Código do Trabalho de Portugal, de 2009, no art. 169º, n. 1, dispõe que: "O trabalhador em regime de teletrabalho tem os mesmos direitos e deveres dos demais trabalhadores, nomeadamente no que se refere a formação e promoção ou carreira profissionais, *limites do período normal de trabalho* e outras condições de trabalho, segurança e saúde no trabalho e reparação de danos emergentes de acidente de trabalho ou doença profissional" (destaquei).

Vale dizer, se o empregado estiver em conexão permanente com a empresa, com a existência de controle do tempo de labor e da atividade desempenhada, as regras sobre a duração do trabalho devem incidir normalmente, o que não pode ser validamente excluído nem mesmo por meio de negociação coletiva.

Cabe ressaltar que, nos termos do art. 4º da CLT, considera-se como de serviço efetivo o período em que o empregado esteja à disposição do empregador, aguardando ou executando ordens, salvo disposição especial expressamente consignada.

Com base nas previsões do art. 6º da CLT, pode-se dizer que o período em que o empregado está sujeito ao comando, controle e supervisão, por meios telemáticos ou informatizados, portando dispositivos móveis da empresa, instrumentos telemáticos ou informatizados (como telefone celular), deve ser remunerado como horas de sobreaviso (se o trabalhador ficar de plantão, aguardando ser chamado), ou como horas extras (se o trabalhador estiver laborando a distância, com a utilização dos recursos tecnológicos mencionados).

No âmbito da Organização Internacional do Trabalho, a Convenção n. 177, de 1996, dispõe sobre o trabalho em domicílio[(10)], embora ainda não tenha sido aprovada internamente e ratificada pelo Brasil.

Nos termos do art. 1º, "*a*", dessa norma internacional, *trabalho em domicílio* significa o trabalho que uma pessoa, designada como trabalhador em domicílio, realiza: em seu domicílio ou em outros locais que escolher, mas distintos dos locais de trabalho do empregador; em troca de remuneração; com o fim de elaborar um produto ou prestar um serviço, conforme as especificações do empregador (independentemente de quem proporcione os equipamentos, materiais ou outros elementos utilizados). Excepciona-se dessa condição aquele que tiver nível de autonomia e de independência econômica suficiente para ser considerado trabalhador independente, em virtude da legislação nacional ou de decisões judiciais.

---

(10) MARTINS, Sergio Pinto. *Direito do trabalho*. 28. ed. São Paulo: Atlas, 2012. p. 146.

Ademais, uma pessoa que tenha a condição de assalariado não deve ser considerada trabalhador em domicílio, para os fins da Convenção n. 177 da OIT, pelo mero fato de realizar ocasionalmente o seu trabalho (como assalariado) em seu domicílio, em vez de realizá-lo em seu local de trabalho habitual (art. 1º, "*b*").

O empregador, por sua vez, é entendido como uma pessoa física ou jurídica que, de modo direto ou por um intermediário (esteja ou não prevista essa figura na legislação nacional), oferece trabalho em domicílio por conta de sua empresa (art. 1º, "*c*").

Tendo em vista a semelhança entre o *teletrabalho* e o trabalho em domicílio, cabe ressaltar que, nos termos do art. 4º da referida Convenção da OIT, na medida do possível, a política nacional em matéria de trabalho em domicílio deve promover a *igualdade de tratamento entre os trabalhadores em domicílio e os outros trabalhadores assalariados*, levando em conta as características particulares do trabalho em domicílio e, se for o caso, as condições aplicáveis a um trabalho idêntico ou similar realizado na empresa.

Portanto, quanto ao tema em estudo, quando presentes os requisitos do vínculo de emprego, deve ser observada a igualdade de tratamento entre os trabalhadores a distância e os demais empregados, com fundamento nos arts. 5º, *caput*, e 7º, inciso XXXII, da Constituição da República e arts. 6º e 83 da Consolidação das Leis do Trabalho.

O regime de teletrabalho ou trabalho remoto não se confunde nem se equipara à ocupação de operador de *telemarketing* ou de teleatendimento (art. 75-B, § 4º, da CLT, incluído pela Lei n. 14.442/2022).

A rigor, o *telemarketing* ou o teleatendimento diz respeito à função ou atividade exercida pelo trabalhador, enquanto o teletrabalho ou trabalho remoto envolve o regime ou modalidade de trabalho. Logo, em tese, é possível que o operador de *telemarketing* ou de teleatendimento realize a prestação de serviços em regime presencial (dentro das dependências do empregador) ou na modalidade de teletrabalho ou trabalho remoto (fora das dependências do empregador, de maneira preponderante ou não, com a utilização de tecnologias de informação e de comunicação, sem configurar trabalho externo).

A Norma Regulamentadora n. 17, com redação dada pela Portaria n. 423/2021 do Ministério do Trabalho e Previdência, no Anexo II, versa sobre trabalho em teleatendimento/*telemarketing*.

Em face do cancelamento da Orientação Jurisprudencial 273 da SBDI-I do TST, por meio da Resolução 175/2011, tornou-se majoritário o posicionamento que defende a aplicabilidade da jornada de trabalho reduzida do telefonista ao operador de *telemarketing*, conforme o art. 227 da CLT, tendo em vista a nítida semelhança entre as funções exercidas(11).

Prevalece o entendimento de que a jornada reduzida prevista no art. 227 da CLT não se aplica aos empregados que acumulam funções de telefonista com outras atribuições (como nos casos em que durante a jornada de trabalho há interrupções das atividades de digitação e do uso do telefone em razão de outras tarefas próprias de suporte à equipe de técnicos), uma vez que a finalidade da lei é minimizar o desgaste físico e mental de quem desenvolve de forma exclusiva ou absolutamente preponderante as atividades de telefonista (TST, SBDI-I, E-RR 393-08.2012.5.24.0002, rel. Min. Renato de Lacerda Paiva, j. 04.05.2017).

Nessa linha, mesmo quanto ao operador de *telemarketing*, para a aplicação da jornada de trabalho reduzida prevista no art. 227 da CLT, entende-se que devem ser exercidas pelo empregado atividades análogas às de telefonista, de modo exclusivo ou preponderante(12).

---

(11) "Horas extras. Operador de *telemarketing*. Jornada reduzida. Art. 227 da CLT. O cancelamento da Orientação Jurisprudencial da SBDI-1/TST n. 273 materializou a aplicação de novo posicionamento nesta Corte, segundo o qual os trabalhadores que desempenham as funções de *call center*, *telemarketing*, teleatendimento e congêneres fazem jus à jornada especial prevista no art. 227 da CLT, tendo em vista a necessidade de amenizar os desgastes inerentes a tais atividades. Na espécie, o Tribunal Regional acolheu a pretensão de incidência da jornada reduzida, porquanto a autora demonstrou exercer o ofício de teleatendimento. Assim, ao condenar a ré ao pagamento das correspondentes horas extraordinárias, julgou em consonância com o item 5.3 do anexo II da NR-17 e em plena sintonia com o entendimento reiterado do TST. Precedentes da SBDI-1 e da 3ª Turma. Aplicação do art. 896, § 7º, da CLT e da Súmula n. 333/TST. Agravo de instrumento conhecido e desprovido" (TST, 3ª T., ARR-244-60.2010.5.04.0221, rel. Min. Alexandre de Souza Agra Belmonte, *DEJT* 25.10.2019).

(12) "Agravo. Agravo de instrumento em recurso de revista. Regido pela Lei n. 13.467/2017. Horas extras. Jornada de trabalho reduzida. Art. 227 da CLT. Operadora de *telemarketing*. Equiparação ao telefonista. Empregado que executa atividades diversas. Inaplicabilidade. Transcendência não reconhecida na decisão agravada. Este Tribunal Superior firmou o entendimento de que, para a aplicação da jornada reduzida prevista no art. 227 da CLT, impõe-se sejam exercidas pelo empregado, de modo exclusivo ou preponderante, atividades análogas às de telefonista. No caso, o Tribunal Regional, soberano na análise de fatos e provas, adotando os fundamentos da sentença, registrou que não ficou configurada a efetiva atividade de *telemarketing*, porquanto o atendimento de ligações telefônicas somava-se à realização de atendimento presencial de clientes, cotações por *e-mail*, envio de mensagens via *WhatsApp* e *Skype*, pesquisas na *internet*, dentre outras. Desse modo, não há como concluir que a Reclamante trabalhou de forma preponderante em funções análogas às de telefonista (Súmula n. 126 do TST). Nesse contexto, não afastados os fundamentos da decisão agravada, nenhum reparo merece a decisão. Agravo não provido, com acréscimo de fundamentação" (TST, 5ª T., Ag-AIRR-11151-22.2019.5.18.0017, rel. Min. Douglas Alencar Rodrigues, *DEJT* 19.08.2022).

O tempo de uso de equipamentos tecnológicos e de infraestrutura necessária, bem como de *softwares*, de ferramentas digitais ou de aplicações de *internet* utilizados para o teletrabalho, fora da jornada de trabalho normal do empregado não constitui tempo à disposição ou regime de prontidão ou de sobreaviso, exceto se houver previsão em acordo individual ou em acordo ou convenção coletiva de trabalho *(art. 75-B, § 5º, da CLT, incluído pela Lei n. 14.442/2022).*

Essa previsão é questionável, pois se o uso de equipamentos tecnológicos e de infraestrutura necessária, bem como de *softwares*, de ferramentas digitais ou de aplicações de *internet* ocorrer em razão do trabalho, ou seja, para fins da prestação de serviço, ainda que fora da jornada de trabalho formalmente convencionada, a rigor, deve ser nela computado (art. 4º da CLT).

Considera-se de sobreaviso o empregado que permanecer em sua própria casa, aguardando a qualquer momento o chamado para o serviço. As horas de sobreaviso devem ser contadas à razão de 1/3 do salário normal (art. 244, § 2º, da CLT). Considera-se de prontidão o empregado que ficar nas dependências do empregador, aguardando ordens. As horas de prontidão devem ser contadas à razão de 2/3 do salário-hora normal (art. 244, § 3º, da CLT).

Nos termos da Súmula n. 428 do TST: “Sobreaviso. aplicação analógica do art. 244, § 2º, da CLT. I – O uso de instrumentos telemáticos ou informatizados fornecidos pela empresa ao empregado, por si só, não caracteriza o regime de sobreaviso. II – Considera-se em sobreaviso o empregado que, à distância e submetido a controle patronal por instrumentos telemáticos ou informatizados, permanecer em regime de plantão ou equivalente, aguardando a qualquer momento o chamado para o serviço durante o período de descanso”[(13)].

---

(13) "Agravo de instrumento em recurso de revista em face de decisão publicada antes da vigência da Lei n. 13.015/2014. Jornada de trabalho. Horas de sobreaviso. O regime de sobreaviso caracteriza-se como o tempo, previamente ajustado, em que o empregado permanece, fora do horário normal de serviço, à disposição do empregador, no aguardo de eventual chamada para o trabalho. Tal situação importa diminuição ou cerceamento da liberdade de dispor do seu próprio tempo, pois a constante expectativa de ser chamado ao serviço no momento de fruição do seu descanso, seja em casa ou em qualquer outro lugar que possa vir a ser acionado por meios de comunicação, impede que desempenhe as suas atividades regulares. A regra do art. 244, § 2º, da CLT deve ser compreendida à luz da realidade da época de sua edição, nos idos de 1943, quando os meios de comunicação eram rudimentares e, por isso, era exigida a permanência do empregado em sua casa, a fim de ser localizado de maneira mais rápida. Hoje, porém, é possível que o trabalhador tenha certa mobilidade e, ainda assim, seja prontamente contatado pela empresa, por meio de *pager*, celular ou outros recursos tecnológicos. Nesse sentido é a Súmula n. 428 do TST. Na hipótese, o quadro fático delineado no acórdão regional comprova, efetivamente, a ocorrência de restrição à liberdade do autor, já que, quando escalado em regime de plantão, deveria ficar com o telefone celular e *notebook* disponíveis a fim de prestar suporte técnico ao cliente que necessitava. Incidência do art. 896, §§ 4º e 5º, da CLT. Agravo de instrumento a que se nega provimento" (TST, 7ª T., AIRR – 2058-43.2012.5.02.0464, rel. Min. Cláudio Mascarenhas Brandão, *DEJT* 27.10.2017).

Fica permitida a adoção do regime de teletrabalho ou trabalho remoto para estagiários e aprendizes *(art. 75-B, § 6º, da CLT, incluído pela Lei n. 14.442/2022)*.

Estágio é ato educativo escolar supervisionado, desenvolvido no ambiente de trabalho, que visa à preparação para o trabalho produtivo de educandos que estejam frequentando o ensino regular em instituições de educação superior, de educação profissional, de ensino médio, da educação especial e dos anos finais do ensino fundamental, na modalidade profissional da educação de jovens e adultos (art. 1º da Lei n. 11.788/2008). O estagiário, assim, se observados os requisitos legais, não é empregado.

Contrato de aprendizagem, por sua vez, é o contrato de trabalho especial, ajustado por escrito e por prazo determinado, em que o empregador se compromete a assegurar ao maior de 14 e menor de 24 anos inscrito em programa de aprendizagem formação técnico-profissional metódica, compatível com o seu desenvolvimento físico, moral e psicológico, e o aprendiz, a executar com zelo e diligência as tarefas necessárias a essa formação (art. 428 da CLT). O aprendiz, portanto, é empregado regido por contrato de trabalho especial.

Aos empregados em regime de teletrabalho aplicam-se as disposições previstas na legislação local e nas convenções e nos acordos coletivos de trabalho relativas à base territorial do estabelecimento de lotação do empregado *(art. 75-B, § 7º, da CLT, incluído pela Lei n. 14.442/2022)*.

Logo, seguindo o critério da territorialidade, devem ser aplicadas, em princípio, as normas legais do local da prestação do serviço e as normas coletivas que incidem na localidade do estabelecimento em que o empregado em regime de teletrabalho está lotado, ou seja, vinculado. Considera-se estabelecimento todo complexo de bens organizado para o exercício de atividade econômica ou social do empregador (art. 51, § 2º, do Decreto 9.579/2018 e art. 1.142 do Código Civil).

Ao contrato de trabalho do empregado admitido no Brasil que optar pela realização de teletrabalho fora do território nacional aplica-se a legislação brasileira, excetuadas as disposições constantes da Lei n. 7.064/1982, salvo disposição em contrário estipulada entre as partes *(art. 75-B, § 8º, da CLT, incluído pela Lei n. 14.442/2022)*.

Quanto a essa ressalva final, entende-se que a estipulação pelas partes da legislação aplicável, com fundamento na autonomia da vontade, apenas deve prevalecer se mais benéfica ao empregado, em consonância com o princípio da norma mais favorável, inerente ao Direito do Trabalho, que decorre do princípio da proteção (art. 7º, *caput*, da Constituição Federal de 1988). Logo, mesmo na hipótese indicada, não se admite que as partes do contrato de trabalho afastem a incidência de normas cogentes que regulam a relação de emprego, as quais limitam o exercício da autonomia privada individual (art. 444, *caput*, da CLT).

A Lei n. 7.064/1982, por sua vez, regula a situação de trabalhadores contratados no Brasil ou transferidos por seus empregadores para prestar serviço no exterior *(art. 1º da Lei n. 7.064/1982, com redação dada pela Lei n. 11.962/2009)*[14].

Para os efeitos da Lei n. 7.064/1982, considera-se transferido: o empregado removido para o exterior, cujo contrato estava sendo executado no território brasileiro; o empregado cedido à empresa sediada no estrangeiro, para trabalhar no exterior, desde que mantido o vínculo trabalhista com o empregador brasileiro; o empregado contratado por empresa sediada no Brasil para trabalhar a seu serviço no exterior (art. 2º da Lei n. 7.064/1982).

A empresa responsável pelo contrato de trabalho do empregado transferido deve assegurar-lhe, independentemente da observância da legislação do local da execução dos serviços: I – os direitos previstos na Lei n. 7.064/1982; II – a aplicação da legislação brasileira de proteção ao trabalho, naquilo que não for incompatível com o disposto na Lei n. 7.064/1982, quando mais favorável do que a legislação territorial, no conjunto de normas e em relação a cada matéria (art. 3º da Lei n. 7.064/1982). Respeitadas as disposições especiais da Lei n. 7.064/1982, deve-se aplicar a legislação brasileira sobre Previdência Social, Fundo de Garantia do Tempo de Serviço (FGTS) e Programa de Integração Social (PIS/PASEP).

A contratação de trabalhador, por empresa estrangeira, para trabalhar no exterior está condicionada à prévia autorização do Ministério do Trabalho (art. 12 da Lei n. 7.064/1982). Nos termos do art. 14 da Lei n. 7.064/1982, sem prejuízo da aplicação das leis do país da prestação dos serviços, no que respeita a direitos, vantagens e garantias trabalhistas e previdenciárias, a empresa estrangeira deve assegurar ao trabalhador os direitos a ele conferidos nos arts. 12 a 20 da Lei n. 7.064/1982.

---

(14) Fica excluído do regime da Lei n. 7.064/1982 o empregado designado para prestar serviços de natureza transitória, por período não superior a 90 dias, desde que: a) tenha ciência expressa dessa transitoriedade; b) receba, além da passagem de ida e volta, diárias durante o período de trabalho no exterior, as quais, seja qual for o respectivo valor, não terão natureza salarial (art. 1º, parágrafo único, da Lei n. 7.064/1982).

Acordo individual pode dispor sobre os horários e os meios de comunicação entre empregado e empregador, desde que assegurados os repousos legais (art. 75-B, § 9º, da CLT, incluído pela Lei n. 14.442/2022). Devem ser observados, assim, os períodos de descanso previstos em lei, assegurando-se ao empregado o direito à desconexão, tendo em vista os direitos fundamentais ao lazer, ao repouso e à limitação da jornada de trabalho (arts. 6º e 7º, incisos IV, XIII e XV, 217, § 3º, e 227 da Constituição da República), como forma de assegurar a dignidade, bem como o convívio familiar e social do empregado(15).

A prestação de serviços na modalidade de teletrabalho deve constar expressamente do instrumento de contrato individual de trabalho *(art. 75-C da CLT, com redação dada pela Lei n. 14.442/2022).*

---

(15) "Responsabilidade civil do empregador. Danos morais causados ao empregado. Caracterização. Direito à desconexão. Horas de sobreaviso. Plantões habituais longos e desgastantes. Direito ao lazer assegurado na Constituição e em normas internacionais. Comprometimento diante da ausência de desconexão do trabalho. [...] A precarização de direitos trabalhistas em relação aos trabalhos à distância, pela exclusão do tempo à disposição, em situações corriqueiras relacionadas à permanente conexão por meio do uso da comunicação telemática após o expediente, ou mesmo regimes de plantão, como é o caso do regime de sobreaviso, é uma triste realidade que se avilta na prática judiciária. A exigência para que o empregado esteja conectado por meio de *smartphone*, *notebook* ou BIP, após a jornada de trabalho ordinária, é o que caracteriza ofensa ao direito à desconexão. Isso porque não pode ir a locais distantes, sem sinal telefônico ou *internet*, ficando privado de sua liberdade para usufruir efetivamente do tempo destinado ao descanso. Com efeito, o excesso de jornada aparece em vários estudos como uma das razões para doenças ocupacionais relacionadas à depressão e ao transtorno de ansiedade, o que leva a crer que essa conexão demasiada contribui, em muito, para que o empregado cada vez mais, fique privado de ter uma vida saudável e prazerosa. [...] Não fossem suficientes as argumentações expostas e a sustentação doutrinária do reconhecimento do direito aludido, há que se acrescentar o arcabouço constitucional que ampara o direito ao lazer, com referência expressa em vários dispositivos, a exemplo dos arts. 6º; 7º, IV; 217, § 3º; e 227. O direito à desconexão certamente ficará comprometido, com a permanente vinculação ao trabalho, se não houver critérios definidos quanto aos limites diários, os quais ficam atrelados à permanente necessidade do serviço. Resultaria, enfim, em descumprimento de direito fundamental e no comprometimento do princípio da máxima efetividade da Carta Maior. Finalmente, a proteção não se limita ao direito interno. Mencionem-se, na mesma linha, diversos diplomas normativos internacionais, que, ou o reconhecem de modo expresso, ou asseguram o direito à limitação do número de horas de trabalho, ora destacados: arts. 4º do Complemento da Declaração dos Direitos do Homem (elaborado pela Liga dos Direitos do Homem e do Cidadão em 1936); XXIV da Declaração Universal dos Direitos Humanos, de 1948; 7º do Pacto Internacional Relativo aos Direitos Econômicos, Sociais e Culturais, de 1966; e 7º, *'g'* e *'h'* do Protocolo de San Salvador (Protocolo Adicional à Convenção Interamericana Sobre Direitos Humanos em Matéria de Direitos Econômicos, Sociais e Culturais), os dois últimos ratificados pelo Brasil. Nesse contexto, mostra-se incontroversa a conduta antijurídica da empresa que violou direito fundamental decorrente de normas de ordem pública. Os danos causados, pela sua natureza *in re ipsa*, derivam na própria natureza do ato e independem de prova. Presente o nexo de causalidade entre este último e a conduta patronal, está configurado o dever de indenizar. Agravo de instrumento a que se nega provimento" (TST, 7ª T., AIRR – 2058-43.2012.5.02.0464, rel. Min. Cláudio Mascarenhas Brandão, *DEJT* 27.10.2017).

Pode ser realizada a alteração entre regime presencial e de teletrabalho desde que haja mútuo acordo entre as partes, registrado em aditivo contratual *(art. 75-C, § 1º, da CLT, acrescentado pela Lei n. 13.467/2017)*.

Pode ser realizada a alteração do regime de teletrabalho para o presencial por determinação do empregador, garantido prazo de transição mínimo de 15 dias, com correspondente registro em aditivo contratual (art. 75-C, § 2º, da CLT, incluído pela Lei n. 13.467/2017). A norma legal, como se pode notar, não autoriza que a modificação para o regime presencial ocorra em razão apenas da vontade do empregado, mas por determinação do empregador, no exercício do seu poder de direção e de organização.

O empregador não será responsável pelas despesas resultantes do retorno ao trabalho presencial, na hipótese de o empregado optar pela realização do teletrabalho ou trabalho remoto fora da localidade prevista no contrato, salvo disposição em contrário estipulada entre as partes *(art. 75-C, § 3º, da CLT, incluído pela Lei n. 14.442/2022)*.

Portanto, conforme a ressalva indicada, no exercício da autonomia da vontade, as partes do contrato de trabalho podem estipular, de forma mais benéfica ao empregado, que o empregador será responsável pelas despesas decorrentes do retorno ao trabalho presencial, caso o empregado tenha optado pela realização do teletrabalho ou trabalho remoto fora do local previsto no contrato. Além disso, entende-se que o empregador será responsável pelas despesas resultantes do retorno ao trabalho presencial, se o empregado realizou o teletrabalho ou trabalho remoto fora da localidade prevista no contrato por exigência ou determinação do empregador.

As disposições relativas à responsabilidade pela aquisição, manutenção ou fornecimento dos equipamentos tecnológicos e da infraestrutura necessária e adequada à prestação do trabalho remoto, bem como ao reembolso de despesas arcadas pelo empregado, devem ser previstas em contrato escrito *(art. 75-D da CLT, acrescentado pela Lei n. 13.467/2017)*.

Sabendo-se que a empresa corre os riscos do empreendimento e da atividade desenvolvida, conforme mandamento de ordem pública decorrente do art. 2º, *caput*, da CLT, defende-se o entendimento de que a mencionada responsabilidade é do empregador, o que deve ser explicitado em contrato escrito firmado com o empregado. Confirmando o exposto, o dispositivo em questão é expresso ao prever, em sua parte final, o *reembolso* (pelo empregador) das despesas arcadas pelo empregado.

As utilidades mencionadas no art. 75-D da CLT não integram a remuneração do empregado (art. 75-D, parágrafo único, da CLT, acrescentado pela Lei n. 13.467/2017). Desse modo, as referidas utilidades não têm natureza salarial, por se tratar de utilidades fornecidas para o trabalho, e não como contraprestação pelo serviço prestado pelo empregado em regime de teletrabalho.

O empregador deve instruir os empregados, de maneira expressa e ostensiva, quanto às precauções a tomar a fim de evitar doenças e acidentes de trabalho *(art. 75-E da CLT, incluído pela Lei n. 13.467/2017).*

O empregado deve assinar termo de responsabilidade comprometendo-se a seguir as instruções fornecidas pelo empregador (art. 75-E, parágrafo único, da CLT, acrescentado pela Lei n. 13.467/2017). O descumprimento dos mencionados deveres pelo empregado, se presentes os requisitos legais, pode configurar indisciplina, permitindo a despedida por justa causa (art. 482, "*h*", da CLT).

Os empregadores devem dar prioridade aos empregados com deficiência e aos empregados com filhos ou criança sob guarda judicial até quatro anos de idade na alocação em vagas para atividades que possam ser efetuadas por meio do teletrabalho ou trabalho remoto *(art. 75-F da CLT, incluído pela Lei n. 14.442/2022).*

Essa preferência tem como fundamento a situação específica dos mencionados empregados, tendo em vista que no teletrabalho ou trabalho remoto evita-se a necessidade de deslocamentos mais frequentes para as dependências do empregador.

Ainda nesse contexto, na alocação de vagas para as atividades que possam ser efetuadas por meio de teletrabalho, trabalho remoto ou trabalho a distância, nos termos do Capítulo II-A do Título II da Consolidação das Leis do Trabalho (arts. 75-A a 75-F), os empregadores devem conferir prioridade: I – às empregadas e aos empregados com filho, enteado ou criança sob guarda judicial com até seis anos de idade; II – às empregadas e aos empregados com filho, enteado ou pessoa sob guarda judicial com deficiência, sem limite de idade (art. 7º da Lei n. 14.457/2022).

Trata-se de medida de apoio à parentalidade por meio da flexibilização do regime de trabalho. Para os efeitos da Lei n. 14.457/2022, parentalidade é o vínculo socioafetivo maternal, paternal ou qualquer outro que resulte na assunção legal do papel de realizar as atividades parentais, de forma compartilhada entre os responsáveis pelo cuidado e pela educação das crianças e dos adolescentes, nos termos do art. 22, parágrafo único, da Lei n. 8.069/1990 (Estatuto da Criança e do Adolescente)(16).

Na priorização para vagas em regime de teletrabalho, trabalho remoto ou trabalho a distância, deve sempre ser levada em conta a vontade expressa da empregada ou do empregado beneficiado pela medida de apoio ao exercício da parentalidade (art. 22 da Lei n. 14.457/2022).

4. Conclusão

A Lei n. 14.442, de 2 de setembro de 2022, publicada no *Diário Oficial da União* de 05.09.2022, alterou diversas previsões da Consolidação das Leis do Trabalho sobre teletrabalho ou trabalho remoto. Trata-se de diploma legal que tem origem na Medida Provisória n. 1.108/2022.

Apesar de certas inovações quanto ao teletrabalho, observam-se aspectos que ainda necessitam de aperfeiçoamentos, como a correta incidência dos preceitos sobre duração do trabalho, a disciplina mais adequada da norma territorial a ser aplicada para regular o contrato de trabalho, a responsabilidade pelas despesas para a realização do teletrabalho e a aplicação mais efetiva das normas voltadas à segurança e saúde no trabalho.

5. Referências

BARROS, Alice Monteiro de. *Curso de direito do trabalho*. 2. ed. São Paulo: LTr, 2006.

CALCINI, Ricardo; MORAES, Leandro Bocchi de. Teletrabalho e horas extras: qual regra deve ser aplicada? *Consultor Jurídico*, 8 set. 2022. Disponível em: <https://www.conjur.com.br/2022-set-08/pratica-trabalhista-teletrabalho-horas-extras-qual-regra-aplicada>. Acesso em: 08 set. 2023.

DELGADO, Mauricio Godinho. *Curso de direito do trabalho*. 15. ed. São Paulo: LTr, 2016.

GARCIA, Gustavo Filipe Barbosa. *CLT comentada*. 8. ed. Salvador: JusPodivm, 2022.

______. *Curso de direito do trabalho*. 17. ed. São Paulo: Saraiva, 2022.

MARTINS, Sergio Pinto. *Direito do trabalho*. 28. ed. São Paulo: Atlas, 2012.

NASCIMENTO, Amauri Mascaro. *Curso de direito do trabalho*. 26. ed. São Paulo: Saraiva, 2011.

(16) A mãe e o pai, ou os responsáveis, têm direitos iguais e deveres e responsabilidades compartilhados no cuidado e na educação da criança, devendo ser resguardado o direito de transmissão familiar de suas crenças e culturas, assegurados os direitos da criança estabelecidos na Lei n. 8.069/1990 (art. 22, parágrafo único, do Estatuto da Criança e do Adolescente).

Impacto do Teletrabalho na Saúde Geral do Indivíduo

Jaqueline Aparecida Almeida Spadari(1)

Giulliano Gardenghi(2)

Resumo: A sociedade atual preconiza o tempo de qualidade e equilíbrio entre a vida profissional e pessoal, para tanto, a flexibilização das jornadas de trabalho tornam-se atrativas. O teletrabalho não é um conceito novo e mediante o avanço tecnológico, tornou-se ainda mais forte durante a pandemia da Covid-19 e desde então, vem ganhando uma atenção especial sobre sua aplicabilidade. Neste capítulo, discutiremos a respeito do impacto da jornada de trabalho remota na vida dos trabalhadores, abordando conceitos relacionados a saúde mental e física, com base em literatura científica, propondo maneiras de amenizar o estresse de longas jornadas e a possibilidade de administrar uma rotina mais ativa, ainda que seja um desafio complexo dentro desse cenário.

Palavras-chave: Comportamento sedentário — Fatores de risco de doenças cardíacas — Teletrabalho.

Abstract: Today's society advocates quality time and balance between professional and personal life, therefore, flexible working hours become attractive. Teleworking is not a new concept and through technological advancement, it became even

(1) Fisioterapeuta especialista em Terapia Intensiva Adulto pela ASSOBRAFIR/COFFITO. Especialista em Fisioterapia Hospitalar pelo Hospital e Maternidade São Cristóvão (HMSC). Analista de Educação Continuada especialista em Fisioterapia no Instituto de Ensino e Pesquisa (IEP — Dona Cica) do HMSC. Preceptora do Curso de Fisioterapia Hospitalar do HMSC.

(2) Doutor em Ciências pela Faculdade de Medicina da Universidade de São Paulo. Professor Titular da Faculdade CEAFI - Goiânia/GO. Consultor Técnico do Instituto de Ensino e Pesquisa do Hospital e Maternidade São Cristóvão - São Paulo/SP. Coordenador Científico do Hospital ENCORE/Kora Saúde - Aparecida de Goiânia/GO. Coordenador Científico do Centro de Ensino e Treinamento da Clínica de Anestesia (CLIANEST) - Goiânia/GO. Tutor da Residência Multiprofissional em Urgência e Trauma do Hospital de Urgências de Goiás (HUGO) - Goiânia/GO.

stronger during the Covid-19 pandemic and since then, it has gained special attention on its applicability. In this chapter, we will discuss the impact of remote working hours on workers' lives, addressing concepts related to mental and physical health, based on scientific literature, proposing ways to alleviate the stress of long working hours and the possibility of maintaining a more flexible routine active, even though it is a complex challenge within this scenario.

Keywords: Sedentary behavior — Heart disease risk factors — Teleworking.

Introdução

O conceito do teletrabalho não é novo. Iniciado na década de 1970, fortalecer sua implementação dependia do avanço das telecomunicações, embora sua limitação mais evidente estivesse nos contratos entre empregadores e trabalhadores de determinadas profissões. Em 2003, o teletrabalho ganhou um conceito legal, a partir da Reforma do Código de Trabalho em Portugal e dentro desse conceito, passaram a existir expressões equivalentes que levam ao mesmo significado como trabalho a distância, trabalho remoto, trabalho virtual, dentre outros. Se por um lado isso não era viável, hoje, na era da conectividade, existem diversas plataformas e aplicativos online para organização do trabalho e possibilidade de que as pessoas consigam trabalhar de maneira interligada, sem dividir o mesmo espaço físico. Assim o modo é cada vez mais atrativo pela economia que proporciona ao empregador e flexibilização proporcionada ao trabalhador (ADERALDO, I. G., ADERALDO, C. V. L., LIMA, A. C., 2017).

A pandemia da Covid-19, iniciada em 2020, causou um profundo impacto na carreira de muitos profissionais, que precisaram recriar suas carreiras e rotinas para se adaptarem ao novo período, com as regras do isolamento social. Hoje, o teletrabalho e especialmente, o trabalho híbrido, tem mostrado força para tornar-se ainda mais comum que no período anterior à pandemia. Segundo dados coletados pelo IBGE (2020), atualmente, 96% dos participantes abordados estão trabalhando neste regime. Inclusive, a Organização Mundial da Saúde (OMS) e Organização Mundial do Trabalho (OMT) tem incentivado os empregadores a tornarem os ambientes dessa prática mais seguros, tanto que afirmaram recentemente: "quando organizado e realizado de forma adequada, o teletrabalho pode ser benéfico para a saúde física e mental e para o bem-estar social" (*World Health Organization and the International Labour Organization*, 2021).

Por outro lado, executar um horário de trabalho flexível, pode confundir os limites entre casa e trabalho, levando a jornadas exaustivas. A OMS alertou em 17 de maio de 2021, em um comunicado oficial, que o número de horas de trabalho vem aumentando e atualmente, 9% da população trabalha em jornadas de pelo menos 55 horas semanais, o que nos leva a refletir sobre a necessidade de um ambiente de equilíbrio para execução de um teletrabalho saudável, seguro e eficiente.

Neste capítulo, discutiremos com base científica, os impactos positivos e negativos do teletrabalho bem como das jornadas flexíveis, enfatizando também o trabalho híbrido.

A evolução do conceito de saúde no século XXI

Muitas pessoas não se questionam a respeito do que é ter saúde e vivem suas vidas fortalecendo o conceito mais enraizado e limitado da sociedade: saúde como sinônimo da ausência de doença. Não é uma ideia errada, mas esse conceito pode ser ainda mais amplo, especialmente ao pensarmos no quanto é importante prevenir as doenças.

A OMS define saúde como "um estado de completo bem-estar físico, mental e social e não somente ausência de afecções e enfermidades". Sendo assim, a saúde deve ser um pilar importante na cultura organizacional de uma empresa. No entanto, a evolução e fortalecimento do trabalho remoto também implicam em desafios complexos de saúde e segurança ocupacional (*World Health Organization and the International Labour Organization*, 2021).

O filósofo e médico francês, Georges Canguilhen (2009) nos traz a importante reflexão de que a saúde, além dos conceitos já conhecidos e citados anteriormente, está refletida na nossa capacidade de atuar, transformar o meio em que vivemos de acordo com os nossos valores, essa competência envolve tempo, fluidez e rapidez no trabalho que nos propomos a fazer (CANGUILHEN, 2009).

O tempo e a interface trabalho-vida pessoal

O impacto entre o trabalho remoto e o equilíbrio entre a vida pessoal e profissional ainda é um campo desconhecido. O tempo, como recurso finito, é tema de diversas pesquisas. A globalização e o avanço da tecnologia, não limitam mais o tempo à alteração dos ponteiros do relógio, ou seja, o deslocamento do tempo ocorre ainda mais rápido em todas as vezes que nos conectamos as redes de alguma maneira, inclusive no trabalho. A sociedade atual está cada vez mais dinâmica e conectada no tempo real, toda mudança e notícia podem ser rapidamente acessadas na palma de nossas mãos, por exemplo. Essa necessidade extrema de flexibilidade, nos convida a fazer muitas coisas simultaneamente (HASSAN, 2003).

Um dos grandes atrativos do teletrabalho é a flexibilização de locação temporal e física. A questão do estresse gerado pelo deslocamento e a angústia em ter de cumprir um horário fixo para chegar ao ambiente de trabalho é um fato a ser levado em consideração. No entanto, a indefinição de espaço-tempo, inclusive o contato com o empregador fora dos horários convencionais de trabalho, podem interferir no equilíbrio da interface pessoal-profissional. Conceituar o direito ao não trabalho nesse cenário é uma tarefa complexa e desafiadora (ALMEIDA, A. E., SEVERO, V. D., 2016).

Pensando nesse 'direito à desconexão' do teletrabalhador, Souto Maior (2011) faz reflexões pertinentes a respeito do fortalecimento das regras trabalhistas, para que seja assegurado o descanso, a privacidade e um salário compatível com a jornada realizada. O fato de o teletrabalhador ser livre para definir o seu horário de trabalho, assegura a flexibilidade neste regime, pois como regra, não há controle de jornada (art. 62, inc. III da CLT). Nesse cenário, por medo do desemprego e também em razão da ausência de proteção trabalhista, uma vez que não há como limitar a jornada de oito horas diárias e/ou recebimento de horas extras, muitos se submetem a salários incompatíveis e acabam subjugando a própria saúde, sendo que por vezes passam a permanecer à disposição do empregador por via e-mail e demais aplicativos de mensagens, disponíveis nas longas escalas de trabalho (TESTI, A. E., 2019).

Resultados do Estudo Longitudinal de Saúde do Adulto (ELSA-Brasil, 2022) apresentaram **séries** de dados referentes aos cenários da pandemia Covid-19, dentre eles, a sobrecarga de trabalho. A amostra foi composta por mais de 2.000 servidores públicos e/ou aposentados de cargos de ensino e instituições de pesquisa em cinco capitais brasileiras. Um dos pontos da pesquisa levantou que muitos dos entrevistados tiveram o teletrabalho como obrigatório, dado o cenário que viviam em suas empresas e abordou a diferença do "trabalhar em casa" para homens e mulheres. O trabalho doméstico de maneira geral foi documentado como maior por 75% dos entrevistados e nesse cenário, as mulheres realizaram em média quatro horas a mais de trabalho doméstico do que os homens (GRIEP, R. H., *et al.*, 2022). Ainda sobre essa relação, homens relataram execução de mais horas extras, enquanto mulheres apontaram a sensação de maior grau de pressão de tempo e assim, a tendência de também executar horas extras. (PETERS, P.; VAN DER LIPPE, T., 2007). Porém, vale ressaltar que Ipsen *et al.*, (2021) demonstraram que teletrabalhadores durante a pandemia da Covid-19, melhoraram a eficiência no trabalho.

No que diz respeito a gestão de tempo, o estudo sueco denominado *SLOSH* (Inquérito Longitudinal de Saúde Ocupacional Sueco) fornece dados representativos da população ativa com idades entre 16 e 64 anos, concluindo que a maior autonomia em relação ao controle de tempo de trabalho e de folga, pode estar associada a menos sintomas de depressão e esgotamento, pois pode-se promover um maior equilíbrio entre a vida profissional e pessoal (ALBRECHT, S. C., *et al.*, 2017).

A metanálise conduzida por Gajendra e Harrison (2007), ressalta mais um lado positivo do teletrabalho, refletido na possibilidade de prover mais tempo para atividades familiares e relacionamentos. Quando o tempo **é** organizado, no teletrabalho podemos minimizar interrupções durante a execução, e isso pode sugerir também aumento na produtividade (BAILEY, D. E., KURLAND, N. B, 2002). Uma pesquisa australiana registrou dados de entrevistas realizadas com teletrabalhadores a respeito de produtividade e bem-estar. Muitos ressaltam a independência obtida pelo autogerenciamento do tempo como motivação para serem ainda mais produtivos e isso se fortalece ao analisarem registros de dados que indicaram que os dias com teletrabalho foram dias em que mais tarefas foram executadas, quando comparados a dias de escritório (BOSUA, R., et al., 2013). Jovens envolvidos em rotina de teletrabalho também ressaltaram que a modalidade proporciona desenvolvimento de competências individuais, como amadurecimento profissional, agilidade, proatividade e responsabilidade, além de citarem também a possibilidade de conciliar rotinas de estudo com a rotina do trabalho, sem que prejudiquem o aproveitamento de ambas (ADERALDO, I.G., ADERALDO, C.V.L., LIMA, A.C., 2017).

O teletrabalho e a saúde física: como equilibrar?

Afonso e colaboradores, realizaram um estudo transversal com 143 teletrabalhadores em tempo integral, submetidos a essa modalidade durante a pandemia do Covid-19. Os participantes foram convidados a responder um questionário online e por meio de análise em escalas validadas. Os resultados apresentaram uma prevalência entre má qualidade do sono e níveis elevados de depressão e ansiedade (AFONSO, P.; FONSECA, M.; TEODORO, T., 2022). Noites de sono mal dormidas influenciam no controle hormonal do apetite, com níveis mais elevados de grelina (associada a aumento do apetite) e diminuídos de leptina (relacionada especialmente à saciedade), gerando o impulso de nos alimentarmos com comidas mais calóricas, favorecendo também o desenvolvimento da obesidade e do diabetes tipo 2 (VAN CAUTER, E., *et al.*, 2007; KILLICK, R., BANKS, S. e LIU, P. Y., 2012). Por outro lado, a flexibilização da jornada proporcionada pelo teletrabalho pode favorecer maneiras de amenizar o estresse, como por exemplo, 30 minutos de exposição ao ar livre durante o dia, o que se associa a efeitos muito positivos na saúde. (HUNTER, M.R., GILLESPIE, B.W. e CHEN, S.Y.P., 2019)

O estudo intitulado "*Your money or your time? How both types of scarcity matter to physical activity and healthy eating*" nos traz reflexões importantes em relação a escassez do tempo e a administração da nossa própria saúde. Os resultados a respeito do questionamento "Seu dinheiro ou seu tempo?" nos leva a ponderar a importância do equilíbrio. Vale nota o paralelo em relação a 'sensação de tempo insuficiente' na rotina que acaba limitando a realização das atividades físicas, bem como, alimentar-se de forma mais saudável (VENN, D., STRAZDINS, L., 2017).

As oportunidades para o comportamento sedentário são onipresentes e tendem a aumentar com o avanço das tecnologias, por isso o tema tem sido alvo de estudos na área de saúde ocupacional. Dados de revisões sistemáticas da OMS e da OMT trouxeram evidências de aumento dos riscos cardiovasculares (acidente vascular cerebral e doença cardíaca isquêmica) entre pessoas que trabalham em jornadas maiores (≥55 horas/semana), quando comparadas às jornadas padrão (35-40 horas/semana) (PEGA, F., *et al.*, 2021; KIVIMAKI, M., *et al.* 2015).

As horas sentadas em frente às telas, ou a realização de poucas pausas nessas jornadas, possuem um impacto independente nesse cenário, conforme abordado no trabalho intitulado "*Too little exercise and too much sitting: Inactivity physiology and the need for new recommendations on sedentary behavior*" (HAMILTON, M. T., *et al.*, 2008). Dados que vão de encontro aos achados da pesquisa "*All-Cause Mortality Attributable to Sitting Time Analysis of 54 Countries Worldwide*" onde documentaram que o tempo sentado (> 3 horas/dia) foi responsável por 3,8% da mortalidade por todas as causas (cerca de 433.000 mortes/ano) entre 54 países. Os autores citam ainda que eliminar o tempo sentado poderia aumentar a expectativa de vida nesses países (REZENDE, L. F. M, *et al.*, 2016). Vale ressaltar que a atividade física moderada a vigorosa, parece atenuar essa associação, conforme demonstrado na metanálise de CHAU, J. Y., *et al.* (2013) na qual, ao avaliarem o total de horas sentadas em indivíduos que não praticavam atividade física e permaneciam sentados entre períodos superiores a 4-8 e maior que 8 horas/dia, estes foram associados a um risco significativamente maior de morte (2% e 8% por incremento de 1 hora no tempo sentado por dia, respectivamente) quando comparados ao grupo que fazia atividade física moderada a vigorosa na rotina. Para além disso, um programa de atividade física regular na rotina também propicia diversos benefícios psicológicos (BIDDLE, S., 2016).

Uma vida mais ativa, alimentação saudável e uma jornada equilibrada parecem ser a receita de sucesso do teletrabalho. Estudos e amadurecimento de projetos de leis parecem entender que a ascensão contínua dessa modalidade, acompanhada pelo avanço das tecnologias, requerem uma atenção especial das políticas públicas.

Conclusão

O teletrabalho traz consigo uma série de benefícios, como a flexibilidade de horários, a oportunidade de executar tarefas propostas em ambientes distintos, ocasionando eventualmente mais oportunidades de estar com a família e a socialização de uma maneira geral. A sensação de demonstrar produtividade parece gerar um peso maior aos trabalhadores que estão a distância, por isso, estes tendem a executar jornadas mais extensas. A literatura é clara em relação a necessidade de equilíbrio, mas ainda divergente no que diz respeito aos riscos e benefícios, de maneira concisa. Dentro desse cenário, vale sugerir equilíbrio em todas as escolhas, especialmente no que diz respeito a proteção da saúde dos indivíduos.

Esta é uma modalidade promissora a todos os gestores de recursos humanos, inclusive no que diz respeito a economia de uma maneira geral, mas ainda há necessidade de fortalecimento da lei em relação às jornadas, especialmente no direito as horas de desconexão, que além da socialização, precisam englobar políticas de manejo aos fatores de risco cardiovasculares, presentes nos trabalhadores que permanecem muitas horas executando suas funções sentados.

Referências

ALBRECHT, S. C., *et al.* The longitudinal relationship between control over working hours and depressive symptoms: Results from SLOSH, a population-based cohort study. *J. Affect. Disord.*, v. 215, p. 143–151, jun. 2017.

ADERALDO, I. G.; ADERALDO, C. V. L.; LIMA, A. C. Aspectos críticos do teletrabalho em uma companhia multinacional. *Cad. EBAPE.BR*, v. 15, art. 8, Rio de Janeiro, set. 2017.

AFONSO, P.; FONSECA, M.; TEODORO, T. Evaluation of anxiety, depression and sleep quality in full-time teleworkers. *Journal of Public Health*, v. 44, n. 4, p. 797-804, Dec. 2022.

ALMEIDA, A. E., SEVERO, V. D. *Direito à desconexão nas relações sociais de trabalho*. 2. ed. São Paulo: LTr, 2016.

BAILEY, D. E.; KURLAND, N. B. A review of telework research: Findings, new directions and lessons for the study of modern work. *Journal of Organizational Behavior*, v. 23, n. 4, p. 383-400, jun. 2002.

BIDDLE, S. Physical activity and mental health: evidence is growing. *World Psychiatry*, v. 15, n. 2, p. 176-7, jun. 2016.

BOSUA, R., et al. Telework, productivity and wellbeing: An Australian perspective. *Telecommunications Journal of Australia*, v. 63, n. 1, p. 11.1-11.12, fev. 2013.

BRASIL. *Decreto-lei n. 5.452, de 1º de maio de 1943*. Consolidação das Leis Trabalhistas. Disponível em: <http://www.planalto.gov.br/ccivil_03/Decreto-Lei/Del5452.htm>. Acesso em: 16 set. 2023.

CANGUILHEM, G. *O normal e o patológico*. 6. ed. Rio de Janeiro: Forense Universitária, 2009.

CHAU, J.Y., *et al.* Daily sitting time and all-cause mortality: a meta-analysis. *PLoS One*, v. 8, n.11, Nov 2013.

GAJENDRAN, R. S.; HARRISON, D. A. The good, the bad, and the unknown about telecommuting: Meta-analysis of psychological mediators and individual consequences. *Journal of Applied Psychology*, v. 92, n. 6, p. 1.524-1.541, 2007.

GRIEP, R.H., *et al.* Working from home, work-time control and mental health: Results from the Brazilian longitudinal study of adult health (ELSA-Brasil). *Front. Psychol.*, v. 13, out. 2022.

HAMILTON, M. T., *et al.* Too little exercise and too much sitting: Inactivity physiology and the need for new recommendations on sedentary behavior. *Curr Cardio Risk Rep*, v. 2, p. 292–298, out. 2008.

HASSAN, R. Network Time and the New Knowledge Epoch. *Time & Society*, v. 12, n. 2/3, p. 225-241, mar. 2003.

HUNTER, M. R., GILLESPIE, B.W., CHEN, S.Y.P. Urban Nature Experiences Reduce Stress in the Context of Daily Life Based on Salivary Biomarkers. *Front. Psychol*, v. 10, art. 722, abr. 2019.

IBGE. Instituto Brasileiro de Geografia e Estatística. *Teletrabalho em tempos de pandemia* – avaliação dos impactos para os trabalhadores. 2020. Disponível em: <https://assibge.org.br/confira-a-pesquisa-sobre-teletrabalho-no-ibge/>. Acesso em: 15 set. 2023.

IPSEN, C., VELDHOVEN, M. V.; KIRCHNER, K. Six Key Advantages and Disadvantages of Working from Home in Europe during Covid-19. *International Journal of Environmental Research and Public Health*, v. 18, n. 4, p. 1.826, feb. 2021.

KILLICK, R., BANKS, S., LIU, P. Y. Implications of Sleep Restriction and Recovery on Metabolic Outcomes. *The Journal of Clinical Endocrinology & Metabolism*, v. 97, n. 11, p. 3.876–3.890, nov. 2012.

KIVIMÄKI, M., *et al.* Long working hours and risk of coronary heart disease and stroke: a systematic review and meta-analysis of published and unpublished data for 603 838 individuals. *The Lancet*, v. 386, n. 10.005, p. 1.739-1.746, nov. 2015.

PEGA, F., et al. Global, regional, and national burdens of ischemic heart disease and stroke attributable to exposure to long working hours for 194 countries, 2000–2016: A systematic analysis from the WHO/ILO Joint Estimates of the Work-related Burden of Disease and Injury. *Environment International*, v. 154, set. 2021.

PETERS, P.; VAN DER LIPPE, T. The time-pressure reducing potential of telehomeworking: The Dutch case. *Int. J. Hum. Resour. Manag.*, v. 18, n. 3, p. 430–447, 2007.

REZENDE, L. F. M. *et al.* All-Cause Mortality Attributable to Sitting Time Analysis of 54 Countries Worldwide. *Am J Prev Med*, v. 51, n. 2, p. 253–263, ago. 2016.

SOUTO MAIOR, J. L. *Do Direito à Desconexão do Trabalho.* 2011. Disponível em: <http://www.egov.ufsc.br/portal/conteudo/do-direito-%C3%A0-desconex%C3%A3o-do-trabalho>. Acesso em: 16 set. 2023.

TESTI, A. E. O direito à desconexão do trabalho na era tecnológica: uma análise acerca dos desafios e consequências da não fruição do descanso. *Revista de Direito do Trabalho e Processo do Trabalho*, Jundiaí: v. 1, n. 1, p. 33-46, jun. 2019.

VAN CAUTER, E., et al. Impact of Sleep and Sleep Loss on Neuroendocrine and Metabolic Function. *Hormone Research*, v. 67, n. 1, p. 2-9, fev. 2007.

VENN, D., STRAZDINS, L. Your money or your time? How both types of scarcity matter to physical activity and healthy eating. *Social Science & Medicine*, v. 172, p. 98-106, jan. 2017.

WORLD HEALTHY ORGANIZATION AND THE INTERNATIONAL LABOUR ORGANIZATION. *Healthy and safe telework: technical brief.* Geneva: 2021. Licence: CC BY-NC-SA 3.0 IGO.

Teletrabalho e ESG — Impactos na Dimensão Social

Jorgete Leite Lemos[1]

Resumo: Este artigo destaca a relevância da interação de diferentes áreas do saber e suas ações, quando o foco é o ser humano, em uma abordagem holística e interseccional (interação entre dois ou mais fatores sociais que definem uma pessoa). Estamos falando do impacto que o Ambiente, o Social e a Governança das corporações denominados de ESG — *Environmental Social and Corporate Governance*, está exercendo sobre o comportamento das organizações de capital aberto em princípio, e que vem sendo adotado pelas empresas de capital fechado e organizações do terceiro setor que têm visão de futuro e pretendem destacar-se no mercado, perante os seus stakeholders (públicos de interesse). Não se trata mais ,apenas, da responsabilidade social corporativa; vai além, pois tem métricas que identificam o "estado da arte" e o expõe para investidores e público consumidor. Isso faz toda a diferença entre manter um comportamento de descrédito frente a essa mudança e a capacidade de assumir comportamento protagonista da competitividade e sustentabilidade. Ou as empresas percebem que a mudança é vital e incorporam novos valores às suas práticas ou tenderão à autofagia. Valores relacionados aos direitos humanos, preservação do meio ambiente natural, transparência na governança e resultados equilibrados entre Ambiente, Social e Governança passam a ser mandatórios no contexto ESG. E o Teletrabalho, está

---

(1) Assistente Social na Instituição de graduação e obtenção de títulos: Faculdade de Serviço Social do Rio de Janeiro. Docente em cursos MBA da Universidade São Caetano do Sul, na UNIBRAD e no curso Governança e Gestão de Pessoas na Fundação Salvador Arena. Diretora Executiva da Jorgete Lemos Pesquisas e Serviços – Consultoria Organizacional na Dimensão Social da Sustentabilidade Corporativa, desde 1990. Vice-presidente de Desenvolvimento Sustentável e Responsabilidade Social Corporativa ABRH Brasil.1999/2013. Diretora de Diversidade ABRH Brasil 2013 – 2021. Membro do Comitê de Responsabilidae Social CORES/ FIESP 2004 -2022. Membro da Comissão Permanente da Mulher Advogada da OAB SP como Consultora Convidada – 2021. Conselheira Consultiva do CIEE Centro de Integração Empresa Escola. Diretora de Diversidade SOBRATT — Sociedade Brasileira de Teletrabalho. Comendadora da Ordem Zumbi dos Palmares.

abrigado e será beneficiado nesse contexto, uma vez que as organizações não tem práticas diferenciadas para a gestão de pessoas seja em trabalho presencial ou remoto. O conteúdo deste artigo foi desenvolvido e será apresentado em 3 (três) partes: ESG ou ASG; Dimensões do ser humano e Gestão Humanizada de Pessoas.

Abstract: This article highlights the relevance of the interaction of different areas of knowledge and their actions, when the focus is on the human being, in a holistic and intersectional approach (interaction between two or more social factors that define a person). We are talking about the impact that the Environmental, Social and Corporate Governance of corporations, called ESG — Environmental Social and Corporate Governance, is having on the behavior of publicly traded organizations in principle, and which has been adopted by privately held companies and organizations from the third sector who have a vision of the future and intend to stand out in the market, before their stakeholders (publics of interest). It is no longer just about corporate social responsibility; it goes further, as it has metrics that identify the "state of the art" and exposes it to investors and the consumer public. This makes all the difference between maintaining discreditable behavior in the face of this change and the ability to assume protagonist behavior in terms of competitiveness and sustainability. Either companies realize that change is vital and incorporate new values into their practices or they will tend to autophagy. Values related to human rights, preservation of the natural environment, transparency in governance and balanced results between Environment, Social and Governance become mandatory in the ESG context. And Teleworking is supported and will benefit in this context, since organizations do not have different practices for managing people whether in person or remotely. The content of this article was developed and will be presented in 3 (three) parts: ESG or ASG; Dimensions of the human being and Humanized People Management.

Palavras-chave/Keywords: Teletrabalho — ESG Environmental social and corporate governance — Dimensões do ser humano — Gestão humanizada de pese soas —Teleworking — ESG environmental social and corporate governance — Dimensions of the human being — Humanized people management.

Parte I — ESG — Environmental Social and Corporate Governance (ASG Ambiental Social Governança)

> "Os modelos de negócio atuais precisaram ser modificados. Adotar práticas ESG é essencial para uma empresa que deseja se manter no mercado. De acordo com um relatório consolidado pela PwC Pricewaterhoudecoopers, até o final de 2022, 77% dos investidores institucionais deixariam de comprar produtos de empresas que não aplicassem práticas ESG."

O início do ESG

Em 2004, este termo foi colocado em uma publicação do Pacto Global/ Banco Mundial, a partir de uma provocação de Kofi Annan a 50 CEOs de grandes instituições financeiras, sobre: como integrar fatores sociais, ambientais e de governança no mercado de capitais. Estava lançado o desafio.

E, em 2006, surgia o PRI (Princípios do Investimento Responsável, hoje com 3 mil signatários, com ativos sob gestão que ultrapassam US$ 100 trilhões.

Segundo Ricardo Voltolini, precursor na abordagem da sustentabilidade neste país, a governança ambiental, social e corporativa, do inglês *Environmental, Social, and corporate Governance* não é mais uma onda passageira; é uma filosofia de vida aplicada aos negócios, que respeita e busca o equilibro do desempenho Ambiental, Social e de Governança.

E eu digo: filosofia de vida aplicada aos negócios, pois deve estar internalizada e praticada no dia a dia. Alguém consegue vivenciar filosofias antagônicas; uma para a vida pessoal e outra para o negócio? Acredito que não.

As dimensões ESG são complementares e indissociáveis.

Vejamos o que trata cada uma dessas dimensões:

ESG Dimensão ambiental

É como as empresas se relacionam com o ambiente natural em que atua. Requer políticas e capacidade de mitigar o risco ambiental. Compreende o impacto ambiental da empresa, sua eficiência energética, uso de recursos naturais, gestão de resíduos, descarte de lixo, emissão de gases de efeito estufa que contribuem para a crise climática, ações em prol da biodiversidade, gestão de recursos hídricos.

A relação com cada um desses subsistemas do sistema ambiental requer o reconhecimento que somos hóspedes neste mundo, estamos de passagem e precisamos deixá-lo melhor do que quando chegamos, para as futuras gerações.

Aplicação no Teletrabalho:

O ser humano, independentemente da sua localização geoespacial precisa manter comportamento de autopreservação do ambiente eu e preservação do ambiente natural, respeito a todos os seres vivos do ambiente.

Lembrando Gilberto Gil que disse: "Todos os problemas que estamos vivendo possuem origem antrópica. O desequilíbrio de nossa condição física, psíquica, moral e espiritual é criado por nós mesmos, que somos a primeira célula e a primeira ameba do problema ecológico..." (19 de janeiro de 2002), em evento da ABRH São Paulo, realizado no Museu da Energia em Jundiaí (SP), sobre "O papel central do ser humano na crise ecológica".

Particularmente na opção de teletrabalho, em todas as suas alternativas: telecentros; sem local de trabalho determinado; transnacional ou em *home office*, não poderemos abrir mão da manutenção de informações atualizadas e acessíveis à totalidade das pessoas vinculadas à organização, sobre essas questões, além da aplicação de ferramentas para monitoramento das práticas de autopreservação e preservação do meio ambiente natural. Afinal, o ambiente começa em nós, onde quer que estejamos.

ESG Dimensão social

Como disse Peter Drucker: "... Social é a superfície da existência humana...".

Esta dimensão, no contexto ESG, diz respeito ao desempenho das empresas no gerenciamento de suas interações com todos os seus *stakeholders*.

Abrange tudo o que diz respeito aos colaboradores (segurança, diversidade no trabalho), fornecedores (treinamento e apoio), clientes, comunidade e sociedade, relacionamento com as comunidades que vivem nas áreas em que a empresa tem operações, entre outros públicos de interesse.

Foca as visões e práticas sobre Direitos Humanos, Defesa do Consumidor e Diversidade. Diversidade que melhora os indicadores e a *performance* financeira das empresas... Isso vem sendo exaustivamente falado e demonstrado pelos estudos das maiores e melhores consultorias. Diversidade é um dos pilares da Dimensão Social ESG e da sustentabilidade de negócios.

E no teletrabalho, como tratamos esta dimensão no que tange às relações interpessoais com os líderes, os pares, os fornecedores que geram insumos para as nossas entregas e os usuários de nossos serviços?

Temos que usar a criatividade e inovar sempre para que essas relações interpessoais no trabalho sejam — prazerosas.

ESG Governança

Compreende as políticas e práticas que regulam o modo como a empresa é dirigida. Diz respeito às questões diversas do conselho de administração e direção executiva, tais como diversidade, remuneração, ética e combate à corrupção, sustentada por forte metodologia de *compliance*, garantindo os direitos dos acionistas e *stakeholders*.

Quem atua em trabalho à distância, conhece bem o que é *compliance*, pois seu cotidiano precisa estar bem delimitado por procedimentos transparentes, que possam ser monitorados de forma compartilhada (líder e liderado) e cuja comunicação seja acessível a todos.

Enfim, por que as organizações devem adotar os princípios ESG?

Objetivamente, temos a Lei de Licitações, n. 14.133/2021, que impacta as contratações de empresas, desde que comprovadamente comprometidas com a agenda ESG com normas gerais de licitação e contratação para as administrações públicas diretas, autárquicas e fundacionais da União, dos Estados, do Distrito Federal e dos Municípios.

Com esta Lei o que muda no quesito ambiental : as licitações deverão respeitar a disposição ambientalmente correta e a utilização de produtos que comprovadamente favoreçam a redução do consumo de energia e dos recursos naturais.

No âmbito social, há um critério de desempate para as licitantes que sejam adeptas de políticas de equidade de gênero.

E o mercado de investimentos ESG tem crescido, com investidores cada vez mais conscientes e organizações buscando se diferenciar em relação às suas concorrentes.

Por que as organizações devem adotar os princípios ESG? Porque a incorporação do ESG na estratégia das empresas traz benefícios quanto à redução de riscos, bem como vantagem competitiva. Porque é o certo a ser feito.

Além do ESG, temos outro impulsor para a humanização do trabalho: B3 a Bolsa de Valores do Brasil, sigla para Brasil, Bolsa e Balcão. Fonte: *InfoMoney*.

B3

A certificação de uma empresa como B, significa que a empresa entendeu a importância de demonstrar, publicamente, seu compromisso com os princípios relacionados à governança, colaboradores, clientes, comunidade e meio ambiente, e que a sua prática está habilitada para ser auditada e certificada.

Quando uma empresa recebe o selo "B", ela concorda com valores como interdependência, cuidado, inovação, co-construção, paixão e diversidade, além de ser uma embaixadora da missão de construir um ecossistema favorável para fortalecer empresas que utilizam a força do mercado para solucionar problemas sociais e ambientais.

O Sistema B é uma iniciativa global, que busca avaliar, rigorosamente, empresas a fim de identificar aquelas que geram impacto positivo no planeta por meio de suas interações e projetos.

A proposta do Sistema B aponta para uma economia que pode criar valor integral para o mundo e à terra, promovendo formas de organização econômica que podem ser medidas a partir do bem-estar das pessoas, das sociedades e da terra, simultaneamente. Empresas B acreditam e apoiam os 17 ODS Objetivos de Desenvolvimento Sustentável ONU.

ESG e B3

O que as empresas fazem e podem demonstrar:

1. Pegada ecológica:

É um indicador que mede, a partir dos hábitos de consumo das pessoas, a quantidade necessária de planetas caso todo o mundo consumisse da mesma forma que aqueles que se submeteram à medida.

Contempla questões sobre a alimentação, meios de transporte, vestimenta, bens possuídos, entre outros, para chegar a uma média do quanto de recursos naturais são utilizados para manter o nosso estilo de vida. A pegada ecológica é um resultado de cada indivíduo, mas pode ser gerida de forma coletiva.

Pegada ecológica propicia uma série de ações de ensino para realinhamento de atitudes e comportamentos e é perfeitamente cabível à contribuição dos "teletrabalhadores"

2. Diversidade:

O estudo e o mapeamento da diversidade dentro da organização não exclui os teletrabalhadores. Hoje, os investidores exigem maior paridade de gênero, raça, etnia e de outros grupos minorizados o que impulsiona mudança de comportamento e promoção da "Diversidade Equidade Inclusão Pertencimento"

Todos nós somos diversos. Assim sendo, as ações desenvolvidas pelas empresas para a promoção da Diversidade Equidade Inclusão Pertencimento, pressupõem a atenção aos teletrabalhadores, respeitando as suas características identitárias.

3. Consumo:

Contempla o monitoramento coletivo do consumo de recursos naturais utilizados no dia a dia de trabalho, tais como energia elétrica, árvores — via impressão de papel — e água. Para todos esses itens, as organizações tem uma meta mensal de consumo compartilhada com todos os colaboradores.

Podemos inferir que ESG e B3 são — oportunidades reais para fortalecer a humanização do trabalho em todas as suas modalidades e consequentemente, o Teletrabalho.

Parte II — Dimensões do ser humano

Esta abordagem está pautada naquela desenvolvida pelo Dr. Bill Hettler, cofundador do Instituto Nacional de Bem-Estar (NWI), uma visão holística que engloba as dimensões: ocupacional, física, social, intelectual, espiritual e emocional. Por ser uma abordagem holística, pressupõe o ser humano com suas dimensões, indissociáveis.

Vamos então detalhar as dimensões:

Ocupacional:

Pressupõe a satisfação e o enriquecimento na vida através do trabalho. No centro do bem-estar ocupacional está a premissa de que o desenvolvimento ocupacional está relacionado com a atitude sobre o trabalho. Ao buscar satisfação e bem-estar no trabalho, o indivíduo contribuirá para que seus conhecimentos, habilidades, atitudes e valores aflorem, e isso tornará sua atividade mais significativa e gratificante.

Física:

O bem-estar físico é entendido como uma combinação de exercícios e bons hábitos alimentares. No caminho do bem-estar físico há o investimento em tempo para cuidar do corpo, construindo força física, flexibilidade e resistência, ao mesmo tempo que há o aprendizado para o cuidar-se identificando os sinais de alerta do corpo.

Social:

É o quanto se contribui para o seu ambiente e suas relações e enfatiza a interdependência entre as pessoas e a natureza. É tomar consciência de sua importância na sociedade, bem como o impacto que o indivíduo gera em vários ambientes.

Intelectual:

Esta dimensão reconhece a criatividade, estimulando as atividades mentais. Neste caminho de bem-estar a expansão dos conhecimentos e habilidades é valorizada e ainda incentiva a descoberta do potencial para compartilhar seus dons com as demais pessoas.

Espiritual:

É a busca por significado e propósito na existência humana. Inclui o profundo interesse pela manifestação da vida e pelas forças naturais que existem no universo. É a identificação da missão.

Emocional:

É reconhecer a consciência e aceitação dos próprios sentimentos. O bem-estar emocional inclui a capacidade de gerenciar sentimentos e comportamentos, além da capacidade de fazer uma avaliação realista das próprias limitações e de lidar com o estresse de forma eficaz.

E como efetivar a satisfação dessas dimensões no trabalho?

Parte III — Gestão humanizada de pessoas

Ter o trabalho e prazer associados é a alternativa. Este foi um pressuposto trazido por Ron Garland, em seu livro Administração e Gerenciamento Para a Nova Era, em 1992.

A efetivação de tal pressuposto estava relacionada à qualidade da liderança no ambiente de trabalho que deveria estar atenta à satisfação de todas as dimensões do ser humano (*ocupacional, física, social, intelectual, espiritual e emocional*). Sabe-se que uma liderança assim qualificada é resultado da ação da área de RH/ Gestão de Pessoas.

Ron Garland destacou 11 (onze) indicadores para nortear as ações das Lideranças na Gestão de Pessoas:

1. Prazer:

Para o trabalho ser divertido, caberia ao líder ficar atento à necessidade de reestruturar as atividades para minimizar a rotina aborrecida, repetitiva, com tarefas desagradáveis, inserindo elementos de diversão, humor, criatividade, entretenimento.

Aplica-se ao teletrabalho? Com certeza que sim, dependendo do preparo e criatividade do líder. Se consultarmos as Melhores Empresas Para Trabalhar, GPTW, encontraremos inúmeras alternativas criativas visando tornar o trabalho prazeroso.

2. Significado do papel:

O líder deve, constantemente, lembrar à sua equipe a importância do papel de cada um e da equipe como um todo, dentro do contexto organizacional.

3. Reforço positivo:

O líder deve ressaltar os aspectos positivos do ser humano no trabalho, de forma também positiva e sincera. Deve encorajar a avançar, mesmo que existam riscos, não subestimando as capacidades individuais.

4. Gerenciamento participativo:

Permite que as pessoas se autogerenciem o máximo possível.

5. Flexibilidade:

Coloca as pessoas acima dos procedimentos da organização, se a aplicação rígida de uma norma resultar em injustiça.

6. Comunicação aberta e franca:

Considera a organização como um sistema de comunicações, com linhas abertas, informações válidas, que atingem a todos sem distinção. Comunicar é falar e escutar.

7. Perspectiva tridimensional:

É ver além do imediato e do óbvio. Ao gerar uma mudança faz com que muitas outras mudanças ocorram em outros lugares.

8. Uso mínimo de coerção:

Recompensa para motivar; cria situações para que as pessoas possam progredir, procurar autocrescimento e satisfação pessoal.

9. Níveis mínimos de gerência

Dá mais responsabilidades e recompensas aos bons profissionais e fomenta a carreira horizontal.

10. Igualdade:

Reduz as barreiras entre líderes e liderados.

11. Desenvolvimento:

Dá oportunidade de participação em projetos especiais. Não segura talentos.

Concluindo

Se houver a atribuição ao teletrabalho e às suas alternativas como geradoras de infelicidade, doenças socioemocionais, deveremos consultar esses pressupostos colocados para o trabalho prazeroso e verificar se estão sendo praticados ou não pelas lideranças.

Acreditamos que o trabalho em si, não gera o adoecimento, enquanto for prazeroso. O que pode gerar as disfunções físicas, socioemocionais é o estilo da gestão ao qual as pessoas estão submetidas, mas como toda ação gera reação, pressupondo a interatividade, cabe a todos no mundo do trabalho, facilitar para que atitudes e comportamentos inadequados, defasados, possam ser avaliados e realinhados, para que a solução seja positiva para todos, todas.

Los Nómadas Digitales

Juan Raso Delgue[1]

Resumen: La dimensión virtual de la nueva economía — potenciada por ese laboratorio perfecto del trabajo remoto que fue la pandemia del Covid-19 — promovió la expansión de una nueva categoría de trabajadores globales, que llamamos "nómadas digitales". Son personas que trabajan en forma remota para brindar sus servicios o vender sus productos a cualquier parte del planeta, desprotegidos en sus derechos individuales y colectivos, en un espacio digital desregulado y dominado por las grandes corporaciones de la comunicación, utilizando las TICs y las herramientas informáticas. Ante la ausencia de leyes específicas, se imponen reglas basadas en los principios de derecho del trabajo y en las soluciones más avanzadas del derecho comparado.

Palabras clave: Nómada digital — Trabajo digital — TICs — Principios — Derecho comparado.

Índice:

1. El trabajo en la dimensión virtual

Al abordar el tema objeto de nuestras reflexiones, debemos recordar que las nuevas tecnologías de la información y la comunicación (TICs) han impactado fuertemente en la incesante evolución de la sociedad y del trabajo, donde aparece

(1) Miembro de Número de la Academia Iberoamericana de Derecho del Trabajo y la Seguridad Social y Miembro Correspondiente de la Academia Brasileira de Direito do Trabalho. Ha sido Catedrático de Derecho del Trabajo y de la Seguridad Social – Facultad de Derecho – Universidad de la República y es en la actualidad Profesor de posgrado.

una nueva realidad intangible y digital — paralela a la dimensión real o física —, donde muchos trabajadores ocupan cada vez más lugares de empleo.

Los primeros antecedentes de esta revolución tecnológica aparecen en los años '1970 y '1980 del siglo pasado en el ámbito de una sociedad informática que ofrece nuevas formas de trabajo, generalmente externo a la empresa. "Teletrabajo" fue el nombre utilizado para designar los nuevos modos de trabajo a distancia: el neologismo recoge precisamente la raíz griega *tele*, que significa *lejano*, *a distancia*.

El concepto de teletrabajo aparece por primera vez en Estados Unidos como consecuencia de los trabajos del estudioso de cibernética Norbert Wiener. En 1976 otro norteamericano, Jack Nillese, divulga el término *"telecommuting"* para aludir al trabajo realizado por una persona desde su domicilio gracias a las posibilidades que ofrecen las tecnologías de las telecomunicaciones y la informática(2). A partir de esa expresión, se multiplica la terminología y se habla de *electronic cottage*, *flexi-place*, *networking*, *electronic homeworking*, *telehomeworking*, etc.

Gauthier señala dos características del teletrabajo: a) la posición distante del trabajador respecto de la sede de la empresa, que puede ser en cualquier lugar del mundo y b) la utilización por éste de las nuevas tecnologías de la información y de la comunicación para desarrollar su trabajo. Expresa:

Lo típico en el fenómeno no radica en la verificación de los anteriores extremos en forma aislada, sino que el particularismo de la figura está dado cuando ambos factores se presenten en forma simultánea: el trabajo a distancia llevado a cabo por medios informáticos y de telecomunicación(3).

> Lo que caracterizará la expansión del teletrabajo es el abatimiento de las barreras geográficas, porque permite a trabajadores de un determinado país trabajar directamente para empresas localizadas en otros países. Como expresa Sanguineti Raymond, la teleactividad hace desaparecer las barreras geográficas y los condicionamientos temporales, al permitir a quienes recurren a ella contratar mano de obra en cualquier parte del mundo, sin tener que desplazarse, sin necesidad de establecimiento en el país de destino y con la ventaja de

(2) Caminos J. Análisis del teletrabajo y su recepción legislativa en Latinoamérica. En: *Revista Jurídica del Trabajo,* v. I, n. 2, Montevideo 2020, p. 212 y ss.

(3) Gauthier G., *Teletrabajo*, Montevideo, 2006, p. 21.

la práctica irrelevancia del tiempo de transmisión de los resultados producidos.(4)

Agrega que ello permite que la prestación laboral trascienda las fronteras nacionales y se sitúa en el territorio de un Estado distinto de aquél en el que opera la empresa principal, colocando al trabajador fuera del alcance de las leyes y convenios colectivos aplicables a quienes trabajan para la empresa principal.(5)

Ante ese fenómeno de teletrabajo ya conocido en décadas anteriores, aterrizó a comienzo del 2020 la pandemia del coronavirus Covid-19 que implicó una profundización de la digitalización del trabajo y de la producción, porque la cuarentena mundial obligó a promover aquellas actividades que ya con anterioridad se desarrollaban *"on-line"* y — al mismo tiempo — trasladó a la dimensión virtual otras actividades que tradicionalmente operaban en la realidad presencial, como fue el caso de la telemedicina, la teledocencia, las actividades financieras y el telemarketing a gran escala.

Las tecnologías digitales permitieron — no debe olvidarse — sostener una economía en la que las personas debían guardar distancia física. En esa línea, el teletrabajo se volvió la "vedette" entre las formas de trabajo en pandemia, al punto tal que hoy — acabada la calamidad que azotaba el mundo — muchas actividades siguen brindándose en forma remota o híbrida (mezcla de trabajo presencial y remoto).

Como expresa López Viana, el teletrabajo irrumpió masivamente en el mercado laboral, más que como una estrategia tecnológica específica, como una necesidad para mantener los procesos de trabajo y la producción(6).

Ese laboratorio perfecto a nivel mundial, que fue el Covid-19, permitió por lo tanto la construcción de nuevas relaciones laborales a gran escala, en la que aparece un nuevo prototipo de teletrabajador, acostumbrado a navegar en Internet y conectarse con ofertas laborales que se ofrecen en la red. Alterna su trabajo en

---

(4) Sanguineti Raymond W.. *Teletrabajo y Globalización*. Salamanca (España), 2003. p. 19-20, quien además cita a Thibault Aranda J. Aspectos jurídicos del teletrabajo. En: *Revista del Ministerio de Trabajo y Asuntos Sociales*, Madrid (España), 1998 p. 261, y Serrano Olivares R. Jurisdicción competente y ley aplicable al teletrabajo transnacional. En: Rev. *Relaciones Laborales,* Madrid (España) 2001, p 107.

(5) *Ibidem*, p. 25-26.

(6) López Viana I. *Uruguay aprueba ley de teletrabajo*. En: *Revista Derecho del Trabajo*, Montevideo 2021, n. 33, p. 68.

distintos países, trasladándose de un lugar a otro toda vez que encuentre una oferta de trabajo más atractiva: es el nuevo "nómada digital".

2. ¿Quienes son los nómadas digitales?

El Diccionario de la Real Academia española expresa que la palabra nómada refiere a esas personas "que van de un lugar a otro, sin tener residencia fija". Es una palabra antigua porque generalmente la usamos para indicar poblaciones que emigran provisoriamente de un lugar a otro para conseguir trabajo y alimento, y su origen está ligado a los "Númidas", tribus del Norte de África, que vivían entre Marruecos y Argelia.

Hoy usamos la expresión con un nuevo sentido. Un **nómada digital** o "*digital nomad*" (expresión inglesa con la cual habitualmente se lo individualiza en las redes) es una persona que trabaja en forma remota para brindar sus servicios o vender sus productos, utilizando las TICs y las herramientas informáticas. No es un común teletrabajador, porque la actividad que realiza generalmente implica una profesionalidad y dedicación mayor de la persona que simplemente trabaja a distancia con instrumentos tecnológicos. Se caracteriza además por ser — en principio — un trabajador independiente que no tiene un lugar fijo desde donde trabajar: puede ser su casa, una cafetería o un avión. Su actividad lo traslada a lo largo de la dimensión digital de un lugar a otro en busca de oportunidades de trabajo.

Es una subespecie del teletrabajador y con relación a éste último, posee características especiales que lo vuelven generalmente un micro-emprendedor. Es un buscador obsesivo de ofertas laborales en las redes, su jornada es extremadamente flexible, la retribución es acordada en base al cumplimiento de metas y no del tiempo de trabajo ejecutados. Finalmente, en un mundo global, dominar el idioma inglés le da mayores oportunidades de éxito, y su principal instrumento de trabajo son una *laptop*, una *tablet* y un celular del más alto nivel tecnológico.

He expresado en diversas oportunidades que vivimos un cambio de época que en lo laboral se expresa no solo en el extraordinario impacto de las tecnologías, sino también en cambios en los modos de producción y en la cultura de nuestra época, que marcan nuevos paradigmas en las relaciones laborales posmodernas. Si las características del modelo típico de trabajo se centraban en la estabilidad en el empleo, horarios fijos y categorías definidas, el nuevo paradigma laboral de los nómadas digitales promueve la movilidad en el trabajo, los horarios flexibles y el nuevo concepto de competencias laborales. Los nómadas digitales pregonan hoy – como expresión de una nueva visión de su experiencia de vida — más libertad y menos estabilidad.

De todas las características de este nuevo trabajador, seguramente la autonomía es su condición "típica". Si bien nada impide que el teletrabajador típico sea un trabajador subordinado, en general el "nómada digital" es — y se percibe a él mismo — como un trabajador independiente o *freelancer* (en recurrente expresión inglesa).

En realidad, este nuevo trabajador escapa a los criterios tradicionales del derecho laboral, porque el mismo posee una cultura que lo aleja de las reglas habituales del trabajo típico. Especialmente en jóvenes con alta formación tecnológica el lugar y el tiempo de trabajo importan menos que en el pasado, sustituyendo lo presencial y temporal con mayor libertad personal y la posibilidad de ser "dueños de su negocio".

Ante esta nueva expresión del trabajo, ¿cuál es el rol del derecho y en especial del derecho laboral? ¿Cuáles normas se aplican a estos trabajadores que aunque operen desde locaciones físicas, desarrollan su actividad en la dimensión virtual? ¿Qué problemas jurídicos plantea esta nueva forma de empleo?

Analizaremos en los próximos numerales algunos temas vinculados precisamente a las preguntas planteadas.

3. Las plataformas de servicios de empleo

Si la globalización de la economía significa que las empresas pueden producir y comercializar en el contexto de un mercado global, la globalización de la contratación laboral implica que cualquier empresa podrá contratar a cualquier trabajador del mundo para que obre en la dimensión digital.

Ya operan a nivel mundial plataformas como Deel, que prometen a las empresas contratar a trabajadores en cualquier lugar del mundo, asumiendo la plataforma la responsabilidad de cumplir con la legislación local aplicable al trabajador[7].

Pero Deel no es la única. Entre las principales plataformas por las que navegan en la actualidad los nómadas digitlaes, señalamos las siguientes:

> *Monster:* es una plataforma que además de conectar a trabajadores con empresas, ofrece otros servicios como un blog de empleo, formación, modificación de curriculum, valoración de la empresa, además de enviar notificaciones sobre ofertas de trabajo afines a las competencias profesionales de los candidatos.

(7) Disponible en: <https://www.letsdeel.com/es/>. Fecha de consulta: 16 jul. 2023.

Infoempleo: tiene un apartado especial con ofertas de empleo internacionales, además de poseer un blog con noticias relativas a las búsquedas de empleo. Ofrece además 54.000 opciones de formación universitaria *on-line*.

Indeed: es un "buscador de empleos" que funciona como un navegador común para localizar ofertas de trabajo. Este buscador tiene más de 100 millones de usuarios en el mudo.

Otras plataformas están especializadas en la búsqueda de ofertas de empleos en sectores específicos como el marketing (*EmpleoMarketing*), diseño y creatividad (*Doméstika*) y el sector informático, las telecomunicaciones y la tecnología (*Tecnoempleo*), mientras que "*beBee*" (literalmente "sé una abeja) apunta a una comunidad colaborativa de profesionales (una llamada "colmena"), con muchas ofertas de empleo de *marketing* digital[(8)].

La nueva modalidad de contratación llevará inevitablemente a una competencia a nivel global, con un efecto "dumping" que destruirá las tutelas jurídicas y favorecerá la vinculación con trabajadores de países con reducidas tutelas laborales y fiscales. Pero – paradójicamente – deberemos formar a nuestros trabajadores en habilidades digitales y laborales para operar en el espacio virtual, en competencia con otros trabajadores del mundo, bajo el riesgo que (los "nuestros") queden excluidos de acceder y trabajar en la nueva dimensión virtual.

Con relación a la naturaleza del vínculo laboral, es probable que la economía de plataformas será el modelo de la contratación de los nómadas digitales. a través de vínculos de semidependencia o independencia. Los temas y problemas que hoy se discuten en los conflictos con empresas como Uber, seguramente se trasladarán a las grandes plataformas que contraten en forma continua a los nuevos "nómadas".

4. El control del "espacio" de las relaciones laborales

Uno de los principales problemas que se plantea en la actualidad con relación a las tecnologías de la comunicación, refiere al control de la dimensión digital, que es el espacio natural de las relaciones laborales de los nómadas virtuales. Hoy las grandes empresas transnacionales que operan con las TICs adquieren dimensiones y poderes superiores a los estados nacionales.

(8) Aula CM, *10 páginas web para encontrar trabajo*. Disponible en: <https://aulacm.com/paginas-web-buscar-empleo-encontrar-trabajo/>. Relevado el: 02 out. 2023.

Como expresa Grompone, "en la Sociedad de la Información aparecen y aparecerán nuevas formas de trabajo que no están reguladas, ni están definidos sus derechos y obligaciones. Las legislaciones nacionales no los comprenden y es difícil que los puedan comprender... Las cargas sociales, los impuestos a la renta y las regulaciones no están bien definidos"(9). El autor agrega una severa advertencia: "En tiempos de una economía altamente globalizada es inevitable la pérdida de poder de los estados nacionales. Esto hace que el fundamento de los sistemas jurídicos nacionales está en entredicho. La mera idea de "estado nacional", fundamento de la legislación actual, entrará progresivamente en crisis, igual que la noción de fábrica, emipresario o asalariado".(10)

El control de la dimensión digital otorgará un poderoso dominio sobre las relaciones laborales del futuro. Por lo tanto, objetivo de los Gobiernos será el de evitar un sistema gestionado monopólicamente por Apple, Microsoft, Facebook (hoy *Meta*) , Google, Amazon o por otra megaempresa de comunicaciones, que podrían limitar el ingreso al espacio digital a una o más personas, a los integrantes de una organización, a un país.

En esta línea, la Unión Europea está trabajando en el *Digital Service Act* para favorecer la interoperabilidad entre diversas plataformas, evitando un "ambiente cerrado de trabajo". La Ley de Servicios Digitales (*Digital Services Act*) es una iniciativa legislativa propuesta por la Comisión Europea, aprobada por el Parlamento Europeo en enero de 2022 y que entrará en plena vigencia el 17 de febrero de 2024, focalizada en la creación de un "espacio digital seguro" para los usuarios digitales y las empresas, con la finalidad de proteger *on-line* los derechos fundamentales. El conjunto de sus normas establece obligaciones para las plataformas y la rendición de cuentas en todo el mercado único abrirá nuevas oportunidades para prestar servicios digitales a través de las fronteras, garantizando al mismo tiempo un elevado nivel de protección a todos los usuarios, con independencia del lugar donde residan en la UE(11).

---

(9) Grompone, J. *Prologo* en AA.VV.. Disrupción, Economía Compartida y Derecho. *FCU*, Montevideo, jun. 2016, p. 9-10.

(10) *Idem.*

(11) Comisión Europea. *Ley de Servicios Digitales:* para un entorno online responsable y seguro. Disponible en: <https://ec.europa.eu/info/digital-services-act-ensuring-safe-and-accountable-online-environment_es>. Ffecha de consulta: 29 ago. 2023.

Las nuevas disposiciones pretenden limitar el poder que actualmente tienen las denominadas grandes tecnológicas y además, afectará a cualquier servicio digital, por pequeño que sea, que opere en la UE. En definitiva, como expresa la nueva Ley de Servicios Digitales de la UE, ella se basa en una idea fundamental (y muy sencilla); que lo que es ilegal en el mundo físico, también sea ilegal en el mundo digital[(12)].

Evidentemente ello sigue siendo todo un desafío para nuestro continente, donde los Estados no logran conformar espacios regionales poderosos.

5. La legislación aplicable a los conflictos laborales

La posibilidad de contratar en línea a los "nómadas digitales" a través de agencias globales no solo planteará cuestiones relativas al *dumping* laboral y la búsqueda de trabajadores en locaciones geográficas con bajas tutelas, sino que suscitará también la cuestión del derecho y la jurisdicción aplicable a los vínculos laborales, cualquiera sea su naturaleza (subordinada o autónoma).

¿Que juez entenderá en un conflicto laboral entre un "nómada" de Brasil contratado por una empresa norteamericana, cuyo servidor está instalado en Holanda? Y de entender la doctrina y la jurisprudencia nacional que se aplicará la ley nacional del trabajador, ¿ante que jurisdicción se ejecutará una sentencia de condena a una empresa, que no tenga sede en Brasil?

Si bien estos problemas eran ya relevantes en la modalidad del teletrabajo, el el futuro de las tecnologías y la expansión de los trabajadores "nómadas" abre un panorama complejo que impide al trabajador — aún autónomo — recibir tutelas en materia de reglas de contratación, remuneraciones, calidad de la entrega de los productos, responsabilidad solidaria de sujetos localizados en países distintos, etc. Por lo tanto, una de las principales preocupaciones que plantea esta modalidad de trabajo será determinar la legislación aplicable a los conflictos originados en vínculos internacionales, que se susciten en el mundo digital.

En definitiva, las normas nacionales plantean una verdadera situación de indefensión jurídica para aquellos trabajadores que presten actividades a distancia a través de aplicaciones u otras plataformas digitales, como es el caso que nos ocupa.

---

(12) Grupo Atico34. *La nueva Ley de Servicios Digitales (DSA) de la Unión Europea,* s.f. Disponible en: <https://protecciondatos-lopd.com/empresas/ley-de-servicios-digitales-dsa/#:~:text=Como%20hemos%20dicho%20m%C3%A1s%20arriba,el%20contenido%20de%20la%20ley., fecha de consulta: 20/06/2023>. Nota: Grupo Atico34 es una de las principales consultoras tecnológicas españolas, especializada en el tratamiento de la información a nivel corporativo, con presencia en más de 26 ciudades de ese país.

Una posible solución podría ser la de obligar a las plataformas a constituir una sede en aquellos países donde reclutan trabajadores locales para obrar en el espacio digital, aunque reconocemos que no será ello fácil, especialmente para países pobres y de modestas dimensiones.

6. Los derechos individuales de los trabajadores nómadas

Como hemos expresado, el trabajo de los nómadas digitales se regirá en principio por relaciones de naturaleza autónoma y semiautónomas, aunque no deberán descartarse situaciones de trabajo subordinado o zonas grises en que el trabajador reclame los derechos de la contratación subordinada.

En todos los casos, aparecerán cuestiones a definir por vía contractual en una realidad en que — como hemos visto — existirán dificultades para individualizar el derecho aplicable y los tribunales competentes.

La primera cuestión refiere a la moneda con la cual se abonará las retribuciones y eventuales salarios. Seguramente el contrato aclarará este punto, pero en caso de incumplimientos, ¿podrá por ejemplo un tribunal brasilero condenar a una empresa china a abonar la retribución en yen?; ¿un pacto de salarios en dólares habilitará el cobro en la moneda norteamericana o el trabajador cobrará el importe pactado convertido a la moneda local?

La segunda cuestión refiere a que normas regularán las condiciones básicas del trabajo como la duración del contrato, la definición de las metas acordadas, la calidad del servicio o el producto, eventuales indemnizaciones por finalización de contrato, etc.).

Vinculado a estos puntos, nos preguntamos sobre qué sistema de seguridad social y qué país protegerá a los trabajadores "nómadas digitales" o habrá que descartar toda tutela asegurativa de los mismos.

Finalmente, nos planteamos la cuestión de quien controlará la prestación del trabajo, los horarios laborales, la formalización del vínculo según la legislación de uno u otro Estado. ¿Será competencia de la Inspección del Trabajo de cual país? ¿Podrán los inspectores de trabajo de uno u otro país ingresar en la dimensión digital para controlar la actividad prestada?

También importará definir las titulaciones profesionales y las certificaciones habilitantes para la realización de una determinada tarea. ¿Podrá un médico o un abogado latinoamericano "nómada" teletrabajar profesionalmente para un país europeo o se requerirá la reválida de su título para ejercer la actividad en el país de destino?

Son preguntas no fáciles de responder y el grave problema es que al estado actual del fenómeno es difícil determinar normas y criterios aplicables. Mientras tanto el trabajo de los "nómadas digitales" va esparciéndose por el planeta sin esperar que se aprueben regulaciones al respecto.

Una vez más el legislador llega tarde o nunca llega.

7. Los derechos colectivos de los nómadas digitales

Históricamente el derecho colectivo del trabajo se ha construido sobre la solidaridad de los trabajadores subordinados. En una nueva dimensión laboral donde los trabajadores obrarán distanciados entre sí, será necesario construir nuevas formas de solidaridad.

También será necesario ampliar los criterios sobre la titularidad de los derechos sindicales. El reconocido Informe de la Comisión Mundial sobre el Futuro del Trabajo – elaborado por 27 destacados expertos independientes y presentado a la 108 Asamblea de la OIT en el año 2019 – enfatiza sobre el derecho de "todos los trabajadores" de "disfrutar del reconocimiento de su libertad sindical y del derecho de negociación colectiva, con el Estado como garante de esos derechos". Agrega: "todos los trabajadores –incluidos los autónomos y los de la economía informal– y todas las empresas deberían disfrutar de libertad sindical y de asociación, y del reconocimiento efectivo del derecho de negociación colectiva"[(13)].

La situación de los "nómadas digitales" exigirá construir solidaridades en la dimensión global. Pero ello no será fácil. Mientras naturalizamos las alianzas de los Estados y las empresas multinacionales en un contexto de economía de mercado global, más dificultosa es la unión de trabajadores y organizaciones sindicales fuera de sus territorios. Aun no se ha logrado construir una solidaridad regional o internacional, que permita potenciar una acción sindical común en los espacios transnacionales. Entendemos que las organizaciones sindicales latinoamericanas siguen ancladas en ideologías y regulaciones nacionales muy marcadas, que le impiden construir la necesaria unidad regional, que es la base para la promoción de una verdadera y eficaz acción transnacional.

El gran desafío de los nómadas será promover acciones globales "en la red", construyendo alianzas con organizaciones similares de otros países para extender su tutela más allá de los ámbitos nacionales. De no lograrse este propósito, los

(13) OIT. Trabajar para un futuro más prometedor. *Informe de la Comisión sobre el Futuro del Trabajo.* Ginebra 2019, p. 14. El referido Informe fue presentado a la Asamblea General de la OIT en junio de 2019, que lo aprobó en una versión restringida.

"nómadas" dispersos por el mundo carecerán de suficiente protección o la misma será ejercida por organizaciones a-sindicales, como podrían ser estudios jurídicos u organizaciones no gubernamentales de asistencia a trabajadores extranjeros.

A la base existirá sin embargo un problema: ¿cómo podrán los nómadas digitales conectarse con sus colegas del resto del mundo? Si queremos realmente promover el derecho colectivo gremial a nivel internacional, deberemos instrumentar leyes que reconozcan el derecho de información de los trabajadores a distancia para conocer datos (celular, email, etc.) de otros trabajadores en la misma actividad o que trabajen para una misma empresa.

En esta línea destacamos el Real Decreto-ley español 28/2020 de 22 de setiembre 2020, cuyo art. 19 regula los derechos colectivos de las personas que trabajan a distancia. Entre otras previsiones, la norma indica que la empresa debe suministrar a la representación legal de los trabajadores los elementos para el desarrollo de su actividad representativa, entre ellos: "el acceso a las comunicaciones y direcciones electrónicas de uso en la empresa y la implantación del tablón virtual, cuando sea compatible con la forma de prestación del trabajo a distancia". Agrega la norma que "deberá asegurarse que no existen obstáculos para la comunicación entre las personas trabajadoras a distancia y sus representantes legales, así como con el resto de personas trabajadoras".

8. Los riesgos del "trabajo en pantalla"

El trabajo de los nómadas digitales se canalizará fundamentalmente a través de pantallas de computadoras, *tablets* o celulares, lo cual producirá efectos dañosos en la salud del trabajador. Así Sanguineti Raymond recuerda las patologías que produce una exposición ininterrumpida a las pantallas informáticas, entre las que destaca:

> el llamado "tecnoestrés" en sus diversas manifestaciones, como la "tecnofatiga", la "tecnoansiedad", la "tecnofobia" o incluso la "tecnoadicción"; así como sus potenciales consecuencias diversas para la salud, tanto a nivel físico (trastornos musculoesqueléticos, enfermedades coronarias, infartos del miocardio), como a nivel psicológico (cuadro de depresión, ansiedad o angustia) e incluso conductual (desarrollo de adicciones, propensión a la violencia).[14]

(14) Sanguineti Raymond, W. ¿Derecho a la desconexión o deber de reconexión digital? En: *Columna de opinión* en *Trabajo y Derecho, nueva revista de actualidad y relaciones laborales*, n. 78, 2021, p. 2-3.

> Coincide en los múltiples riesgos asociados al trabajo "en pantalla" Vallecillo Gámez (tecnofobia, tecnoadicción, tecnofatiga, tecnoansiedad, tecnoestrés), quien agrega: "A estos riesgos psicosociales tenemos que sumar los riesgos físicos, trastornos musculoesqueléticos, lesiones oculares, riesgos asociados al sedentarismo, riesgos de sobre exposición a las ondas electromagnéticas, etc.".[15]

Seguramente para muchos "nómadas" podrá resultar difícil desconectarse, porque — como indica la experta de la Universidad de Jaen — se sienten forzados por las circunstancias laborales, por ejemplo tener que cumplir con una meta o haberse comprometido a terminar determinada tarea. En esta línea se señala que puede existir dificultades de desconexión por parte del trabajador, porque se genera "el sentimiento de culpabilidad por desatender el trabajo" y también por cierta "cultura del presentismo" en muchas organizaciones, en las que el trabajador percibe como algo positivo "marcar presencia", porque "es más valioso el trabajador que manifiesta más disponibilidad sin atender al impacto sobre el derecho al descanso"[16].

9. Las tutelas laborales de los nómadas digitales

Las cuestiones que hemos examinado entorno a esta modalidad de trabajo — en especial la búsqueda incesante de tareas en cualquier parte del mundo, los tiempos de trabajo, la dificultad de construir solidaridades, la prevalencia del trabajo autónomo y las incertidumbres sobre la legistación aplicable — vuelven dificultoso definir tutelas precisas para estos trabajadores.

La dimensión digital no solo deberá asegurar derechos básicos como la duración del tiempo de trabajo y mínimos retributivos, sino que deberá promover soluciones que garanticen la inclusión y la equidad, evitando toda discriminación. Las normas deberán facilitar el respeto de los Derechos Humanos, las libertades individuales y la diversidad, mientras deberán determinar condiciones para asegurar la existencia de empleadores responsables y claramente identificable. También deberá asegurarse que cuando la gestión laboral plantee dilemas éticos, estos serán abordados y resueltos por seres humanos, y no por máquinas y/o algoritmos.

---

(15) Vallecillo Gámez, M. R. El derecho a la desconexión digital: perspectiva comparada y riesgos asociados. En: *ADAPT, Revista Internacional y Comparada de Relaciones Laborales y Derecho del Empleo*, n. 1, ene./mar. 2020, p. 231

(16) *ibidem*, p. 233

Pese a la necesidad de soluciones, debe consignarse que el Derecho del trabajo avanza con menor rapidez que las transformaciones digitales, y muchas veces las tutelas derivan más de las reglas de protección de datos, que de la normativa laboral.

Mientras que no madure la conciencia jurídica sobre estos temas y la misma no se plasme en reglas de real protección, consideramos que adquiere especial importancia el derecho "principista": cuando en el orden jurídico no aparecen normas que den respuesta a los problemas laborales o éstas son insuficientes, vuelven a tomar relevancia los principios del derecho del trabajo. Una vez más recurrimos a ellos — y en especial a la formulación tan brillantemente desarrollada por Plá Rodríguez(17) — para comprobar que son instrumentos que perduran en el tiempo y adquieren nueva actualidad al proporcionarnos criterios para examinar y resolver problemas tan novedosos como los que plantean las nuevas tecnologías en el mundo del trabajo.

En el examen de estas nuevas realidades adquiere especial importancia el principio protector que se expande a todas las zonas del derecho laboral. En virtud de este principio, deberá buscarse la protección preferente del trabajador en su relación asimétrica con el empleador, en esa dimensión virtual que potencia esa asimetría, porque es precisamente el empleador quien posee y domina los instrumentos tecnológicos.

Importa también señalas la relevancia del derecho comparado: nunca como en esta época de rápidas transformaciones y de modalidades de trabajo tan "atípicas", ha sido tan necesario recurrir al derecho comparado.

Como enseña Plá Rodríguez, el derecho comparado es extremadamente útil para facilitar el conocimiento de las distintas soluciones posibles a problemas que se plantean con características similares en los diferentes países. Para cualquier decisión legislativa, negociada o jurisprudencial el derecho comparado lo conduce a disponer de un repertorio más amplio de soluciones posibles(18).

El derecho comparado permite aprovechar la experiencia ajena para encontrar rápidas soluciones ante la emergencia de las nuevas realidades. Una solución es la de extraer del ejemplo de otros países. criterios para trasladar a nuestras normas y prácticas laborales, pero entendemos que también es posible ante ejemplos

(17) Plá Rodríguez, A. *Los Principios del Derecho del trabajo.* 3. ed., act. Buenos Aires, 1998.

(18) Plá Rodríguez, A. Reflexiones sobre el estudio comparativo del Derecho del trabajo. En: *Rev. Derecho Laboral*, T. XXIV, n. 124, Montevideo 1981, p. 691-692.

relevante de derecho comparado, aplicar directamente el mismo como "doctrina más recibida" en nuestros propios tribunales, como establecido — por ejempo, en Brasil – por el art. 8 de la Consolidação das Leis do Trabalho[19].

En nuestra opinión habrá que prestar especial atención a la evolución de la normativa de la Unión Europea en materia de regulación de los servicios digitales, como la ya citada *Digital Services Act,* destinada a brindar seguridad a los usuarios digitales y las empresas y protegerlos *on-line* los derechos fundamentales. Sus normas establecen una serie de nuevas reglas para las compañías tecnológicas, que afectará redes sociales, servicios de comunicación y plataformas aplicativas.

Como ha expresado el comisario europeo del Mercado Interior, Thierry Breton al aprobarse la esperada regulación, **"es momento de poner orden en el salvaje oeste digital"**.

Entendemos que el documento europeo, cuyas soluciones deberán ser recibidas en nuestra región por su alta calidad jurídica, contribuirá a ordenar ese espacio digital, que es en definitiva el "lugar de trabajo" de los *nómadas.*

10. Reflexiones finales

Cuando hablamos del futuro del trabajo – del que los "nómadas digitales" son una expresión cada vez más importante – tenemos la sensación de ser juzgados como excéntricos, por esa amplia doctrina que sigue aferrada a los criterios de la contratación típica del trabajo, como eje hegemónico de nuestra disciplina.

No dudamos de la importancia de las tutelas laborales tradicionales, pero el futuro no es una excentricidad: el futuro "ya es" y los millones de trabajadores digitales que en nuestras regiones viven ante una pantalla luminosa en busca de trabajo es una realidad que supera los criterios con los cuales siempre hemos examinado el fenómeno del trabajo.

Los problemas vinculados al derecho, a la ética, a la seguridad y salud de estos trabajadores no son pocos, pero la peor estrategia es mirar para otro lado o pensar que estas nuevas formas de trabajo puedan ser comprimidas en los viejos "envases" de las categorías tradicionales.

---

(19) "Art. 8º As autoridades administrativas e a Justiça do Trabalho, na falta de disposições legais ou contratuais, decidirão, conforme o caso, pela jurisprudência, por analogia, por eqüidade e outros princípios e normas gerais de direito, principalmente do direito do trabalho, e, ainda, de acordo com os usos e costumes, *o direito comparado*, mas sempre de maneira que nenhum interesse de classe ou particular prevaleça sobre o interesse público".

La caída de los paradigmas típicos del trabajo impacta inevitablemente sobre la realidad laboral, produciendo efectos diversos y provocando situaciones que el Derecho del trabajo clásico en principio no regula, porque no encuentra las herramientas adecuadas para ordenar modalidades de trabajo, que se alejan de los criterios propios del trabajo de fábrica o de oficina.

Los "nómadas digitales" abren la puerta a nuevas realidades y el reto del jurista es el de reconocerlas, para poder así regularlas, rechazando la idea de ignorarlas como expresiones anómalas de nuestros tiempos.

Finalmente nos permitimos concluir con una reflexión no jurídica, sino personal. Consideramos que en épocas de crisis del empleo, el desafío es el de construir empleabilidad, ya sea subordinada, ya sea autónoma, ya sea "nómada", sin deslegitimizar las modalidades independientes de trabajo. Las nuevas formas de empleo — como la que venimos de examinar — no deben ser necesariamente rechazadas, porque las mismas pueden ayudar a descomprimir la desocupación y por lo tanto contribuir a desarrollar una función social y económica positiva, permitiendo encontrar ocasiones de trabajo en una coyuntura que tiende inexorablemente a expulsar a los trabajadores — especialmente a los jóvenes — del sistema de relaciones laborales.

Smart Working: O Trabalho Remoto na Itália Aspectos Gerais da Disciplina e Problemáticas de Segurança do Trabalho

Ligia Ramia Munerati[1]

Resumo: O presente artigo ilustra o instituto do trabalho remoto na Itália, em particular, o *"lavoro agile"* ou *"smart working"*. O presente escrito esclarece brevemente as três formas de trabalho remoto reguladas no direito italiano. O foco do discurso, todavia, é o "lavoro agile", modalidade esta que está obtendo maior adesão de empresas e trabalhadores, sobre o qual serão abordados e aprofundados aspectos relativos à segurança e saúde do trabalho, delineando como o legislador italiano enfrentou as dificuldades derivantes da implementação desta nova forma de prestação do trabalho que, com o auxílio da tecnologia, está levando à desmaterialização do "lugar" de trabalho.

Introdução

O crescente uso de ferramentas tecnológicas e a chamada digitalização da atividade de trabalho têm resultado em uma crise nas formas tradicionais de organização do trabalho, caracterizadas pela rígida separação entre vida profissional e vida pessoal. Neste contexto, o chamado trabalho remoto tem se difundido na realidade empresarial mundial, como uma forma de prestação do trabalho que, valorizando a responsabilização dos empregados e a necessidade de alcançar resultados, permite ao trabalhador desempenhar suas tarefas em locais diferentes dos da empresa, utilizando para tanto equipamentos tecnológicos sem a necessidade de cumprir um horário de trabalho rígido.

---

(1) Advogada no foro de Roma. Doutora em Direito do Comercial, do Trabalho e da Previdência Social pela Universidade de Roma Tor Vergata. Cultora da matéria pela Universidade Europeia de Roma e pela Universidade de Roma Tor Vergata.

Embora hoje seja um fenômeno muito difundido, inicialmente o trabalho remoto encontrou regulamentação apenas em uma série de acordos empresariais. Com o tempo, no entanto, a necessidade de normatizar essa forma de prestação e facilitar a sua adoção por empresas e trabalhadores tornou-se cada vez mais urgente, em 2020 a pandemia de Covid-19 deu, enfim, ao trabalho remoto o impulso necessário para que fosse adotado, durante o período mais crítico, como a única forma possível de prestação de trabalho para muitas categorias de trabalhadores em todo o mundo(2).

A lei italiana n. 81 de 22 de maio de 2017, além de instituir tutelas para os trabalhadores autônomos, estabeleceu uma regulamentação específica para o trabalho ágil(3). A expressão "trabalho ágil" vem da tradução da locução utilizada no direito italiano "*lavoro agile*", também é denominada "*smart working*", trata-se, como já mencionado, de um modo de execução da relação de trabalho caracterizado pela ausência de restrições horárias ou vínculos ligados ao local de sua prestação e por uma organização por fases, ciclos e metas, estabelecidos através de um acordo entre empregado e empregador; o trabalho ágil tem como objetivo auxiliar o trabalhador a conciliar trabalho e vida pessoal e, desta forma, impulsionar o aumento da produtividade.

A definição de trabalho ágil, apresentada pela Lei n. 81/2017(4), enfatiza a flexibilidade organizacional, a voluntariedade das partes que assinam o acordo individual e o uso de instrumentos que permitem o trabalho remoto (como, por exemplo, *laptops*, *tablets* e *smartphones*). O art. 18 da Lei n. 81/2017 esclarece que o *smart working* se distingue pelas seguintes características: (i) trabalho pode ser realizado em etapas, ciclos e objetivos; (ii) não existem restrições quanto ao horário ou local de trabalho(5); (iii) na execução das atividades de trabalho, é possível utilizar

---

(2) O presente artigo não irá tratar a legislação de emergência que vigorou durante o período da pandemia de Covid-19 pois grande parte da normativa de emergência já foi superada pelo legislador italiano e não é mais vigente.

(3) O trabalho ágil não é exclusivo da iniciativa privada e também pode ser adotado no âmbito do trabalho em órgãos e entes públicos.

(4) Segue o art. 18 da lei mencionada como escrito na lei italiana: "*Le disposizioni del presente capo, allo scopo di incrementare lacompetitivita' e agevolare la conciliazione dei tempi di vita e dilavoro, promuovono il lavoro agile quale modalita' di esecuzione del rapporto di lavoro subordinato stabilita mediante accordo tra le parti, anche con forme di organizzazione per fasi, cicli e obiettivi e senza precisi vincoli di orario o di luogo di lavoro, con il possibile utilizzo di strumenti tecnologici per lo svolgimento dell'attivita' lavorativa. La prestazione lavorativa viene eseguita, in parte all'interno di locali aziendali e in parte all'esterno senza uma postazione fissa, entro i soli limiti di durata massima dell'orario di lavoro giornaliero e settimanale, derivanti dalla legge e dalla contrattazione coletiva*".

(5) A única exceção prevista em matéria é relacionada à duração máxima das horas diárias e semanais, conforme estabelecido por leis ou acordos coletivos.

ferramentas tecnológicas, sendo o próprio empregador responsável pelo seu bom funcionamento e segurança; (iv) trabalho pode ser realizado tanto nas instalações da empresa quanto fora delas.

De acordo com o art. 19 da Lei n. 81/2017, "para fins de regularização administrativa e comprovação" da prestação de trabalho em tal modalidade, é necessário que seja celebrado um acordo escrito entre as partes, no qual devem ser regulados certos aspectos do contrato de trabalho, em particular, a sua execução fora das instalações da empresa, incluindo os aspectos relacionados ao exercício do poder de direção do empregador e às ferramentas utilizadas pelo trabalhador. O acordo também deve identificar os períodos de descanso do trabalhador, bem como as medidas técnicas e organizacionais necessárias para garantir a sua desconexão dos dispositivos tecnológicos de trabalho.

O trabalho ágil, apesar da ausência de um horário rígido e da obrigação de presença nos locais da empresa (ou em um determinado local previamente identificado pelas partes), representa uma nova modalidade de execução da prestação no âmbito de um contrato de trabalho subordinado, que permite ao empregado organizar suas atividades de trabalho com maior flexibilidade[(6)].

1. Trabalho ágil, trabalho em domicílio e teletrabalho: diferenças no sistema jurídico italiano

A dinâmica do mercado de trabalho tem se transformado consideravelmente nas últimas décadas devido a uma série de fatores, incluindo avanços tecnológicos e mudanças nas expectativas de carreira e de vida dos trabalhadores. Essas mudanças têm dado origem a diversas modalidades de trabalho remoto, nas quais os empregados realizam suas atividades fora das instalações físicas da empresa. O direito do trabalho italiano prevê três diferentes modalidades distintas de prestação de trabalho: o "*lavoro agile*", "*lavoro a domicilio*" e o "*telelavoro*", cada um desses institutos possui a sua própria normativa.

Quando o trabalhador realiza a própria atividade de trabalho em sua residência ou outro local a sua disposição (obviamente, fora da empresa), temos o trabalho a domicílio, como regulado pela Lei n. 877 de 1973. Se trata de uma exceção à regra prevista pelo art. 2.094 do Código Civil italiano. O trabalho em

(6) O conceito de trabalho ágil deriva da tendência da legislação europeia em dar maior qualidade de vida aos trabalhadores, responsabilizando os mesmos e permitindo que estes possam equilibrar a própria vida pessoal e o trabalho. Além de ser uma medida que visa o bem-estar pessoal e o incentivo do trabalho de mulheres e homens com filhos em idade escolar o trabalho ágil busca desfrutar os mecanismos informáticos em uma melhor organização do trabalho nas empresas.

domicílio representa uma forma de descentralização produtiva, na qual o objeto da prestação do trabalhador assume relevância não apenas como resultado, mas como manifestação de energias laborais, realizada de forma contínua fora da empresa, e, no entanto, organizada e utilizada de forma complementar ou substitutiva ao trabalho realizado dentro desta, e, correlativamente, o vínculo de subordinação é configurado através da inserção da atividade do trabalhador no ciclo produtivo da empresa, no qual a prestação de trabalho por ele desempenhada, mesmo que em ambientes externos à empresa e com meios e equipamentos próprios, e eventualmente com a ajuda de seus familiares, desde que conviventes e economicamente dependentes, torna-se um elemento integrativo(7).

A subordinação deve ser excluída, todavia, quando o trabalhador tem total liberdade para aceitar ou recusar o trabalho encomendado, tem total discrição sobre os horários e as modalidades de entrega, tem a capacidade de negociar a compensação pelo serviço, e não conta com a colaboração não acessória de familiares mas emprega aprendizes, fornece um trabalho altamente criativo, fica desta forma descaracterizada a subordinação da prestação de trabalho(8).

O "telelavoro" ou em português teletrabalho é uma modalidade que também envolve o trabalho fora das instalações físicas da empresa. Se distingue do trabalho em domicílio por requerer a utilização de ferramentas informáticas e telemáticas idôneas para a sua realização, e pela organização do trabalho que deve respeitar os mesmos horários dos trabalhadores ao interno da empresa. Nesta forma de prestação, regulada por acordos coletivos interconfederais(9) e pelo Decreto do presidente da República n. 70 de 1999, é responsabilidade do empregador zelar pela segurança do ambiente de trabalho.

---

(7) Para a profundar a "noção de lavoro" em domicílio e a sua evolução normativa e jurisprudencial se indicam as seguintes sentenças da Corte de Cassação (Corte di Cassazione) n. 5840/2002; n. 4118/1992, n. 11434/1995, n. 9516/1998, n. 7328/2002, n. 21594/2002 e n. 15915/2004.

(8) No entanto, dada a não fácil qualificação do trabalho a domicílio em relação de trabalho autônomo ou subordinado, a Corte di Cassazione com a sentença n. 6.803/2002 ilustra que nos casos de incerteza e ambiguidade é importante considerar também a vontade das partes, expressa na regulamentação de seu relacionamento, bem como outros elementos sempre considerados capazes de caracterizar o relacionamento em termos de subordinação ou autonomia, como a posse pelo trabalhador em domicílio de máquinas e equipamentos adequados para atestar a existência de um pequeno negócio e/ou sua natureza artesanal.

(9) A regulamentação do teletrabalho, no que diz respeito ao setor privado, ainda carece de uma fonte legislativa e é regida principalmente pelo acordo interconfederal de 9 de junho de 2004, com o qual os representantes dos empregadores e os sindicatos confederados transpuseram o acordo-quadro europeu sobre teletrabalho de 16.07.2002 na Itália.

O teletrabalho se difere também do trabalho ágil pela necessidade de uma ligação contínua com a empresa, sendo necessária a definição de um local fixo de trabalho, que frequentemente coincide com a residência do empregado. Neste contexto, o empregador é responsável por fornecer os recursos necessários para que o trabalhador possa desempenhar suas funções de maneira eficaz no ambiente doméstico e enfim, requer a determinação de um horário de trabalho.

Uma das características mais marcantes do "*lavoro agile*" é a flexibilidade: não existem restrições rígidas de horário ou local de trabalho, os trabalhadores têm a liberdade de organizar suas atividades de acordo com seus próprios ritmos e preferências e de acordo com as exigências da empresa. Isso significa que podem escolher quando e onde desejam trabalhar, desde que alcancem os objetivos estabelecidos.

No trabalho ágil, o foco central recai sobre os resultados e a consecução de metas, onde a prestação do trabalhador (mesmo permanecendo a responsabilidade de meio e não de resultado) é avaliada através de parâmetros de produtividade não relacionados ao tempo transcurso nos locais da empresa. Em contraste com abordagens tradicionais que enfatizam o controle da presença física dos funcionários, neste caso a avaliação do desempenho está intrinsecamente ligada à eficácia na entrega de tarefas, ou seja, não há importância onde ou quando o trabalho é realizado, mas sim o resultado obtido.

Os trabalhadores ágeis utilizam instrumentos tecnológicos, como computadores, celulares e ferramentas de colaboração *online* (*e-mail*, *webex*, *zoom*, etc.), para executar suas tarefas, sendo esta uma das principais características desta forma de prestação de trabalho, onde o empregador desempenha um papel fundamental na garantia da funcionalidade e segurança dessas ferramentas, permitindo que os trabalhadores operem de maneira eficiente e segura.

Como ilustrado, "*lavoro agile*" e o "*telelavoro*" representam modalidades de trabalho remoto que permitem aos funcionários o exercício suas atividades fora dos locais tradicionais da empresa. Apesar de tal similitude, diferem em vários aspectos-chave: enquanto o "*lavoro agile*" enfatiza a grande flexibilidade na organização do local e horário de trabalho, priorizando os resultados e o uso de tecnologia como meios para alcançar eficiência, o "*telelavoro*" requer um local fixo de trabalho, horários definidos e uma conexão contínua com a empresa por meio da tecnologia. Ambas as modalidades procuram atender às necessidades de um mercado de trabalho em constante evolução, mas adotam abordagens distintas para alcançar esse objetivo.

2. O acordo de trabalho ágil

Para que a implementação do trabalho ágil seja regular, é necessário que as partes celebrem um acordo escrito. É importante notar, que a forma escrita é exigida *ad probationem* e deve conter todos os elementos essenciais da prestação, como os horários de desconexão dos instrumentos tecnológicos e horários de repouso(10). Este acordo pode ser tanto a prazo determinado quanto a prazo indeterminado e, em particular, deve regular a execução do serviço fora das instalações da empresa, o poder direcional do empregador e o uso de instrumentos tecnológicos pelo trabalhador.

Desta forma, se por um lado o direito do trabalhador de se desconectar dos dispositivos informáticos com os quais trabalha foi expressamente reconhecido, a fim de evitar um controle opressivo e ilimitado por parte do empregador, por outro lado, no entanto, não foi estabelecida uma regulamentação detalhada diretamente da fonte legislativa, delegando essa tarefa ao acordo entre as partes.

O acordo de trabalho ágil pode ser rescindido sem grandes formalidades pelas partes. No caso em que o acordo tenha sido celebrado por prazo indeterminado, tanto o empregador quanto o trabalhador podem rescindir a qualquer momento, desde que respeitem um aviso prévio de pelo menos trinta dias (no caso de trabalhador com deficiência, o aviso prévio deve ser de pelo menos noventa dias). O acordo celebrado por prazo determinado, poderá ser rescindido antes do término contratado em circunstância de justificado motivo(11), e sem aviso prévio: não é necessário, portanto, uma causa justa, que é exigida por lei para a rescisão do contrato de trabalho a prazo determinado antes do termo(12).

Em relação às consequências da rescisão do acordo de trabalho ágil, é necessário fazer uma distinção: no caso do acordo ter sido celebrado no âmbito de um contrato de trabalho já em vigor, sem as características do trabalho ágil, as

---

(10) Como disposto no art. 19, § 1º, Lei n. 81/2017.

(11) O direito italiano distingue o justificado o motivo de dispensa do trabalhador da justa causa. O art. 3º da Lei n. 604/1966 estabelece que a justificado motivo para a dispensa, esta pode ter origem em motivos inerentes à atividade produtiva, à organização do trabalho e ao seu funcionamento regular, como por exemplo um excesso de mão de obra (giustificato motivo oggettivo), ou ainda pode ocorrer quando há uma violação considerável das obrigações contratuais por parte do empregado, ou seja, quando este se engaja em uma conduta menos séria do que a atribuível à justa causa, mas, ainda assim, significativa o suficiente para ser sancionada pela demissão, sem prejuízo do direito ao aviso prévio (giustificato motivo soggettivo).

(12) tal previsão é contida no art. 19, § 2º, Lei n. 81/2017. Com relação a rescisão antecipada de contratos a prazo determinado, consulte o art. 2.119 do Código Civil italiano.

partes voltarão a adimplir o contrato com as modalidades originais. No caso em que o contrato seja, desde o início, estabelecido com as características do trabalho ágil, o empregado, após a rescisão, começará a trabalhar nas modalidades do trabalho subordinado regular.

3. Tratamento econômico

O trabalhador ágil tem direito a um tratamento econômico análogo ao aplicado aos empregados que desempenham as mesmas funções exclusivamente dentro da empresa. Em particular, para determinar os níveis salariais aplicáveis, é necessário fazer referência aos contratos coletivos celebrados pelos sindicatos comparativamente mais representativos e pelos acordos coletivos pactuados pelos representantes dos trabalhadores dentro da empresa(13).

O acordo coletivo ou o contrato individual relativo às modalidades de prestação do trabalho ágil deve reconhecer ao trabalhador o direito à formação contínua e a certificação periódica das suas competências, a fim de permitir ao trabalhador manter suas capacidades pelo menos alinhadas com aquelas que evoluem dentro da empresa(14). Os trabalhadores ágeis têm direito a incentivos fiscais e de seguridade social reconhecidos por lei em relação ao aumento da produtividade e eficiência.

4. Poder de controle e disciplinar do empregador no trabalho remoto

Como os trabalhadores "tradicionais", o trabalhador ágil também está sujeito ao poder de comando do empregador: no que diz respeito ao serviço prestado fora das instalações da empresa, a forma e modalidade de controle do empregador e as condutas ilícitas do trabalhador devem ser especificados no acordo escrito que regula a relação. É importante observar que a norma faz referência expressa às condutas relacionadas ao desempenho do serviço fora das instalações da empresa.

No que diz respeito ao poder disciplinar, as partes têm apenas a faculdade de integrar (não de derrogar) o código disciplinar já em vigor para as relações de trabalho subordinado de tipo tradicional, prevendo apenas condutas que podem ocorrer fora do local de trabalho(15).

---

(13) O direito italiano prevê a representação sindical ou autônoma dos trabalhadores ao interno da empresa, são as chamadas RSAs e RSUs,

(14) O direito a formação contínua e a certificação das habilidades do trabalhador ágil é ditado pelo art. 21 da Lei n. 81/2017.

(15) Tal disposição é prevista expressamente no art. 21, § 2º, Lei n. 81/2017.

Com relação ao poder de controle do empregador sobre as atividades realizadas pelo empregado no contexto do trabalho ágil, deve-se observar que esse poder pode ter um impacto significativo nos direitos do trabalhador, uma vez que a prestação é realizada remotamente e por meio de aparelhos informáticos isentos de específica autorização expressa do ente público competente ou de acordo sindical como previsto no § 2º do art. 4º do *Statuto dei Lavoratori*, e portanto, não sujeitos à rígida regulamentação sobre controle à distância estabelecido no primeiro parágrafo do mesmo artigo. É, portanto, importante fazer uma breve menção ao conteúdo da disposição do art. 4º do *Statuto dei Lavoratori*.

O § 1º do art. 4º do *Statuto dei Lavoratori* estabelece que a instalação de sistemas de áudio e vídeo e de outros dispositivos, que permitem o controle à distância da atividade dos trabalhadores, só podem ser usados para fins organizacionais e produtivos e para a proteção do patrimônio da empresa e da segurança dos trabalhadores. A implementação de tais sistemas deve ocorrer mediante acordo sindical ou, na ausência deste, mediante autorização da competente Inspetoria Territorial do Trabalho (ITL).

O § 2º, do mesmo artigo estabelece, todavia, uma significativa exceção a esta regra determinando que tais restrições não se aplicam aos dispositivos usados pelo trabalhador na realização de suas funções e aos dispositivos de registro de acessos e presenças (como cartão de ponto, seja esse informático ou mecânico). Em outras palavras, o empregador não está sujeito à obrigação de obter um acordo prévio em relação ao uso de dispositivos como *tablets*, computadores e *smartphones* usados pelos funcionários para fins de trabalho. Por fim, o § 3º estabelece que os dados coletados podem ser usados para a gestão do relacionamento de trabalho e, portanto, também para fins disciplinares, desde que o trabalhador tenha sido previamente informado sobre o uso desses dispositivos e sobre o tipo de controle, em conformidade com a regulamentação de privacidade.

O direito do trabalhador à informação é, logo, o único contrapeso ao poder de controle à distância do empregador. Portanto, uma vez que o trabalhador ágil, para realizar as próprias funções, utilize dispositivos que não estão sujeitos às restrições do primeiro parágrafo do art. 4º do *Statuto dei Lavoratori*, como computadores e *tablets*, o controle do empregador sobre a execução do serviço pode ter um alcance mais amplo, interferindo em sua esfera privada de forma mais invasiva.

5. Proteção contra acidentes de trabalho e doenças profissionais

O trabalhador ágil tem direito à proteção contra doenças profissionais e acidentes de trabalho. Para este fim, a lei exige que o empregador forneça ao trabalhador e aos representantes dos trabalhadores para questões ligadas à segurança do trabalho[16], pelo menos uma vez por ano, informações por escrito indicando os riscos, tanto gerais quanto específicos, associados à forma de execução do serviço.

Em contrapartida, o trabalhador é obrigado a cooperar com o empregador na implementação das medidas preventivas por ele adotadas para evitar os riscos associados à execução do serviço fora das instalações da empresa[17]. A lei também estende a proteção do INAIL ao trabalhador "ágil", prevendo expressamente a proteção contra acidentes que ocorram durante o percurso normal de ida e volta entre a residência e o local escolhido para executar a atividade fora da empresa.

6. Segurança no Trabalho: diretrizes do Instituto Nacional de Seguro contra Acidentes de Trabalho *(Istituto Nazionale per l'Assicurazione contro gli Infortuni sul Lavoro — INAIL)*

O INAIL, por meio da Circular n. 48/2017, além de reafirmar as disposições das leis em vigor, forneceu orientações sobre a aplicação da normativa de segurança no trabalho: a prestação de serviços no modo de trabalho ágil está sujeita ao seguro obrigatório contra acidentes e doenças profissionais, a análise dessa prestação de trabalho não difere da realizada na empresa, portanto, a classificação tarifária segue a mesma prestação realizada nos locais da empresa.

O trabalhador ágil deve ser assegurado pelo INAIL se, para realizar o próprio trabalho, estiver exposto a riscos nos termos do art. 1º do Decreto Presidencial n. 1124/1965, incluindo o chamado risco elétrico pelo uso de máquinas de escritório (computadores, *tablets*, terminais de vídeo etc.), a cobertura se estende em caso de acidentes relacionados a atividades preliminares ou acessórias às funções desde que necessárias para realização da atividade principal do empregado.

No cenário legislativo previdenciário e de assistência ao trabalhador previsto para trabalho ágil, o acordo individual é a ferramenta principal para identificar os riscos ocupacionais aos quais o trabalhador está exposto e as referências espaciais-temporais para reconhecer as prestações acidentais; na ausência de informações suficientes, serão necessárias verificações específicas para constatar se a atividade realizada no momento do acidente estava estritamente relacionada ao trabalho (uma vez que era necessária e funcional), embora realizada fora das instalações da empresa.

---

(16) O Representante de Segurança dos Trabalhadores (rappresentante dei lavoratori per la sicurezza, RLS) é eleito pelos trabalhadores da empresa e tem a função de monitorar a aplicação das normas de segurança, relatar quaisquer situações de risco e cooperar com a empresa na preparação das medidas necessárias para garantir a segurança e a saúde dos trabalhadores.

(17) Tal obrigação é expressamente prevista pelo art. 22 da Lei n. 81/2017.

Quando com a adoção da prestação de trabalho de forma ágil não há variação no tipo de serviço prestado, nem nos aparelhos informáticos utilizados, as condições para o seguro contra acidentes e doenças ocupacionais também não variam e, portanto, a classificação tarifária é a mesma. Assim, o empregado está coberto contra acidentes ocorridos na realização do trabalho fora das instalações da empresa se o evento for causado pela incidência de um risco a este relacionado ou ainda no caso de atividades preparatórias para o desempenho da própria função. Igualmente, os acidentes *in itinere* são cobertos pelo seguro de trabalho apenas quando a escolha do local de execução é ditada por necessidades ligadas ao próprio serviço ou pela necessidade do trabalhador de conciliar as exigências da vida pessoal e profissional e ainda atendam a critérios de razoabilidade(18).

Ademais, é importante considerar que para fins de indenização do acidente o INAIL se reserva o direito de realizar investigações específicas com o objetivo de verificar a existência das condições materiais, ou seja, se a atividade exercida pelo trabalhador no momento do evento tem estreita relação com o trabalho, ainda que exercida fora das dependências da empresa.

No caso de não cumprimento das obrigações de segurança no ambiente de trabalho, são previstas sanções específicas de acordo com o Decreto Legislativo n. 81/2008 e suas modificações subsequentes. Estas sanções têm como objetivo garantir a segurança e a saúde dos trabalhadores e estão relacionadas a várias dimensões do cumprimento das regulamentações de segurança ocupacional.

Uma das penalidades está relacionada à falta de uma avaliação de riscos adequada, pressupondo que o empregador já tenha previamente elaborado o Documento de Avaliação de Riscos (DVR). Nesse caso, o empregador pode enfrentar penalidades que variam de uma multa (de 2.457,02 euros a 4.914,03 euros), se a elaboração do DVR não incluir informações sobre medidas de prevenção e proteção e equipamentos de proteção individual (EPI), ou se não indicar um programa de medidas consideradas apropriadas para melhorar os níveis de segurança(19).

---

(18) Disposição prevista pelo art. 23, § 3º da Lei n. 81/2017.

(19) Além disso, se o DVR for elaborado sem procedimentos adequados, sem a identificação e atribuição dos membros da comissão de segurança ou sem consulta prévia ao Representante dos Trabalhadores para a Segurança (RLS), ou se não for atualizado após mudanças significativas nos processos ou na organização do trabalho, as penalidades também se aplicam. A infração a esse critério pode resultar em uma multa menor, variando de 1.228,50 euros a 2.457,02 euros, desde que a elaboração não inclua a avaliação de todos os riscos e os critérios usados para essa avaliação, ou a identificação de funções que exponham os trabalhadores a riscos específicos que requerem conhecimentos profissionais, experiência específica, formação adequada e treinamento.

A não divulgação de informações sobre riscos para a saúde e segurança, bem como sobre procedimentos relacionados a primeiros socorros, combate a incêndios e evacuação, também é passível de penalização. Nesse caso, o empregador pode ser penalizado com pena de prisão que varia de 2 a 4 meses ou com uma multa que vai de 1.474,21 euros a 6.388,23 euros.

A lei ainda especifica que falta de treinamento adequado em segurança ocupacional também é objeto de sanções. Empregadores podem enfrentar prisão de 2 a 4 meses ou uma multa que varia de 1.474,21 euros a 6.388,23 euros. Importante notar que, se a infração envolver mais de cinco trabalhadores, os valores das multas serão duplicados, e se a infração envolver mais de dez trabalhadores, os valores das multas serão triplicados.

Conforme o dispositivo legal, a disponibilização de equipamentos que não estejam em conformidade com os regulamentos é outra questão que pode resultar em penalidades. Tanto empregadores quanto gestores podem ser condenados a prisão de 3 a 6 meses ou a uma multa que varia de 3.071,21 euros a 7.862,44 euros. Por fim, a não realização de exames médicos preventivos e periódicos dos trabalhadores também é passível de penalização. Nesse caso, empregadores e gestores podem enfrentar multas que variam de 2.457,02 euros a 4.914,03 euros. Assim como nos casos anteriores, as multas serão duplicadas se a infração envolver mais de cinco trabalhadores e triplicadas se envolver mais de dez trabalhadores[20].

7. O *"lavoro ágile"* e a paridade de gênero

O § 3º-bis do art. 18, Lei n. 81/2017, introduzido pela Lei n. 145/2018, estabeleceu que empregadores públicos e privados que pactuam acordos para a prestação de trabalho em modo ágil são obrigados a dar prioridade aos pedidos de trabalho feitos por trabalhadoras-mães nos três anos seguintes ao término do período de licença-maternidade. A mesma prioridade é concedida aos trabalhadores com filhos em condições graves de deficiência[21].

Essas disposições visam garantir a igualdade de oportunidades para as mulheres, em particular mães no ambiente de trabalho e fornecer suporte adicional aos trabalhadores que enfrentam desafios significativos devido às condições de saúde de seus filhos.

(20) É importante observar que as penalidades podem ser periodicamente atualizadas de acordo com os índices de reavaliação estabelecidos. Estas medidas têm como objetivo garantir a conformidade com as regulamentações de segurança ocupacional e proteger a saúde e a segurança dos trabalhadores.

(21) Conforme o art. 3º, § 3º, da Lei de 5 de fevereiro de 1992, n. 104.

8. Conclusão

O impacto, disruptivo e irreversível, da tecnologia no mercado de trabalho possibilitou modalidades de execução do trabalho subordinado que antes só existiam nas mentes visionárias e eram objeto de análise apenas por uma minoria da doutrina do direito do trabalho. Em particular, a chegada da Internet e a potencial conexão "em qualquer lugar e a qualquer momento" foram fatores determinantes para o surgimento de novos modelos organizacionais voltados para dar uma sofisticada forma flexibilidade na conciliação entre vida pessoal e profissional nos contextos de trabalho que os experimentam.

Neste contexto, nasceu uma forma de trabalhar "inteligente", que usufruindo plenamente de todas as formas de comunicação e tecnologia hoje existentes permite ao trabalhador de realizar as suas funções fora dos locais da empresa, mas em estreita conexão com a mesma. Este é o chamado *smart working*, que representa uma evolução do trabalho remoto.

As novas tecnologias, desde dispositivos de uso cotidiano como o *iPhone* até a realidade aumentada, inegavelmente deixaram sua marca e orientaram a evolução. No entanto, é evidente que não podem fazê-lo de forma autônoma. Por outro lado, a reorganização do trabalho não pode ocorrer sem processos de gerenciamento de mudanças, nos quais a confiança das autoridades de alto escalão e uma maior autonomia dos trabalhadores são elementos essenciais.

Este modelo de prestação de trabalho, no verdadeiro "trabalho inteligente", não tem o objetivo de dispensar a empresa, mas sim de integrá-la e transformá-la. Este instituto tem, em sua definição comum, a vocação híbrida de alternância entre o trabalho presencial e o trabalho "sem vínculos precisos com um local", com o duplo objetivo de aumentar a competitividade e facilitar a conciliação entre a vida pessoal profissional.

Surgem desta forma prestação de trabalho, novas necessidades que devem ser normatizadas pelo legislador. Entre os vários desafios legislativos enfrentados nos últimos anos, a questão da saúde e segurança do trabalhador ágil foi objeto de análise e reflexão da doutrina, do legislador e da jurisprudência.

A normativa atualmente em vigor e ilustrada no presente escrito, não deve ser considerada como imutável ou definitiva, pois a dinâmica do mercado de trabalho, a crescente necessidade de conciliação da vida pessoal e profissional, conjuntamente ao avanço tecnológico e a aplicação de tais tecnologias nas empresas irá gerar novos desafios e novas situações que deverão ser analisadas pelo legislador.

Referências

A. OCCHINO. Lo smart working in tempo di Covid-19. In: *giu stiziainsieme.it*, 2020.

A. TURSI. Il lavoro agile al tempo del coronavirus. In: M. T. CARINCI-A. TURSI (a cura di), *Licenziamento, subordinazione e lavoro agile tra diritto giurisprudenziale e diritto emergenziale.*

A. R. TINTI. Il lavoro agile e gli equivoci della conciliazione virtuale. In: WP CSDLE *Massimo D'Antona*. IT – 419/2020.

______. Il lavoro agile e gli equivoci della conciliazione virtuale. In: WP CSDLE *Massimo D'Antona*. IT-419/2020.

ALLAMPRESE A., PASCUCCI F.. La tutela della salute e sicurezza del lavoro agile. In: *Rivista Giuridica del Lavoro e della Previdenza Sociale*, n. 2, 2017, p. 307-330.

B. CARUSO. Tra lasciti e rovine della pandemia: più o meno smart working?. In: *Riv. it. dir. lav.*, 2020.

C. ALESSI-M. L. VALLAURI. Il lavoro agile alla prova del Covid-19. In: O. BONARDI-U. CARABELLI-M. D'ONGHIA-L. ZOPPOLI. *Covid-19 e diritti dei lavoratori,* Ediesse, Roma, 2020.

D. GAROFALO (a cura di). *La nuova frontiera del lavoro autonomo – agile – occasionale.* Adapt University Press, Modena.

G. GENTILE. Lo *smart working* emergenziale tra (nuovi) diritti ed esigibilità della prestazione. In: *Mass. Giur. lav.*, 2020, n. 2, p. 489 ss.

I. SENATORI. Attivazione del lavoro agile e poteri da — toriali nella decretazione emergenziale. In: *Giustiziacivile.com*, 2020, n. 3.

L. MONTEROSSI. Il lavoro agile: finalità, politiche di welfare e politiche retributive. In: GRUPPO GIOVANI GIUSLAVORISTI SAPIENZA (GGGS). *Il lavoro agile nella disciplina legale.*

M. BROLLO. Smart o emergency work? Il lavoro agile al tempo della pandemia. In: *Lav. giur.*

M. ESPOSITO. Smart work e pubblico impiego: patti chiari, agilità lunga. In: M. MARTONE (a cura di). *Il lavoro da remoto, cit.*, p. 147 ss.

M. FAIOLI-D. JACOVONE-S. RADOCCIA (a cura di). *Industry 4.0, lavoro e contrattazione collettiva.* Giappichelli, Torino, 2017.

M. LAI. Salute e sicurezza e lavoro agile. In: *Rivista degli infortuni e delle malattie professionali*, n. 3, 2016, p. 465-474.

M. LAMBERTI. Il lavoro a distanza nell'emergenza sanitaria e le prospettive dello *smart working*. In: *Mass. Giur. lav.*, 2020.

______. L'accordo individuale e diritti del lavoratore agile. In: L. FIORILLO-A. PERULLI (a cura di). *Il jobs act*, *cit.*, p. 197.

M. RUSSO. Esiste il diritto alla disconnessione? Qualche spunto di riflessione alla ricerca di un equilibrio tra tecnologia, lavoro e vita privata. In: *Dir. rel. ind.*, 2020, p. 686 ss.

M. TUFO. Il lavoro agile emergenziale: un mosaico difficile da ricomporre tra poteri datoriali e diritti dei lavoratori. In: *Riv. giur. lav.*, 2021, n. 1, p. 41 ss.

P. SANDULLI; A. PANDOLFO; M. FAIOLI. Coronavirus, regresso e danno differenziale. Contributo al dibattito. *WP CSDLE* "Massimo D'Antona", IT-420/2020.

R. DI MEO. Il diritto alla disconnessione nella prospettiva italiana e comparata. In: Lab. Law Iss., 2017, n. 2, p. 20.

R. ROMEI. Il lavoro agile in Italia: prima durante e dopo la pandemia. In: *Labor*, 2020.

R. ZUCARO. Il diritto alla disconnessione tra interesse collettivo e individuale. Possibili profili di tutela. In: *Lab. Law Iss.*

R. ZUCARO. *Pubblica amministrazione e* smart working, *dalla disciplina ordinaria alla deroga emergenziale*, *cit.*, 2020, p. 81 ss.

S. BINI. Lo smart working al tempo del Coronavirus. Brevi osservazioni in stato di emergenza. In: *Giustiziacivile.com*, 2020.

S. ZAPPALÀ. *Smart working* e fattori psico-sociali. In: Neri M. (a cura di). *Smart working:* una prospettiva critica, Bologna, TAO Digital Library, 2017.

Segurança Psicológica no Teletrabalho: Impactos e Práticas

Lívia Ramalho[1]

Paloma Abelin[2]

Resumo: O presente capítulo apresenta o conceito de segurança psicológica, aspectos iniciais referentes ao teletrabalho e alguns de seus desafios, a importância da construção de ambientes psicologicamente seguros e sugestões práticas para essa construção. As autoras apontam que o teletrabalho demanda maior atenção e intencionalidade para estabelecer ambientes mais seguros nas organizações, mas isso é possível a partir de uma cultura organizacional que preza pela autonomia e confiança e que diversos elementos devem ser considerados nesse processo, tais como a busca pela inovação, pela inclusão dos trabalhadores e as atitudes das lideranças.

Palavras-chave: Segurança psicológica — Trabalho híbrido — Trabalho remoto.

Abstract: The present chapter introduces the concept of psychological safety, initial aspects related to telecommuting and some of its challenges, the importance of building psychologically safe environments, and practical suggestions for this construction. The authors point out that telecommuting requires greater attention and intentionality to establish safer environments in organizations, but this is possible through an organizational culture that values autonomy and trust, and various elements must be considered in this process, such as the pursuit of innovation, the inclusion of workers, and the attitudes of leadership.

Keywords: Psychological safety — Hybrid work — Remote work.

---

(1) Mestra em Ciências da Saúde (UnB). Psicóloga. Assessora na Diretoria de Inovação - Ministério da Gestão e Inovação (MGI).

(2) Doutora em Saúde Coletiva (USP). Mestra em Psicologia (UFRJ). Psicóloga e Analista Técnica em Políticas Sociais no LA-BORA! gov — Ministério da Gestão e Inovação (MGI).

Conceitos introdutórios

O termo teletrabalho está associado ao trabalho realizado remotamente, por meio de Tecnologias de Informação e Comunicação — TIC, possibilitando a obtenção dos resultados do trabalho em um local diferente daquele ocupado pela pessoa que o realiza (ROCHA e AMADOR, 2018).

A Organização Internacional do Trabalho (OIT) opta pelo termo *teletrabalho* (*telework*, em inglês), mas destaca categorias específicas dentro dele. Nessa sistematização, o teletrabalho deve ser conceituado quanto a diferentes variáveis: a) local/espaço de trabalho; b) horário/tempo de trabalho (integral ou parcial); c) tipo de contrato; e d) competências requeridas (conteúdo do trabalho). Dentro dessas variáveis podem ser elencadas diversas categorias de teletrabalho (OIT, 2013).

O conceito de segurança psicológica é tão antigo quanto a primeira interação humana. Entretanto, só nos anos 1990, houve a consolidação do conceito sob um termo unificado. Desde que o psicólogo William Kahn o cunhou pela primeira vez em 1990, outros pesquisadores pioneiros, como Edgar Schein, Warren Bennis e Amy Edmondson ajudaram a compreender como e por que a segurança psicológica está diretamente relacionada ao desempenho da equipe e ao impacto nos negócios (CLARK, 2020a).

A segurança psicológica — características e ambientes nos quais se podem expressar opiniões sem correr riscos de punição ou humilhação — tem sido bem estabelecida como um fator crítico para a tomada de decisões de alta qualidade, dinâmicas de grupo saudáveis, relacionamentos interpessoais, maior inovação e execução mais eficazes nas organizações (EDMONSON e MORTENSEN, 2021).

Considera-se que ela é a base da inclusão e do desempenho da equipe e a chave para criar uma cultura inovadora. Se for eliminado o medo, implementada uma verdadeira responsabilidade baseada no desempenho e criado um ambiente acolhedor que permita que as pessoas sejam vulneráveis à medida que aprendem e crescem, elas vão superar as expectativas alheias e as suas próprias (CLARK, 2020a).

Ainda de acordo com Clark (2020a), existem quatro fases para que a segurança psicológica possa ser alcançada nos ambientes organizacionais: (1) sentir-se incluído, (2) segurança para aprender, (3) segurança para contribuir e (4) segurança para desafiar o *status quo*, tudo isso sem medo de ser constrangido, marginalizado ou punido de alguma forma. Na hierarquia das necessidades, a segurança psicológica abrange as necessidades de realização, pertencimento e segurança (Figura 1).

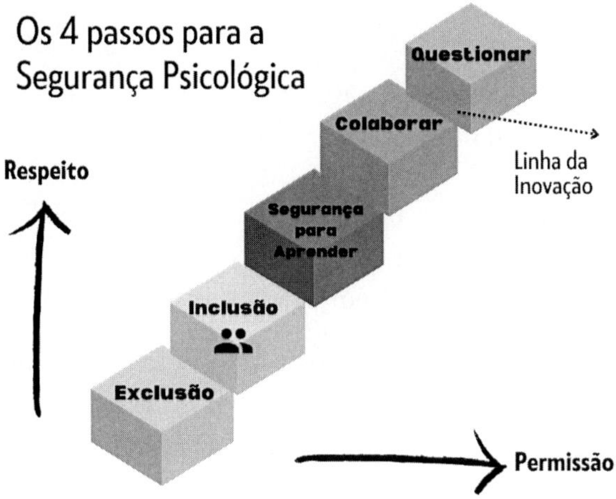

Figura 1: 4 Passos da Segurança Psicológica — Adaptada de CLARK, 2020.

De maneira a avaliar e também auxiliar equipes de organizações variadas a construir ambientes com esses elementos, Edmonson (1999), estabeleceu uma escala de avaliação do grau de implementação de segurança psicológica nas equipes. Há algumas versões dessa escala trabalhadas pela mesma autora, com poucas alterações nas variáveis, que se referem à presença, dentro da organização, de: suporte da organização para tratar de possíveis erros cometidos; aceitação de diferenças, abertura para lidar com problemas; possibilidade de pedir ajuda; valorização das habilidades e competências de cada integrante da equipe; além de outros referentes à colaboração mútua.

No Brasil, essa escala foi recentemente adaptada e validada (Ramalho e Porto, 2021). As pesquisadoras responsáveis pela validação identificaram a importância e correlação, na nossa realidade, entre os mesmos aspectos identificados por Edmonson e, ainda, acrescentaram a perspectiva de gênero para o debate da segurança psicológica no Brasil. Esse aspecto será retomado ao final do artigo para a discussão.

Cenário e impactos

Desde os impactos inesperados da pandemia, as organizações foram intensamente afetadas com a aceleração da modalidade do teletrabalho. Em pesquisa realizada no Brasil, Chile e Reino Unido (Oxford, 2022), identificou-se que, de maneira geral, os trabalhadores desses países se sentem satisfeitos com o trabalho remoto ou híbrido, mas há desafios para debater e superar. Compreender como conciliar o trabalho em casa, construir uma comunicação efetiva, com confiança e manter vínculos, mesmo à distância, além de efetiva gestão de equipes, são desafios importantes.

Entre outros achados relevantes, ao nos depararmos com a crise da pandemia de Covid-19, observou-se que (GRZEGORCZYK, 2021):

- Condições de trabalho mais flexíveis são possíveis sem necessariamente afetar a produtividade dos trabalhadores ou aumentar os custos. Portanto, existe um potencial de novas oportunidades por parte dos empregadores.

- Condições de trabalho mais flexíveis são desejadas pelos trabalhadores, desde que abraçá-las não coloque os trabalhadores remotos em desvantagem ou afete negativamente o seu bem-estar. Portanto, existe um potencial de nova demanda por arranjos de trabalho flexíveis.

Esses temas estão intrinsecamente relacionados à construção da cultura de cada organização. A cultura organizacional é o conjunto de crenças compartilhadas, valores e formas de interação que moldam o ambiente social de uma organização. No modelo do iceberg cultural de Edward T. Hall, apenas alguns elementos da cultura corporativa são visíveis, enquanto a maioria dos elementos está invisível abaixo da linha d'água. Os funcionários aprendem sobre a parte invisível da cultura de uma organização observando as interações e o comportamento dos colegas. No entanto, quando as interações são realizadas por meio de telas, grande parte dessa observação é perdida, uma vez que a linguagem corporal é menos visível e a comunicação acidental ou informal diminui (GRZEGORCZYK, 2021).

De maneira que, no teletrabalho, estratégia possível para superar a distância é garantir que a parte visível da cultura corporativa permaneça visível no ambiente híbrido. Por exemplo: apresentando a visão da empresa, a declaração de missão, metas e valores da empresa de forma proeminente no espaço de escritório digital (como em intranets, boletins internos ou protetores de tela). Outra maneira é incentivar a comunicação espontânea ou informal por meio de canais digitais.

O modelo híbrido apresenta ainda dois desafios específicos para a cultura corporativa: a liderança deve passar do controle para a confiança, e atenção especial deve ser dada à inclusão justa de trabalhadores remotos.

Confiança e autonomia são partes essenciais de uma cultura de trabalho híbrida. Quando os trabalhadores se tornam menos visíveis para a gestão, os líderes podem cair na armadilha de estabelecer sistemas de monitoramento remoto para compensar a falta de visibilidade e manter a produtividade alta. Entretanto, a maioria das pesquisas sobre os efeitos da produtividade do teletrabalho não mostra nenhum efeito negativo significativo (EUROFOUND, 2020), o que significa que as preocupações com a produtividade geralmente não têm fundamento.

O teletrabalho parece ter um impacto positivo na produtividade se os trabalhadores estiverem engajados, devidamente preparados e treinados, tiverem o equipamento adequado e um ambiente de trabalho adequado em casa (BERGEAUD E CETTE, 2021). A desconfiança pode naturalmente diminuir ao longo do tempo, quando os efeitos de aprendizado entram em jogo: com a experiência de teletrabalho, houve relatos de melhora na produtividade.

Empresas com uma cultura participativa têm maior probabilidade de suas políticas de teletrabalho serem bem-sucedidas. Evidências mostram que empresas com hierarquias mais planas e estruturas de rede favorecem o teletrabalho em relação a outras (OLLO-LÓPEZ *et al*, 2020).

No trabalho híbrido, as interações presenciais são menos frequentes e a comunicação assíncrona (fora do tempo real) é mais comum. Como resultado, pode ser mais difícil se sentir conectado aos colegas e mais fácil ocorrerem mal-entendidos. Definimos o respeito mútuo como demonstrar genuína preocupação com o bem-estar de todos os funcionários e o compromisso de tratar uns aos outros de forma justa e respeitosa. Promover uma cultura que incentive os funcionários a aprender uns com os outros, a realizarem feedbacks constantes entre os pares e a reinterpretar os erros como oportunidades para identificar o que pode ser melhorado podem ser ações muito positivas (DOWLING, 2022). Ainda, em experiência realizada no Brasil, Faria (2021) relata a importância da criação de experiências remotas para que trabalhadores no teletrabalho se sintam parte de suas organizações e se sintam menos sozinhos.

Faria et al (2023) apresentam também formas e impactos da construção de ambientes de segurança psicológica, com foco em servidores públicos. De acordo com as autoras, para que haja espaço para a criatividade e, consequentemente, inovação no setor público, a segurança psicológica deve ser a base para a gestão de equipes.

Uma pesquisa de Baker *et al.* (2020) apresentou que 64% dos trabalhadores relataram sentimentos positivos sobre o trabalho em casa dois ou três dias por semana. Nesse mesmo tema, uma pesquisa da UpWork com 1.000 gerentes de contratação dos Estados Unidos indicou que o número de trabalhadores remotos nos próximos cinco anos deve quase dobrar (OZIMEK, 2020). Grandes empresas de tecnologia estão liderando o aumento do trabalho remoto. Mais notavelmente, 50% da força de trabalho do Facebook poderia trabalhar completamente remotamente nos próximos cinco a dez anos (GHAFFARY, 2020), enquanto o CEO do Twitter, Jack Dorsey, permitirá que os funcionários trabalhem em casa "para sempre" (CHRISTIE, 2020).

Assim, percebe-se que os desafios para a criação e investimento em um ambiente de segurança psicológica no contexto do teletrabalho tornam-se ainda maiores e demandam que lideranças e equipes se debrucem intencionalmente sobre eles. Por isso, a seguir seguem algumas atitudes que podem ser utilizadas para isso.

Como promover segurança psicológica no teletrabalho?

Seguem algumas dicas práticas que podem ajudar os gestores a promoverem a segurança psicológica (CLARK, 2020):

1. Alinhar expectativas: A maioria das equipes está habituada ao trabalho síncrono e à padronização, geralmente compartilhando o mesmo escritório, as mesmas condições de trabalho e o mesmo horário. Redefinir as expectativas sobre como o trabalho é realizado, deixando de lado o "quando" e o "como" das tarefas, permitindo que os membros da equipe realizem suas responsabilidades em suas próprias condições. Isso significa focar nos resultados e oferecer mais flexibilidade e autonomia.

2. Manter contatos regulares: Pesquisas comprovam que ciclos de comunicação mais curtos são mais eficazes na construção e manutenção do engajamento.

3. Apoiar a aprendizagem contínua: A aprendizagem não precisa parar neste novo ambiente, mas pode ser mais prática usar a microaprendizagem. Concentrar-se em compartilhar lições curtas sobre um único tópico em um segmento de cinco a dez minutos. Essas lições podem abordar uma ferramenta específica, comportamento ou habilidade. Distribuir a entrega dessas lições entre os membros da equipe e permitir que eles escolham seus próprios tópicos para treinamento. Você pode pedir a um membro diferente da equipe que resuma a lição e conduza uma breve discussão sobre a aplicação, relevância e implicações do que todos aprenderam.

4. Designar parceiros e mentorias entre pares para adicionar uma camada de apoio mútuo. Atender às necessidades de cada membro da equipe rapidamente pode desonerar os gestores e fortalecer o vínculo entre os pares. Esse modelo de liderança compartilhada cria uma segunda camada de apoio mútuo e evita o isolamento emocional.

5. Observar o tom e a voz das pessoas: É mais difícil ler as pistas emocionais de seus colaboradores quando você não está na mesma sala. Em vez de depender de dados não verbais e linguagem corporal, agora você deve confiar em indicadores indiretos, como texto, voz e comunicações de vídeo menos frequentes. Preste muita atenção a padrões no tom da comunicação escrita; na taxa, volume, tom e inflexão da comunicação vocal; e em quaisquer gestos físicos na comunicação por vídeo. Se você conhece bem sua equipe, mudanças nesses padrões ajudarão a identificar precocemente se um membro da equipe precisa de apoio adicional.

6. Demonstrar otimismo e minimizar o medo da equipe: O otimismo é contagioso. Líderes que demonstram otimismo e confiança no futuro são mais capazes de ajudar seus membros da equipe a encontrar significado e propósito no trabalho, especialmente, em condições estressantes. E não se esqueça de usar o humor como uma válvula de escape. Lembre-se de que o medo congela a iniciativa, limita a criatividade e gera conformidade em vez de comprometimento

7. Manter todas as pessoas atualizadas: mesmo que não haja novas informações. A incerteza alimenta a ansiedade. Quanto mais você se comunicar e compartilhar, menor a chance de desenvolver um vácuo de informações em sua equipe. Comunique-se regularmente, mesmo que não tenha informações novas para compartilhar. Manter a transparência durante uma crise, com atualizações frequentes, é a expressão máxima de boa-fé, empatia e preocupação genuína com sua equipe.

8. Avaliar continuamente os níveis de estresse e engajamento. Deixe bem claro para os membros de sua equipe que sua principal preocupação é o bem-estar deles. Reserve um tempo para monitorar o engajamento deles, fazendo perguntas breves periodicamente. Primeiro, em uma escala de zero a dez, avalie o nível de estresse que você sente atualmente. Em segundo lugar, usando a mesma escala, avalie o seu nível geral de engajamento. Sua intuição ou impressão sobre o indivíduo pode estar errada, então obter respostas quantitativas ajuda.

Soma-se a essas dicas, importante proposta advinda das reflexões de Edmonson e Mortensen para a segurança psicológica no teletrabalho (2021), que se refere à demonstração de vulnerabilidade por parte das lideranças. Para as autoras, as lideranças devem demonstrar suas próprias vulnerabilidades nos desafios da sobreposição entre vida pessoal e profissional tão frequentes nessa modalidade de trabalho. E, além disso, que sejam as primeiras a arriscar e falar a respeito.

Retomando o aspecto de gênero mencionado brevemente na parte conceitual deste artigo e adicionando o elemento de raça em uma perspectiva interseccional[3], Agbanobi e Amelash (2023) abordam estratégias para organizações e equipes. Entre as várias abordadas por elas, destaca-se, que, para alcançar a segurança psicológica para mulheres, mulheres negras e outros grupos mais vulneráveis, as organizações devem: focar em mudanças sistêmicas e não apenas individuais e ter parâmetros de "social skills" para colaboradores e lideranças que considerem saber lidar com a diversidade; e a equipe deve aprender a identificar e a responder a microagressões relacionadas a gênero e raça e compreender como vieses cognitivos e preconceitos estão presentes no cotidiano laboral para abrir mão deles. Assim, adicionam-se outras dicas para a construção de ambientes psicologicamente seguros para as organizações. Ainda que não sejam específicos para o teletrabalho, podem ser incorporados à rotina de trabalho híbrida igualmente.

Os seres humanos são seres sociais que anseiam por pertencer. E a segurança psicológica — ambiente no qual os membros da equipe se sentem incluídos, seguros para aprender, contribuir e desafiar o *status quo*, sem medo de serem envergonhados, marginalizados ou punidos de alguma forma — é fundamental mesmo sob condições desafiadoras. Quando você cria e mantém essas condições, permite que eles continuem a desempenhar e contribuir.

Conclusão

Nesse capítulo, o objetivo foi trazer um recorte do papel da segurança psicológica nas novas formas e modalidades de trabalho, em especial o teletrabalho. Ampliar a percepção e repertório dos gestores e colaboradores da importância do investimento em relações mais genuínas, respeitosas e saudáveis nas organizações

Historicamente, o Brasil é relacionado com padrões de gestão fortemente baseados em microgerenciamento, estruturas rígidas de hierarquia e poder. Nesse

(3) A interseccionalidade pode ser compreendida como "a lógica das sujeições combinadas reinante nas análises como um processo de construção e nomeação: a construção de sujeitos e a nomeação de formas de exclusão" (MOUTINHO, 2004), ou seja a perspectiva de que opressões que se cruzam a partir de elementos variados, tais como gênero, raça e classe social.

cenário de rápidas transformações, o teletrabalho pode ser visto equivocadamente como uma ameaça e obstáculo a melhores resultados e impactos institucionais positivos. Sabe-se também que temos muito a superar no que se refere aos padrões desiguais de poder entre homens e mulheres nas organizações e que o investimento em segurança psicológica deve tratar diretamente das estruturas predominantemente masculinas, além do endereçamento necessário a questões de raça, entre outros elementos interseccionais.

Todavia, as evidências demonstram o contrário: que o teletrabalho, se devidamente planejado e com aplicação das melhores práticas de gestão, tem como consequência melhores desempenhos organizacionais e de bem-estar humano.

Referências

AGNANOBI, A.; AMELASH, TV. Creating Psychological Safety for Black Women at your Company. *Harvard Business Review*, 2023.

BAKER, S. R.; BLOOM, N.; DAVIS, S. J.; TERRY, S. J. COVID-Induced Economic Uncertainty. *Working Paper* 26983, National Bureau of Economic Research, 2020.

BERGEAUD, A.; CETTE, G. Teleworking: how will it affect productivity? *Eco Notepad Post*, n. 198, Banque de France. Disponível em: <https://blocnotesdeleco.banque-france.fr/en/blog-entry/teleworking-how-will-it-affect-productivit.2021>.

CLARK, Timothy R. *The 4 stages of psychological safety:* Defining the path to inclusion and innovation. Berrett-Koehler Publishers, 2020.

______. 8 Ways to Manage Your Team While Social Distancing. *Harvard Business Review*, p. 1-6, 2020.

EDMONDSON, Amy C.; MORTENSEN, Mark. What psychological safety looks like in a hybrid workplace. *Harvard Business Review*, v. 3, p. 109, 2021.

______. Psychological Safety and Learning Behavior in Work Teams. *Administrative Science Quarterly*, (44), 350-383, 1999.

CONSTANTINIDES, Marios; QUERCIA, Daniele. The future of hybrid meetings. In: *2022 Symposium on Human-Computer Interaction for Work*, 2022. p. 1-6.

DOWLING, Bonnie *et al. Hybrid work:* Making it fit with your diversity, equity, and inclusion strategy. The McKinsey Quarterly, 2022.

EUROFOUND. *Teletrabalho e trabalho móvel baseado em TIC:* Trabalho flexível na era digital, Série de Novas Formas de Emprego, Fundação Europeia para a Melhoria das Condições de Vida e de Trabalho, Luxemburgo: Publicações do Gabinete da União Europeia, 2020.

FARIA, L. *Percepção da experiência dos usuários nos serviços de um laboratório de inovação em governo: insights* e oportunidades de ação. Trabalho de Conclusão do Curso de Especialização em Pessoas, Inovação e Resultados. Escola Nacional de Administração Pública, 2021.

______; MARINHO, M; ABELIN, P; BLUMM, I; RESENDE, M. Innovation trhough Psychological Safety: Lessons from LA-BORA! gov in Brazil. *Apolitical: Innovation.2023*. Disponível em: <https://apolitical.co/solution-articles/en/innovation-through-psychological-safety>.

GHAFFARY, S. Facebook is the latest major tech company to let people work from home forever. *Vox Recode*, 21 maio 2020. Disponível em: <https://www.vox.com/recode/2020/5/21/21266570/facebook-remote-work-from-home-mark-zuckerberg-twitter-covid-19-coronavirus>.

GRZEGORCZYK, Monika *et al.* Blending the physical and virtual: a hybrid model for the future of work. *Bruegel Policy Contribution*, 2021.

OLLO-LÓPEZ, Andrea; GOÑI-LEGAZ, Salomé; ERRO-GARCÉS, Amaya. Home-based telework: usefulness and facilitators. *International Journal of Manpower*, v. 42, n. 4, p. 644-660, 2021.

ORGANIZAÇÃO INTERNACIONAL DO TRABALHO – OIT. *The strong case for working remotely*. 2013. Disponível em: <https://www.ilo.org/global/about-the-ilo/newsroom/news/WCMS_208067/lang--en/index.htm>. Acesso em: 3 out. 2023.

OZIMEK, A. The Future of Remote Work. *Upwork*. Disponível em: <https://www.upwork.com/i/future-workforce/fw/2020/>. 2020.

MOUTINHO, L. "Raça", sexualidade e gênero na construção da identidade nacional: uma comparação entre Brasil e África do Sul. *Cadernos Pagu*, (23), 55-88. 2004.

RAMALHO, MCK; PORTO JB. Team Psychological Safety Survey. *Psico-USF Bragança Paulista*, (26), 165-176. 2021.

ROCHA, Cháris Telles Martins da; AMADOR, Fernanda Spanier. O teletrabalho: conceituação e questões para análise. *Cadernos Ebape.Br*, v. 16, p. 152-162, 2018.

WIATR, Anna; SKOWRON-MIELNIK, Beata. Hybrid team management: The long and winding road. *Organ.Dyn*, v. 51, p. 100936, 2022.

Alguns Desafios do Teletrabalho: A Atuação Multidisciplinar da Sobratt

Luis Otávio Camargo Pinto[(1)]

Resumo: O artigo traz questões multidisciplinares debatidas pela Sociedade Brasileira de Teletrabalho ao longo dos últimos dois anos, dentre elas: (i) discussão jurídica envolvendo as audiências telepresenciais no âmbito da Justiça Especializada e a apresentação de anteprojeto realizada em audiência pública na OAB/SP; (ii) empregabilidade de pessoas com deficiência por meio do teletrabalho e (iii) abordagens sobre ergonomia e saúde ocupacional.

Palavras-chave: Audiências telepresenciais — Concentração dos atos processuais — Pessoa com deficiência — Ergonomia e saúde ocupacional.

Sumário: (I) Introdução; (II) Teletrabalho na Justiça do Trabalho e o princípio da concentração dos atos processuais; (III) Anteprojeto de Lei sobre audiências presenciais e telepresenciais; (IV) A inclusão das pessoas com deficiência por meio do teletrabalho; (V) Os desafios da saúde ocupacional e ergonomia no trabalho remoto; (VI) Conclusão.

Abstract: The article brings up multidisciplinary issues debated by the Brazilian Telework Society over the last two years, including: (i) legal discussion involving telepresential hearings within the scope of Specialized Justice and the presentation of a draft held at a public hearing at OAB/SP; (ii) employability of people with disabilities through teleworking and (iii) approaches to ergonomics and occupational health.

---

(1) Advogado Trabalhista com pós-graduação em Economia e Relações do Trabalho. Presidente da SOBRATT — Sociedade Brasileira de Teletrabalho. Diretor de Relações Institucionais do SINSA — Sindicato das Sociedades de Advogados do Estado de São Paulo e Rio de Janeiro. Conselheiro do CORT – Conselho Superior das Relações do Trabalho da FIESP. Sócio fundador de Camargo Bento Advogados.

Keywords: Telepresence hearings — Concentration of procedural acts — People with disabilities — Ergonomics and occupational health.

Summary: (I) Introduction; (II) Teleworking in Labor Courts and the principle of concentration of procedural acts; (III) Draft law on in-person and telepresence hearings; (IV) The inclusion of people with disabilities through teleworking; (V) The challenges of occupational health and Ergonomics in remote work; (VI) conclusion.

(I) Introdução

Algumas pessoas me perguntam se a SOBRATT foi fundada após a pandemia do Coronavírus, ao que eu respondo que a nossa associação, desde 1999, fomenta o teletrabalho graças a um visionário, o Professor Alvaro Mello, que sempre acreditou na força do teletrabalho, posteriormente acolhida por Wolnei Tadeu Ferreira, cujo espírito empreendedor e colaborativo fez com que nossa associação chegasse pujante até hoje, com importantes contribuições para nossa sociedade.

Ocupar a presidência da SOBRATT permitiu assimilar esse espírito visionário e empreendedor desses amigos. Mais do que isso, permitiu conviver com profissionais de distintas especialidades, acadêmicos, gestores públicos e privados, cada um trazendo a sua visão de mundo no universo do teletrabalho.

Resolvi escrever o presente artigo com a intenção de demonstrar o que aprendi nessa agradável gestão e, com brevidade, prestar contas de algumas atividades, além de trazer à evidência algumas questões pontuais enfrentadas pela nossa associação com o propósito de clarificar temas controversos, que necessitam de um posicionamento técnico, sem qualquer viés ideológico.

Aprendi que o teletrabalho só existe e se consolida com o desenvolvimento da tecnologia; que essa modalidade de trabalho não combina com o presenteísmo; que a redução de custos é sempre bem-vinda, sem que isso signifique reduzir a dignidade humana ou precarizar o trabalho; que os gestores devem optar pela confiança ao invés de um microgerenciamento desmedido; que o teletrabalho retém e atrai talentos; que o trabalho síncrono não é a única alternativa, longe disso, notadamente quando o trabalho assíncrono é organizado e bem estruturado; que preservar a cultura organizacional é imprescindível, seja em *home office*, híbrido ou presencial; que o controle por resultados é necessário, mas isso não significa que o empregador deverá realizar vigilância digital predatória; que não podemos nos olvidar de nossa saúde mental, observando com equilíbrio o direito à desconexão; que o teletrabalho melhora a qualidade de vida, desde que bem implementado; que a inclusão de pessoas com deficiência, se faz sim por essa modalidade de trabalho, sem estigmas e visões preconcebidas; que nessas discussões não há espaço para posicionamentos apaixonados ou radicais, e, por fim, que reconhecemos que o trabalho híbrido tem demonstrado melhor atender o dilema do tempo entre a vida pessoal e profissional.

Nosso artigo propõe analisar três aspectos: jurídico, inclusão e saúde ocupacional.

Quanto à abordagem jurídica, especificamente no Judiciário pós pandemia, questões envolveram o teletrabalho no âmbito das audiências, notadamente quando o CNJ(2), o Tribunal Superior do Trabalho e a CGJT "determinaram" o retorno das atividades ao presencial, o que gerou (e continua gerando) conflitos entre advogados, magistrados e jurisdicionados. Esse fato mobilizou a SOBRATT a apresentar um anteprojeto de Lei que pudesse atender aos interesses de todos os atores envolvidos durante a audiência pública realizada na sede da OAB/SP.

A inclusão da pessoa com deficiência por meio do teletrabalho também mobilizou a SOBRATT num projeto em parceria com a Secretaria dos Direitos das Pessoas com Deficiência do Estado de São Paulo, visando a elaboração da 1ª Cartilha, cujo objetivo é sensibilizar gestores e dissipar estigmas que ainda pairam no ambiente corporativo.

Por fim, o artigo propõe uma abordagem sobre ergonomia e saúde ocupacional, com breve registro do "TOMO IV" da coletânea – A EVOLUÇÃO DO TELETRABALHO, que abriu espaço para especialistas da medicina e saúde ocupacional trazerem sua contribuição com instigantes artigos científicos.

(II) O teletrabalho na Justiça do Trabalho e o princípio da concentração dos atos processuais

O Poder Judiciário, por meio da Resolução n. 277 normatizou, desde 2016, o teletrabalho, vinculando referida modalidade ao princípio da eficiência para a administração pública e ao aprimoramento da gestão de pessoas.

Por conta da Covid-19, a Resolução n. 354 do CNJ, regulamentou a realização de audiências e sessões por videoconferência e telepresenciais, possibilidade também prevista no art. 7º da Lei n. 8.906/94, Estatuto da Advocacia.

---

(2) O CNJ delegou à Corregedoria Geral da Justiça do Trabalho, via termo de cooperação, a competência de fiscalizar o retorno às atividades presenciais, conforme Procedimento de Controle Administrativo n. 0002260-11.2022.2.00.0000.

Paradoxalmente, após os avanços que foram detectados com a utilização dessa modalidade de trabalho, estamos vivenciando um retrocesso com a volta desorganizada ao presencial, o que motivou a decisão proferida no Pedido de Providências[(3)] da OAB/RJ, em 08/11/2022, cujo voto do Ministro Luiz Phillippe Vieira de Mello Filho foi proferido com base no art. 93, VII, da Constituição Federal e art. 35, VI, da LOMAN, nos seguintes termos: (i) é obrigatório que o magistrado resida na sede da Comarca; (ii) salvo autorização do Tribunal, as audiências telepresenciais ou híbridas devem ser realizadas restritivamente no interesse das partes ou em situações excepcionais, e, por fim, (iii) audiências virtuais só poderão acontecer se houver requerimento das partes, após decisão do Juízo sobre a conveniência e viabilidade do pedido.

Diante desse cenário, a OAB/SP convocou entidades para uma audiência pública, a fim de que fosse discutida eventual necessidade de alteração da legislação processual trabalhista, com o objetivo de se conectar à realidade dos novos tempos, pós pandemia.

Nessa audiência pública realizada no dia 12 de agosto de 2022, a SOBRATT não se furtou em demonstrar o seu posicionamento, oportunidade em que apresentou o Anteprojeto de Lei sobre as audiências telepresenciais.

É por isso que, antes de adentrarmos ao estudo do trabalho remoto no âmbito da Justiça do Trabalho, mostra-se necessária breve incursão e análise de um dos princípios mais importantes que regem o processo do trabalho: o Princípio da Concentração dos Atos Processuais, cujo objetivo principal é acelerar a tramitação processual. Referido princípio privilegia a oralidade, afinal, quanto maior o número de atos processuais realizados, maior a celeridade, o que, em tese, só seria viabilizado em audiência una ou única.

Enfim, não se questiona a imperiosa necessidade de se permitir o acesso rápido do jurisdicionado à Justiça, no entanto, como forma de resolver a equação do presencial e telepresencial, a SOBRATT pugna pela mitigação da concentração dos atos processuais, ainda que isso possa parecer paradoxal, como única forma de viabilizar a adoção correta do teletrabalho, modalidade híbrida, na Justiça Especializada.

---

(3) Pedido de Providências n. 0003504-72.2022.2.00.0000, que figurou como requerente a Ordem dos Advogados do Brasil – Seção do Estado do Rio de Janeiro e o Tribunal Regional do Trabalho da 1ª Região, como requerido.

No que diz respeito, especificamente, à necessidade da presença física do Juiz na Comarca, a relativização dessa exigência legal poderia permitir que o domicílio do magistrado fosse próximo ao Juízo, caso houvesse tal interesse, o que também viabilizaria a atuação no formato híbrido, vale dizer, o comparecimento presencial nas instruções e telepresencialmente nas audiências iniciais e de conciliação.

Mais uma vez, com todas as vênias, consigne-se que é preferível, em tese, a presença virtual do Juiz, mas com real disposição para receber a advocacia e os jurisdicionados, do que um magistrado fisicamente presente na Comarca, mas sem qualquer espírito colaborativo.

Ressalte-se que, enquanto houver um movimento que só aceite o presencial, e outro que pugna pelo telepresencial de forma irracional, não chegaremos a lugar algum.

O juiz pode proferir uma decisão técnica e justa, na modalidade presencial ou telepresencial. Um advogado pode reconhecer que realizou a sua melhor sustentação oral no formato telepresencial, e o Jurisdicionado, por outro lado, pode entender que em determinadas circunstâncias a sua presença física é imprescindível.

Como se vê, não há regras, mas é preciso ter bom senso sem fingirmos que, após o fenômeno pandêmico que arrebatou nossas vidas, nenhum impacto foi gerado, principalmente no que diz respeito às relações de trabalho.

Ao invés do culto ao presenteísmo, optemos por adotar a presencialidade nas relações, e, ao invés do apego ao formato, optemos pelo conteúdo na construção de um Judiciário célere, híbrido e justo.

(III) Anteprojeto de lei sobre audiências presenciais e telepresenciais

O posicionamento SOBRATT não é inovador, mas direto e de clareza solar quanto à proposta de alteração legislativa, nos seguintes termos: (i) ordinariamente, as audiências iniciais e de conciliação passarão a ser telepresenciais, não impedindo, contudo, que as partes requeiram, em caráter excepcional, a realização dessas audiências na modalidade presencial (ii) no sentido oposto, as audiências de instrução deverão ser presenciais, salvo se houver requerimento das partes para realização na modalidade telepresencial, e, por fim, (iii) deverão ser extintas as audiências UNAS, situação que dará efetividade ao comando das audiências iniciais telepresenciais.

Certamente esse posicionamento da SOBRATT ganhará adeptos e críticos, mas esse foi o caminho encontrado para atender a todos os atores envolvidos.(4)

Por mais que defendamos a força da ampla liberdade do Juiz na condução do processo(5), há situações que precisam ser uniformizadas, sob pena de continuarmos com posicionamentos distintos em cada Regional, e Vara do Trabalho, com a utilização de portarias e recomendações próprias, o que definitivamente não é bom para a advocacia e os jurisdicionados.

Em pleno ano de 2023, não há como justificar que um advogado, numa cidade com a dimensão de São Paulo, perca, aproximadamente, 2 a 3 horas para realizar uma audiência inicial de 10 minutos. O tempo do advogado(6), numa sociedade digital e em transformação, ou melhor, de qualquer operador do direito, deve ser destinado ao aprimoramento profissional, com o aprendizado jurídico contínuo, gestão, jurimetria, inteligência artificial, e não com deslocamentos inúteis.

Ressalte-se que há expressivos posicionamentos, da qual manifesto minha concordância, em que não se observa a ausência de limites entre o tempo para o trabalho e o tempo para lazer/estudo de qualquer trabalhador(a) no entanto, é difícil entender por qual motivo os defensores do direito à desconexão não reivindicam – com a mesma convicção – esse justificado pleito quando envolve o tempo despendido pelos advogados nas audiências presenciais, que, no mais das vezes, poderiam ser realizadas telepresencialmente.

O prestígio ao tempo dos operadores do direito e jurisdicionados já é suficiente para essa mudança legislativa, o que dirá se verificarmos a questão sob o enfoque do Custo Brasil.

---

(4) O Anteprojeto SOBRATT foi apresentado pelo Diretor Jurídico Célio Pereira de Oliveira Neto, durante a audiência pública realizada na OAB, seccional São Paulo, cujo texto está devidamente transcrito ao final deste artigo.

(5) Art. 765 da CLT. Os Juízos e Tribunais do Trabalho terão ampla liberdade na direção do processo e velarão pelo andamento rápido das causas, podendo determinar qualquer diligência necessária ao esclarecimento delas.

(6) Essa análise do tempo despendido pelos advogados foi o tema de instigante artigo de opinião publicado no *Consultor Jurídico* em 27.06.2023 pelos advogados Flávio Jacinto da Silva e Manuela Vida Oliveira Santos "a audiência virtual democratiza a relação entre os sujeitos não participantes do conflito: juiz, advogados e ministério público, ao garantir-lhes o mesmo tempo de preparação para o processo no momento em que elimina o tempo de deslocamento ao único dos três que precisa, muitas vezes, numa mesma manhã, comparecer à Justiça Estadual, Federal e Trabalhista para realizar audiências marcadas em horários ou municípios diferentes, mas próximos". Disponível em: <https://www.conjur.com.br/2023-jun-27/silvae-santos-audiencia-virtual-direito-advogado>.

Esse foi o meu entendimento exposto no artigo publicado na obra Direito do Trabalho e Gestão Corporativa, sob a coordenação dos Professores Fabiano Zavanella e Luciana Nunes Freire:[(7)]

> "... a economia gerada pela ausência da compra de passagens de viagens nacionais e internacionais, reuniões presenciais, de gastos com a manutenção de veículos, combustíveis e diárias, aluguel e manutenção de imóveis, chega ao cidadão que paga impostos como um avanço do Estado na gestão das contas públicas, no entanto, como justificar, na pós-pandemia, a desnecessidade de continuidade dessa política de teletrabalho na gestão pública? Mais ainda, como justificar a não continuidade ampla desse processo, quando os números apontam que não há queda de produtividade, ao contrário, eles refletem um cenário de maior produção, em que o contribuinte ganha duas vezes, seja por conta do menor impacto dos custos com a gestão da máquina pública, ou, ainda, por conta da entrega de serviços de mais qualidade e eficiência ao cidadão."

Na sequência desse artigo, ficou evidenciado que a minha opinião pessoal acompanha o posicionamento da SOBRATT no que diz respeito às audiências telepresenciais na Justiça do Trabalho, na medida em que é proposto um encaminhamento equilibrado para essa questão, mercê da adoção do modelo híbrido.

> "Por incrível que possa parecer, corremos o risco de que indigitados gestores, de todas as esferas, federal, estadual ou municipal, façam um movimento de imediato retorno de todo esse corpo de servidores para o trabalho presencial, sob o falso pretexto de que a gestão pública necessita da presença física, sem exceção.
>
> Isso, em parte, é verdade. Deixando-se de lado os efeitos negativos que o apego ao presenteísmo provoca nas relações de trabalho, o fato é que a atividade presencial no âmbito do Poder Público, em situações pontuais, mostra-se necessária.
>
> A título exemplificativo, identifica-se principalmente no Poder Judiciário algumas atividades que melhor se desenvolvem na modalidade presencial, numa audiência de instrução, por exemplo. O olhar de uma

(7) *Direito do Trabalho e Gestão Corporativa.* Fabiano Zavanella e Luciana Nunes Freire (Orgs.). São Paulo, LTr, 2023. p. 139.

testemunha, seu posicionamento corporal, a segurança dos depoimentos, a maior interação dos advogados com as partes e magistrado. Essa dinâmica presencial faz toda diferença, impondo-se limites para a virtualização total nas relações. No entanto, esse formato não se justifica numa audiência inicial ou de conciliação, ou até mesmo numa sustentação oral, oportunidades em que há possibilidade real de se prestigiar o modelo telepresencial."

Além dos benefícios devidamente explicitados no supracitado artigo, há um último aspecto relativo às sustentações orais, que não foi abordado no anteprojeto de lei, afinal, nada justifica que não seja facultado aos advogados que residam na Comarca, sede do Tribunal, a possibilidade de realizarem sustentação oral telepresencialmente. Tal postura nada agrega à tão necessária celeridade processual e, equivocadamente, parece significar mera retaliação aos advogados residentes na Comarca, principalmente de grandes capitais.

Enfim, o anteprojeto SOBRATT, com o seu pragmatismo, buscou, tão somente, normatizar a modalidade híbrida na Justiça do Trabalho.

(IV) A inclusão das pessoas com deficiência por meio do teletrabalho

A SOBRATT participou da elaboração da 1ª Cartilha para Pessoa com Deficiência e o Teletrabalho, numa atuação conjunta com a Secretaria dos Direitos das Pessoas com Deficiência do Estado de São Paulo, corpo técnico da CONSOLIDAR e JORGETE LEMOS pesquisas, visando a construção coletiva de um instrumento solidário de inclusão.

A Cartilha, destinada, principalmente, aos gestores de empresas, teve como principal objetivo clarificar conceitos, afinal, são esses gestores que promovem as políticas de inclusão. Entre alguns dos pilares propostos, a SOBRATT buscou com o presente trabalho coletivo, promover o talento das Pessoas com Deficiência.

Importante pontuar que o teletrabalho é a solução para efetivar a inclusão, quando o gestor de fato assimila o que realmente se espera dessa modalidade de trabalho e que, portanto, vai de encontro a qualquer movimento discriminatório. Como sempre costumo afirmar nas minhas jornadas "sobrattianas", não podemos colocar a culpa no teletrabalho, mas sim na forma com que o teletrabalho é implementado. Conforme inúmeras vezes entoei, o teletrabalho não é a panaceia para solução de todos os problemas, como também o algoz na vida dos trabalhadores, mas tão somente uma forte e moderna modalidade de trabalho, que deve ser mais bem trabalhada em todos os seus formatos, *home office*, híbrido etc.

A SOBRATT objetiva demonstrar que o teletrabalho somente será verdadeiramente inclusivo se inexistirem entraves dentro das organizações que dificultem o processo de acolhimento desse teletrabalhador com deficiência, sem coitadismos, mas com técnica e reconhecimento de sua capacidade profissional, sempre com adequados equipamentos de informação e comunicação e com a assistência de tecnologias assistivas.

Se existe legislação que obriga as empresas a cumprirem cotas com a admissão de percentual variável entre 2% a 5% de pessoas com deficiência ou incentivo previsto no art. 75-F da CLT, chegou o momento de os gestores entenderem que há algo mais contundente que deve leva-los ao amplo processo de inclusão por meio do teletrabalho, que nada mais são do que as políticas de ASG(8), vale dizer, promover a contratação de pessoas com deficiência, com ou sem exigência da legislação, deve ser o foco das organizações, se é que realmente estão conectadas com o movimento da acessibilidade, diversidade e inclusão.

Nesse sentido, é na AGENDA 2030 que o teletrabalho se encontra em vários ODS(9), mecanismo necessário para as nações atingirem um desenvolvimento sustentável, com respeito à dignidade da pessoa humana e o meio ambiente.

Conforme exposto, o TELETRABALHO não gera isolamento social para a pessoa com ou sem deficiência, quando adequadamente implementado, e realmente pode ser ferramenta importante para o aumento da empregabilidade. Sem estigmas, sem superproteção e combatendo o capacitismo. Esse é o caminho que a SOBRATT acredita, cujo trabalho de esclarecimento está sendo desenvolvido em conjunto com a Secretaria de Estado dos Direitos das Pessoas com Deficiência de São Paulo.

(V) Os desafios da ergonomia e saúde ocupacional no teletrabalho

Seguindo a trilha multidisciplinar, um dos projetos dos quais mais me orgulho e tenho profunda gratidão foi aquele inspirado pelo diretor de relações internacionais da SOBRATT, Prof. Fabiano Zavanella, que apresentou a oportunidade de nossa associação e do IPOJUR lançarem coletânea com o objetivo de demonstrar a EVOLUÇÃO DO TELETRABALHO em todas as áreas: jurídica, gestão, tecnologia, ergonomia e saúde ocupacional.

---

(8) A sigla ASG significa Ambiental, Social e Governança, cujos pilares representam a responsabilidade social, a sustentabilidade dos processos e o gerenciamento com diretrizes corretas que as empresas devem adotar. A sigla ESG está no idioma inglês: *Environmental, Social and Governance.*

(9) ODS – Os objetivos de Desenvolvimento Sustentável (ODS) foram adotados durante a Cúpula das Nações Unidas em 2015. Os ODS composto por 17 objetivos e 169 metas deverão ser atingidos até 2030.

E o Tomo IV certamente reflete a preocupação da SOBRATT com a saúde ocupacional dos teletrabalhadores envolvidos nessa acelerada transformação, não apenas em tempos de pandemia, mas se tornou realidade perene em nossas vidas.

A lição aprendida foi que um colaborador pode ter ao seu alcance a melhor tecnologia e softwares com ampla utilização de inteligência artificial etc., mas se os gestores não contribuírem com um ambiente saudável de trabalho esse "aparente" avanço de nada adiantará.

Na apresentação do livro ERGONOMIA e SAÚDE OCUPACIONAL, deixei bem definida a posição da SOBRATT no sentido de que "se não forem definidos os objetivos a serem alcançados com estabelecimento de políticas com regras, critérios de elegibilidade e diagnósticos ligados à ergonomia e ambiente físico"... "haverá grandes chances de questões que envolvem a saúde física e mental tomarem indesejáveis proporções".[(10)]

Ainda que nos cause perplexidade, existem organizações que ainda não se preocupam com os postos de trabalho em home office, inexistindo adequações de mobília e medidas para sua conservação/preservação. Infelizmente, gestões com essa mentalidade acreditam que problemas ergonômicos são meros detalhes, que podem ser resolvidos com auxílios risíveis de despesas, e não necessitam ser enfrentados mercê de políticas consistentes de sorte a garantir o desenvolvimento saudável da atividade.

Sob o ponto de vista do teletrabalhador, há questões que não estão sob o olhar do gestor, pelo menos de forma direta, e assumem importância no quesito sedentarismo, alimentação desequilibrada, o que pode gerar doenças cardiovasculares etc.[(11)].

Outras, ao contrário, dizem respeito a essência desse controle, ou decorre, por exemplo, na correta gestão dos afastados em teletrabalho. Há, também, apontamentos importantes para o setor de medicina do trabalho nas empresas nesse novo ambiente de trabalho remoto, notadamente quando o assunto envolve nexo

(10) *A Evolução do TELETRABALHO, TOMO IV:* ERGONOMIA E SAÚDE OCUPACIONAL. Apresentação, Organizadores Fabiano Zavanella e Luis Otávio Camargo Pinto, p. 13.

(11) "Além disso, deve-se fazer as mudanças necessárias no estilo de vida para ter uma dieta saudável e nutritiva e atividade física suficiente...". É importante destacar que são justamente essas medidas simples de incorporação de hábitos mais saudáveis na rotina que podem trazer impactos positivos de maneira significativa para as pessoas em trabalho remoto ou híbrido." *A Evolução do Teletrabalho: TOMO IV:* Ergonomia e Saúde Ocupacional, Prevenção de Doenças Mentais no Teletrabalho, Pedro Shiozawa, p. 102.

de causalidade, enfim, novos desafios que deverão ser enfrentados com equilíbrio e investigação acurada.

A contribuição da SOBRATT nesse ponto está no alerta de que todos os atores envolvidos: gestores, teletrabalhadores, recursos humanos, jurídico e, principalmente, equipe de medicina e saúde ocupacional das empresas precisam caminhar e reconhecer que — sem o devido suporte de qualquer organização — a gestão do teletrabalho poderá enfrentar revezes, pois sempre é bom lembrar: investimento em gestão de saúde, principalmente em teletrabalho, é conexão direta com ASG, o que significa investidores satisfeitos e o corpo funcional feliz e mais produtivo.

(VII) Conclusão

Procurei apresentar algumas contribuições da SOBRATT nesse atual momento do teletrabalho em suas mais variadas frentes. O que pudemos observar ao longo desses anos é que o assunto ainda desperta nossas paixões.

Definitivamente, não existem fórmulas, tampouco precisamos ficar ouvindo críticas no melhor estilo "engenheiro de obra pronta", isso porque, e aqui mais uma vez falando de aprendizados adquiridos, o teletrabalho continua sendo um processo em construção(12).

Que não fiquemos restritos aos nossos rígidos posicionamentos, na medida em que nesse campo podemos tirar o melhor ou o pior dessa experiência. O teletrabalho não é uma aberração, ao contrário do que pontificou David Solomon, CEO da Goldman Sachs, tampouco é a nova ordem mundial e definitiva de trabalho. Acredito que já conseguimos assimilar que nem todas as atividades são elegíveis, como também nem todas as pessoas se adequam a essa modalidade de trabalho.

Acredito que o teletrabalho pode estimular o bem-estar com observância de reais cuidados com a saúde ocupacional e na sua capacidade de incluir pessoas com deficiência. Acredito, ainda, que o teletrabalho pode se desenrolar com o

(12) *Home Office:* como ser produtivo e profissional onde quer que você esteja. ROBERT. C.; POZEN, Alexandra Samuel. Porto Alegre: Citadel, 2022, p. 361"A transição para o trabalho remoto é um grande desafio — para indivíduos e organizações. Mesmo as pessoas com muitos anos no *home office* podem ter dificuldade para se adaptar às novas expectativas que surgem à medida que o trabalho remoto se torna predominante. Conforme ajustamos nossos hábitos de trabalho e culturais organizacionais à colaboração distribuída, ainda estamos descobrindo o que se traduz bem e o que precisa ser adaptado ou reinventado".

olhar para produtividade e com métricas consistentes, sem que isso signifique monitoramento irracional ou ilícito(13).

Em todas as abordagens que fizemos no campo jurídico, de gestão, inclusão de pessoas com deficiência, ergonomia e saúde ocupacional, constatamos que o harmonioso "caminho do meio" é que efetivamente nos libertará, não apenas no teletrabalho, mas em todos os setores de nossas vidas(14).

E é esse "caminho do meio" que está muito bem retratado no livro trabalho remoto, cujos autores Charlie Warzel e Anne Helen Petersen, sem rodeios, destrincham o radicalismo do tudo ou nada que imperam em algumas organizações, mas que facilmente podem ser solucionadas com o formato híbrido:

> "Então o que está acontecendo agora é que ninguém vai mais concordar com a mentalidade de cinco dias por semana no escritório. Agora que já experimentaram o fruto proibido, não há mais como recuar. Se você disser a um jovem executivo que ele deverá trabalhar no escritório das 9h às 17hs, cinco dias por semana, ele simplesmente pedirá demissão."(15)

E no capítulo "tecnologias do Escritório", há também um prenúncio interessante..." *a verdade sobre o trabalho após a pandemia é que a maioria de nós voltará ao escritório, de alguma forma, em algum momento. Talvez isso traga um pouco de alegria para você; talvez o encha de medo. Mas, se olharmos para o futuro desde o presente, parece claro que — pelo menos a curto prazo — muitos de nós voltaremos para uma mesa bem conhecida, sob o zumbido das lâmpadas fluorescentes, entre um e cinco dias*

---

(13) *A Evolução do TELETRABALHO:* TOMO III – Tecnologia Aplicada – Artigo de José Assumpção Rodrigues de Almeida, Medicação da Produtividade no Trabalho Remoto, p. 59 "Como o trabalho intelectual é de mais difícil medição que o trabalho braçal, onde contagens podem definir quais equipes foram mais produtivas ou identificar gargalos de produção, o trabalho intelectual é pouco padronizado e tem demandas variadas. Os dados podem ser tratados para inferir pesos para todas as tarefas, de moda a dar uma melhor métrica de produtividade. E visto que os dados não mentem, tarefas podem ser remanejadas para equipes maiores ou mais ociosas, evitando sobrecarga, e para quem lida melhor com qual demanda — fazendo desse conjunto de dados algo mais valioso que ouro para o gestor".

(14) *A Evolução do TELETRABALHO:* TOMO I – Aspectos Jurídicos, p. 84 "Enfim, além do acolhimento da diversidade, equidade racial, de gênero, inclusão de pessoas com deficiência, questões socioambientais, também haverá necessário espaço para que a saúde mental dos trabalhadores seja um pilar de sustentação nas organizações. Aliás, partirá do próprio mundo corporativo soluções — com a utilização da tecnologia —, que promovam e monitorem a saúde dos colaboradores, numa dimensão física, social e emocional.

(15) *Trabalho Remoto:* as vantagens e desvantagens do *home office*. Charlie Warzel, Anne Helen Petersen, Rio de Janeiro. Best Business, 2022. p. 250

por semana."..., mas, com o decorrer do tempo, talvez você comece a se questionar sobre o lugar onde passa seus dias. Qual é o sentido de estar presente no escritório durante quarenta horas por semana? Por que estamos todos sentados em cubículos? Por que estamos enclausurados em um espaço aberto?(16)

Exalto aqui os gestores, sejam eles públicos ou privados, que saibam extrair do teletrabalho o que ele tem de melhor, escudados em estudos técnicos, muita organização, métricas consistentes, escuta ativa do corpo funcional/servidores e investimento em ações de desenvolvimento(17), e que não se percam nessas ondas maniqueístas que rondam empresas e organizações e nas cabeças daqueles que tem o poder de decidir a vida do corpo funcional, servidores e população em geral.

Ao finalizar o presente artigo, não poderia deixar de mencionar o Professor Alvaro Mello com o seu costumeiro equilíbrio, quando dá destaque ao posicionamento SOBRATT e o trabalho híbrido:

> "Dentro deste mundo em acelerada transformação digital e do trabalho com dramáticas mutações sociais, econômicas e ambientais, a SOBRATT está consciente que a adoção do teletrabalho (híbrido) proporciona à comunidade a utilização de conceitos e práticas de natureza sustentável, o aumento da produtividade, a diminuição de congestionamentos e a redução de emissão de gases que provocam a poluição atmosférica."(18)

Enfim, lembrando que não podemos baixar a guarda com essa aparente volta inegociável ao presencial, encerro aqui minhas reflexões com o alerta de Warzel e Petersen: "vá em frente e não estrague tudo...".

Referências

22 Anos da SOBRATT: A Evolução do Teletrabalho – TOMO I – Aspectos Jurídicos. Organizadores Fabiano Zavanella, Luis Otávio Camargo Pinto. Campinas: Lacier Editora, 2021.

---

(16) *Trabalho Remoto:* as vantagens e desvantagens do *home office*. Charlie Warzel, Anne Helen Petersen. Rio de Janeiro: Best Business, 2022. p. 179.

(17) *A Evolução do TELETRABALHO:* TOMO II – Gestão: Estudos em Homenagem ao Prof. Alvaro Mello. Artigo: Programa de Gestão: Bastidores e Perspectivas do Teletrabalho no Executivo Federal – Juliana Legentil, Roberto Pojo, Walter Cunha e Luciana Faria. p. 103 "... o investimento em ações de desenvolvimento. A organização deve fazer uso de todos os recursos razoáveis para fomentar essa mudança de cultura com a devida segurança psicológica. É ilusão achar que é só deixar o servidor em casa e tudo vai funcionar...".

(18) *22 Anos da SOBRAT:* A Evolução do Teletrabalho; TOMO I – Aspectos Jurídicos, p. 15.

A Evolução do Teletrabalho: TOMO II – Gestão – Estudos em homenagem ao Prof. Alvaro Mello. Organização Fabiano Zavanella, Luis Otávio Camargo Pinto 1. ed. Campinas: Lacier Editora, 2022.

A Evolução do Teletrabalho: TOMO III – Tecnologia no Teletrabalho. Organizadores: Fabiano Zavanella, Fernando Angelieri, Luis Otávio Camargo Pinto. 1. ed. Campinas: Lacier Editora, 2023.

Direito do Trabalho e Gestão Corporativa. Organizadores: Fabiano Zavanella, Luciana Nunes Freire. São Paulo, LTr, 2023.

A Evolução do Teletrabalho: TOMO IV – Ergonomia e Saúde Ocupacional. Organizadores: Fabiano Zavanella, João Baptista Opitz Júnior, João Baptista Opitz Neto, Luis Otávio Camargo Pinto. 1. ed. Campinas. Lacier Editora, 2023.

Trabalho remoto: as vantagens e desvantagens do *home office*. Charlie Warzel, Anne Helen Petersen. 1. ed. Rio de Janeiro: Best Business, 2022.

Home Office: como ser produtivo e profissional onde quer que você esteja. Robert C. Pozen, Alexandra Samuel. Tradução de Giovana Faria. Porto Alegre: Citadel, 2022.

Anteprojeto de Lei Sobratt

• Art. 817-A – **As audiências iniciais e de conciliação ocorrerão de forma telepresencial,** assegurada a publicidade dos atos e demais preceitos desta Seção, com utilização de plataforma disponibilizada pelo Conselho Nacional de Justiça, vedada a utilização de sistemas alternativos.

• § 1º Caso alguma das partes manifeste impossibilidade de participação na audiência telepresencial no prazo de até cinco dias úteis do recebimento da intimação, a sessão deverá ocorrer de forma híbrida, ainda que em nova data.

• Art. 841 – Distribuída a reclamação, o escrivão ou secretário, **dentro de 5 (cinco) dias, expedirá a citação ao reclamado, notificando-o ao mesmo tempo, para comparecer à audiência de conciliação, inicial, a critério do juiz — oportunidade em que apresentará a defesa.**

• § 1º A defesa deverá ser apresentada até a audiência, sempre assegurado ao reclamado o intervalo mínimo de **15 (quinze) dias úteis** após a citação para apresentação da defesa, observado o disposto no art. 847.

• Art. 843 – As audiências poderão ser de conciliação, inicial ou instrução,

• (...)

• **(EXCLUIR)** § 4º – § 4º A audiência una concentrará, em princípio, todas as fases processuais, admitindo-se a cisão para instrução ou julgamento.

• (...)

• § 6º As audiências iniciais e de conciliação serão designadas de forma telepresencial, observado o disposto no art. 817-A.

• § 7º As audiências de instrução devem ser realizadas presencialmente nos termos do art. 813, salvo em havendo requerimento conjunto das partes ou concordância pela modalidade telepresencial, conforme art. 817-A, não podendo ser presumida.

• Art. 844 – O não comparecimento das partes à audiência inicial ou de instrução importa confissão quanto à matéria de fato.

• Parágrafo único. Ocorrendo motivo relevante, poderá o juiz suspender o ato, designando nova audiência.

• Art. 845 – O reclamante e o reclamado comparecerão à audiência de instrução acompanhados das suas testemunhas, apresentando, nessa ocasião, as demais provas.

• Art. 847 – Nas audiências iniciais a parte apresentará defesa escrita pelo sistema de processo judicial eletrônico até 10 (dez) dias úteis antes da data designada, sendo vedada a fixação de prazo diverso pelo juiz.

• **EXCLUIR** – Parágrafo único. Assegura-se a possibilidade de apresentação de defesa oral em audiência por vinte minutos.

Teletrabalho: Aspectos Práticos para Negociação Coletiva

Luiz Carlos Amorim Robortella(1)

Antonio Galvão Peres(2)

I. Introdução

As novas tecnologias têm proporcionado verdadeira revolução na localização do trabalho, especialmente nas grandes cidades, em que o tráfego de veículos e as distâncias desestimulam os deslocamentos.

Hoje o trabalhador pode se vincular a uma organização produtiva por *zoom*, *teams*, *google meet*, *e-mail*, telefone celular, *internet* e diversos outros instrumentos que, paradoxalmente, asseguram a proximidade, ainda que à distância.

Em termos de organização das cidades, a mobilidade urbana e a preservação do meio ambiente constituem preocupações fundamentais; busca-se até mesmo a construção de edifícios com escritórios e moradias para que a locomoção seja menos necessária.

---

(1) Doutor em Direito do Trabalho (USP). Presidente da Academia Brasileira de Direito do Trabalho (2022-2024). Titular da cadeira n. 29 da *Academia Iberoamericana de Derecho del Trabajo y de la Seguridad Social*. Professor da Faculdade de Direito da Universidade Mackenzie (1974-1995). Docente voluntário na Faculdade de Direito da USP (1978-1992). Professor Titular de Direito do Trabalho da Faculdade de Direito da FAAP (2000-2008). Membro do Conselho Superior de Relações de Trabalho da FIESP. Membro do Grupo de Altos Estudos do Trabalho – GAET.

(2) Doutor e Mestre em Direito do Trabalho (USP). Professor de Direito do Trabalho do Curso de Pós-graduação de Direito do Agronegócio do IBDA. Professor do Curso de Direito do Agronegócio do INSPER. Membro do Conselho Superior de Relações de Trabalho da FIESP (2017-2021). Professor Adjunto de Direito do Trabalho da Faculdade de Direito da Fundação Armando Álvares Penteado — FAAP (2006-2014). Membro do Instituto dos Advogados de São Paulo — IASP, do qual foi Presidente da Comissão de Direito do Trabalho (2010-2012). Coordenador do Núcleo de Assuntos Legislativos da Comissão da Advocacia Trabalhista da OAB/SP. Titular da cadeira n. 35 da Academia Paulista de Direito do Trabalho.

O teletrabalho, além de se inserir nas grandes questões do moderno planejamento urbano, é uma das manifestações e expressões mais nítidas da individualização do contrato de trabalho, com a redescoberta do empregado-indivíduo.

É uma tendência contrária ao tempo coletivo, uniforme e anônimo que marca a evolução da legislação do trabalho(3). Pode aumentar a liberdade do trabalhador na gestão do seu tempo, que constitui uma das tendências internacionais(4).

Trata-se da superação da própria modernidade. O moderno, há poucos anos, era o que se via nas grandes indústrias, que concentravam milhares de trabalhadores uniformizados e rigidamente subordinados — como um exército — na linha de produção, o que, de forma análoga, também ocorria com as equipes de escritório, submetidas a rigorosa hierarquia.

Hoje os trabalhadores enfrentam essa faceta da pós-modernidade em duas grandes frentes. Em uma concorrem com as máquinas, inclusive os novos sistemas de inteligência artificial. No outro flanco valem-se da tecnologia para produzir mais e à distância, conectando-se à organização a qualquer tempo e de qualquer lugar. Isto, evidentemente, lhes proporciona maior conforto e possibilidade de autogestão da jornada.

Contudo, a fragmentação do trabalho traz preocupações a sociólogos como ANDRÉ GORZ(5): "o desenvolvimento dos conhecimentos tecnocientíficos, cristalizados em maquinarias do capital, não engendrou uma sociedade da inteligência, mas, como dizem Miguel Benasayag e Diego Sztulwark, uma sociedade da ignorância. A grande maioria *conhece* cada vez mais coisas, mas *sabe* delas e as *compreende* cada vez menos".

A personagem de CHAPLIN em *Tempos Modernos*, apertando parafusos e se distanciando da inteireza da produção, pode ganhar uma nova e perigosa roupagem se empresas, sindicatos e trabalhadores descuidarem do entrosamento comunitário.

Surgem novos dilemas que corroem a realidade proletária sobre a qual foi forjado o direito do trabalho.

A regulamentação do tema é um grande desafio.

---

(3) ADAM, Patrice. *L'individualização du droit du travail.* Paris: LDGJ, 2005. p. 237

(4) ADAM, *op. cit.*, p. 239/241

(5) GORZ, André. *O imaterial:* conhecimento, valor e capital. São Paulo: Annablume, 2005. p. 81.

II. Gargalos da regulamentação legal

Antes da Reforma de 2017 (Lei n. 13.467/17) não havia regulamentação geral e específica para o teletrabalho.

O escopo deste artigo, em tomo da coleção da SOBRATT destinado a aspectos multidisciplinares, não é descer às minudências da lei e sua aplicação. Aqui se pretende abordagem pragmática.

Em termos gerais, um traço das alterações em 2017 é a valorização da boa-fé e da autonomia individual. Isto se verifica não apenas em relação ao teletrabalho, mas também em muitas outras modificações na CLT, como a negociação entre empresa e empregado hiperssuficiente.

Esse aspecto não foi bem recebido por parte da doutrina e dos magistrados.

Muitos criticam, por exemplo, a liberdade de negociação dos custos do teletrabalho e fornecimento de equipamentos.

O teletrabalho se intensificou em razão da pandemia do Covid-19, ensejando medidas de emergência que criaram novas bases para o modelo. Essa rica experiência acabou gerando alterações perenes da lei.

O crescimento do teletrabalho multiplicou, como é natural, conflitos em torno de sua aplicação.

Os gargalos da regulamentação legal e a desconfiança na autonomia individual — nosso traço cultural — reforçam a pertinência da negociação coletiva como instrumento de pacificação e prevenção de conflitos.

A experiência revela que os principais pontos de atrito estão na duração do trabalho, provisão de equipamentos, custeio de despesas, saúde e ergonomia.

III. Revalorização da negociação coletiva

O debate sobre os lindes da negociação coletiva sempre foi acalorado.

Embora a Constituição Federal prestigie a autonomia coletiva até para redução salarial, muitos rejeitam a negociação *in pejus*.

Houve ensaios para criação de regras mais claras, mas só veio a ocorrer com a Reforma de 2017 mediante os novos arts. 611-A e 611-B da CLT.

Interessam para o escopo deste artigo os seguintes preceitos:

> Art. 611-A. A convenção coletiva e o acordo coletivo de trabalho têm prevalência sobre a lei quando, entre outros, dispuserem sobre:
>
> (...)
>
> VIII – teletrabalho, regime de sobreaviso, e trabalho intermitente;
>
> (...)
>
> X – modalidade de registro de jornada de trabalho; (...).

A regulamentação coletiva do teletrabalho e das modalidades de registro de jornada tem, portanto, prevalência sobre o que dispõe a lei.

Evidentemente, a mera previsão legal não estanca as divergências. Afinal, trata-se de matéria constitucional, persistindo, à luz da CF, argumentos a favor da impossibilidade dessa negociação.

O tema alcançou diversas vezes o Supremo Tribunal Federal.

No julgamento do Tema n. 1.046 de Repercussão Geral o STF prestigiou negociação coletiva. Prevaleceu, por ampla maioria de votos, a "prevalência do negociado sobre o legislado".

Para rememorar, eis o tema original:

> "Validade de norma coletiva de trabalho que limita ou restringe direito trabalhista não assegurado constitucionalmente."

Ao cabo, eis a tese firmada, conforme certidão de julgamento:

> "O Tribunal, por maioria, apreciando o Tema n. 1.046 da repercussão geral, deu provimento ao recurso extraordinário, nos termos do voto do Relator, vencidos os Ministros Edson Fachin e Rosa Weber. Em seguida, por unanimidade, foi fixada a seguinte tese: "São constitucionais os acordos e as convenções coletivos que, ao considerarem a adequação setorial negociada, pactuam limitações ou afastamentos de direitos trabalhistas, independentemente da explicitação especificada de vantagens compensatórias, desde que respeitados os direitos absolutamente indisponíveis". Ausentes, justificadamente, o Ministro Luiz Fux (Presidente), impedido neste julgamento, e o Ministro Ricardo Lewandowski. Presidiu o julgamento a Ministra Rosa Weber, Vice-Presidente. Plenário, 2.6.2022."

Portanto, segundo o STF, no plano coletivo o limite da negociação coletiva é muito amplo; não basta ser o direito indisponível, mas sim "*absolutamente*" indisponível.

É claro que há espaço para interpretações restritivas, mas basta examinar as decisões do STF na aplicação do critério para constatar que o objetivo foi realmente privilegiar a solução negociada.

Em síntese, há razoável segurança jurídica para aparar as arestas da regulamentação do teletrabalho mediante negociação coletiva.

IV. Com quem negociar? Teletrabalho e enquadramento sindical

A deslocalização do trabalho em razão da tecnologia da informação fragiliza um dos pilares de nosso modelo organização sindical: o monopólio de representação da categoria na base territorial.

Isto porque os empregados, mesmo direcionando o produto de seu trabalho ao mesmo tomador, podem estar espraiados pelo país ou até mesmo pelo mundo.

Há mais de vinte anos o *World Employment Report 2001* da OIT examinou os efeitos das ICT (*information and communication tecnologies*) no mundo do trabalho.

Das conclusões destacadas pelo relatório sobressai a de que as ICT poderiam fragilizar o vínculo entre localização física e performance, com implicações no modo como a duração do trabalho é tradicionalmente regulada, na forma como o contrato de emprego é administrado e no modo como as negociações coletivas estão estruturadas e administradas(6).

Isso deixou de ser um prenúncio e se consolidou em diversos setores, aflorando com ainda maior intensidade após a pandemia da Covid-19.

Outrora as dificuldades estavam nos grupos de empregados em *atividades móveis*(7), como os aeronautas e marinheiros, que perpassam diversos territórios, e os vinculados a *atividades dispersas* como jornalistas correspondentes, determinados artistas (*v.g.* circenses), propagandistas e vendedores viajantes que se deslocam frequentemente.

---

(6) INTERNATIONAL LABOUR ORGANIZATION. (ILO). *ILO Activities on the social dimension of globalization:* Synthesis report. Geneva: 12 jul. 2002. Disponível em: <http://www.oit.org/public/english/wcsdg/index.htm>.

(7) Essa terminologia (*activité mobile et activité éparse*) é empregada por COURSIER, Philippe. *Le conflit de lois en matière de contrat de travail:* étude en droit international privé français. Paris: Librairie Générale de Droit et de Jurisprudence, 1993. p. 106-111.

Esse dilema também surgia na transferência provisória[8] e hoje, de forma muito contundente, desponta no teletrabalho, quando pouco importa o local da prestação de serviços.

Agora não mais se discute esse local, que simplesmente perdeu importância diante do teletrabalho. O local pode ser virtual, etéreo, volátil.

Contudo, em termos jurídicos, apenas em parte o local de trabalho viu reduzida sua relevância, eis que ainda é referência para outros aspectos previstos na lei.

Como o sindicato é a categoria organizada na base territorial, esta muitas não alcança os limites geográficos da atuação do teletrabalhador, causando dúvida sobre a representação sindical.

O art. 75-B, § 7º, da CLT passou a dispor que "aos empregados em regime de teletrabalho aplicam-se as disposições previstas na legislação local e nas convenções e acordos coletivos de trabalho relativas à base territorial do estabelecimento de lotação do empregado".

Em nossa opinião, a palavra *lotação* é utilizada para indicar o estabelecimento em que foi *registrado* o trabalhador. Obviamente, tal registro precisa ter alguma correspondência com o aproveitamento do trabalho, evitando manobras para vincular o empregado a sindicatos menos combativos, por exemplo.

Algumas normas coletivas inserem cautelosa previsão de que "a alteração de regime presencial para telepresencial não modifica o enquadramento sindical do empregado".

V. Duração do trabalho. Panorama atual

A nova redação do art. 62, III, da CLT, nos termos da Lei n. 13.467/17, retira do teletrabalhador a proteção do capítulo Duração do Trabalho.

Provavelmente teve em conta a total liberdade horários, não se justificando controle, horas extras, intervalos etc. Sucede que a pandemia demonstrou que tal autonomia não vale para todas as atividades.

---

(8) RONALDO LIMA DOS SANTOS distingue os efeitos das transferências provisória e definitiva para o direito coletivo. Na primeira hipótese, o empregado "continuará vinculado ao sindicato profissional de origem e às normas coletivas por ele pactuadas". Na segunda, "a aplicação da norma coletiva do novo local de prestação de serviços opera-se pelo simples fato de o empregado passar a laborar em localidade sujeita à representação de outro sindicato", inclusive se mantiver o mesmo domicílio (SANTOS, Ronaldo Lima dos. *Teoria das normas coletivas*. São Paulo: LTr, 2007. p. 210-211).

Em algumas se espera apenas o resultado, pouco importando o tempo, enquanto muitas outras impõem horários pré-definidos em razão da natureza da atividade ou engajamento em equipe.

No jargão dos profissionais de recursos humanos, atividade remota sem jornada definida é "teletrabalho" e, quando definida, é *"home office"*.

Em *"home office"*, segundo essa classificação, os empregados devem respeitar os horários fixados e têm direito a hora extra, mas assim não estava escrito na lei antiga.

O atual art. 62, III, da CLT propõe, como solução, excluir do Capítulo Duração do Trabalho apenas "os empregados em regime de teletrabalho que prestam serviço por produção ou tarefa".

A iniciativa é louvável, mas a redação suscita novos embates porque a contratação por produção ou tarefa não afasta, por si só, as regras acerca de duração do trabalho.

Os comissionistas puros têm jornada definida quando não enquadrados nas exceções do art. 62 e, assim, fazem jus a hora extra, conforme a Súmula n. 340 do TST.

A intenção do legislador, todavia, fica mais clara na leitura do art. 75-B, § 2º (*... O empregado submetido ao regime de teletrabalho ou trabalho remoto poderá prestar serviços por jornada ou por produção ou tarefa...*).

Melhor seria distinguir "com jornada definida" e "sem jornada definida". Desse modo se excluiriam os empregados "em regime de teletrabalho com plena liberdade de jornada e horários, não descaracterizando esta exceção o eventual comparecimento ao estabelecimento do empregador ou a reuniões".

Aqui há vasto campo para negociação coletiva.

Em tese, é possível negociar:

a) controle e mecanismos específicos considerando a realidade do teletrabalho puro ou em regime híbrido;

b) exclusão de certos trabalhadores da proteção do Capítulo Duração do Trabalho da CLT, assegurando-lhes, em contrapartida, a natural liberdade de horário;

c) controle de ponto por exceção, em que só os atrasos ou horas extras são anotados;

d) alternância entre trabalho presencial e teletrabalho quando instituído o regime híbrido;

e) garantia da chamada desconexão do trabalho;

f) exigência de "hibernação" (termo utilizado em algumas normas coletivas) dos sistemas de informática em determinado horário para evitar sobrejornada.

Lamentavelmente, muitas normas coletivas apenas repetem os termos da lei, deixando escapar a oportunidade de definir as regras aplicáveis.

VI. Equipamentos e despesas

O art. 75-D da CLT permite que a responsabilidade pela aquisição, manutenção ou fornecimento de equipamentos, bem como as despesas e infraestrutura para a atividade, sejam negociadas individualmente e estipuladas em "contrato escrito".

Quanto aos equipamentos e infraestrutura, diversas situações se apresentam:

a) pode não ser razoável exigir o fornecimento pelo empregador de equipamentos quando o empregado deles já dispõe[(9)];

b) na contratação para vaga específica em teletrabalho, pode ser aceitável, em certos casos, condicioná-la a que tenha o empregado meios próprios (assim como se exige do vendedor que tenha veículo para a atividade);

---

(9) "Ocorre que a reclamante já ocupava seu imóvel residencial por ocasião da contratação pela reclamada, de modo que a utilização de sua casa como escritório de trabalho não implicou em custo adicional.

Além disso, a despesa com energia elétrica ou com o uso de equipamento (notebook, por exemplo) não pode ser aferida exclusivamente em função do labor, a medida que não ocorria unicamente pela atividade comercial, mas também em função do uso doméstico.

O labor em home office não caracteriza salário-utilidade.

De resto, a autora não comprovou a majoração de gastos de luz etc. após o início do teletrabalho, de modo que não se sustenta o parâmetro adotado na origem. O labor em *home office* não caracteriza salário-utilidade.

Dá-se, pois, provimento ao recurso para excluir o reembolso do importe de R$ 338,32 (1/3 dos valores gastos com telefone e energia elétrica) ao longo do período em que trabalhou em sistema de *home office*."

(TRT-2 – RO – 1000025-66.2019.5.02.0319, relator Sérgio José Bueno Junqueira Machado, 9ª Turma, Data de Julgamento 16/07/2020).

c) não parece legítimo impor ao empregado a aquisição de licenças de *softwares* específicos para o exercício do trabalho.

Algumas empresas adotam a estratégia de disponibilizar equipamentos e inclusive mobília ergonômica conforme a necessidade, respeitando determinados parâmetros. É uma cautela recomendável até para reduzir os riscos de responsabilidades patronais em razão de doença(10).

Quanto ao reembolso de despesas, há muitas possibilidades em acordo individual:

a) afastar o reembolso, embora assumindo o empregador muitos riscos perante o Judiciário;

---

(10) "Nesse contexto, depreende-se que, quando do início das alegadas dores e formigamentos, em 2014, a reclamante já estava trabalhando integralmente em sua própria residência (*"home office"*) há mais de 3 anos, vez que ela só trabalhou no prédio da reclamada "durante os primeiros 4 anos" (fl. 937). O aditamento ao contrato, assinado pela reclamante em 06.07.2011 (fls. 482/486), dispõe expressamente (fl. 486) que "devem ser observados pelo Empregado(A) todas as recomendações relativas à sua saúde e segurança no trabalho, bem como quanto à montagem de seu escritório" e há também disposição expressa no sentido (fl. 486) de que "recomenda-se que o padrão de mobília esteja dentro dos padrões de Ergonomia definidos por RH, de acordo com" site inserido na página da IBM na *internet* e que "**caso haja necessidade de aquisição pelo empregado de mobiliário de escritório para adequação do local onde desempenhará suas atividades profissionais, a IBM ressarcirá a importância gasta com esta aquisição até o valor previsto na 'Tabela de Produtos e Limites para reembolso**'".

Assim, observa-se que esse contrato, apesar de assinado em 2011, já continha deveres que foram inseridos na CLT pelo Legislador na reforma de 2017, como, por exemplo, o art. 75-D da CLT: "As disposições relativas à responsabilidade pela aquisição, manutenção ou fornecimento dos equipamentos tecnológicos e da infraestrutura necessária e adequada à prestação do trabalho remoto, bem como ao reembolso de despesas arcadas pelo empregado, serão previstas em contrato escrito" e o art. 75-E da CLT: "O empregador deverá instruir os empregados, de maneira expressa e ostensiva, quanto às precauções a tomar a fim de evitar doenças e acidentes de trabalho".

Não há, no presente caso, nenhuma solicitação pela reclamante para ressarcimento de importâncias gastas com mobília e, muito menos, indício de recusa por parte da reclamada nesse sentido. O regime de teletrabalho importa em responsabilidades próprias do empregado, especialmente em relação à ergonomia do local onde irá exercer suas atividades em sua residência, o que, no presente caso, constou inclusive de cláusula do aditamento ao contrato de trabalho.

Assim, não há como se imputar à reclamada, no presente caso, culpa pela doença, vez que ausente qualquer indício de negligência no particular, sendo que refoge à razoabilidade a possibilidade de fiscalização integral inclusive do local de trabalho que o empregado montou em sua própria residência para o desempenho de suas funções. Reformo, para expungir da condenação a indenização relativa à estabilidade provisória."

(TRT-2 – RO – 1000614-50.2017.5.02.0021, relatora Lilian Gonçalves, 18ª Turma, Data de Julgamento 23/09/2020 – votação unânime)

b) prever o reembolso pelo valor real das despesas, mediante difícil comprovação objetiva;

c) restringir o reembolso a percentual fixo de determinadas despesas, excluindo-se outras (*v.g.* metade das despesas com internet, energia elétrica e telefone);

d) oferecer ajuda de custo em valor fixo.

A negociação de regras claras, ainda que em acordo individual, é louvável e oportuna, mas sempre poderá haver questionamento perante o Judiciário quanto à razoabilidade e eventual afronta à regra geral de que os custos do empreendimento correm por conta do empregador (art. 2º da CLT).

Por essa razão, a negociação coletiva se afigura mais segura para o estabelecimento dos critérios.

Há inclusive acordos coletivos que estabelecem distinção conforme a iniciativa do teletrabalho: quando proposto pela empresa, há reembolso de despesas e fornecimento de equipamentos; quando solicitado pelo empregado, tudo corre às suas expensas. É um mecanismo interessante e equilibrado.

De forma análoga, localizamos uma convenção coletiva que institui verba indenizatória equivalente a 5% do salário quando o teletrabalho decorre de iniciativa patronal; se se trata de escolha do empregado, nada é devido.

VII. Saúde e segurança

Conforme art. 75-E da CLT, o "empregador deverá instruir os empregados, de maneira expressa e ostensiva, quanto às precauções a tomar a fim de evitar doenças e acidentes de trabalho".

Seu parágrafo único prevê que "o empregado deverá assinar termo de responsabilidade comprometendo-se a seguir as instruções fornecidas pelo empregador".

Na pesquisa para este estudo localizamos normas coletivas que apenas repetem os termos da lei.

Outras são mais pormenorizadas e criam mecanismos inclusive para enfrentar o dilema da ergonomia aplicada ao espaço residencial de trabalho e a inviolabilidade da residência.

Em tese também é possível distinguir os acidentes de trabalho dos chamados acidentes domésticos. Os de trabalho poderiam se restringir aos relacionados à ergonomia e em determinados trajetos (da residência ao local de trabalho compartilhado — *co-working*).

VIII. Segurança da informação

Uma das desvantagens para o empregador quando há teletrabalho é a dificuldade de resguardar segredos do negócio.

O dever de confidencialidade é inerente ao contrato de trabalho e sua quebra constitui justa causa para despedimento (art. 482, "*g*", da CLT).

A obrigação do empregado de guardar segredos persiste após a extinção do contrato, podendo seu descumprimento, inclusive, configurar crime de concorrência desleal (art. 195, XI, da Lei n. 9279/96 — Lei de Patentes) ou de violação do segredo profissional (art. 154 do Código Penal).

O direito à indenização pelos danos sofridos decorre de lei, determinando o art. 186 do Código Civil Brasileiro que "aquele que, por ação ou omissão voluntária, negligência ou imprudência, violar direito e causar dano a outrem, ainda que exclusivamente moral, comete ato ilícito".

As empresas têm reforçado o dever de sigilo com um "termo de confidencialidade", pelo qual o empregado se compromete a não divulgar qualquer informação no curso do contrato ou após a rescisão.

Na prática, esse documento, embora não evite por si mesmo a violação de segredos, certamente reforça o cumprimento da obrigação, além de contemplar obrigações acessórias como, por exemplo, a restituição de documentos relacionados ao trabalho quando da rescisão contratual ou a qualquer momento, por solicitação do empregador.

Tal documento tem menor importância se regras análogas forem inseridas em normas coletivas.

A negociação sindical pode disciplinar o monitoramento do trabalho em tempo real e suas limitações em razão da privacidade.

Hoje a tecnologia permite reproduzir a tela do computador do teletrabalhador, contar os toques de teclado ou mesmo filmar a residência.

A depender da atividade o controle pode ser maior ou menor. Assim, por exemplo, o acesso de câmeras ao ambiente residencial é passível de vedação em norma coletiva.

IX. Conclusões

Estas são ideias para a valorização da negociação coletiva sobre o regime de teletrabalho.

O Novo Normal — Teletrabalho no Poder Judiciário

Maria Lucia Ribeiro de Castro Pizzotti[(1)]

Resumo: O presente artigo é autoral e traz abordagem prática do teletrabalho no âmbito do Poder Judiciário Estadual, enumerando os benefícios trazidos em favor do funcionalismo público, magistratura e sociedade, notadamente quanto à significativa economia de verbas públicas.

Palavras-chave: Teletrabalho; vantagens, desvantagens e verbas públicas

Sumário: (i) Retrospectiva Necessária; (ii) Características do Teletrabalho no Primeiro e Segundo Graus; (iii) Vantagens e Desvantagens do Teletrabalho no Âmbito do Poder Judiciário.

Tema muito atual e que vem necessitando de debates, o teletrabalho no serviço público, em especial, no Poder Judiciário, vem ganhando campo e grande aceitação entre Magistrados e servidores.

A resistência inicial veio acompanhada de susto e de alguma dificuldade de adaptação. Susto, pois tal sistema moderno e totalmente inovador se estabeleceu no âmbito do Poder Judiciário por força da terrível pandemia da Covid-19, que de forma avassaladora e em curtíssimo espaço de tempo, dominou o mundo sob os piores aspectos, mas em franca contradição do destino — quando algo terrível acaba por gerar algum resultado positivo — acabou por alterar irreversivelmente muitos comportamentos humanos, especificamente na área laboral.

---

(1) Desembargadora do Tribunal de Justiça do Estado de São Paulo, 30ª Câmara de Direito Privado. Mestre em Direito Processual Penal pela PUC/SP. Coordenadora do Núcleo Permanente de Métodos Consensuais do Tribunal de Justiça de São Paulo — NUPEMEC. Vencedora do Prêmio INNOVARE-2005, Categoria Juiz Individual. Professora da Escola Paulista de Magistratura (EPM) nos cursos de Pós-Graduação em Direito do Consumidor e de Especialização em Métodos Alternativos de Solução de Conflitos e Formação e Capacitação de Mediadores e Conciliadores.

A necessidade de se impor o teletrabalho, ou pela expressão rotineiramente usada em razão da irritante mania de se utilizar da língua inglesa (embora a nossa seja uma das mais ricas em diversidade de vocabulário), o conhecido *"home office"*, decorreu do fechamento dos locais de trabalho físico, com permanência presencial dos empregados e funcionários, respectivamente das áreas privadas e pública, fazendo-se apenas exceção àqueles que atuaram na linha de frente do combate à medonha pandemia, bem como, aos que atuavam em serviços essenciais e que impunham, necessariamente, a presença dos trabalhadores imprescindíveis naquele momento de excepcionalidade.

Testemunhamos o fechamento de escolas, hospitais, prédios públicos em geral, incluindo os fóruns e sedes de tribunais em todo o país, bem como do comércio e serviços, passando todos, no Brasil e no mundo, a se utilizarem de forma automática dos serviços de entrega para produtos, alimentos e remédios, bem como, das compras e vendas virtuais. E, no que tange aos serviços em geral, prestados pelo Estado e pela iniciativa privada, como em um passe de mágica, os seus prestadores conseguiram, em tempo recorde, automatizar, digitalizar e providenciar todas as ferramentas digitais apropriadas, para que tudo se viabilizasse com efetividade. E assim se deu, criando-se, como regra necessária e obrigatória, o que hoje conhecemos como se o fosse há anos, o chamado teletrabalho.

Como Magistrada que sou há trinta e cinco anos, e totalmente adepta do trabalho na forma remota há mais de doze anos, desde que passei a atuar no Segundo Grau do Poder Judiciário, como Desembargadora, após o trauma inicial causado pela horrenda pandemia e suas nefastas consequências, e já me utilizando de todas as ferramentas virtuais para a realização de sessões de julgamento, atendimento a todos os advogados que postulavam — estando eles onde estivessem, fora da cidade ou até do país — e realizando reuniões de trabalho com as equipes e representantes da sociedade civil, isso no âmbito de minha atuação como coordenadora do Núcleo de Mediação do Tribunal de Justiça, consegui realizar adequadamente todas as minhas funções no período excepcional, o que me impôs, por certo, uma adaptação em tempo recorde.

Igualmente na área acadêmica, como professora dos cursos de pós-graduação, de capacitação de mediadores e outros de educação continuada, imediatamente aqueles cursos que estavam em plena realização foram convertidos no formato virtual, com absoluta aceitação de professores e alunos, objetivando não se perder o calendário do programa dos cursos, nem mesmo, evitando-se causar maiores prejuízos aos alunos e professores.

E por incrível que possa parecer, o meu espanto decorre do fato de que, reitero, com enorme rapidez e muita efetividade, a vida laboral transformou-se em virtual, sem perda de qualidade e com absoluta garantia do acesso à Justiça a todos os interessados.

Em face de tal cenário, positivo conforme supra anotado, passei a me perguntar algo para o que, até hoje, não obtive resposta de mim mesma ou mesmo de outros: por que não iniciamos antes o trabalho telepresencial? Se já possuíamos todas as ferramentas tecnológicas em face da grande evolução na área de informática, como é fato notório, qual o motivo de até aquele momento absolutamente dramático para a humanidade, quando foi aterrorizada por uma pandemia sem precedentes, para não termos feito uso de todo esse mecanismo digital, do bem e para o bem, a permitir, como de fato se deu, a realização de teletrabalho? Ainda hoje não sei explicar; mas uma convicção evidentemente se formou, em prol do trabalho à distância: ele veio para ficar, trouxe produtividade, qualidade de vida, efetividade, transparência, acessibilidade, economia, operosidade, dinamismo e muita satisfação do próprio trabalhador e da sociedade, além de significativa economia para o erário público e para os próprios servidores e Magistrados do Poder Judiciário.

Socialmente analisando, vejo como um movimento irreversível, ainda bem, e para mim, pessoalmente, absolutamente vital e impositivo. Afirmo, com absoluta certeza, que jamais terei interesse em voltar ao trabalho presencial como regra. O teletrabalho é, sob todos os aspectos, o novo normal!

(i) Retrospectiva necessária

Mas, como sempre defendo, para que se faça uma análise completa sobre qualquer fenômeno social, no campo do comportamento humano, na área das relações de trabalho, ou mesmo, para que se consiga obter a solução para problemas evidenciados, é preciso se voltar ao tempo, buscando as causas da situação, diagnosticando os fatos ou o problema em si e, a partir disto, atingir-se as necessárias soluções. Assim, por óbvio que seja mencionar, mas oportuno nesta análise, é preciso entender-se como foi, o que não funcionava ou poderia ser melhorado, onde estamos e para onde queremos ir. Por isso, traçarei uma ligeira linha do tempo e apresentarei uma retrospectiva evolutiva do trabalho no Poder Judiciário, considerando as últimas décadas passadas e analisando o antes e o depois, desde os tempos em que os processos físicos — de papel — eram a realidade, até os dias atuais, em que estamos trabalhando e vivendo à distância de colegas de trabalho, de equipes e times de colaboradores e funcionários, mas totalmente dependentes das ferramentas virtuais que passaram a ser o nosso alicerce para qualquer tipo de atuação no Poder Judiciário para fins de prestação jurisdicional.

Até o ano de 2.014 os processos judiciais existiam no papel, os Juízes proferiam suas decisões por escrito e em muitas laudas (o que me causa arrepios nos dias de hoje, a pensar no quanto ambientalmente isso era prejudicial por conta até do desperdício de papel que ocorria nos meandros da atuação cartorária), e todos os cumprimentos de decisões judiciais como mandados de citação, intimação, de prisão, guias de levantamento bancário, cartas precatória e outros, eram viabilizados a partir da emissão de várias cópias de cada um desses atos, que em si, viabilizavam o cumprimento das decisões judiciais. Lembro-me até que muitos deles, como as guias bancárias e os mandados de prisão, necessitavam de algo que as novas gerações nem sequer imaginam ter existido: o carbono. Um "papel" preto, sem estrutura e que tudo manchava, que fazia a mágica de copiar o conteúdo do documento original em várias cópias.

Curioso mencionarmos isso, pois ao ler sobre isso, se pensará que estou me referindo a algo muito antigo, de décadas muito passadas. Só que não! Repito: até o ano de 2.014 os processos judiciais eram físicos, de papel. E assim o sendo, exigiam a presença física, o comparecimento pessoal de Magistrados, advogados, funcionários, partes, policiais (que necessariamente conduziam os réus presos aos interrogatórios e audiências) e outros, em cada unidade forense, para que os processos tivessem o seu necessário andamento.

Nessa época, portanto, não ainda existindo internet (sei que os mais jovens têm dificuldades em acreditar que o mundo realmente existiu antes da *internet*), nem mesmo qualquer ferramenta virtual, o trabalho era obrigatoriamente presencial.

Curiosidades à parte, esse destaque é importante, pois não se pode dissociar o novo formato de trabalho à distância, da realidade tecnológica, visto que ainda que arcaicos sob o meu ponto de vista hoje analisados, o antigo trabalho presencial era o que tínhamos à época, era a realidade existente por um século e meio quase, tempo de existência do Poder Judiciário.

Presencialmente tudo se dava: o atendimento de serventuários às partes e advogados em cartórios e seus repletos e desorganizados balcões. Algo hoje pensado como quase rudimentar, pois havia filas imensas, formadas sem critérios (nem mesmo lei de prioridades havia à época), com processos amontoados muitas vezes de forma não operacional, que desapareciam em meio ao acúmulo burocrático de milhares de autos físicos, pastas de arquivos, ofícios e petições para juntar, após essas petições serem registradas pelas maquininhas de protocolos quase manuais.

Muito estranho lembrar de tudo isso, como se eu estivesse mesmo me referindo a algo dos tempos de antanho. Mas, importante reiterar, foi a nossa realidade há menos de dez anos, pois apenas a partir de 2.014, há menos de uma década, que o papel deixou de entrar no Judiciário.

Por determinação da E. Presidência do Tribunal de Justiça na ocasião, a partir de decisão assertiva e corajosa, impôs-se o formato virtual obrigatório para a entrada de novos processos e o protocolo de petições em geral. Isso era muito novo, gerou questionamentos inclusive da OAB, que insistiu, em alguns pontos do Brasil, que muitos advogados deixariam de exercer sua atividade profissional, pois não teriam condições tecnológicas de ingressar no mundo virtual laboral de forma tão repentina. Só que isso, claro, não aconteceu, pois todos os profissionais do direito se adaptaram rapidamente.

Sim, achou-se que era mesmo repentino, depois de um século e meio trabalhando com papéis e canetas. Contudo, o arrojo daquela pioneira decisão para mudar e tornar a Justiça mais célere, evitar gastos de papel em defesa do meio ambiente, operacionalizar os serviços cartorários, economizar dinheiro público, foi o que permitiu que quando atingidos pela pandemia medonha, pudéssemos continuar prestando a jurisdição normalmente e com efetividade.

Mas o que se colocava de forma argumentativa e evidentemente correta pelos Órgãos diretivos do Tribunal Paulista, e por muitos outros Tribunais do país, é que os tempos modernos haviam chegado, que a era digital era uma realidade irreversível, que o meio ambiente necessitava urgentemente de economia de papel, que a realidade funcional com número de servidores estava sempre aquém da necessidade, e também, que o altíssimo custo do sistema de arquivamento de processos, que sorvia milhões do erário público anualmente, justificavam a medida tida como incisiva e repentina, e por isso, se manteve com firmeza a determinação de migração do sistema físico de autos e petições, para o virtual.

Importante registrar que de repentina nada tinha a medida imposta pelo Tribunal de São Paulo, pois na gestão anterior, em 2.012, já se havia determinado que os novos processos já se iniciariam obrigatoriamente da forma virtual. Assim, foi uma migração necessária, natural e impositiva, que como se sabe, deu muitíssimo certo e vigora até os presentes dias, agora acompanhada de outras formas de tecnologias como robôs, inteligência artificial, sistema de transmissão online, realização de audiências e de sessões de julgamento à distância, com a viabilização da participação de todos os interessados.

E o que tudo isso, o mundo jurídico de papel se transformando em mundo virtual para a prestação jurisdicional, tem a ver com o tema deste artigo que é o trabalho no formato telepresencial? Absolutamente tudo! Pois foi com essa migração de sistema, com o rápido avanço da tecnologia e, no caso do Judiciário, com o vultoso investimento em todas as necessárias ferramentas tecnológicas, é que se atingiu a realidade atual de processos digitais, operando no formato à distância, denominado trabalho telepresencial, e diga-se, com plena qualidade e efetividade.

(ii) Características do teletrabalho no primeiro e segundo graus

Destacando uma vez mais o meu apreço e até dependência atual na forma à distância de realização de meu trabalho como Desembargadora, me agrada lembrar que fui uma das pioneiras ao trabalho à distância, ainda não denominado à época como hoje, qual seja, teletrabalho ou "home office".

Contudo, se fazendo uma comparação entre as atuações dos Primeiro e Segundo Graus de jurisdição, é importante se demonstrar que pelo *modus operandi* da atuação dos Magistrados em cada uma dessas searas de atuação jurisdicional, a diferença entre ambas é muito grande, pois o Juiz de Vara Judicial necessita estar presente diariamente em seu gabinete de trabalho, visto que é de sua atribuição funcional atender aos advogados que pedem para despachar pessoalmente, bem como os funcionários que necessitam tirar dúvidas ou receber orientações; ademais, é dever do Magistrado realizar diversos atos presenciais como a realização de audiências de instrução, de conciliação e, muito importante, a correição diária ao cartório, muito necessária ao adequado funcionamento do mesmo, com fiscalização dos trabalhos e conhecimento da dinâmica cartorária. Isto porque, sempre defendi que um cartório é o verdadeiro "cartão de visitas" de um Magistrado, e assim o sendo, há que ser do pleno conhecimento do Juiz, absolutamente tudo que ali ocorre, como o fluxo de trabalho, o operacional, o atendimento urbano no balcão, a celeridade e correção dos atos cartorários, a qualidade e quantidade do trabalho produzido.

Desta forma, vejo como parcialmente limitado o trabalho à distância (teletrabalho) pelos Juízes de Primeiro Grau no que tange a esse aspecto. No entanto, registro que grande parte dele é viável de ser realizado com ótimo resultado, inclusive no que tange à fiscalização das funções executadas pelos servidores cartorários e de gabinete, na medida em que é possível se saber quem está online, atuando, com o movimento das filas virtuais de andamento processual sendo visualizadas pelo sistema de automação do Judiciário.

Mas, se assim o é, quero dizer, se a atuação do Juiz de Primeiro Grau e sua equipe, é possível apenas parcialmente, haveria uma dicotomia, pois o investimento tecnológico e consequentemente financeiro do Poder Judiciário para viabilizar o sistema virtual de judicatura, remanesceria injustificado, pelo fato de ter o Juiz que estar presente ao fórum e, portanto, realizar o seu trabalho de forma física.

Foi sob este enfoque que se constatou que todas as funções supra elencadas, inclusive as que envolvem o controle do trabalho da serventia, o atendimento aos advogados, ainda que em caráter de urgência e a realização de audiências poderiam, sim, ser feitas também à distância, com mais investimento em tecnologia na área de informática, o que se deu com muita rapidez — de novo, impulsionada pela terrível pandemia — a demonstrar que sim, também no Primeiro Grau, o teletrabalho veio para ficar, sem qualquer prejuízo ao advogado ou ao jurisdicionado.

Entretanto, anoto que por determinação do Conselho Nacional de Justiça, também atendendo a pleito da Ordem dos Advogados do Brasil, editou-se Resolução a partir da qual se determinou que no caso dos Juízes, a presença física se impõe, assim como no que tange aos serventuários. Com tal imposição, ensejou-se a dúvida de que o teletrabalho no Primeiro Grau desapareceria do cenário forense, o que seria, a meu ver, algo sem sentido e na contramão dos novos tempos e até contraproducente, em vista das inúmeras vantagens pessoais e estruturais que o trabalho na forma remota trouxe, sobre as quais trataremos mais à frente neste artigo.

Decidiu-se, portanto, pela Egrégia Presidência do Tribunal que se estabeleceria um rodízio de Juízes e funcionários, a suprir a necessidade alegada pela OAB e reconhecida pelo CNJ de ter o Juiz e os funcionários presencialmente no ambiente forense.

Desta forma, cuida-se de elaborar in loco, em cada unidade forense do Estado, uma escala de trabalho presencial de forma alternada entre todos os Magistrados e funcionários, que suprem uns aos outros simultaneamente, objetivando cumprir, desta forma, as normas do CNJ e, da mesma forma, viabilizar o atendimento aos advogados que comparecem presencialmente aos fóruns.

De minha parte, não estou convicta de que esse rodízio de Juízes e funcionários, como fora determinado, seja na prática necessário, pois se tem constatado que todos os prédios do Poder Judiciário, fóruns e dos Tribunais, estão com baixíssima ocupação, razão pela qual, continuo convicta de que a relação custo benefício do trabalho remoto se justifica, tanto pelo fato inconteste de que todos os atos jurisdicionais e cartorários podem ser praticados pela via do trabalho à distância, virtualmente executado, como pela expressiva economia de verba pública que o novo normal no Judiciário tem ensejado, tema este sobre o qual tratarei mais adiante neste artigo.

Mas antes, dando sequência à conclusão sobre o tópico ora tratado, preciso fazer um paralelo da efetivação do teletrabalho no Segundo Grau, com relação aos Desembargadores e sua respectiva atuação.

Conforme referido acima, o teletrabalho na área pública depende, precipuamente, da atividade praticada, visto que todo servidor público — e Magistrados e Desembargadores o são, em sentido macro — exercem o seu trabalho a favor da população, que é o seu público-alvo, o seu consumidor, ou seja, trabalham os Magistrados para a sociedade e, assim sendo, é da natureza de sua função atender ao público composto por advogados e funcionários.

Contudo, no que pertine aos Desembargadores, sua prestação jurisdicional engloba atividades um tanto quanto distintas das dos Juízes, pois em geral, não exercem função correicional direta com a serventia cartorária, tampouco realizam audiências. Sua função engloba, além, é claro, do estudo sobre os processos e lides que irão julgar em sede de recursos, o atendimento a advogados, a participação em sessões de julgamento e nas reuniões para orientação de suas equipes de assistentes. E tudo isso, induvidosamente, pode e, na minha visão, deve ser exercido no formato do teletrabalho, o que é absolutamente viável e até extremamente producente, pois as ferramentas utilizadas pelo Tribunal de São Paulo, no caso, o Teams, permitem qualquer tipo de reunião, atendimento de advogados em gabinete virtual ou sessão de julgamento com grande número de participantes.

Desta forma, nenhum motivo existe a limitar o trabalho dos Desembargadores à distância, o que vem ganhando qualidade e grande produtividade, conforme se depreende das estatísticas mensais elaboradas.

(iii) Vantagens e desvantagens do teletrabalho no âmbito do poder judiciário

Das desvantagens e ajustes

Em geral, sendo eu uma defensora convicta do trabalho à distância ou teletrabalho, mas de forma realista, enxergando algumas desvantagens práticas atuais, que com ajustes, certamente, desaparecerão, aponto-as neste espaço de reflexão, para na sequência, sugerir as necessárias adaptações.

Impessoalidade

Há quem afirme que o trabalho à distância no Poder Judiciário acabou por retirar a pessoalidade que a presença física do funcionário e do Juiz traziam quando do atendimento e contato pessoal com o advogado.

De fato, reconheço que ao utilizar o usuário do sistema exclusivamente da máquina, na grande maioria das situações, ao encaminhar petições, ser atendido virtualmente, consultar o processo no sistema e fazer sessão de julgamento pela "telinha", acaba por causar uma sensação de afastamento entre advogados e Magistrados. Tem-se a sensação de menos acesso à Justiça, pois muitos advogados alegam que não encontram os Juízes ou Desembargadores nos fóruns ou gabinetes, e por isso, nunca são atendidos.

Reconheço, lamentando, que isso é uma realidade, e que me causa a chamada vergonha alheia, visto que, no meu caso, sempre tive a postura de fazer todos os atendimentos que me são solicitados, atendendo com hora marcada a todos os advogados que solicitam, o que ajuda no operacional da rotina de ambos. Por isso, defendo que o problema não está, necessariamente, no sistema de teletrabalho, mas sim, na desagradável realidade de que há muitos Juízes e Desembargadores que se recusam a atender aos advogados, deixando, no caso, de cumprir uma de suas funções decorrentes do cargo. E se assim procedem, já o faziam quando a vida profissional ainda não era virtual e não havia o trabalho à distância. Assim, agora, eles continuam não atendendo, ainda que virtualmente, causando a impressão de que o problema é o atendimento por gabinete virtual. Estou certa de que não, e vejo como solução o encaminhamento de email para o endereço virtual do gabinete, cuja lista é oficialmente disponibilizada, pois desta forma, restará documentado que houve solicitação e recusa no atendimento. Assim, até para se obter garantia ao atendimento ou registro de tal solicitação, o teletrabalho supera as vantagens do formato presencial.

No que tange à sessão de julgamento ou audiência, concordo que a comunicação pessoal, incluindo o aspecto gestual da comunicação ativa, fazem falta nas audiências e julgamentos no formato telepresencial. No entanto, as sustentações orais ficaram muito mais fáceis de serem realizadas, são mais curtas, as perguntas das audiências bastante mais objetivas e, com isso, o destaque àquilo que é realmente relevante, quando da sustentação ou arguição de testemunhas, traz qualidade ao trabalho do advogado e, também, do Magistrado. Por esta razão, como compensação à impessoalidade no distanciamento dos personagens Juiz e advogado durante a audiência e sessão de julgamento, remanesce a objetividade e a concisão.

Há, ainda, outra grande solução compensatória à falta de contato pessoal no ato não presencial, entre Juiz e advogado, que é a acessibilidade: o mundo virtual no Judiciário tem permitido uma muitíssima maior participação dos advogados às audiências e sessões de julgamento, independentemente de onde estejam eles. Faz-se audiência de dentro de veículos, quando presos no trânsito, em aeroportos, quando o voo atrasa, de outras cidades, estados e até países, trazendo agilidade e grande economia para o custo do processo arcado pelas partes. Isso é modernidade e acesso à Justiça!

Excesso de trabalho e "Burnout"

Outro tema importante a tratar no campo do teletrabalho, sob o enfoque dos prejuízos que o novo modelo trouxe é, sem dúvida, a sensação — ou realidade — de que tanto o Magistrado, como o servidor, e o advogado, têm a obrigação de estar à disposição do trabalho ininterruptamente, já que não está precisando se deslocar e, principalmente, porque pode ser contatado por *e-mail* ou *WhatsApp* a qualquer hora e de qualquer lugar.

Sim, isso traz segurança, flexibilidade, mas tem marcado o novo normal do teletrabalho como algo opressivo, excessivo, invasivo, e que impõe muitas horas a mais para o trabalho, deixando o profissional "ligado" na atividade laboral vinte e quatro horas por dia.

Não à toa, a incidência do chamado "burnout" vem acometendo o trabalhador em geral, e especialmente no âmbito do Poder Judiciário e da advocacia, pelo excesso de horas à frente do computador que pode estar em qualquer lugar, em sua residência, no gabinete ou onde o profissional se encontrar, dando à urgência um lugar comum e transformando quase tudo em urgente, para ser feito e concluído instantaneamente. Em decorrência disso, estresse, cansaço crônico, insônia, irritabilidade, depressão e outros efeitos colaterais físicos e emocionais vêm sendo apontados como consequências negativas do teletrabalho.

Seguindo a minha linha otimista de raciocínio e de defesa incansável desse modelo de trabalho do novo normal, entendo que a solução para essa situação é muito simples, a depender apenas de disciplina e critério quanto ao seu horário de trabalho, para que o Magistrado, servidor ou advogado entendam e coloquem em prática a regra de que devem trabalhar aquelas horas previstas para a carga laboral e, mesmo estando a um passo do clique em seu computador, não deverão alcançá-lo nesse sistema de teletrabalho.

Das vantagens

Certamente este será o item do artigo que conterá o maior volume de informações, visto que o atual sistema laboral adotado no mundo corporativo, na área pública e em especial no Poder Judiciário, como regra, ainda que mesclado ao sistema híbrido, com revezamento do Magistrado e servidor também na forma presencial de trabalho, por alternância de dias, como já expressado neste texto, sob o meu ponto de vista, é o melhor, mais moderno, adequado e efetivo exercício laboral do trabalhador nas áreas pública e privada, e igualmente eficaz ao beneficiário dos serviços prestados, qual seja, o consumidor e o próprio cidadão.

Assiduidade e impossibilidade de deslocamentos

Por razões quase óbvias, houve expressiva diminuição das ausências ao local de trabalho no ambiente forense, em geral motivadas por circunstâncias pessoais como — familiares requerendo cuidados, indisposição física, enfermidades que propiciam contágio, imposição médica de repouso físico, dificuldade de locomoção por lesão em membros inferiores, greves de transportes públicos, trânsito inviabilizado por chuvas ou outras intempéries e etc. — o que, em minhas mais de três décadas de judicatura, posso garantir, eram situações comuns. que levavam à ausência não rara de servidores em seu local de trabalho. É de se ver que todos os motivos supra elencados a título apenas de exemplificação impediam o funcionário de sair de casa e, assim o sendo, inviabilizavam a realização de suas tarefas diárias. Entretanto, com o acesso à internet que todo o servidor e Magistrado têm em sua residência (até porque, hoje a internet já é juridicamente reconhecida como serviço imprescindível, sem o qual, não há mais como manter sua rotina e atos da vida civil sem ela), esse mesmo Juiz, Desembargador, funcionário público do Poder Judiciário, por certo, conseguirá realizar todo o seu trabalho à distância, no formato virtual, acessando o sistema de automação do Judiciário, evitando-se assim os prejuízos diuturnos ao serviço público, que a falta de um deles causava nas hipóteses supra elencadas.

Assim sendo, é de se ver que o trabalho à distância, ou teletrabalho, tem vantagem de valor incomensurável, apenas se analisarmos esses aspectos singelos da rotina de qualquer um de nós.

Magistrados e servidores que residem em cidades diversas do Estado

Mas, há ainda um aspecto bastante interessante e que deve ser destacado, por ser relevante à melhor prestação jurisdicional e dos serviços forenses, que é o fato de que, sendo o Poder Judiciário estadual e, portanto, de espectro expandido para todo o estado, é bastante comum que tenhamos funcionários domiciliados em uma comarca, mas trabalhando em outra; e no caso de Magistrados, com uma distância limite autorizada pelos órgãos superiores, é possível igualmente judicar em uma comarca e residir em outra. Outrossim, no que tange aos Desembargadores, essa é uma realidade muito presente no Segundo Grau de Jurisdição, pois grande parte dos Desembargadores da ativa são de cidades do interior ou da Baixada Santista, e sendo essa a última fase da carreira, ao assumirem o seu cargo de Desembargador, é impositivo que passem a atuar na Capital. Quando o trabalho era exclusivamente presencial, havia a necessidade de deslocamento deles em dias de sessão e de atendimentos aos advogados e equipes de funcionários, ou mesmo, a sua mudança parcial para a Capital, para que pudessem estar próximos de seus locais físicos de trabalho. Mas, com o bem-vindo modelo de trabalho remoto, tudo isso ficou no passado, visto que se pode cumprir todo o seu mister, como já mencionado neste texto, dos locais onde residem, o que ocorre igualmente com os advogados, que atuam no Estado todo, e da mesma forma, não mais precisam se deslocar para ser atendidos pelos Magistrados ou participar de audiências e de sessões de julgamento.

Horários flexibilizados

O trabalho no formato presencial, como é regra se estabelecer, conta com carga de horas e período fixos e inflexíveis. O servidor público tem previsto o seu horário de trabalho como regra de procedimento laboral, também sendo dele exigido o cumprimento estrito, fiscalizado e comprovado por registro do chamado "ponto de frequência".

É fato que há que se estabelecer as horas do exercício laboral, aliás, de qualquer trabalhador, na forma prevista pela legislação pertinente, mas o que sempre me intrigou muito no âmbito dos serviços cartorários, era a preocupação muito maior com a forma do que com o mérito; ou seja, muitas vezes a fiscalização do servidor era bastante mais severa com o cumprimento fixo das horas determinadas, do que com o cumprimento de metas de trabalho e a consequente e necessária qualidade.

Lembro-me de cena que sempre reputei patética, quando ao comparecer diariamente no cartório de servidores do qual eu era Juíza Corregedora, para conferência e assinatura do imenso número de autos, ofícios, guias e outros, tudo em papel, já que os processos eram físicos, e assim eu procedia porque preferia fazer in loco, ao invés de determinar a vinda ao meu gabinete de toda aquela verdadeira montanha de processos, trazidas em mãos ou em carrinhos pelos funcionários, o que era, de certa forma, até indevido, pelo uso da força em virtude do peso dos processos. Ademais, muito mais lógico uma única pessoa se deslocar, no caso eu, ao local onde estavam os processos, do que fazê-los executar serviços brutos de carregamento de autos. Sem contar, claro, a importância do Juiz se fazer presente no local onde sua equipe trabalha.

Voltando à descrição da cena patética, que era a feição metafórica da má execução de regras do serviço público presencial, comumente eu flagrava uma enorme fila de funcionários parados em frente ao antigo relógio de ponto, no qual eles registravam suas entradas e saídas diárias do espaço forense, esperando por vários minutos chegar o horário em que sua saída era prevista, para então, "baterem o cartão" e se retirarem. E eu, diante de fato que sempre reputei inexplicável, me perguntava: se eles já tinham executado as suas tarefas, não seria mais útil e proveitoso que retornassem às suas casas para o descanso necessário? Sim, seria, mas as regras do trabalho presencial não permitiam, o que hoje, pelas circunstâncias que permeiam o teletrabalho, está resolvido.

Desta forma, ao executar o seu trabalho à distância, o Magistrado ou servidor têm a possibilidade de fazê-lo em horários diversificados, mais flexíveis, até com saudáveis intervalos, mas, precipuamente, dando-se muito mais relevância ao cumprimento de suas funções diárias, de suas metas, do que do horário em si, que não necessariamente guarda relação com a qualidade funcional.

Economia de tempo e de recursos pessoais

Derradeiramente, não posso me olvidar de mencionar o enorme ganho de tempo e redução de custos para os funcionários e Magistrados, que ao realizarem suas funções sem necessitar ir aos locais físicos de trabalho, não sofrem com os longos e engarrafados circuitos das grandes cidades, não necessitam gastar com vestuário, alimentação fora de casa (cuja qualidade, inclusive, é indiscutivelmente inferior), deixando de desperdiçar enorme tempo consumido pelos deslocamentos, saídas para refeições em restaurantes, o que representa imensurável ganho na qualidade de vida.

Isso traz satisfação para trabalhar, realização pessoal, diminuição da tensão e do estresse para cumprimento de seus horários, saúde física e mental e enorme ganho de tempo para outras atividades.

Comparando-se as duas formas de trabalho – o presencial e o teletrabalho – não há parâmetro de comparação quando o assunto é tempo, saúde e qualidade de vida. O grande vencedor, induvidosamente, é o teletrabalho. E a satisfação do trabalhador, no caso, do Magistrado e do servidor, reflete na boa qualidade e na efetividade e eficácia da prestação jurisdicional.

Por mais este ângulo de visão, as vantagens do teletrabalho são incomensuráveis.

Benefício à trabalhadora mulher

Não se pode deixar de destacar o importante ganho de qualidade em prol da servidora e Magistrada mulher, que podendo exercer as suas funções pela forma do teletrabalho, e considerando que na grande maioria das famílias, é ela a responsável pelo cuidado com os filhos, o fato de poder trabalhar em sua própria casa, trouxe uma segurança ao exercício da atividade laboral, evitando-se, inclusive, muitas ausências no local de trabalho, ganhando, mais uma vez, o serviço público e a própria profissional.

Significativa redução de custos para o erário

Por fim, um ponto extremamente relevante e que deve ser destacado com característica muito positiva do teletrabalho, a beneficiar, sobremaneira, a própria sociedade, na medida em que, pelo novo normal no Poder Judiciário, vem se economizando cifras expressivas de dinheiro público.

Esclareça-se que, pelo volume de pessoas a ocupar e circular nos fóruns e prédios dos Tribunais que compõem a estrutura do Poder Judiciário, o custo da manutenção de tantas edificações, equipamentos, contas de energia, água, serviços de portaria, limpeza, copa, segurança e outros, é estratosférico, pois inclui vultosos valores de locatícios, impostos prediais, contratos terceirizados para todos os serviços dos quais dependem o funcionamento dessa grande estrutura física com tantos prédios de grande porte.

Por essa razão, conseguiu o Estado diminuir ao longo desses três anos a sua paquidérmica estrutura física e predial, sendo certo que no âmbito do Poder Judiciário, a moderna gestão atual vêm logrando êxito em devolver prédios que se tornaram ociosos, diminuindo os valores dispendidos com o pagamento de contas, despesas mensais de manutenção e decorrentes de contratos terceirizados, atingindo, portanto, uma muito significativa economia de dinheiro público, o que vem trazendo a possibilidade de investimentos em outras áreas para melhora na qualidade da prestação dos serviços jurisdicionais.

Tenho defendido, inclusive, que esse formato em prol da economia de dinheiro público decorrente da operosidade que o trabalho remoto traz, permitirá, em futuro próximo, que muitos outros prédios da imensa estrutura forense de nosso Poder Judiciário sejam também devolvidos ao poder público ou à iniciativa privada, para que tenham outra destinação mais útil, uma vez que é possível que as equipes de funcionários que necessitem trabalhar presencialmente, na já adotada forma de rodízio por dias alternados, o faça dividindo o espaço no sistema *"coworking"*, assim como os próprios Magistrados, adotando-se, estes, o sistema de gabinetes de utilização de muitos simultaneamente, também em revezamento, visto que o espaço público, os prédios públicos, por óbvio, pertencem a todos, não mais fazendo sentido que se mantenham salas de audiências, espaços cartorários ou mesmo gabinetes judiciais e de Desembargadores, individualmente estabelecidos. Desta forma, adotando-se esse novo e moderno formato, certamente o Poder Judiciário fará grande economia de verba pública, atendendo ao preceito maior do interesse público.

Feitas essas considerações de viés prático, concluo que o caminho que levou ao trabalho telepresencial é um trajeto sem volta, pelo imenso benefício trazido em favor de toda a sociedade e dos funcionários e Magistrados do Poder Judiciário, além da significativa economia de verbas públicas, passando a ser o novo normal.

Engajamento e Gestão de Times em Teletrabalho: Um Olhar Aprofundado na *Employee Experience*

Marília Mesquita Resende(1)

Luana Silveira de Faria(2)

Resumo: Este artigo explora a complexa dinâmica do engajamento e da gestão de equipes em um ambiente de teletrabalho, com um foco particular na experiência do empregado, ou *employee experience*. Através de uma abordagem multifacetada, o texto se desdobra em quatro subseções críticas: 1) A relação intrínseca entre engajamento e *employee experience*, destacando como a experiência do empregado serve como um catalisador para o engajamento eficaz; 2) A importância da comunicação eficaz, examinando as ferramentas e estratégias que facilitam a comunicação em um ambiente remoto; 3) A construção de relacionamentos robustos dentro das equipes, enfatizando a necessidade de confiança e segurança psicológica; e 4) O papel da autonomia e da autorresponsabilidade, discutindo como esses fatores são amplificados em um ambiente de teletrabalho e quais estratégias podem ser empregadas para maximizar seus benefícios. Conclui-se que o engajamento da equipe em teletrabalho é uma função complexa de vários fatores inter-relacionados e oferece recomendações práticas para líderes e gestores.

Palavras-chave: engajamento, gestão de times, teletrabalho, employee experience.

---

(1) Marília Mesquita Resende. Psicóloga organizacional do LA-BORA! gov no Ministério da Gestão e da Inovação em Serviços Públicos. Professora de Psicologia no UniCEUB. Doutora em Psicologia Social, do Trabalho e das Organizações pela Universidade de Brasília e em Psicologia dos Recursos Humanos pela Universidade de Valencia (Espanha). Psicóloga e mestra pela Universidade de Brasília.

(2) Luana Silveira de Faria. Psicóloga, Analista de Políticas Sociais e Coordenadora-Geral do LA-BORA! gov, no Ministério da Gestão e da Inovação em Serviços Públicos. Advisor (Conselheira) na MIT (Governance Innovation Initiative). Especialista em Pessoas, Inovação e Resultados (Enap). Professora da EVG, ESINT/ABIN, Enap, TST, TRT e ESMPU. Danida Fellow (Agência Dinamarquesa para o Desenvolvimento Internacional). Nudging & behavioural insights, pela iNudgeyou, Dinamarca.

Abstract: This article explores the complex dynamics of team engagement and management in a telework environment, with a particular focus on employee experience. Through a multifaceted approach, the text unfolds into four critical subsections: 1) The intrinsic relationship between engagement and employee experience, highlighting how the employee's experience serves as a catalyst for effective engagement; 2) The importance of effective communication, examining the tools and strategies that facilitate communication in a remote environment; 3) The construction of robust relationships within teams, emphasizing the need for trust and psychological safety; and 4) The role of autonomy and self-responsibility, discussing how these factors are amplified in a telework environment and what strategies can be employed to maximize their benefits. The article concludes that team engagement in telework is a complex function of several interrelated factors and offers practical recommendations for leaders and managers.

Keywords: engagement, team management, telework, employee experience.

1. Engajamento e *Employee Experience*

O engajamento dos funcionários é um tema que tem recebido atenção crescente tanto na academia quanto no mundo corporativo. Ele é frequentemente citado como um fator crítico para o sucesso organizacional, impactando positivamente o desempenho e a produtividade (Ahmed et al., 2020).

Engajamento do trabalho é considerado um tipo de vínculo e se refere a um estado afetivo-emocional positivo de alta energia combinado com altos níveis de dedicação e de alto foco no trabalho (Schaufeli & Bakker, 2010). Está altamente relacionado ao conceito de comprometimento organizacional afetivo, que se refere a experiências de trabalho positivas, levando o empregado a se sentir confortável na organização e competente em seu trabalho, desejando permanecer na organização.

Cabe ressaltar que o engajamento não é um fenômeno isolado; ele está intrinsecamente ligado à experiência do empregado, também conhecida como *employee experience.*

1.1. A Importância da Employee Experience

Employee experience é um conceito que vai além da simples satisfação ou felicidade no trabalho. Ela engloba o conjunto total de interações e experiências que um empregado tem com sua organização, desde o primeiro contato como candidato até sua saída da empresa. Lemon (2019) argumenta que a *employee experience* é um conceito paradoxal que equilibra abordagens cocriacionais e funcionalistas. Isso significa que, enquanto as organizações podem criar as condições para uma boa *employee experience*, os funcionários também são cocriadores ativos de suas próprias experiências.

1.2. Antecedentes do engajamento

Vários fatores contribuem para o engajamento dos funcionários. Rana *et al.* (2014) identificam o design e as características do trabalho, as relações com supervisores e colegas, e as práticas de Desenvolvimento de Recursos Humanos como os principais antecedentes para o engajamento dos funcionários. Em uma revisão e meta-análise do conceito, os autores indicaram o papel positivo da liderança transformacional, das características do trabalho como autonomia, variedade de tarefas, significado das tarefas e *feedback,* bem como características disposicionais do indivíduo (conscienciosidade e afeto positivo) como bons preditores de engajamento no trabalho (Christian; Slaughter, 2007).

Em um contexto de teletrabalho, esses fatores podem ter diferentes implicações. Pesquisadores concluíram que a influência do teletrabalho sobre o engajamento no trabalho possui tanto um lado positivo quanto um lado negativo (Sardeshmukh *et al.*, 2012). Especificamente, o teletrabalho pode elevar o engajamento por meio do aumento da autonomia no trabalho e da redução do conflito de papéis, e diminuir o engajamento no trabalho por meio da redução do suporte, da redução do feedback e do aumento da ambiguidade de papéis.

Alguns aspectos como promoção de autonomia e feedback contínuo podem ser cruciais para o engajamento do trabalhador remoto, pois a ausência de supervisão imediata e comunicação diária demandam o feedback constante da liderança e a autonomia na realização das atividades.

1.3. Engajamento e desempenho

O engajamento não é apenas benéfico para os funcionários; ele também tem um impacto direto no desempenho organizacional. Funcionários engajados têm um alto nível de apego emocional à sua organização (Sonnentag, 2003) e funcionários engajados exibem altos níveis de comportamentos de cidadania organizacional (Organ, 1988). Além disso, o funcionário engajado investe diversos recursos (ou seja, emocionais, físicos e cognitivos) no trabalho e demonstra um alto nível de desempenho em tarefas (Huang *et al.*, 2022).

Ahmed *et al.* (2020) mostram ainda que o engajamento tem um impacto significativo e positivo no desempenho organizacional. Isso sugere que investir em estratégias que melhorem a *employee experience* e, por consequência, o engajamento, pode ser uma abordagem eficaz para melhorar o desempenho organizacional (Camões, 2022).

1.4. Desafios e oportunidades no teletrabalho

O teletrabalho apresenta tanto desafios quanto oportunidades para o engajamento e a *employee experience*. Por um lado, a flexibilidade e a autonomia associadas ao teletrabalho podem melhorar a *employee experience*. Por outro lado, a falta de interação social e o potencial para o isolamento podem ser prejudiciais. Portanto, as organizações precisam adotar uma abordagem equilibrada para maximizar os benefícios e minimizar os desafios associados ao teletrabalho.

Nesse sentido, um laboratório de inovação em governo tem alcançado resultados e inspirado diversas ações em governo no Brasil: o LA-BORA! gov valoriza os colaboradores e colaboradoras como a força transformadora da organização. Primeiro focado na melhoria da *employee experience*, o laboratório é um espaço de confiança criativa, experimentação e aprendizagem (LA-BORA! gov, 2023).

2. Comunicação: práticas eficazes no teletrabalho

A comunicação é um dos pilares mais importantes para o sucesso de qualquer equipe, e isso se torna ainda mais crítico em um ambiente de teletrabalho. A falta de interações face a face e a dependência de tecnologias de comunicação podem criar desafios únicos que afetam o engajamento e a produtividade da equipe.

2.1. A importância da comunicação para o engajamento

O engajamento da equipe desempenha um papel mediador entre os recursos sociais percebidos no nível da equipe e o desempenho da equipe avaliado pelo supervisor (Torrente *et al.*, 2012). Isso sugere que uma comunicação eficaz pode servir como um recurso social valioso que impulsiona o engajamento da equipe. Em outras palavras, a forma como os membros da equipe se comunica pode ter um impacto direto em seu nível de engajamento e, por extensão, em seu desempenho.

2.2. Ferramentas de comunicação no teletrabalho

Em um ambiente de teletrabalho, a escolha das ferramentas de comunicação é crucial. Ferramentas como videoconferência, mensagens instantâneas e plataformas colaborativas podem facilitar a comunicação e colaboração entre os membros da equipe. No entanto, é importante que essas ferramentas sejam usadas de forma eficaz para evitar a sobrecarga de informações e garantir que a comunicação seja clara e eficiente.

Os líderes também podem oferecer treinamento em habilidades digitais necessárias e orientação sobre o teletrabalho para os teletrabalhadores, concedendo--lhes mais autonomia no conteúdo e no horário do trabalho.

2.3. Comunicação assíncrona e síncrona

A comunicação em um ambiente de teletrabalho pode ser tanto assíncrona quanto síncrona. A comunicação assíncrona, como e-mails e mensagens de texto, permite que os membros da equipe respondam em seu próprio tempo. Por outro lado, a comunicação síncrona, como videoconferências e chamadas telefônicas, exige que todos os membros da equipe estejam presentes ao mesmo tempo. Ambas têm seus próprios prós e contras, e uma combinação eficaz das duas pode ser a chave para o engajamento da equipe. Como guia para gestores, indicamos a curadoria temática elaborada pelo LA-BORA! gov, laboratório de gestão inovadora no Ministério da Gestão e da Inovação em Serviços Públicos (LA-BORA! gov, 2023).

2.4. Barreiras e soluções na comunicação a distância

A comunicação a distância pode apresentar várias barreiras, como a falta de linguagem corporal, atrasos na comunicação e problemas técnicos. É crucial identificar e abordar essas barreiras para garantir uma comunicação eficaz. Soluções podem incluir o uso de uma linguagem clara e concisa, a verificação regular do entendimento entre os membros da equipe e a resolução rápida de problemas técnicos.

A atitude e o comportamento dos líderes em relação ao trabalho remoto e híbrido podem afetar significativamente os funcionários. Consequentemente, os líderes devem aprimorar a comunicação com os teletrabalhadores, estabelecendo uma rotina de interação diária. Além disso, é importante que eles se familiarizem com as circunstâncias profissionais e familiares de seus subordinados e expressem reconhecimento por suas contribuições ao trabalho e à organização de forma oportuna (Wang *et al.*, 2023).

Além disso, os empregadores e líderes devem garantir uma comunicação contínua sobre expectativas, progresso no trabalho e disponibilidade (Parent--Lamarche, 2022). Eles também devem oferecer aos funcionários a flexibilidade para organizar seus horários de trabalho e prioridades, além de fornecer equipamentos tecnológicos de qualidade para facilitar seu envolvimento. É possível que uma implementação deficiente das condições de teletrabalho possa se tornar desmotivante ao longo do tempo para os funcionários.

3. Construção de relacionamento nas equipes em teletrabalho

O relacionamento entre os membros da equipe é um fator crítico para o engajamento e, consequentemente, para o sucesso da equipe. Pesquisadores encontraram que uma troca líder-membro de alta qualidade, no qual o líder e o funcionário confiam um no outro, pode reduzir o isolamento profissional dos trabalhadores nos dias em que trabalham integralmente em casa (de Vries *et al.*, 2019). Os resultados da pesquisa destacaram ainda como abordagens de liderança orientadas para o desenvolvimento de relacionamento podem ser benéficas e até mesmo necessárias em um ambiente de teletrabalho (de Vries *et al.*, 2019).

Portanto, no contexto de teletrabalho, a construção de relacionamentos saudáveis e produtivos entre os membros da equipe pode ser particularmente desafiadora devido à falta de interação face a face e, por isso, se faz mais importante que sejam adotadas práticas intencionais de criação de laços sociais.

3.1. A importância do relacionamento para o engajamento

A orientação da equipe tem um efeito moderador positivo na relação entre o engajamento no trabalho e o contrato psicológico relacional com o desempenho contextual e a satisfação no trabalho (Rahman *et al.*, 2017). Isso sugere que a qualidade dos relacionamentos dentro da equipe pode afetar diretamente o nível de engajamento e, por extensão, o desempenho da equipe.

3.2. Confiança e segurança psicológica

A construção de um ambiente de confiança e segurança psicológica é crucial para o engajamento da equipe. Em um ambiente de teletrabalho, a confiança pode ser mais difícil de estabelecer devido à falta de interações sociais informais que normalmente ocorrem em um ambiente de escritório. Portanto, é vital que os líderes de equipe tomem medidas proativas para construir e manter a confiança entre os membros da equipe.

Os teletrabalhadores devem ser convidados pelas lideranças a compartilhar suas experiências bem-sucedidas na resolução de conflitos no local de trabalho e na redução da pressão no trabalho. Tais comportamentos podem aumentar a segurança psicológica dos teletrabalhadores e ajudá-los a manter um estado de ânimo positivo e estável no trabalho (Wang *et al.*, 2023).

3.3. Comunicação não violenta e feedback *construtivo*

A comunicação não violenta (CNV) e o feedback construtivo são ferramentas valiosas na construção de relacionamentos saudáveis. A CNV é baseada em habilidades de comunicação que fortalecem a capacidade de manter a humanidade ainda que em condições adversas (Rosenberg, 2022). A CNV orienta à reformulação da maneira das pessoas se expressarem e ouvirem as outras. O modelo da CNV é composto por quatro componentes básicos: 1) observação da situação, 2) compreensão do sentimento, 3) reconhecimento das necessidades, e 4) elaboração do pedido de forma específica e clara (Rosenberg, 2022).

Tanto a CNV quanto o feedback permitem que os membros da equipe expressem suas opiniões e preocupações de uma maneira que seja construtiva e não ameaçadora, o que é especialmente importante em um ambiente onde as pistas visuais e a linguagem corporal podem estar ausentes. No contexto de teletrabalho, a comunicação e o feedback constante são essenciais para evitar ruídos e conflitos causados pela falta de interação pessoal.

3.4. Atividades de **teambuilding** *virtual*

Em um ambiente de teletrabalho, as atividades tradicionais de *teambuilding* podem não ser viáveis. No entanto, existem várias atividades de *teambuilding* que podem ser realizadas virtualmente para fortalecer os relacionamentos dentro da equipe. Isso pode incluir jogos online, sessões de brainstorming virtual e até mesmo eventos sociais virtuais.

3.5. Reconhecimento e valorização

O reconhecimento e a valorização dos esforços e conquistas dos membros da equipe também são cruciais para a construção de relacionamentos saudáveis. Isso não apenas melhora o moral, mas também incentiva um maior nível de engajamento entre os membros da equipe.

4. Autonomia e autorresponsabilidade em teletrabalho

A autonomia e a autorresponsabilidade são aspectos fundamentais para o engajamento da equipe, especialmente em um ambiente de teletrabalho (Christian; Slaughter, 2007). O engajamento da equipe é melhor compreendido dentro da literatura de trabalho em equipe (Costa *et al.*, 2014). Em um ambiente onde a supervisão direta é limitada, a capacidade dos membros da equipe de gerenciar seu próprio trabalho torna-se ainda mais crucial.

4.1. A importância da autonomia

A autonomia no trabalho é frequentemente citada como um dos principais fatores que contribuem para o engajamento dos funcionários. Ela permite que os membros da equipe tenham um maior controle sobre seu trabalho, o que pode levar a um maior sentido de propriedade e, consequentemente, a um maior engajamento.

4.2. Autorresponsabilidade e gestão do tempo

A autorresponsabilidade está intimamente ligada à autonomia e refere-se à capacidade dos membros da equipe de assumir a responsabilidade por suas próprias ações e resultados. Em um ambiente de teletrabalho, a gestão eficaz do tempo é crucial para a autorresponsabilidade. Os membros da equipe devem ser capazes de estabelecer suas próprias metas e prazos e trabalhar de forma independente para alcançá-los.

4.3. Desafios e estratégias para promover a autonomia

É importante considerar o efeito da «espada de dois gumes» do teletrabalho no engajamento dos empregados. Os gestores precisam estar cientes tanto da autonomia no trabalho que ele proporciona quanto do conflito entre trabalho e família que cria. Por um lado, pode haver um aumento da solidão, estresse e conflitos trabalho e família, de modo que possa haver um impacto negativo da autonomia no engajamento (Ma *et al.*, 2023). Por outro lado, a autonomia no trabalho, como um recurso no trabalho, é um fator importante para reduzir o esgotamento de recursos dos funcionários, aumentar o engajamento dos funcionários e melhorar a confiança organizacional. Os supervisores precisam redesenhar seus modelos de trabalho, adotar a gestão baseada na confiança e dar aos funcionários voz e poder de decisão adequados para aumentar sua autonomia no trabalho e, assim, aumentar seu engajamento no trabalho (Ma *et al.*, 2023). Estratégias como check-ins regulares com os membros da equipe e o estabelecimento de metas claras podem ajudar a mitigar esses desafios.

4.4. Gestão adaptativa

Em um ambiente de teletrabalho, a gestão adaptativa é necessária para promover a autonomia e a autorresponsabilidade. Isso significa que os líderes de equipe devem ser flexíveis em sua abordagem e estar dispostos a adaptar suas estratégias de gestão para atender às necessidades individuais dos membros da equipe. Como exemplo, podemos destacar o modelo de planejamento estratégico e adaptativo elaborado pelo LA-BORA! gov, laboratório de gestão inovadora no Ministério da Gestão e da Inovação em Serviços Públicos (LA-BORA! gov, 2023).

4.5. Medição e avaliação

Para garantir que a autonomia e a autorresponsabilidade estejam contribuindo efetivamente para o engajamento da equipe, é importante ter mecanismos de medição e avaliação em vigor. Isso pode incluir pesquisas de engajamento, avaliações de desempenho e *feedbacks* regulares. Exemplo de experiência exitosa no Brasil, o Programa de Gestão e Desempenho (PGD) surgiu como uma experiência de sucesso no Brasil, especialmente no contexto do Governo Federal, que enfrentou desafios significativos na transição para o teletrabalho. O PGD foi elaborado com o objetivo de melhorar a maturidade da gestão pública, focando no desempenho da equipe como seu núcleo. Neste modelo, as entregas são de responsabilidade da unidade organizacional, e não dos indivíduos, servindo como a ponte entre o trabalho e a estratégia organizacional. Isso permitiu uma administração mais baseada em evidências, maior transparência em relação às atividades e entregas, e uma melhor utilização da força de trabalho.

Além disso, o PGD trouxe outros benefícios tangíveis, como a redução de custos, o melhor alinhamento entre estratégia e trabalho, a diminuição do absenteísmo e a retenção de talentos. O programa também promoveu o engajamento da equipe e permitiu um monitoramento e avaliação de desempenho mais eficazes, baseados em dados. Consequentemente, os gerentes não podem mais se esquivar da responsabilidade de organizar a equipe para o alcance de objetivos, o que se mostrou crucial para o sucesso do teletrabalho no setor público brasileiro. As informações sobre o PGD e sua aplicação no contexto brasileiro estão disponíveis para consulta do público geral (MGI, 2023).

Referências

AHMED, T. *et al.* Impact of employees engagement and knowledge sharing on organizational performance: Study of HR challenges in Covid-19 pandemic. *Human Systems Management*, 2020.

CAMÕES, M. R. S. *Antecedentes e intervenções para engajamento no trabalho na administração pública federal brasileira.* Disponível em: <http://icts.unb.br/jspui/handle/10482/45378, 2022>. Acesso em: 20 set. 2023.

COSTA, P. L.; PASSOS, A.; BAKKER, A. Team work engagement: A model of emergence. *Journal of Occupational and Organizational Psychology*, 2014.

DE VRIES, H.; TUMMERS, L.; BEKKERS, V. The Benefits of Teleworking in the Public Sector: Reality or Rhetoric? *Review of Public Personnel Administration*, v. 39(4), p. 570-593, 2019.

HUANG, S. Y. B.; HUANG, C. H.; CHANG, T. W. A New Concept of Work Engagement Theory in Cognitive Engagement, Emotional Engagement, and Physical Engagement. *Frontiers in Psychology*, v. 12, p. 1-5, 2022.

LA-BORA! GOV. *Laboratório de Gestão Inovadora*. Disponível em: <https://www.gov.br/servidor/pt-br/assuntos/laboragov>. Acesso em: 20 set. 2023.

LEMON, L. L. The employee experience: how employees make meaning of employee engagement. *Journal of Public Relations Research*, 2019.

MA, L; ZHENG, Y; WEI, Y. The double-edged sword effect of telecommuting on employees' work engagement: evidence from China during Covid-19. *Frontiers in Psychology*, v. 14, p. 1-11, 2023.

MINISTÉRIO DA GESTÃO E DA INOVAÇÃO EM SERVIÇOS PÚBLICOS. *Programa de Gestão e Desempenho*. Disponível em: <https://www.gov.br/servidor/pt-br/assuntos/programa-de-gestao>. Acesso em: 20 set. 2023.

ORGAN, D. W. *Organizational Citizenship Behavior:* The Good Soldier Syndrome. Lexington, MA: Lexington Books, 1988.

PARENT-LAMARCHE, A. Teleworking, Work Engagement, and Intention to Quit during the Covid-19 Pandemic: Same Storm, Different Boats? *Int J Environ Res Public Health*, v. 19(3), p. 12-67, 2022.

RANA, S.; ARDICHVILI, A.; TKACHENKO, O. A theoretical model of the antecedents and outcomes of employee engagement. *Journal of Workplace Learning*, 2014.

RAHMAN, U.; REHMAN, C. A.; IMRAN, M.; ASLAM, U. Does team orientation matter? Linking work engagement and relational psychological contract with performance. *Journal of Management Development*, 2017.

ROSENBERG, Marshall. *Comunicação não violenta:* Técnicas para aprimorar relacionamentos pessoas e interpessoais. Tradução: Mário Vilela. 13. ed. São Paulo: Ágora, 2022. 279 p.

SARDESHMUKH S. R.; SHARMA D.; GOLDEN, T. D. Impact of telework on exhaustion and job engagement: a job demands and job resources model. *New Tech Work Employ*, v. 27(3), 2012, p.193–207. doi:10.1111/j.1468-005X.2012.00284.

SCHAUFELI, W. B.; BAKKER, A. B. Defining and measuring work engagement: bringing clarity to the concept. In: BAKKER, A. B.; LEITER, M. P. (Eds.). *Work Engagement: A Handbook of Essential Theory and Research*. Psychology Press, New York, NY, 2010. p. 10-24.

SONNENTAG, S. Recovery, work engagement, and proactive behavior: a new look at the interface between nonwork and work. *Journal of Applied Psychology*, v. 88, 2003, p. 518–528.

TORRENTE, P.; SALANOVA, M.; LLORENS, S.; SCHAUFELI, W. Teams make it work: how team work engagement mediates between social resources and performance in teams. *Psicothema*, 2012.

WANG, H.; XIAO, Y.; WANG, H.; ZHANG, H.; CHEN, X. "Who Knows Me Understands My Needs": The Effect of Home-Based Telework on Work Engagement. *Psychology Research and Behavior Management*, v. 16, p. 619-635, 2023.

Ecossistema do Teletrabalho Transnacional na Perspectiva da Legislação Brasileira

Nadia Demoliner Lacerda[1]

Resumo: Este artigo analisa o teletrabalho transnacional sob a perspectiva da legislação trabalhista brasileira, identificando as complexidades, controvérsias e desafios jurídicos enfrentados por teletrabalhadores e empresários em um ecossistema econômico complexo, que desafia as classificações jurídicas convencionais do trabalhado entre empregado *versus* autônomo. Analisa novos arranjos empresariais, como as Organizações Descentralizadas Autônomas (DAOs), plataformas digitais e as Empresas de Empregadores Profissionais e Co-Empregadoras (PEOs e EORs), revelando tensões existentes e oportunidades para aprimorar a proteção trabalhista e social do trabalhador.

Palavras-chave: Teletrabalho transnacional — Economia colaborativa — DAOs — PEOs — EORs — Plataformas digitais — Empregado — Autônomo — Parassubordinado — Seguridade social — Migração — Vistos — Tributos — Legislação trabalhista.

O teletrabalho é fenômeno dinâmico, em constante evolução e situado em ecossistema que transcende as classificações jurídicas convencionais de relações de emprego reguladas pela CLT, abarcando também formas disruptivas de atividades econômicas que emergem dos avanços tecnológicos, da Inteligência Artificial (IA).

---

(1) Doutora em Ciências, Universidade de São Paulo, tese: Migração Internacional a Trabalho. São Paulo: LTr Editora, 2014. Mestre em direito, Universidade de São Paulo, dissertação: Segurança e Saúde do Trabalhador. São Paulo: LTr Editora, 2011. Advogada. Especialista em mobilidade global. Membro das instituições: Academia Paulista de Direito do Trabalho (APDT); Conselho Superior de Relações Trabalhistas (CORT) da FIESP; SOBRATT; Comitê RH de Apoio Legislativo (CORHALE) da ABRH; Instituto Brasileiro de Direito Social Cesarino Junior (IBDSCJ); Worldwide ERC; USLaw; Delegada Sindical do SINSA. Autora de vários capítulos sobre mobilidade global.

A cada dia surgem novos modelos de negócios na economia colaborativa, a exemplo dos trabalhos sob demanda, que envolvem micro-tarefas específicas contratadas por meio de plataformas digitais, trabalhos colaborativos em Organizações Autônomas e Descentralizadas (DAOs) ou, ainda, arranjos envolvendo co-emprego pela via das Organizações de Empregadores Profissionais (PEOs) e Co-Empregadores, (EORs), que são os novos paradigmas de negócios e desafiam as tradicionais garantias direitos e proteção social asseguradas pela legislação brasileira.

Este artigo objetiva aportar contribuições conceituais e metodológicas para a compreensão das modalidades de teletrabalho transnacional, a partir das seguintes questões: Como conceituar o teletrabalho transnacional? Como empreendedores inovativos se estruturam e estabelecem relações com os teletrabalhadores? Quais são as tensões decorrentes do direito e da jurisprudência? Como acomodar as tensões desse ecossistema?

1. Teletrabalhador transnacional — Conceito

Nilles certamente não poderia imaginar tamanha velocidade que ocorreria nas mudanças na realidade social quando, na década de 1970, cunhou a expressão "teletrabalhador" para se referir "ao ato de levar o trabalho aos trabalhadores, em vez de levar estes ao trabalho, utilizando tecnologias de informação, atividade periódica fora do escritório central, um ou mais dias por semana.[(2)]

Castell, por sua vez, certamente se orgulha de ter antecipado o que hoje chamamos de *"anywhere office"*, quando previu, no início de 2000, que as tecnologias permitiriam a todos que mesmo viajando pelo país e pelo mundo poderiam se manter em contato com o escritório via internet e telefones móveis"[(3)].

O teletrabalho, como conhecemos hoje é definição da Organização Internacional do Trabalho (OIT), pelo uso de tecnologias de informação e comunicação (TIC), tais como *smartphones*, *tablets*, computadores portáteis e de secretária, no trabalho que é realizado fora das instalações da entidade empregadora.[(4)]

---

(2) NILLES, Jack. *The telecommunications-transportation trade-off.* Califórnia: JalaInternational, 1973. p. 6.

(3) CASTELLS, Manuel. *A galáxia da Internet* — reflexões sobre internet, os negócios e a sociedade. Rio de Janeiro: Zahar. p. 192.

(4) Disponível em: <https://www.ilo.org/wcmsp5/groups/public/---dgreports/---tat/documents/publication/wcms_747075.pdf>. Acesso em: 16 out. 2023.

A flexibilidade do teletrabalho tem um apelo inegável, que transcendeu as fronteiras nacionais, dando origem ao teletrabalhador transnacional. Este profissional não está confinado fisicamente no país de origem, e se move além das fronteiras, realizando atividades em países diferentes de sua residência habitual.

A capacidade de trabalhar de forma descentralizada é potencializada não somente pelo uso avançado de tecnologias de informação e comunicação, mas também por todo um ecossistema de novos negócios oportunizados pela revolução da Inteligência Artificial (IA), permitindo a execução de tarefas e a colaboração em tempo real, independentemente da localização geográfica. Assim, o teletrabalho se transforma em um fenômeno global, onde a mobilidade e a conectividade convergem para criar um ambiente de trabalho dinâmico e versátil.(5)

Os vistos para nômades digitais também merecem destaque, pois facilitaram a mobilidade global dos teletrabalhadores, promovendo um estilo de vida que combina trabalho e viagem. Esses vistos são caracterizados pela autonomia e flexibilidade permitindo que os próprios profissionais apliquem o pedido de visto, sem patrocínio de seus contratantes.

Os teletrabalhadores, assim, têm a liberdade de explorar outras culturas e modo de vida nômade. Contudo, essa aventura não é isenta de complexidades regulatórias e riscos aos quais se submetem os próprios nômades digitais e seus contratantes.

Ainda assim, os vistos de nômades digitais vêm se expandindo e atualmente 25 países concedem visto temporário e autorização de residência temporária para profissionais que comprovem a capacidade de executar suas atividades profissionais de forma remota e meios de subsistência provenientes de fonte pagadora estrangeira ou de fundos próprios.

Os vistos pressupõem que o trabalhador não será empregado por uma empresa local, portanto, não competirá com a força de trabalho do país e fonte de renda estrangeira. O Brasil entrou para a rota do nomadismo digital em 2001, com a publicação da Resolução CNIG MJSP n. 45/2001, permitindo o ingresso de estrangeiros sob visto temporário, sem vínculo empregatício no país, mediante comprovação de rendimento mínimo (US$ 1.500 pagos por fonte estrangeira ou fundos próprios de pelo menos US$ 18.000).(6)

---

(5) OLIVEIRA NETO, Célio Pereira. *Trabalho em ambiente virtual:* causas, efeitos e conformação. 2. ed., rev., atual. e ampl. São Paulo: LTr, 2022. p. 184.

(6) Disponível em: <https://valor.globo.com/carreira/noticia/2022/02/07/como-ser-um-nomade-digital-e-trabalhar-de-qualquer-lugar.ghtml>. Acesso em: 05 ago. 2020.

O teletrabalho transnacional manifesta-se em diversas formas e não se encaixa estritamente nas categorias de emprego tradicionais da legislação brasileira, que se define de forma binária: empregatícia ou autônoma tornando difícil acomodá-lo nas das normas legais existentes.

2. Organização e relações de trabalho nos negócios inovativos

2.1. O teletrabalhador, autônomo ou parassubordinado?

Para compreendermos a profunda alteração das estruturas de negócios e relações jurídicas na economia digital e as possíveis consequências nas relações jurídicas tradicionais que podem se delinear com os trabalhadores, precisamos reconhecer o poder inovativo da Inteligência Artificial (IA) no surgimento de negócios inovativos.

O Brasil lidera o número de *"startups"* na América Latina, concentrando 62,9% de empresas de tecnologia, totalizando 13.365 startups, ultrapassando o Mexico, a Argentina e a Colômbia. [(7)]

São os chamados unicórnios, que se destacam por iniciativas de negócios ligados à tecnologia e IA, especialmente *"fintechs"*, desenvolvedores de *softwares* e plataformas colaborativas, como as Organizações Descentralizadas Autônomas — *"Descentralizadas Autonomous Organizations"* (DAOs), as plataformas digitais, que combinam agilidade, inovação e arranjos organizacionais alternativos, como as Empresas de Empregadores Profissionais — *"Professional Employers Organizations"* (PEOs) ou Co-Empregadores — *"Employers of Record"* (EOR).

As DAOs, que poderíamos chamar de sociedades de fato, nascem da iniciativa de colaboração e união de esforços de pessoas que podem estar em qualquer país, para o desenvolvimento de negócios com objetivos comuns, mediante uso da tecnologia *blockchain*, onde decisões são tomadas e executadas autonomamente através de contratos inteligentes ou *"Smart Contracts"*.[(8)]

As DAOs permitem inúmeras atividades, a exemplo da criação de conteúdo em que os próprios membros geram e se remuneram conforme as regras do contrato inteligente, captação de fundos para doação e outras atividades, reunindo pessoas com ideias comuns de qualquer parte do globo em torno de um objetivo comum.

---

(7) Disponível em: <https://itforum.com.br/noticias/brasil-startups-na-america-latina/>. Acesso em: 12 out. 2023.

(8) SCHWAB, Klaus. *Aplicando a quarta revolução industrial.* São Paulo: Edipro, 2018. p. 140-143.

Essas organizações não se encaixam na legislação trabalhista atual, primeiro porque os membros participam da tomada de decisão de forma horizontal e compartilham o risco da atividade e, segundo, porque não há um empregador com cadastro nacional de pessoa jurídica, mas apenas uma operação viabilizada pela IA, inviabilizando formalmente a execução de um contrato de trabalho.

A legislação trabalhista passa ao largo das novas formas de trabalho estabelecidas pelas DAOs e não há instrumentos disponíveis para reger as relações de trabalhos trazidas pelas DAOS e tecnologia *"blokchain"*[(9)].

O teletrabalho também está se expandindo no contexto da economia compartilhada e colaborativa — *"gig economy"*, que se refere ao modelo econômico baseado no compartilhamento, uso coletivo ou aluguel de bens e serviços, caracterizado pela natureza *"peer-to-peer"* onde a interação é realizada diretamente entre o provedor do bem ou serviço e o consumidor, e conquanto se apresente como uma oportunidade de teletrabalho nacional e transnacional, é também alvo de disputas judiciais em todo o mundo, face ao trabalho autônomo sem vínculos de emprego, direitos formais ou acesso dos trabalhadores à seguridade social.

Mas por outro lado, essa modalidade de trabalho é vista por muitos trabalhadores como um *"hobby"*, atividade secundária ao emprego tradicional para gerar alguma renda extra, ou no caso dos teletrabalhadores que migram para outros países, como uma forma de subsistência enquanto se ambientam no local de destino, não dominam o idioma ou estão em busca de maior qualificação para competir no mercado de trabalho local. Isso também parcialmente explica a prevalência dessa atividade entre os trabalhadores migrantes.[(10)]

Esse fenômeno que se tornou popular no mundo todo, proporciona trabalho imediato, aliviando temporariamente a falta de renda do trabalhador, mas não oferece qualquer outra proteção trabalhista ou social, assim, uma categoria alternativa de regulamentação para a proteção de trabalhadores que se situam entre as relações de autonomia e subordinação, é identificada pela doutrina italiana como "parassubordinação" ou relações de coordenação, em que há a prevalência da pessoalidade, trabalho não eventual, e dependência econômica do prestador e,

---

(9) Autores: Felipe Palhares, Crhistopher Zibord, Daniel Falcão de Paula Soares, Cibelle Linero e Larissa Medeiros Rocha. Iara Santos, Maria Eduarda Echeverria Magacho e Luíza Ribeiro Borges. Disponível em: <https://publicacoes.bmalaw.com.br/books/iqdq/#p=10>. Acesso em: 12.10.2023.

(10) CHRISTIAENS, Tim. *Digital Working Lifes:* Worker Autonomy and the Gig Economy. Rowman & Littlefied, 2023. p. 10 and ss.

portanto, seria merecedor de alguma tutela protetiva, a exemplo de uma renda mínima, benefícios da previdência social e um seguro de vida e acidentes, com vistas a se garantir a dignidade humana e o valor social do trabalho.

As contribuições teóricas sobre essa modalidade foram aportadas por Pinho Pedreira, Amauri Mascaro Nascimento, Alice Monteiro de Barros, Otávio Pinto e Silva, entre outros(11).

2.2. O teletrabalhador empregado por interposta pessoa

Outra forma de estruturação de negócios consiste na internacionalização de investimentos para o Brasil por parte de pequenas e médias empresas por meio das Organizações Profissionais de Emprego ou *"Professional Employment Organizations"* (PEOs) e Empregador Representante *"Employers of Record"* (EORs).

Modelos populares nos Estados Unidos e que vem gradualmente ganhando terreno em outros países, as PEOs, conforme explicado pela *National Association of PEO* (NAPEO), estabelecem uma relação de co-emprego. Elas se responsabilizam por aspectos administrativos e regulatórios do emprego, enquanto as empresas clientes focam nas operações comerciais e no desenvolvimento de produtos.

Em contraste, as EORs agem como o empregador direto em contexto internacional, frequentemente utilizado por empresas que buscam contratar empregados em países onde não possuem uma entidade legal, portanto só lhes restaria contratar autônomos. A EOR se responsabiliza por todas as questões legais e fiscais. Diferente da PEO, que compartilha responsabilidades de emprego com o cliente, a EOR assume completamente essas responsabilidades, ambos auxiliando as empresas a navegar pelas complexidades da contratação, pagamento e conformidade legal.(12)

Os arranjos mencionados remetem à expressão "interposta pessoa", e acarretam suspeitas de que atuam à margem das normas trabalhistas brasileiras, dado que a intermediação na relação empregatícia direta entre o trabalhador e seu empregador e restrita aos trabalhadores temporários.

Contudo, é necessário considerar que desde 2017, a legislação brasileira ampliou as possibilidades de terceirização pela redação do art. 4º-A, da Lei

---

(11) SILVA, Luiz Pinho Pedreira de. Um novo critério de aplicação do direito do trabalho: a parassubordinação. *Revista de direito do trabalho*, São Paulo, 27, jul./set. 2001. SILVA, Otávio Pinto e. Subordinação, autonomia e parassubordinação nas relações de trabalho. São Paulo: LTr, 2004.

(12) Disponível em: <https://www.napeo.org/ http://globalpeo.com>. Acesso em: 16 out. 2023.

n. 6.019/1974, permitindo que qualquer atividade, inclusive a principal, seja transferida para uma empresa terceira, dedicada a atividades específicas (especializadas) e que possua capacidade econômica compatível com a execução.

Sob essa conformação, as PEOs e EORs têm adaptado seus modelos operacionais no Brasil, expandindo seus objetos sociais para se alinharem à terceirização autorizada legalmente.

Um exemplo desse modelo é representado por uma das mais conhecidas EOR globais que atua em vários países, inclusive no Brasil, cujas atividades econômicas abrangem além da seleção e o agenciamento de mão de obra temporária, as atividades especializadas de desenvolvimento e licenciamento de programas de computador, consultoria em tecnologia da informação, acompanhamento de projetos de informatização, atualização de websites e consultoria em gestão empresarial, gestão de custos e contabilidade(13).

Apesar da tensão que poderá existir e o risco de reconfiguração do vínculo diretamente com a tomadora dos serviços, na prática a EOR se organiza simultaneamente como empresa de trabalho temporário e prestadora de serviços especializados a terceiros, contrata trabalhadores sob vínculo de emprego, que prestam serviços especializados a empresa sediada no exterior, mediante todos os direitos trabalhistas e benefícios usualmente oferecidos por empresas de grande porte, tais como salário compatível com o mercado, representação sindical que normalmente se dá mediante enquadramento dom o sindicato de empregados no setor de consultoria, benefícios como ticket-refeição, plano de saúde, seguro devida, e esse arranjo permite a prestação de serviços na modalidade teletrabalho transnacional.

Essa abordagem demonstra como as empresas se inovam diante do ambiente regulatório trabalhista brasileiro, convivendo com modelos tradicionais de negócios que mesclam diversidade nos modelos de contratação, desde relações de emprego formal, terceirização de atividades mais especializadas até a contratação de autônomos por projetos, demonstrando fácil adaptação às demandas do mercado e às normas trabalhistas locais.

3. Tensões e desafios

3.1. Autônomo versus *empregado*

O primeiro ponto de tensão e mais complexo é identificado nas relações entre o teletrabalhador e o tomador dos serviços, envolvendo os testes para a definição

---

(13) Disponível em: <https://velocityglobal.com>. Acesso em: 17 out. 2023

da natureza jurídica da relação entre o contratante e o prestador de teletrabalho transnacional, que poderá ser considerada de natureza autônoma ou empregatícia, o que distinguirá sensivelmente as responsabilidades, direitos e obrigações das partes.

Nosso sistema de leis trabalhistas passou por reforma em 2017 com vistas a modernizar e incentivar a economia, investimentos estrangeiros, desaguando em boa dose de flexibilização nas relações entre as empresas e seus trabalhadores, inclusive quanto ao teletrabalho transnacional.

A nova redação para o art. 442, da Consolidação das Leis do Trabalho (CLT), com a inserção da alínea *"b"*, rompeu essa via única e passou a regular a contratação de trabalhador autônomo, assim definido como aquele que pode prestar serviços com ou sem exclusividade, de forma contínua ou não, afastando a qualidade de empregado prevista no art. 3º da CLT.

Simultaneamente, foi alterada a redação da Lei n. 6.019/1974, que tratava exclusivamente do trabalhador e da empresa de trabalho temporário e suas relações com as tomadoras desses serviços, e foi ampliada (Lei n. 13.429/2017 e Lei n. 13.469/2017) com a introdução do § 4º-A, que praticamente redefiniu a terceirização, considerando-a como a transferência feita pela contratante de qualquer de suas atividades, inclusive sua atividade principal, à pessoa jurídica de direito privado prestadora de serviços que possua capacidade econômica compatível com a sua execução".

Sob esse novo arcabouço legal, o Supremo Tribunal Federal foi provocado a analisar a constitucionalidade da lei de terceirização e, em 2020, por maioria de votos, entendeu que é permitida a terceirização de atividades-fim das empresas urbanas.(14)

O tema, entretanto, continua complexo e sensível, pois mesmo com a recente reforma, a legislação ainda não facilita o pronto reconhecimento da natureza de uma relação jurídica, justamente porque os novos arranjos empresariais se transformam muito rapidamente, como vimos no tópico anterior e não se amoldam mais aos testes tradicionais de verificação da existência de relação de emprego ou autônoma.

Os doutrinadores da era pré-reforma trabalhista costumavam defender que o melhor teste para se identificar a natureza de qualquer relação jurídica seria a

---

(14) Disponível em: <https://portal.stf.jus.br/noticias/verNoticiaDetalhe.asp?idConteudo=445728&ori=1>. Acesso em: 11 out. 2023.

verificação da subordinação jurídica ou hierárquica, manifestada no modo como os serviços são executados, a maior ou menor integração estrutural do empregado à atividade-fim da empresa numa tentativa de identificar a dependência jurídica.(15)

A nosso ver, a partir da autorização legal para a prestação de serviços autônomos — pessoa física, natural ou pessoa jurídica, e a abrangência da terceirização de atividades-fim, o teste aplicável às situações em que houver dúvida sobre a natureza jurídica da relação contratada começa a se deslocar da subordinação clássica para o teste da intenção das partes e requisitos de validade do contrato.

Essa lição aliás já era ensinada por Pontes de Miranda muito antes da reforma trabalhista, ao demonstrar que para se examinar contrato de locação de serviços, por exemplo, a verificação mais sensata não é a verificação de exigência de conhecimentos especiais ou se os serviços são realizados em posição de dependência, mas sim a vontade dos contratantes.

Sabiamente, o jurista alerta que o emprego não é exclusivo das relações regidas pela CLT e pode aparecer nas relações envolvendo trabalho autônomo e quando o faz, indica que as partes ainda não compreenderam que entre elas deve existir o mesmo nível de proteção legal e um equilíbrio contratual de direitos e deveres(16).

Assim, no contexto de economia compartilhada, colaborativa e inovativa, o teste da subordinação não será suficiente para distinguir a relação autônoma da empregatícia, pois é exigido levar em consideração a análise dos requisitos de validade contratual das relações civis em geral, que testa a presença dos pressupostos da capacidade contratual das partes, licitude do objeto contratado, condições e termos sob os quais os serviços serão prestados, o preço, os direitos e obrigações e as penalidades aplicáveis às partes em caso de descumprimento do que contrataram. (*Vide* disposições do Código Civil Brasileiro, arts. 3º e 4º).

3.2. A lei de regência do contrato

Outra tensão sempre presente nas relações estabelecidas entre trabalhadores residentes em outros países e suas contratantes alocadas no Brasil, reside no confronto entre a liberdade contratual e a imposição da lei de regência do contrato, sempre que houver conflito sobre a legislação aplicável à relação jurídica.

---

(15) GOMES, Orlando; Elson Gottshalk. *Curso de Direito do Trabalho*. 19. ed. Rio de Janeiro: Forense, 2011. p. 163.

(16) MIRANDA, Pontes de. *Tratado de Direito Privado*. Campinas: Bookseller, 2006. p. 38 e ss.

A legislação aplicável tampouco oferece uma solução única sobre os critérios segundo os quais devam ser regidas as relações transnacionais e o teletrabalhador transnacional.

Independentemente da forma da roupagem da relação contratual que estabelecer com seu contratante, o teletrabalhador estará exposto a muitas "máscaras jurídicas" e a depender dos propósitos de deslocamento físico para além das fronteiras nacionais, bem como da relação jurídica que avençou com seu contratante, ele poderá usufruir de nenhuma, pouca ou grande proteção da legislação trabalhista brasileira, podendo até mesmo usufruir de direitos simultâneos da legislação do país de origem e de destino.

O princípio da territorialidade é a regra geral, conforme as normas do art. 9º da Lei de Introdução às Normas do Direito Brasileiro, que estabelece a regra segundo a qual "as obrigações serão qualificadas e regidas pela aplicação da lei do país em que se constituírem".

Nessa perspectiva, o teletrabalhador transnacional, contratado no Brasil para realizar atividades remotamente, sob qualquer tipo de contrato (de natureza civil ou empregatícia) e que passar a residir fisicamente em outro país, mas se mantiver vinculado ao contrato original, estará, em geral, protegido pela legislação brasileira, trabalhista ou civil, conforme o que pactuou com o contratante e que continuará regulando certos direitos e obrigações.

Sob outra perspectiva, o teletrabalhador brasileiro ou estrangeiro que, residindo em outro país avençar contrato de trabalho autônomo ou de emprego remoto com empresa brasileira dificilmente será abrangido pela lei brasileira, pois lhe faltaria qualquer elemento de conexão com o princípio da territorialidade.

Assim, como exemplo, um teletrabalhador de nacionalidade portuguesa, residente em Portugal, que prestasse serviços como teletrabalhador de um *"call center"* global, teria seu contrato regido pela legislação daquele país, ainda que seu trabalho também fosse prestado em favor de empresa com sede no Brasil.

No que diz respeito ao teletrabalhador contratado sob vínculo empregatício, há outro arcabouço legal a considerar: a Lei n. 7.064/1982 que regula as relações dos trabalhadores locais, nacionais ou estrangeiros, quando contratados sob vínculo de emprego por empresa formalmente operando no Brasil, no que concerne à situação de emigração que se desencadeia a partir do nosso país e estabelece parâmetros para a aplicação das leis mais benéfica ao empregado que fisicamente é transferido para o exterior em hipóteses específicas.

Trata-se do princípio da unicidade contratual, preconizado pelos princípios do direito do trabalho e refletidos no Capítulo II, da Lei n. 7.064/1982. O trabalhador contratado no Brasil, transferido ao exterior, que continuar prestando serviços à empresa que o contratou, continuará protegido pela legislação brasileira e terá assegurado os seguintes direitos da CLT: (a.1) salário base em moeda local sobre o qual incidirão reajustes e aumentos compulsórios de salário previstos na legislação trabalhista brasileira, (a.2) adicional de transferência que se convencionou corresponder a 25% do salário globalmente pago;. (a.3) continuidade dos depósitos mensais de 8% para o fundo de garantia por tempo de serviço (FGTS) de que é titular o empregado no Brasil (a.4) o direito de o empregado usufruir de férias após dois anos de transferência no Brasil com o custeio pela empresa da viagem do empregado e seus dependentes; (a.5) seguro de vida e acidentes pessoais não inferior a 12 vezes o valor da remuneração mensal do empregado; (a.6) contribuições à previdência social brasileira; (a.7) direito à repatriação a partir do terceiro ano de trabalho no estrangeiro.

A Lei n. 7.064/1982, em contrapartida, nega a proteção da lei trabalhista brasileira ao trabalhador contratado por empresa estrangeira, de cujo capital participe em pelo menos 5% a empresa domiciliada no Brasil, se aplicará a legislação do país de destino.

Em 2022, a Lei n. 14.442/2022 introduziu na legislação trabalhista brasileira outra inovação refletida no art. 75-B, § 8º da CLT, permitindo ao teletrabalhador empregado, admitido no Brasil que opte pela realização de teletrabalho fora do território nacional, a escolha da aplicação da legislação brasileira para reger o contrato de trabalho, em detrimento da legislação trabalhista do país de destino, exceto se as características do contrato em curso se classificarem sob as regras da Lei n. 7.064/1982, cujas disposições são analisadas mais adiante.

O problema é que esses pressupostos legais não solucionam conflitos decorrentes das diversas dinâmicas empresariais e de trabalho transnacional e exasperam conflitos decorrentes de transferências entre empresas do mesmo grupo econômico nas quais o empregado, alocado fisicamente no exterior, continua de certo modo conectado com a entidade contratante no Brasil, embora protegido por contrato de trabalho regido pela legislação do país de destino e dão margem a constantes conflitos judiciais em que lhes é reconhecida a aplicação das disposições do Capítulo II, da Lei n. 7.064/1982, a despeito de terem concordado formalmente de que a contratação no estrangeiro seria regida exclusivamente pelo ordenamento jurídico do país de destino.

Diversos autores aportam contribuições teóricas sobre lei de regência, unicidade contratual e possíveis caminhos para pacificar cenários de insegurança jurídica em que a autonomia da vontade e a aplicação da norma mais favorável ou a combinação de direitos de duas legislações são questões das mais controversas nos contratos internacionais envolvendo teletrabalhadores, a exemplo dos estudos conduzidos por Peres, Oliveira Neto, Lacerda, entre outros.[17]

3.3. Teletrabalho transnacional no contexto da relação empregatícia

A flexibilidade do teletrabalho transnacional a partir das mais recentes regras inseridas na CLT tem facilitado a mobilidade internacional dos empregados. No entanto, esse fenômeno também introduz complexidade na regulamentação e gestão desses indivíduos, particularmente quando a mobilidade internacional se dá no contexto de um contrato de trabalho sob vínculo de emprego iniciado em território brasileiro.

No Brasil vários projetos de lei objetivaram introduzir regras consistentes para a proteção dos teletrabalhadores empregados, inclusive para regular a lei de regência dos deslocamentos internacionais. Tivemos a honra de participar da elaboração do Projeto de Lei n. 5.581 de 2020 e como fruto dessas iniciativas, a Diante das complexidades e tensões retratadas anteriormente, observamos que as empresas têm mostrado resistência à ideia de permitir que empregados, por razões pessoais ou familiares, migrem para o regime de teletrabalho transnacional.

Esse receio está fundamentado na possibilidade de as empresas se sujeitarem a sanções ou enfrentarem riscos de conflitos judiciais decorrentes das intrincadas legislações trabalhistas e migratórias dos diferentes países. Como consequência, há uma notável perda de talentos e oportunidades, uma vez que profissionais qualificados buscam maior flexibilidade e as empresas hesitam em atender a essas demandas por medo de implicações legais.

O advento do teletrabalho não apenas transcende fronteiras geográficas, mas também lança luz sobre a necessidade de uma revisão das normativas vigentes. Vários especialistas[18] têm contribuído para apontar tensões e desafios que emergem dessa modalidade de serviços, entre as quais merecem destaque as

(17) PERES, Antonio Galvão. *Contrato Internacional de Trabalho*. Rio de Janeiro: Elsevier, 2009; OLIVEIRA, Célio Pereira. *Trabalho em ambiente virtual*. São Paulo: LTr, 2022; LACERDA, Nadia Demoliner. *Migração Internacional a Trabalho*. São Paulo: LTr, 2014.

(18) Disponível em: <https://www.ey.com/en_be/workforce/is-telework-breaking-through-international-borders>. Acesso em: 16 out. 2023.

sutilezas dos vistos, questões fiscais, legislação aplicável, seguridade social, seguros, entre outros aspectos específicos do teletrabalho.

3.4. *Vistos e permissões de trabalho*

Cada país possui requisitos específicos e distintos para a concessão de vistos, alguns dos quais podem não permitir o exercício de atividades profissionais. A falta de uma análise criteriosa pode resultar em violações legais, responsabilidades, penalidades e, em última instância, a deportação do trabalhador.

Em muitos casos, os países não autorizam o exercício de atividades profissionais sob determinados vistos ou, quando permitem, as eventuais interações do teletrabalhador com unidades da empresa contratante localizadas no país de destino podem potencialmente evidenciar uma extensão de direitos trabalhistas adicionais.

2.5. *Impactos fiscais para a empresa*

Com o teletrabalho de longo prazo em um determinado país, as empresas sujeitam-se ao risco de criar um "estabelecimento permanente" no país de onde os empregados exercem o teletrabalho, sujeitando-as ao imposto no país de destino, sobre a parcela de lucros atribuível a tal estabelecimento permanente.

A experiência brasileira com questões de estabelecimento é limitada, marcada pela falta de precedentes ou orientações claras. Durante a pandemia de Covid-19, a OCDE afirmou em suas recomendações que mudanças imprevistas e temporárias resultantes da Covid-19, incluindo o teletrabalho, não deveriam impactar a tributação de empregados e organizações[(19)].

Contudo, a falta de similaridade entre as legislações tributárias e a incidência da soberania dos países para legislar sobre tributos, podem acarretar custos adicionais e a necessidade de declarações e outras formalidades para as empresas.

2.6. *Impactos fiscais para o empregado*

Como princípio geral, os impostos são devidos no país onde o trabalho é realizado. Contudo, existem exceções previstas em tratados para evitar a dupla tributação nos casos em que a residência, o local de execução do trabalho e o empregador estão situados em países diferentes. Com base nisso, os empregados podem se tornar residentes fiscais no país de destino ou amargarem um risco de

---

(19) Disponível em: <https://www.poder360.com.br/economia/medidas-tributarias-sao-as-mais-comuns-para-mitigar-pandemia-diz-ocde/>. Acesso em: 09 ago. 2023.

dupla tributação caso não exista um tratado para evitar a dupla tributação entre os países envolvidos.

2.7. Seguridade social e proteção contra acidentes

Uma questão frequentemente levantada é se o país de teletrabalho está coberto pelas apólices de seguro contratadas pelo empregador em termos de acidentes de trabalho, acidentes na vida privada, seguro do carro da empresa, entre outros. Se a competência para cobrar impostos se deslocar para o país de onde um empregado está em teletrabalho, isso pode ter consequências inesperadas no tratamento fiscal desses benefícios.

Outro aspecto relevante é o exame médico periódico, que deve ser realizado em conformidade com a legislação trabalhista brasileira. Em caso de vencimento da validade desse exame, o empregador estará vulnerável a autuações. Ademais, poderá ser responsabilizado por indenizar o empregado, sobretudo se este for afastado por doenças ocupacionais que poderiam ter sido evitadas com o exame periódico. Os exames médicos podem ser realizados remotamente de acordo com a Resolução n. 2.323/2022 do Conselho Federal de Medicina (texto anexo à mensagem), particularmente o art. 7º que, contudo, exige que o médico responsável pelo Programa de Controle Médico de Saúde Ocupacional (PCMSO) acompanhe virtualmente em tempo real a condução do exame clínico por um médico do país de destino.

2.8. Aspectos trabalhistas

Especificamente sobre o teletrabalho transnacional, conforme exposto anteriormente, o § 8º do art. 75-B trouxe inovação positiva que privilegia a autonomia de negociação privada entre empregador e empregado na escolha da lei brasileira para regular as responsabilidades, direitos e deveres das partes, exceto se a modalidade de realocação internacional se classificar nas disposições da Lei n. 7.064/1982.

As novas disposições trabalhistas denotam claramente a necessidade de arranjos contratuais formais claros e bem desenhados pois a ausência de política ou regulamento empresarial que permita essa modalidade de teletrabalho transnacional de uma forma geral ou em determinadas atividades previamente definidas, poderá levar a decisões pautadas na excepcionalidade, criando precedentes para outros empregados, que podem solicitar tratamento isonômico, complicando a gestão e a uniformidade das políticas internas da empresa e, portanto, as partes devem estar cientes das leis trabalhistas e fiscais que regem o país de destino, adaptando as condições de trabalho, responsabilidades, direitos e obrigações de acordo.

Há vários pontos críticos nas tratativas e documentação relacionadas ao teletrabalho transnacional, entre os quais se destacam:

(i) benefícios: determinados benefícios são limitados ao território nacional, como o plano de saúde corporativo, os benefícios relacionados à alimentação, enquanto outros podem ser estendidos ao exterior, a exemplo do custeio ou reembolso de despesas relacionadas ao *home-office*, que devem ser adaptados de maneira que se alinhem com as regulamentações e práticas do país anfitrião, assegurando que os empregados não sejam prejudicados e que os empregadores mantenham a integridade legal e ética;

(ii) jornada: cargos de confiança ou teletrabalhadores remunerados por produção ou tarefa, em contraposição à remuneração fixa mensal são inelegíveis ao pagamento de horas extras, outros, sujeitos ao controle de jornada serão confrontados com a dificuldade de adotar controles alternativos válidos;

(iii) duração máxima do teletrabalho no tempo é outra questão complexa e exige análise de impactos fiscais para o empregador e o empregado (ex.; 90, 183 dias ou no máximo 12 meses);

(iv) previsão expressa de retorno ao regime presencial no país de origem por decisão do empregador é um dos aspectos geralmente negligenciados e que tem dado margem a conflitos judiciais em que se reconhece o direito de permanecer no país de destino quando não há previsão de concordância com retorno por decisão unilateral do empregador[20];

(v) regras sobre a autorização ou restrição de prestação de serviços nas instalações de empresas do mesmo grupo econômico são recomendáveis para prevenir indícios que podem reclassificar o teletrabalho como uma transferência internacional determinada pelo empregador e regulada pelas disposições da Lei n. 7.064/1982, com potenciais riscos de reconhecimento de direitos trabalhistas como adicional de transferência, depósitos de FGTS, entre outros;

(vi) controle sobre o local de residência do teletrabalhador com vistas a monitorar a aplicabilidade do visto de permanência no país de destino;

(vii) regras sobre adaptação de benefícios de cobertura limitada ao país de origem e responsabilidade do teletrabalhador na contratação de seguro saúde privado;

---

(20) Disponível em: <https://www.jusbrasil.com.br/jurisprudencia/tst/1685728589>. Acesso em: 17 out. 2023.

(viii) acidentes, doenças, licença-maternidade e afastamentos merecem acordos específicos para sobrepor dificuldades de perícias médicas e benefícios como auxílio acidente providos pelo sistema de seguridade social brasileiro;

(ix) análise de acordos multilaterais de previdência social existentes entre o Brasil e o país de destino, assim como acordos para evitar a bitributação sobre rendimentos são aspectos a considerar para proteção dos interesses das partes;

(x) disposições sobre a representação sindical do empregado, que prevalecerá atrelada à unidade de lotação do empregado no Brasil;

(xi) disposições sobre o trato de informações confidenciais e proteção de dados, entre outras que resultarem das peculiaridades da relação de trabalho existente.

Essas nuances fiscais, trabalhistas e administrativas associadas ao teletrabalho transnacional não se encontram totalmente reguladas na legislação e registrá-las por escrito certamente contribuirá para mitigar riscos e otimizar os benefícios desta modalidade de trabalho valiosa para empregados e empregadores brasileiros.

Conclusão

A análise do teletrabalho transnacional, no contexto deste artigo, revela um conjunto de desafios para a legislação, ressaltando a necessidade de revisão e atualização contínuas. As tensões existentes entre a liberdade contratual e a aplicação da lei demonstram a necessidade de um quadro legal mais flexível e abrangente. A cooperação entre setores públicos, privados e sociedade civil é essencial para elaborar regulamentações que atendam às demandas contemporâneas do teletrabalho transnacional, assegurando direitos e inovação.

Considerações e Aspectos Jurídicos sobre o Teletrabalho para Estagiários e Aprendizes

Ricardo Melantonio[1]

É importante destacar o período que todos nós passamos durante a pandemia de Covid-19, no período compreendido entre março/2020 à meados do ano de 2022, e fazer um histórico deste período e o impacto que o coronavírus representou nas relações humanas, sociais, trabalhistas e corporativas, afetando empresas, organizações e governos, de qualquer matriz ideológica ou religiosa.

Vamos relembrar o que efetivamente ocorreu em nosso planeta. Em 31 de Dezembro de 2019, a OMS – Organização Mundial da Saúde, foi devidamente alertada sobre vários casos de pneumonia na cidade de WUHAN, província com HUBEI, na República popular da China. Tratava-se de uma nova CEPA (tipo) de coronavírus que não havia sido identificada antes em seres humanos.

Contudo, apenas uma semana depois, em 7 de janeiro de 2020, as autoridades chinesas confirmaram que haviam identificado um novo tipo de coronavírus, já que

(1) Advogado e Consultor Jurídico. Advogado formado pela Faculdade Paulista de Direito da Pontifícia Universidade Católica de São Paulo – PUC/SP (1981). Cursou Administração de Empresas, também na Pontifícia Universidade Católica de São Paulo – PUC/SP. Realizou cursos de Direito Comparado na Universidade de Salamanca, Espanha e na Faculdade de Direito da Universidade de Coimbra, Portugal. Mestrado em Direito Tributário, pela Pontifícia Universidade Católica de São Paulo – PUC/SP. Pós-Graduado/Especialização em Direito Educacional – Centro de Extensão Universitário — CEU. Sócio titular do escritório RICARDO MELANTONIO ADVOGADOS ASSOCIADOS. Foi membro do Conselho Superior de Relações do Trabalho CORT/FIESP. Membro do Comitê Jurídico do Fórum Nacional das instituições Filantrópicas – FONIF. É membro associado efetivo e foi Diretor de Relações Institucionais do IASP – Instituto dos Advogados de São Paulo bem como Ex-Presidente da Comissão de Direito do Terceiro Setor do IASP. Foi membro do Conselho Fiscal, Consultivo e de Administração do Centro de Integração Empresa Escola – CIEE/SP. No período compreendido entre 2015 à 2023. Foi o Superintendente Jurídico, *Compliance* e Institucional do Centro de Integração Empresa Escola — CIEE.

anteriormente eles causaram um resfriado comum e, até as últimas décadas, era raro causar doenças mais graves em humanos do que o resfriado comum.

Identificado a Covid-19, doença respiratória causado pelo vírus SARS--COV-2, se faz presente em dezenas de países e contaminou mais de 700 milhões de pessoas, com o maior número de casos nos Estados Unidos. Infelizmente, quase 7 milhões de pessoas pereceram no mundo.

No Brasil, o primeiro caso foi identificado em fevereiro/2020, e quase 3 anos mais tarde, cerca de 36 milhões de pessoas foram infectadas, com cerca de 700 mil registros de morte. Por via de consequência, tudo mudou de forma rápida e a adaptação foi absolutamente necessária, face à mudança para uma nova realidade ou "novo normal" de hábitos e modo de vida para preservar o ser humano. Assim, foram adotados o isolamento social e até o *lockdoowm*. Desta forma, após este breve histórico da pandemia, qual o impacto gerado para os colaboradores de um modo geral e também os estagiários e aprendizes no Brasil?

Em primeiro lugar, vamos analisar a legislação sobre estagiários e aprendizes.

Começamos pela Lei do Estágio, Lei n. 11.788, de 25 de setembro de 2008, em seu art.1º que define o que é estágio.

> Art. 1º Estágio é ato educativo escolar supervisionado, desenvolvido no ambiente de trabalho, que visa à preparação para o trabalho produtivo de educandos que estejam frequentando o ensino regular em instituições de educação superior, de educação profissional, de ensino médio, da educação especial e dos anos finais do ensino fundamental, na modalidade profissional da educação de jovens e adultos.
>
> § 1º O estágio faz parte do projeto pedagógico do curso, além de integrar o itinerário formativo do educando.

Já no art. 3º da referida lei, deixa bastante claro que o estágio não cria vínculo empregatício de qualquer natureza, não sendo regido pela CLT.

Analisando o teor da Lei n. 11.78/2008, em nenhum dispositivo existe vedação quanto ao teletrabalho.

Uma pesquisa realizada pelo CIEE — Centro de Integração Empresa Escola, revela que em 2022, o Brasil tinha 726 mil estagiários em atividade. Isto demonstra, o significado da importância do estágio para o estudante, adquirindo conhecimento nas escolas e universidades e obtendo experiência no estágio, aliando a teoria adquirida com a prática vivenciada nas empresas, organizações e poder público.

Mas o que vem a ser teletrabalho? Teletrabalho, segundo o art. 75-B da Consolidação das Leis do Trabalho é a prestação de serviços preponderantemente fora das dependências do empregador, com a utilização de tecnologias de informação e de comunicação que, por sua natureza, não se constituam como trabalho externo.

Vamos enumerar quais são os direitos e deveres dos estagiários, da empresa e da instituição de ensino, a saber:

• CARGA HORÁRIA

a) Para nível superior, médio ou técnico, a carga horária máxima é de 06 horas diárias ou 30 horas semanais,

b) Na hipótese de educação especial, a carga horária deve ser de 04 horas diárias ou 20 horas semanais.

• DURAÇÃO DO ESTÁGIO

A duração do estágio, na mesma parte concedente, não poderá exceder 02 anos, com exceção quando se tratar de estagiários portador de deficiência.

• ATIVIDADES

De forma obrigatória, as atividades durante o período do estágio devem estar vinculadas ao curso que o estudante realiza.

• BOLSA-AUXÍLIO

O art. 12, da Lei n. 11.788 estabelece que o estagiário receberá obrigatoriamente bolsa-auxílio e não salário.

• RECESSO REMUNERADO

Se o estagiário tiver o estágio de duração igual ou superior a um ano, terá ele o recesso de 30 dias, a ser concedido preferencialmente durante as suas férias escolares.

• SEGURO

É obrigação da parte que concede o estágio contratar, em benefício do estagiário seguro contra acidentes pessoais.

• TERMO DE COMPROMISSO DE ESTÁGIO — TCE

O TCE – Termo de Compromisso de estágio é o contrato celebrado entre o estudante, a parte concedente e a instituição de ensino. O agente de integração é importante na integração entre as partes, mas não participa da relação direta entre estudante, escola e concedente.

• APRENDIZ

A Lei da aprendizagem n. 10.097/2000 determina que as empresas de médio e grande porte devem contratar jovens com idade entre 14 e 24 anos como aprendizes. É uma grande oportunidade que os jovens têm como o primeiro emprego e a sua inserção e capacitação no mundo do trabalho.

Dentre os requisitos previstos na Lei, destacamos:

1. O estudante deve estar matriculado de forma regular em uma escola do ensino fundamental ou médio ou já ter concluído o ensino médio;

2. Ter por bom desempenho escolar;

3. Estar presente nas atividades teóricas e práticas na empresa ou parceiro.

Importante destacar que a aprendizagem é regulamentada por lei, mas o contrato celebrado com os aprendizes tem previsão na Constituição Federal, em seu art. 7º inciso XXXIII, que menciona a vedação de trabalho a menores de 16 anos de idade, com exceção dos aprendizes, a partir de 14 anos.

> Art. 7º São direitos dos trabalhadores urbanos e rurais, além de outros que visem à melhoria de sua condição social.
>
> XXXIII – Proibição de trabalho noturno, perigoso ou insalubre a menores de dezoito e de qualquer trabalho a menores de dezesseis anos, salvo na condição de aprendiz, a partir de quatorze anos.

Portanto, os aprendizes têm vínculo empregatício regido pela CLT — Consolidação das Leis do Trabalho, em que dispõe o art. 428:

> Art. 428. Contrato de aprendizagem é o contrato de trabalho especial, ajustado por escrito e por prazo determinado, em que o empregador se compromete a assegurar ao maior de 14 (quatorze) e menor de 24 (vinte e quatro) anos inscrito em programa de aprendizagem formação técnico-profissional metódica, compatível com o seu desenvolvimento físico, moral e psicológico, e o aprendiz, a executar com zelo e diligência as tarefas necessárias a essa formação.

Em resumo, trata-se de uma grande oportunidade aos jovens do nosso país, em uma verdadeira inserção ao mundo do trabalho, composta por atividades teóricas e práticas com a finalidade de garantir formação profissional básica. Cabe salientar que o contrato de trabalho a ser celebrado com a empresa ou organização tem a duração de 04(quatro) horas semanais, tendo direito a anotação na carteira de trabalho bem como salário, vale transporte, período de férias, FGTS, 13º salário.

Quanto às empresas, elas poderão oferecer ainda vale-refeição, assistência médica entre outros benefícios.

A contratação através do programa jovem aprendiz oferece alguns incentivos fiscais para as empresas, tais como o recolhimento de apenas 2% do FGTS, dispensa do aviso prévio remunerado e também da multa rescisória do contrato de trabalho.

Aspectos jurídicos da pandemia e seus reflexos no teletrabalho para os estagiários e aprendizes

Pode se dizer, após um panorama geral sobre as legislações existentes sobre o estágio (Lei n. 11.788/2008) e a aprendizagem (Lei n. 10.07/2000) que com todo o conhecimento e experiências existentes dentre as respectivas edições legislativas, nada se comparou ao período da pandemia e seus impactos decorrentes da Covid-19.

Façamos um breve histórico:

> Em 22.03.2020, o Governo Federal editou a MP n. 927 sobre medidas trabalhistas para enfrentar o estado de calamidade pública, vigente aquela época. Depois, em uma série de medidas provisórias, decretos legislativos, portarias até a edição da MP n. 1.108, de 25.03.2022, tivemos em caráter excepcional, a autorização para a realização das atividades de estágio e de aprendizagem, através de meios telepresenciais.
>
> Em decorrência da aprovação pelo Congresso Nacional da Medida Provisória n. 1 108/22, o Presidente da República sancionou a Lei n. 14.442/22, de 05.09.2022 que regulamenta o teletrabalho.

Dessa forma, o art. 75-B, § 6º da Consolidação das Leis do Trabalho passou a ter a seguinte redação:

Art. 75-B. Considera- se teletrabalho ou trabalho remoto a prestação de serviços fora das dependências do empregador, de maneira preponderante ou não, com a utilização de tecnologias de informação e de comunicação que, por sua natureza, não configure trabalho externo.

§ 6º Fica permitida a adoção do regime de teletrabalho ou trabalho remoto para estagiários e aprendizes.

Assim, inserido em nosso ordenamento jurídico a possibilidade de teletrabalho para estagiários e aprendizes, devemos destacar que o regime do teletrabalho deve contar de forma expressa tanto no termo de compromisso de estágio com a devida anuência das partes envolvidas, ou seja, estagiário, a concedente do estágio e a instituição de ensino.

Já para os aprendizes, deve constar em seu contrato de trabalho de aprendizagem a previsão legal.

Segundo pesquisa realizada em 2022 pelo Centro de Integração Empresa Escola — CIEE, os aprendizes de 14 a 24 anos eram cerca de 500.000, sendo 57% na faixa etária entra 14 a 17 anos completos e 42% tinham entre 18 e 24 anos, sendo que 86% desses aprendizes atuaram em 15 ocupações diferentes.

Cabe salientar ainda que as atividades que demandam capacitação profissional podem ser consultadas na Classificação Brasileira de Ocupações — CBO, criada em 2002, para identificar todas as ocupações do mercado de trabalho, devidamente reconhecidas pelo Ministério do Trabalho.

Pode-se dizer que as análises e as modificações do aparato normativo, serviram para demonstrar que os estagiários e aprendizes, as empresas e instituições de ensino estão inseridas em novo patamar de desenvolvimento humano, tecnológico e profissional.

Podemos destacar como pontos positivos:

a) Melhor gestão do tempo;

b) Aumento da produtividade;

c) Redução do absenteísmo;

d) A questão da modalidade urbana;

e) Preservação do meio ambiente;

f) Sustentabilidade;

g) Qualidade de vida;

h) Organização da rotina de trabalho.

Algumas pessoas poderão indagar: O teletrabalho só tem aspectos positivos e nenhum negativo?

Vale tecer algumas considerações como pontos negativos:

a) Isolamento social;

b) Isolamento psicológico;

c) Dificuldade de separar o trabalho com a vida pessoal e familiar;

d) Condições de trabalho;

e) Adaptação.

Dentre as diversas modalidades existentes entre o trabalho presencial, o híbrido e o teletrabalho, todos tem as suas características e peculiaridades próprias, com adaptações para as empresas e colaboradores em seus diferentes perfis.

Finalizando este texto, gostaria de mencionar a importância do teletrabalho como aponta o professor Emérito de Sociologia do Trabalho na Universidade *Degli Studi "La Sapienza"*, de Roma, recentemente falecido. Ao longo da sua vida e trajetória como mestre e sociólogo, desenvolveu a sua pesquisa e tese no seu *best-seller "O Ócio Criativo"*, de 1995 que defende a ideia de que o tempo livre não é algo necessariamente negativo, porque permite e estimula a criatividade pessoal.

Nesse mesmo ano, o intelectual italiano fundou a SIT — Sociedade Italiana de Teletrabalho, organização responsável para divulgar e regulamentar o tema. Segundo ele, "as muitas pesquisas realizadas em todo o mundo mostram que, com o trabalho à distância, a produtividade aumenta de 15% a 20%. Isso significa que o teletrabalhador pode fazer em 07 horas o que antes, no escritório, levava 08 horas".

Portanto, quando falamos de teletrabalho para estagiários e aprendizes no Brasil, o impacto dessa possibilidade legal atinge e beneficia cerca de 1.300.000 jovens em nosso país, permitindo que a adoção conjunta da tecnologia, conhecimento, experiências, estudo e trabalho sejam implantadas e desenvolvidas para os estudantes, empresas e instituições de ensino, trazendo para todos um grau de desenvolvimento econômico, social, humano e educacional, aliando o conhecimento teórico e a sua aplicação prática.

Todo Trabalho é Híbrido?

Roberto Pojo(1)

Cláudia Wehbe(2)

Fernando Kleiman(3)

Resumo: No mundo todo, uma das grandes questões colocadas para os gestores públicos ou privados é como modular a transição dos escritórios e rotinas virtuais, criadas para o enfrentamento da pandemia de Covid-19, para novos arranjos de trabalho.

Importante ressaltar que esses novos arranjos e formas de organização do trabalho não são novos e sua adoção já vinha em uma onda crescente desde a primeira década do século XXI. A novidade foi a escala da adoção do trabalho remoto em uma velocidade imprevista, devido à emergência sanitária e viabilizada pelo desenvolvimento de ferramentas tecnológicas, o que colocou novos desafios nesse retorno ao mundo sem pandemia. Do ponto de vista de empresas públicas e privadas, há uma pressão pelo retorno ao escritório, mesmo que muitas delas nem possua mais estrutura suficiente para comportar todos os membros de suas equipes. Do ponto de vista dos trabalhadores e trabalhadoras, a oferta de possibilidades integrais ou parciais de trabalho remoto passou a ser elemento de atração e retenção de talentos.

Nesse contexto, a pergunta que se coloca é como reconfigurar os arranjos de trabalho de modo a assegurar desempenho das equipes à luz das novas possibilidades de arranjos virtuais, físico-presenciais e híbridos? Nesse artigo apresentamos uma série

(1) Formado em Ciência Política pela Universidade de Brasília (UnB). Servidor Público da carreira de Especialista em Políticas Públicas e Gestão Governamental desde 2004. É hoje o Secretário de Gestão e Inovação do Ministério da Gestão e da Inovação em Serviços Públicos do Governo Federal.

(2) Formada em Ciência Política e Mestre em Desenvolvimento Sustentável pela Universidade de Brasília (UnB). Servidora Pública da carreira de Especialista em Políticas Públicas e Gestão Governamental. É hoje a Diretora de Inovação Governamental da Secretaria de Gestão e Inovação do Ministério de Gestão e da Inovação em Serviços Públicos do Governo Federal.

(3) Doutor em Engenharia de Sistemas e Serviços e servidor público da carreira de Especialista em Políticas Públicas e Gestão Governamental.

de desafios e dúvidas sobre como operar nesse momento de transição. Do ponto de vista de gestão, queremos construir balizas técnicas para que os responsáveis possam tomar melhores decisões, em especial no setor público e para o contexto do Programa de Gestão e Desempenho (PGD)[(4)].

A agenda de estudos resultante desse artigo busca explorar diversas possibilidades que podem fazer sentido para a organização do trabalho, e aponta para a possiblidade de definição de graus de hibridicidade, de acordo com requisitos e condições que se apresentam na realidade laboral de empresas, governos, trabalhadores e trabalhadoras.

Palavras-chave: Desenho do trabalho — Teletrabalho — Trabalho híbrido — Virtualidade.

Introdução — práticas de trabalho híbrido antes da pandemia

Reportagens sobre estudos a respeito das mudanças no mundo trabalho depois da pandemia de Covid-19 tem sido publicadas em diversos jornais e revistas[(5)]. Algumas apontam para riscos e desafios colocados para empresas e governos que buscam se adaptar ao novo contexto. No entanto, tão interessante como essa narrativa de novidades é perceber o quanto muitos desses elementos, agora em discussão, já estavam colocados em prática há muito tempo.

Práticas de trabalho remoto, formas virtuais de comunicação, atividades síncronas e assíncronas ocorrem há anos, mas estavam apenas ocultas diante de nossos olhos, por falta de prioridade em função da baixa escala de sua adoção. O novo momento colocou esses temas na agenda ao passo que abriu uma importante oportunidade para aprendermos com esse passado de práticas e construirmos bases sólidas para decisões nesses assuntos, tanto no presente, como no futuro de nossas organizações.

Comecemos ressaltando aspectos importantes desse resgate. Em primeiro lugar, trabalho remoto e regimes híbridos de trabalho existem há muito tempo. Segundo o IBGE, já em 2018, ao menos 3,8 milhões de pessoas declaravam trabalhar no domicílio de residência (2% da força de trabalho). Apesar de alguma variação quando comparado a dados internacionais, é nítida a indicação de que a adoção do trabalho remoto era marginal no mundo todo. Por exemplo, 5,2% da força de trabalho dos 27 países da Europa declarava trabalhar de sua residência segundo a *European Comission* (2020) ou 3,2% no EUA, de acordo com Silver (2023).

(4) Decreto n. 11.072, de 17 de maio de 2022.

(5) *Vide*, a exemplo: BOYLE (2023) e Silver (2023).

A emergência sanitária fez com que organizações buscassem novos arranjos para assegurar a prestação de serviços ou viabilizar, minimamente, linhas de produção, ainda que em condições pouco ideais. Foi essa capacidade adaptativa que contribuiu para a preservação de vidas humanas e deu sobrevida às organizações. Com isso, foi inegável o enorme crescimento da adoção dessas práticas a partir da pandemia da Covid-19[(6)].

Mais impressionante que a consequente mudança na escala de adoção de práticas de trabalho remoto foi o impacto dela na nossa percepção sobre tais práticas. Tal mudança nos mostra como era reduzida a apropriação que fazíamos dessas experiências, e o quanto elas não nos chamavam a atenção. Por exemplo, entre trabalhos de assessoria ou de redação documental, observam-se profissões que há décadas adotavam a prática de "levar trabalho pra casa". Leitura de documentos, redação de relatório, revisão de textos, análise de casos, e muitas outras atividades eram levadas para fora do escritório, por vezes até de maneira rotineira, mas não recebiam o título de trabalho remoto. O momento atual permite que relembremos tais experiências, e possamos nomeá-las de maneira mais precisa: nos casos descritos, trata-se de trabalho remoto e assíncrono (feito individualmente, sem interação ao vivo com outros, que discutiremos a seguir).

Em segundo lugar, o desenvolvimento tecnológico também auxiliou com que esses trabalhos pudessem ser crescentemente realizados fora do escritório ou até em trânsito. A digitalização de documentos, as possibilidades de envio e armazenamento em nuvem de arquivos, os protocolos de segurança, juntamente a evolução dos equipamentos físicos (computadores, *laptops*, *tablets* e celulares), todos os avanços ampliaram o universo de possibilidades de trabalhos remotos. Isso sem falar do desenvolvimento das diversas plataformas e aplicativos de comunicação interpessoal que viraram o mundo do avesso. Todas essas mudanças vieram acompanhadas por grandes avanços na conectividade de pessoas e empresas, que passaram a estarem acessíveis com rapidez e em locais anteriormente inacessíveis. Tais tecnologias viabilizaram um leque ainda maior de atividades que poderiam ser feitas a distância.

No entanto, ao falarmos em facilitação, ressaltamos também que muitas das condições melhoradas nas últimas décadas também já estavam disponíveis antes mesmo da crise sanitária. Muitas vezes, os limites com os quais adotávamos tais práticas estavam definidos muito mais pela nossa falta de conhecimento ou hábito, do que pela inexistência de ferramentas e possibilidades. Havia também

(6) *Opus cit.*

uma ausência de reconhecimento ou chancela dessas práticas que resultava na invisibilidade delas. O que nos indica que muitos dos meios materiais já estavam disponíveis e a novidade trazida pela situação recente, novamente, foi a ampliação da sua adoção em larga escala.

Uma última camada adicional de elementos corriqueiros, mas que não nomeávamos adequadamente, era o tempo de trabalho comum. Por mais que diversos profissionais optassem por "chegar mais cedo" ou "sair mais tarde" de suas empresas para usufruir de períodos de concentração, essa noção de organização de trabalhos coletivos e individuais era vista como parte da rotina. Diversas reuniões de trabalho ocorriam sem agenda definida, dando a sensação de um tempo produtivo subutilizado em atividades coletivas. Depois das experiências recentes de trabalho virtualmente coordenado, aprendemos que existem múltiplos arranjos possíveis de tempo, espaço e interação para tarefas e rotinas diferentes. Percebemos como o tempo conjunto custa caro. E concebemos novas formas para organizar e gerenciar os tempos de trabalho individual e coletivo, como iremos desenvolver a seguir.

Perspectivas dos novos arranjos de trabalho

De acordo com Klonek e Parker (2021)[(7)] os arranjos virtuais de trabalho, como times virtuais e trabalhos mediados por computador, estão em franco processo de crescimento nos últimos 20 anos. Segundo as autoras, dentro de um universo de mais de 5 milhões de trabalhadores pesquisados, já em 2016 mais de 85% dos trabalhadores ao redor do mundo já haviam participado de algum tipo de trabalho em equipe virtual.

Outra pesquisa da HRBI de abril de 2023[(8)] aponta para números ainda mais interessantes – Quadro 1.

Quadro 1 – Variação do % de co-localização do trabalho

	Antes de 2020	Abril 2023
Totalmente co-localizado	61%	27%
Parcialmente co-localizado	34%	66%
Sem co-localização	5%	7%

Fonte: HR Business Insights (2023), elaboração própria.

Da tabela acima, trabalho co-localizado é aquele realizado no mesmo espaço (escritório), enquanto o sem co-localização refere-se a formas remotas ou

(7) Klonek e Parker (2021).

(8) *HR Business Insights* (2023).

teletrabalho. Apesar da pequena variação nos percentuais de trabalho declarado como "sem localização" (2 p.p.), há uma mudança significativa das posições de trabalho totalmente co-localizadas para arranjos parciais (30 p.p.). Ainda que a virtualização do trabalho já estivesse em curso antes mesmo da pandemia, isso não significa que a questão de gestão de equipes nesses ambientes não tenha ganhado novos contornos desde então.

A generalização das práticas de trabalho fora do escritório abriu perspectivas e demandas em um ritmo imprevisto. Pessoas e funções operacionais e gerenciais que jamais se imaginaram em situação de distância, mostraram-se possíveis. Mais do que isso, muitos dos que passaram pela experiência de virtualização de suas rotinas perceberam benefícios e agora demonstram preferência por não retornar ao trabalho físico presencial integral.

De acordo com levantamento do Flexindex 40% dos empregos nos EUA hoje estão exigindo retorno integral ao escritório (Figura 1), sendo a média de dias físicos-presenciais exigidos estar em pouco mais de 2,5 dias por semana (Figura 2).

Figura 1 – % de requerimento de presença no escritório – EUA, 2023 (adaptado de Boyle, 2023).

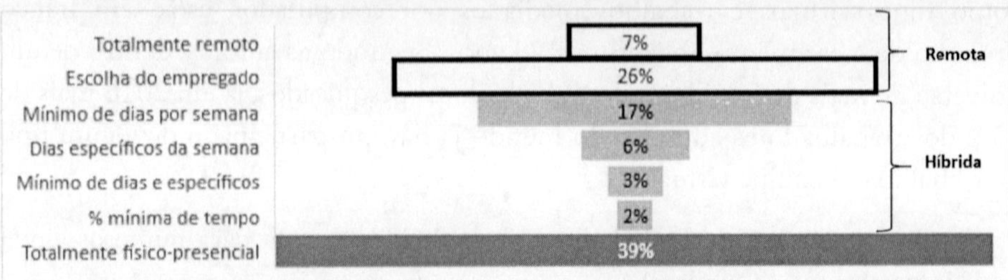

Figura 2 – demanda de dias no escritório, em % de empresas – EUA, 2023 (adaptado de Boyle, 2023).

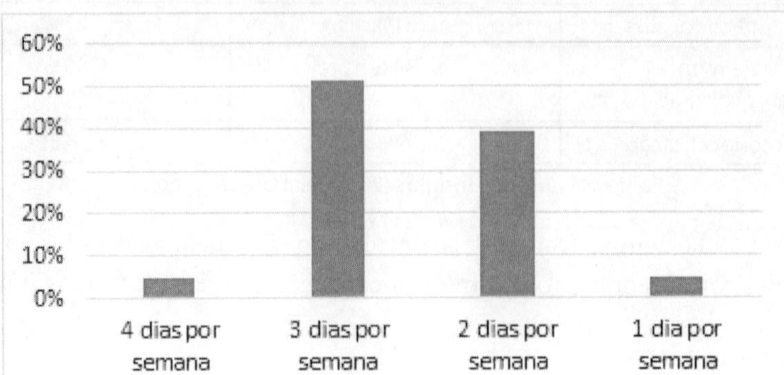

Tal perspectiva é reforçada pelos dados de oferta de emprego ao redor do mundo. Em um artigo de opinião(9), Matthew Boyle escreveu que executivos entendem que a Covid-19 os fez atravessar um portal do qual não há retorno.

Com custos estimados em mais de 1 trilhão de dólares(10), não há mais possibilidades físicas de retornar todas as posições de trabalho aos escritórios. Ademais é notável a variação entre a oferta de oportunidades de trabalho remoto antes e depois da pandemia. Segundo o autor, os EUA e a Índia já ofertavam, respectivamente, aproximadamente 4 milhões e 2 milhões de posições de teletrabalho em 2020, passaram a ter 7 milhões e 4,5 milhões depois da pandemia (dados de abril de 2023). Tal tendência é observada em diversos outros países, com taxas de crescimento na oferta semelhantes.

Podemos com isso concluir que o trabalho remoto integral será dominante no futuro? Certamente não. Mas podemos inferir que existem certos limites e condicionantes para sua adoção, além de ter fortes indícios de que empresas e governos precisam saber se adaptar a essa realidade.

Boyle conclui seu artigo afirmando que "trabalho não é mais um lugar aonde as pessoas vão, mas uma coisa que elas fazem – quando, onde e como não está mais escrito em pedra". Assim como a revisão de literatura realizado pelo Governo da Austrália(11), abrangendo 230 documentos acadêmicos e relatórios de trabalho, indica que trabalho não como regido por sua localização e tempo, mas pelas atividades que o compõe. Apoiados no conceito de Activity-based Work (ABW), a revisão encontra um conjunto variado de autores que buscam discutir formas de melhorar o desempenho do servidor pela definição de melhores arranjos de trabalho de acordo as características das tarefas a serem desempenhadas.

Por fim, já é vasta a evidência comprovando que o arranjo de trabalho e seus níveis de virtualidade não são preditores de desempenho de indivíduos e equipes. Do contrário, com base em uma amostra de 5.738 equipes organizacionais e 5.620 equipes não organizacionais (estudantes e outros), Purvanova e Kenda (2022) apontam que a virtualidade não determina diretamente a efetividade das equipes organizacionais. Ademais, segundo Camões et al. (12), "há um consenso na literatura de comportamento organizacional sobre o fato de o engajamento ser um dos mais robustos preditores de desempenho e satisfação laboral (...) inclusive no setor público" (p. 3).

(9) Boyle e Matthew (2023).

(10) Considerando custos de aluguel, desvalorização imobiliária e transporte.

(11) Williamson *et al.* (2021).

(12) Camões *et al.* (2023).

Novos arranjos de trabalho no Governo Federal brasileiro: o Programa de Gestão e Desempenho

O Programa de Gestão e Desempenho (PGD) é uma iniciativa coordenada pelo Ministério da Gestão e Inovação em Serviços Públicos que criou um modelo de gestão baseado em resultados em substituição ao controle de frequência (folha de ponto). Tal programa criou um instrumento para monitorar o desenvolvimento e a mensuração de atividades realizadas por servidores públicos, focando na entrega de resultados e na qualidade dos serviços prestados à sociedade[(13)].

O PGD foi regulamentado no contexto da pandemia de Covid-19 e visou dar suporte para que muitas das atividades do Governo Federal pudessem ser realizadas de maneira remota[(14)]. No entanto, passada a crise sanitária, diversas organizações federais tomaram consciência das suas possibilidades de atualizar arranjos de trabalho e decidiram por manter posições integrais ou híbridas de teletrabalho[(15)].

Hoje, segundo o painel da transparência do PGD[(16)], mais de 140 órgãos e entidades federais mantém, pelo menos, 26 mil trabalhadores ativos dentro do programa. Estima-se que quase 10 mil desses servidores se encontram em regimes integrais ou parciais de teletrabalho, indicando a continuidade desses novos arranjos de trabalho e seus desafios.

Tais dados confirmam que os desafios colocados para melhorias na gestão do desempenho de arranjos híbridos de trabalho em âmbito privado e internacional também são de grande importância para o setor público brasileiro.

A seguir, iremos discutir uma série de dimensões e métodos que podem nos auxiliar a pensar o engajamento no trabalho a partir de variados arranjos de localização e tempo. Começaremos aprofundando essas dimensões cronológicas e espaciais para depois indicar ferramentas úteis para combinar essas dimensões de acordo com características do trabalho e das equipes.

Local, tempo e formas de interação do trabalho.

São muitos os estudos que procuram compreender como o trabalho se organiza em termos espaciais e cronológicos. Segundo o pesquisador da USP

---

(13) Decreto n. 11.072/2022, regulamentado pela Instrução Normativa n. 24/2023

(14) Rego e Celso (2022).

(15) Kleiman *et al.* (2023).

(16) Disponível em: <https://www.gov.br/servidor/pt-br/assuntos/programa-de-gestao/painel>. Acesso em: 22 set. 2023.

Romero Tori(17), são muitas as formas de organização de atividades humanas. Focado em compreender o papel da distância na educação, seu livro nos traz de maneira resumida, bons insights sobre a constituição do espaço de transferência e comunicação interpessoal. Essa abordagem sugere que podemos separar nossas atividades em três eixos, a partir dos quais conseguimos visualizar vantagens e desvantagens de suas combinações: tempo, espaço e interação – Figura 3.

Figura 3 – Tempo, espaço e formas de interação no trabalho (elaboração própria).

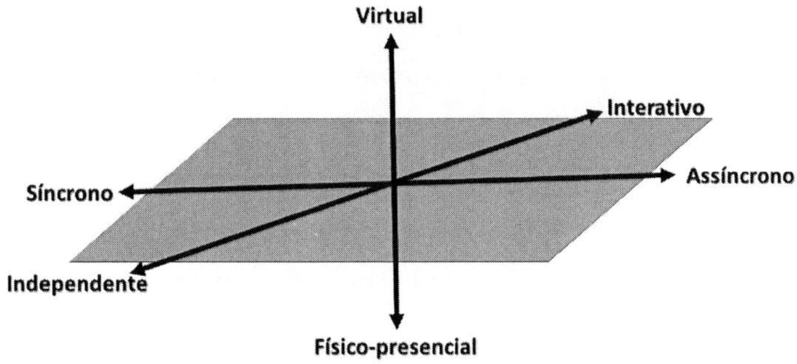

O eixo tempo nos remete à sincronicidade de nossas ações. Algumas atividades demandam que estejamos na mesma hora, numa mesma conexão ou local, porque precisamos trabalhar juntos (tempo síncrono). Reuniões, bate-papo, oficinas ou conversas geralmente demandam uma sincronicidade entre nossos tempos para estarmos realizando a atividade conjuntamente. Outras atividades podem ser realizadas por pessoas diferentes, em momentos diferentes, e ainda assim, resultar em produtos comuns (tempo assíncrono). Para essas, não há a necessidade de se estar ao mesmo tempo na tarefa, como escrita de textos, revisão de documentos ou mesmo reflexões que queremos fazer por conta própria para depois compartilhar. A natureza da tarefa contribuirá para a definição do nível de sincronicidade requerido.

O segundo eixo nos orienta sobre o espaço no qual as atividades ocorrem. Podemos ter atividades em espaços virtuais ou físico-presenciais(18). Em ambos os casos, temos apenas uma variação na proximidade física do espaço compartilhado, sendo essa a dimensão mais percebida entre o trabalho no escritório ou o teletrabalho.

---

(17) Tori, R. (2010).

(18) Que seja ressaltada que atividades em espaços virtuais também podem ser presenciais pois contam com a presença das pessoas, sendo a diferença uma questão estritamente física.

Por fim, o autor ressalta a dimensão da interatividade. Por meio desse eixo podemos pensar as atividades que podem ser realizadas independente de outros participantes ou que demandam trocas (como *brainstorming*, oficinas, ou mesmo alguns textos e documentos escritos conjuntamente[(19)]). Outros autores transcendem a interatividade para a qualidade dessas interações, procurando conceituar formas de dar significado ao que conecta essas trocas[(20)]. Uma convergência nesses estudos é a possibilidade de criar situações interativas virtuais para grande parte das interações no mundo físico. Em alguns casos, o mundo virtual apresenta recursos mais sofisticados que acabam sendo adotados inclusive em situações de interações localizadas. Assim como a variação na temporalidade dessas interações (síncronas ou assíncronas) também resultam em uma diversidade de ferramentas e recursos[(21)].

O importante dessas três dimensões é permitir que tenhamos uma melhor compreensão das atividades que ocorrem ao nosso redor para poder desenhá-las da melhor maneira possível. Isso nos permite decidir os meios e tempos para aproveitar a capacidade laboral de indivíduos e equipes.

Contribuições do desenho do trabalho

Como indicamos na sessão anterior, é fundamental que governos e empresas saibam lidar (e gerenciar) suas equipes da melhor maneira possível. Chamaremos de equipes híbridas aquelas constituídas por arranjos de trabalho flexíveis em termos de tempo, espaço e formas de interação, adaptadas a características pessoais de seus funcionários, chefias e tarefas a serem realizadas por eles. Desenho de trabalho é uma abordagem teórica que permite descrever como tarefas e papéis são organizados, executados e modificados, abarcando, inclusive, o modo como esses elementos impactam resultados nos níveis do indivíduo, do grupo e da organização[(22)]. Essa abordagem pode contribuir para a compreensão de limites e possibilidades relacionadas à virtualização de equipes[(23)]. Klonek & Parker (2021)

---

(19) A interatividade sempre foi um elemento relevante de atividades conjuntas, independente do local de realização. Mais recentemente, o surgimento de novas ferramentas de colaboração facilitaram formas virtuais de interação como Miro, Mentimeter ou mesmo sistemas de documentos online (sharpoint, google docs, entre outros).

(20) KLEIMAN, F. *et al.* (2020).

(21) Um dos grandes desafios ainda presente na interação virtual é a simulação do acaso. Laprise e Thivierge (2012).

(22) Grant e Parker (2009).

(23) Klonek e Parker (2021).

desenvolveram o conceito de trabalho *SMART* cujo acrônimo em inglês responde *eStimulante*, Maestria, (poder de) Agência (sobre seu trabalho), características Relacionais, e demandas Toleráveis (p. 3).

Esses cinco conceitos foram testados e verificados por meio de pesquisa com mais de 1.800 trabalhadores ao redor do mundo. A finalidade do desenho de trabalho *SMART* é criar uma referência na definição e gestão de trabalhos e equipes. Em particular, o foco principal é chamar a atenção para a adequação de determinadas composições de tarefas para grupos de pessoas que precisam ser capazes de realizar.

Cada letra do acrônimo tem um significado que contribui para o aumento de performance. Trabalho estimulante (S) costuma resultar de atividades que sejam variadas, interessantes, desafiadoras, e que tenham sentido para quem as realiza. Elas geralmente implicam no uso e desenvolvimento de habilidades como solução de problemas ou gerenciamento de situações complexas.

A maestria (M) no trabalho implica em organização de equipes que tenham papéis claros e possam oferecer indicações (*feedback*) sobre o que se realiza. Agência (A) se refere ao grau de autonomia que equipes tem na definição de seu próprio trabalho e na forma como podem definir os rumos daquilo que fazem.

O aspecto relacional (R) diz respeito ao ambiente de trabalho e como as relações de interdependência se contrabalanceiam dentro dele. Há uma justaposição entre interdependência e autonomia que difere no nível individual e de grupo. No primeiro, interdependência, está mais relacionado a formação de relações interpessoais e de confiança. No segundo nível, da autonomia, estão em jogo a capacidade e condições para equipes terem poder para tomar decisões coletivamente.

Por fim, as demandas toleráveis (T) agregam diversos aspectos como esforços físicos, temporais e psicológicos que as atividades podem requerer de membros, ou de toda a equipe. Por exemplo, conflito de papéis, níveis de pressão de tempo ou de performance, entre outros esforços.

O papel de chefias e gestores é, então, observar com mais clareza e ser capaz de ajustar as tarefas de acordo com as características e habilidades disponíveis em uma equipe. Nesse sentido, sugerem as autoras que as tarefas devem ser classificadas em quatro tipos: tarefas de geração, tarefas de escolha, tarefas de negociação e tarefas de execução – *Quadro 2*.

Quadro 2 — Classificação de tarefas por natureza (baseado em Klonek & Parker, 2021).

Tipo de tarefa	Exemplos
Tarefas de geração	Planejamentos, eventos, criação ou *"brainstorming".*
Tarefas de escolha	Solução de problemas simples, discussões, construção de consensos.
Tarefas de negociação	Processos de decisão complexos, gerenciamento de conflitos, atividades de balanceamento de interesses.
Tarefas de execução	Tarefas psicomotoras, vinculadas a movimentos físicos ou produção concreta.

Essa tipologia de tarefas, combinada com os critérios *SMART* podem resultar em times mais engajados e, portanto, produtivos, independentemente de sua localização. Apesar do foco das autoras ser em processos de virtualização de trabalho, no qual o acrônimo auxilia a melhorar o desempenho de equipes geograficamente dispersas, podemos perceber que tais elementos de desenho do trabalho são aplicáveis para qualquer grau de hibridicidade que uma equipe opte por adotar, como discutiremos a seguir.

Definição de graus de hibridicidade

Complementarmente ao *SMART*, podemos pensar os diversos arranjos espaciais possíveis para organizar o trabalho como uma linha contínua – *Figura 4.*

Figura 4 – Escala de graus de hibridicidade dos arranjos de trabalho.

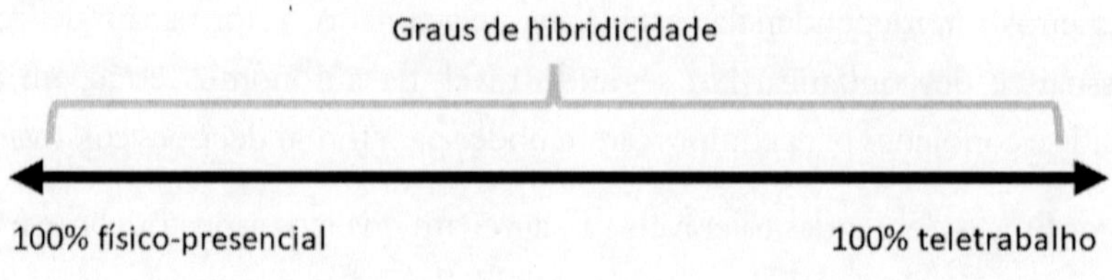

Em um extremo estão as funções que ocorrem integralmente em um ambiente físico determinado, co-localizado (portaria de um prédio, atendimento físico-presencial de recepcionistas, profissionais de saúde, etc.). No outro extremo temos pessoas cuja integralidade de seu trabalho ocorre por meio de algum ambiente virtual, sem jamais estar fisicamente no mesmo lugar que seus colegas de trabalho. Entre os dois polos encontramos múltiplos graus de hibridicidade entre dias ou horas de ambiente físico determinado, em dias, semanas, meses ou anos de um determinado trabalhador.

Em diálogo direto com o conceito do SMART, os graus de virtualidade de um trabalho determinam a hibridicidade dos arranjos de trabalho. A pergunta que gostaríamos de auxiliar uma melhor reflexão por parte de gestores é: quais os melhores graus de hibridicidade para a operação de minha equipe?

Partimos do princípio de que o contínuo definido acima é uma abstração de potenciais arranjos considerando que todo trabalho é híbrido. Um funcionário em teletrabalho integral pode ocasionalmente visitar a sede de sua organização, bem como trabalhadores que tenham rotinas definidas exclusivamente em espaço físico podem, de vez em quando, realizar tarefas a distância. Ao considerarmos todo trabalho como híbrido, precisamos qualificar os arranjos de trabalho dele decorrentes. De acordo com esses graus de hibridicidade de arranjos de trabalho para diferentes equipes, diferentes métodos e técnicas de comunicação e gestão podem potencializar as capacidades operativas de seus membros.

Como discutido anteriormente, se compreendemos que engajamento é um bom preditor para desempenho de servidores e equipes e que ele resulta de uma série de ações que podem ser tomadas por chefias e organizações, o grau de hibridicidade dos arranjos de trabalho são apenas mais um elemento a ser considerado para definir essas ações. Dito de outra forma, os graus de hibridicidade potenciais para uma equipe vão depender dos melhores arranjos de trabalho para seu engajamento. E, portanto, essa definição dos graus de hibridicidade adequados para determinada equipe dependem do perfil dos indivíduos que compõe uma equipe, das características das tarefas que aquela equipe precisa executar (rotinas) e do estilo e capacidades da chefia a cargo de sua coordenação.

Na linha da abordagem *SMART*, os limites e possibilidades da hibridização das equipes pode ser ampliado com melhorias na composição de equipes, definição de tarefas e capacitação da chefia. Ao ter melhores ferramentas a disposição, equipes e chefias tem melhores condições de ampliar seu engajamento no trabalho e, consequentemente, os potenciais de seu desempenho.

É abundante o material disponível em diversos meios e linguagens para a ampliação dessas técnicas e métodos para gestão de equipes[(24)]. Ao observar os conteúdos, notamos que tais materiais costumam ter enormes convergências quanto ao seu conteúdo, independente da hibridicidade da equipe: técnicas de *feedback*, clareza na definição de metas e papéis, melhorias na comunicação, entre

(24) Uma simples busca na *internet* por ferramentas de gestão resulta em abundantes vídeos, textos e oficinas disponíveis. E tal abundância antedece a crise saintária, Halford, S. (2005).

outras. Técnicas que compõe igualmente o rol de prioridades definidos na abordagem SMART e que podem ser aplicados de várias formas a partir dos graus de hibridicidade de cada equipe.

Conclusões

O mundo está passando por uma nova grande transformação após o fim da pandemia de Covid-19. Conscientes de diversas dimensões do trabalho que antes nos eram ocultas, podemos tomar melhores decisões sobre os arranjos de trabalho que melhor se adequam as nossas organizações. No presente artigo, apresentamos as reflexões sobre mudanças no mercado de trabalho em termos do local físico de sua realização, e vimos que já há uma tendência crescente de ofertas de teletrabalho ou arranjos híbridos. No Brasil, estes arranjos ganharam suporte com a criação do Programa de Gestão e Desempenho que hoje está ativo em mais de 140 órgãos e entidades da Administração Pública Federal. Nesse contexto, propomos dimensões de análise para a definição de novas ofertas.

A primeira sugestão é o uso das dimensões de localidade, tempo e interatividade para observar as tarefas e atividades que fazem parte de um posto de trabalho. A quantidade de demandas que podem ser realizadas virtualmente, de forma síncrona ou assíncrona, com diferentes graus de interatividade podem facilitar a vida dos ofertantes ao analisar suas funções.

A segunda sugestão é pensar a composição dessas ofertas o mais próximo possível do acrônimo SMART, que sintetiza as cinco principais características de trabalhos bem desenhados: estimulante, maestria, agência, relacional e com demandas toleráveis. A partir dessas dimensões na definição e gerenciamento de trabalho para indivíduos e equipes, observamos que o local de sua realização poderá ser cada vez menos relevante.

Por fim, ao definir o trabalho, sugerimos a referência dos diversos graus de hibridicidade a partir dos quais os trabalhos podem ser realizados. Ao pensarmos o hibridismo como um contínuo, cada organização pode melhor adaptar suas escolhas e definições àquelas que melhor respondem por suas tarefas, atividades e resultados almejados.

O futuro do trabalho é construído diariamente e não se pode afirmar, categoricamente, que altos níveis virtualidade serão predominantes nos próximos anos. Mas apesar de não haver evidências hoje para afirmar que o futuro do trabalho será retornar ao escritório ou tornar-se completamente virtual, acreditamos que o foco nos arranjos híbridos nos provoca e desafia a encontrar novos ritos e rotinas para essa grande transformação em curso. E as organizações que conseguirem se antecipar a esse processo, certamente estarão mais bem adaptadas quando esse futuro chegar.

A realidade experienciada antes, durante e depois da pandemia, indica haver espaço para decisões compreensíveis tecnicamente. Não existem organizações, equipes e pessoas idênticas. Logo, não se pode negligenciar o papel promotor da flexibilidade sempre que couber. Gestores de equipes têm papel fundamental nessa construção. Para isso, a organização deve atuar para que o trabalho se configure como um indutor de resultados positivos e sustentáveis em todos os níveis, para a organização, suas chefias e seus servidores. Independente do grau de hibridicidade de seus arranjos de trabalho.

Referências

BOYLE, Matthew. *Return-to-Office Is a $1.3 Trillion Problem Few Have Figured Out*. Disponível em: <https://www.bloomberg.com/news/features/2023-09-04/what-the-return-to-office-looks-like-globally, 2023>. Acesso em: 22 set. 2023.

BRASIL. *Decreto n. 11.072/2022*. Disponível em: <http://www.planalto.gov.br/ccivil_03/_Ato2019-2022/2022/Decreto/D11072.htm>. Acesso em: 22 set. 2023.

______. Disponível em: <https://www.gov.br/servidor/pt-br/assuntos/programa-de-gestao/painel>. Acesso em: 22 set. 2023.

______. IBGE. DISPONÌVEL EM: <https://www.ibge.gov.br/estatisticas/sociais/trabalho/17270-pnad-continua.html>. Acesso em: 22 set. 2023.

______. *Instrução Normativa n. 24/2023*. Disponível em: <https://www.in.gov.br/web/dou/-/instrucao-normativa-conjunta-seges-sgprt-/mgi-n-24-de-28-de-julho-de-2023-499593248>. Acesso em: 22 set. 2023.

CAMÕES, M. R. d. S., *et al.* Os ciclos de engajamento no trabalho de servidores públicos federais. *Revista de Administração Pública*, 57: e2023-0061, 2023.

EU SCIENCE HUBS. Telework in the EU before and after the Covid-19. *Science for Policy Briefs*. Disponível em: <https://joint-research-centre.ec.europa.eu/system/files/2021-06/jrc120945_policy_brief_-_covid_and_telework_final.pdf>. Acesso em: 22 set. 2023.

FLEXINDEX. Disponível em: <https://www.flex.scoopforwork.com/>. Acesso em: 22 set. 2023.

GRANT, A. M.; PARKER, S. K. 7 Redesigning Work Design Theories: The Rise of Relational and Proactive Perspectives. *The Academy of Management Annals*, 3(1), 317–375. https://doi.org/10.1080/19416520903047327, 2009.

HALFORD, S. Hybrid workspace: Re-spatialisations of work, organisation and management. *New Technology, Work and Employment*, 20(1): 19-33, 2005.

HR BUSINESS INSIGHTS (2023) citado em: <https://www.microsoft.com/en-us/worklab/in-the-office-it-is-all-about-moments-that-matter>. Acesso em: 22 set. 2023.

KLEIMAN, F. *et al.* Gaming for Meaningful Interactions in Teleworking Lessons Learned during the Covid-19 Pandemic from Integrating Gaming in Virtual Meetings. *Digital Government: Research and Practice*, 1(4): 1-5, 2020.

KLEIMAN, F. *et al.* New ways for monitoring the public workforce after the pandemic: The management and performance program in the Brazilian Federal Government. Proceedings of the 24th Annual International Conference on Digital Government Research. Gdansk, Poland, *Association for Computing Machinery:* 349–354, 2023.

KLONEK, F.; PARKER, S. K. (2021). Designing SMART teamwork: How work design can boost performance in virtual teams. *Organizational Dynamics*, 50(1), Article 100841. https://doi.org/10.1016/j.orgdyn.2021.100841 , 2021.

LAPRISE, R.; R. L. THIVIERGE, Using speed dating sessions to foster collaboration in continuing interdisciplinary education *Journal of Continuing Education in the Health Professions*, 32(1): 24-30, 2012.

PURVANOVA, R. K.; R. KENDA (2022). The impact of virtuality on team effectiveness in organizational and non-organizational teams: A meta-analysis. *Applied Psychology*, 71(3): 1082-1131.

REGO, R. S. P. a. C. J., J. CELSO (2022). *Princípios, Condições e Diretrizes do Programa de Gestão e Desempenho (PGD) para o Governo Federal Brasileiro.* O Estado de SÂo Paulo.

SILVER H., Working from Home: Before and After the Pandemic. *Contexts* (Berkeley Calif), mar. 2;22(1):66-70, 2023.

TAO, Y. *et al.* Climate mitigation potentials of teleworking are sensitive to changes in lifestyle and workplace rather than ICT usage. *Proceedings of the National Academy of Sciences*, 120(39): e2304099120, 2023.

TORI, R. *Educação sem distância*. Senac, 2010.

WILLIAMSON, A. P. S.; DICKINSON H.; WEERATUNGA V.; BUCKNALL F. *Future of Work Literature Review:* Emerging trends and issues. A. T. O. a. D. o. H. Affairs, Public Service Research Group., 2021.

Modelos de Trabalho e Cultura Organizacional: Desafios Contemporâneos

Sylvia Hartmann[1]

André Luiz Fischer[2]

Humberta Karinne da C. S. Silva[3]

Flavia Regina Costa Czarneski[4]

---

(1) *LinkedIn Learning Instructor & Top Voice*. Pesquisadora sobre trabalho flexível. Palestrante e consultora de empresas para definição e implantação de modelos de trabalho. Mestra em administração na FEA com linha de pesquisa Gestão de Pessoas e dissertação sobre Práticas de Recursos Humanos e Home Office, formada no MBA em Gestão Estratégica e Econômica de negócios na FGV. Pós-graduada em Comunicação com o Mercado na ESPM e graduada em *Marketing* na Universidade Presbiteriana Mackenzie. Trabalhou por 20 anos como executiva de marketing nas empresas *Oakley Brasil*, *Specialized Brasil*, *Multicoisas* e *VF do Brasil* (América Latina e Central).

(2) Livre Docente e Doutor em Administração de Empresas pela Faculdade de Economia Administração e Contabilidade da Universidade de São Paulo (1998). Mestre em Ciências Sociais pela Pontifícia Universidade Católica de São Paulo (1992). Coordena cursos de especialização em Gestão de Recursos Humanos atuando como consultor e pesquisador na *FIA Business School*. Produziu artigos científicos publicados em periódicos nacionais e internacionais. É membro da rede internacional *CRANET* de estudos comparativos sobre gestão de Recursos Humanos.

(3) Com formação em Bacharelado e Mestrado em Administração pela Universidade Federal de Pernambuco. Atualmente, encontra-se no cursando doutorado na Universidade de São Paulo, no qual participa no doutorado sanduíche na *Hochschule* de Bremen, conduzindo pesquisas sobre o uso de algoritmos no processo de seleção. Além disso, desempenha as funções de Professor Universitário em Gestão de Recursos Humanos na Hochschule Bremen e orientador de MBA na Esalq, com foco em recrutamento, treinamento, *e-HRM*, diversidade e soluções digitais para Gestão de Pessoas.

(4) Doutora em Engenharia de Produção (UFSC/SC). Doutoranda em Administração (FEA/USP/SP). Mestre em Administração (UFSC/SC). Atuou na área de Gestão de Pessoas com ensino, pesquisa e consultoria, mais especificamente com Comprometimento Organizacional, *Misbehavior*, Inovações Gerenciais, Indicadores de Desempenho e Plano de Cargos e Salários.

Resumo: O teletrabalho teve uma adoção limitada até 2020, com apenas 2,9% dos trabalhadores envolvidos globalmente. Contudo, a pandemia do Covid-19 forçou uma mudança significativa no cenário, levando trabalhadores do conhecimento a adotar o teletrabalho. As empresas viram nisso uma solução eficaz para a continuidade dos negócios e economia de recursos. Entretanto, em 2022, com a flexibilização das medidas de segurança, algumas começaram a reintroduzir o trabalho presencial no modelo híbrido, e com o término da pandemia e a resistência de grandes empresas, começaram intensos debates sobre o retorno aos escritórios. Além das questões relacionadas à produtividade e ao controle de trabalhadores remotos, outras preocupações foram discutidas, incluindo a falta de dados para embasar políticas de trabalho, desafios na integração e acompanhamento de profissionais jovens, estímulo à colaboração e criação de comunidades, impactos do isolamento na saúde mental e dificuldades em manter a cultura organizacional. No contexto da cultura organizacional, a cultura é vista como uma construção social de valores e pressupostos compartilhados subjacentes a artefatos culturais visíveis. Três níveis culturais são identificados: artefatos, valores e pressupostos. Artefatos são os elementos visíveis da cultura, como rituais, linguagem e vestimentas. Valores são os princípios compartilhados pela organização, enquanto pressupostos são as suposições subjacentes que moldam o pensamento e o comportamento. A introdução do teletrabalho deve considerar a cultura organizacional existente. Modelos de cultura como o *Competing Values Framework* (CVF) ajudam a entender as diferentes abordagens culturais nas organizações. Culturas de clã, *Adhocracia*, hierarquia e mercado têm características distintas que afetam a transição para o teletrabalho. Adaptações nas práticas de Recursos Humanos são necessárias para facilitar a transição e garantir a eficácia. A decisão de implementar o teletrabalho deve ser precedida por uma análise detalhada da cultura organizacional, entrevistas com profissionais e líderes, avaliação da infraestrutura tecnológica, considerações legais e de proteção de dados. Além disso, a liderança deve desempenhar um papel fundamental na promoção das mudanças necessárias para acomodar os interesses das empresas e dos profissionais.

Palavras-chave: Teletrabalho — Cultura organizacional — Modelos de trabalho — Liderança — Recursos humanos.

Abstract: Telework had limited adoption until 2020, with only 2.9% of workers globally involved. However, the Covid-19 pandemic forced a significant shift, leading knowledge workers to embrace telecommuting. Companies saw this as an effective solution for business continuity and resource savings. Nevertheless, in 2022, with the relaxation of safety measures, some began to reintroduce in-person work in a hybrid model. With the end of the pandemic and resistance from large corporations, intense debates emerged about returning to the offices. In addition to issues related to productivity and monitoring remote workers, other concerns were discussed, including the lack of data to support work policies, challenges in integrating and tracking young professionals, promoting collaboration and community building, addressing the mental health impacts of isolation, and difficulties in maintaining organizational culture. In the context of organizational culture, culture is viewed as a social construct of shared values and underlying assumptions that manifest in visible cultural artifacts. Three cultural levels are identified: artifacts, values, and assumptions. Artifacts are the visible elements of culture, such as rituals, language, and attire. Values are the shared principles within the organization, while assumptions are the underlying suppositions that shape thinking and behavior. The introduction of telecommuting should take into account the existing organizational culture. Culture models like the Competing Values Framework (CVF) help understand different cultural approaches within organizations. Clans, adhocracy, hierarchy, and market cultures have distinct characteristics that influence the transition to telecommuting. Adaptations in human resource practices are necessary to facilitate the transition and ensure effectiveness. The decision to implement telecommuting should be preceded by a detailed analysis of organizational culture, interviews with professionals and leaders, evaluation of technological infrastructure, legal considerations, and data protection. Furthermore, leadership plays a crucial role in advocating for the necessary changes to accommodate the interests of both companies and professionals.

Keywords: Teleworking — Organizational culture — Work models — Leadership — Human resources.

A evolução do teletrabalho: de décadas sem expressão para solução e atrito em três anos

Apesar de o termo *telework*, em português teletrabalho, ter sido cunhado pelo engenheiro Jack Nilles na década de 70[(5)], sua adoção não foi substancial até o início de 2020, quando segundo a Organização Internacional do Trabalho, havia 2,9% de teletrabalhadores distribuídos pelo mundo, com concentrações maiores em países com níveis mais altos de desenvolvimento econômico[(6)]. Esse cenário mudou diante da pandemia do Covid-19, quando trabalhadores do conhecimento foram levados a trabalhar de suas casas para evitar o contágio da doença, e empresas em todo mundo precisaram se adaptar a uma nova forma de trabalhar.

O teletrabalho então foi visto como uma solução eficaz para a continuidade dos negócios, bem como a possibilidade de economia de recursos para as duas partes.

(5) NILLES, 1988.

(6) MOLLONA *et al.* 2019.

Muitas empresas devolveram lajes de escritórios e anunciaram que manteriam a modalidade após o final da pandemia(7), e uma legião de trabalhadores afirmou o desejo de manter o teletrabalho devido à economia de tempo com deslocamento, principalmente nas grandes cidades(8).

Ao longo do ano de 2022, com o avanço da vacinação e a flexibilização das medidas de segurança, uma série de empresas passou a reabrir escritórios ainda de forma tímida, no chamado modelo híbrido, no qual profissionais trabalham remotamente uma parte da semana, e presencialmente no restante(9). O teletrabalho ainda era visto como uma solução possível, e o mundo organizacional testemunhou, por alguns meses, a febre do híbrido. O teletrabalho ainda era considerado como uma alternativa viável, o mundo organizacional experimentou um período de entusiasmo pelo modelo híbrido. No entanto, com o decreto do término da pandemia e posicionamento de empresas de grande porte contra a flexibilidade de lugar de trabalho, iniciou-se um processo intenso de debates acerca do retorno aos escritórios. Diante desse contexto, uma pesquisa da *Microsoft* com 20 mil profissionais e líderes em 11 países demonstrou que, enquanto a maior parte do primeiro grupo se considera muito produtiva em casa, a maioria dos líderes tem a visão oposta, de que não há produtividade, e este fenômeno foi chamado de Paranoia da produtividade(10).

Além dos atritos relacionados às questões como produtividade e falta de controle sobre trabalhadores a distância, há outros receios no cerne da discussão. A ausência de dados para respaldar a criação de políticas de trabalho; os desafios na integração e acompanhamento de profissionais jovens; o estímulo à colaboração e criação de comunidades; os impactos do isolamento na saúde mental e as dificuldades para multiplicar a cultura organizacional. Esse artigo teórico discorrerá sobre a cultura organizacional.

Cultura organizacional

A literatura sobre cultura surge das disciplinas de sociologia e antropologia e se concentra na análise da construção social de valores e pressupostos compartilhados subjacentes a artefatos culturais visíveis. As definições de cultura organizacional tendem a ser mais consistentes e geralmente se concentram em normas, suposições e valores compartilhados e estabelecidos de uma organização, que comunicam suas expectativas comportamentais aos colaboradores de uma organização(11).

---

(7) NAVISKAS, 2020, SENA, 2021.

(8) FISCHER *et al.* 2020.

(9) NAOR *et al.* 2021

(10) *MICROSOFT*, 2023.

(11) SORENSEN, 2002.

Apesar do conceito de cultura ter uma longa história na antropologia e o termo ter sido usado em escritos anteriores sobre organizações[(12)], PETTIGREW (1979) legitimou o conceito ao introduzir o tópico nos estudos organizacionais. O autor mostrou que os conceitos de crenças, ideologia, linguagem, ritual e mito poderiam ser aplicados ao estudo das organizações[(13)], por mais complexos que obviamente fossem.

A cultura organizacional é então vista como os padrões de premissas fundamentais que um grupo inventou, descobriu ou desenvolveu no processo de aprender a resolver seus problemas de adaptação externa e integração interna. Essas premissas são consideradas válidas e, portanto, devem ser ensinadas aos novos membros do grupo como a maneira correta de perceber, pensar e sentir sobre os problemas organizacionais[(14)].

Níveis da cultura organizacional

Na pesquisa sobre cultura organizacional, YAMMARINO E DANSEREAU (2011) identificaram uma série de estudos sobre o tema nos quais as questões de níveis de análise, especialmente as questões multiníveis, estão presentes e discutem as maneiras pelas quais essas questões podem ser estudadas simultaneamente. Tem-se a questão dos níveis geralmente enfatizando o grau em que as facetas da cultura são mais ou menos facilmente observáveis. Esses diferentes níveis foram conceituados de várias maneiras semelhantes, mas a estrutura mais comumente mencionada sobre os níveis de cultura é a de SCHEIN (2010), e pode ser visualizada na Figura 1.

Figura 1 – Níveis da cultura organizacional

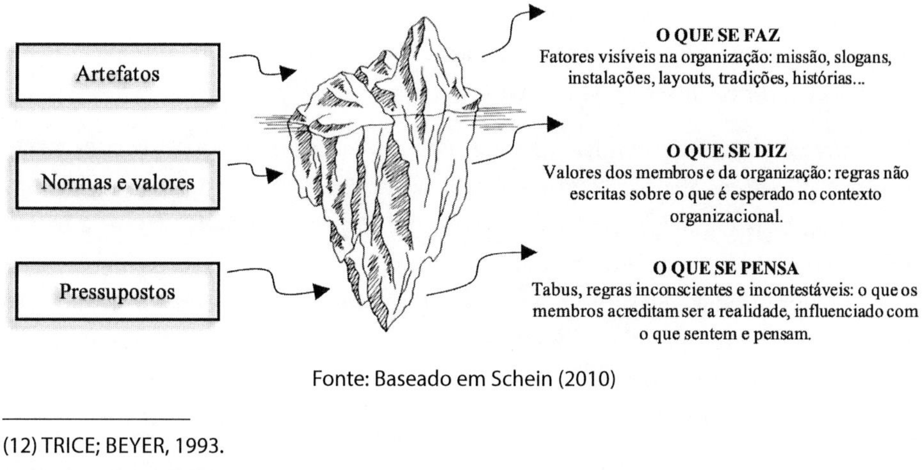

Fonte: Baseado em Schein (2010)

(12) TRICE; BEYER, 1993.

(13) ALVESSON & BERG, 1992.

(14) SCHEIN, 1984.

O autor propôs três níveis de cultura organizacional: artefatos, crenças e valores adotados e suposições subjacentes ou pressupostos e podem fazer uma analogia ao desenho de um *iceberg*. Os artefatos representam a camada externa da cultura e incluem rituais, linguagem, mitos, vestimentas e a organização do espaço, extremamente relevante na discussão de modelos de trabalho. Eles são os mais facilmente acessíveis aos observadores externos, mas também os mais ambíguos em termos do significado subjacente que podem representar.

Apesar de ser relativamente fácil obter os dados desse nível, ele pode se tornar enganoso pois, embora se possa descrever como um grupo constrói seu ambiente e quais são os padrões de comportamento discerníveis entre seus membros, muitas vezes não conseguimos compreender a lógica subjacente, ou o porquê um grupo se comportar de uma maneira específica.

Para analisar por que os membros se comportam de determinada maneira, conhecer os valores que regem os comportamentos no ambiente organizacional se torna relevante. Esse é o próximo nível de cultura, segundo SCHEIN (2010), os valores que são relatados pela gerência como essenciais para a organização, mas que podem ou não refletir a realidade dos membros da organização.

No entanto, efetuar uma observação direta aos valores não é uma tarefa simples, muitas vezes é necessário inferi-los, entrevistando pessoas chaves na organização ou por meio de análise de documentos. E, ao se identificar esses valores, normalmente é possível notar que se constituem uma representação precisa somente dos valores manifestos ou esposados de uma cultura. Em outras palavras, eles se concentram no que as pessoas dizem ser as razões por trás de seu comportamento, no que eles gostariam que fossem, e no que muitas vezes é uma racionalização de seu comportamento. Por outro lado, as razões por trás de seu comportamento permanecem desconhecidas ou ocultas.

Para realmente entender uma cultura e aprender mais sobre os comportamentos e princípios abertos do grupo é necessário abordar as premissas subjacentes. Essas premissas geralmente não são conscientes, mas na verdade afetam a forma como os membros do grupo percebem, pensam e se sentem. Essas suposições são respostas aprendidas que surgem de valores esposados. Por outro lado, um valor se transforma em uma premissa fundamental sobre como as coisas realmente são à medida que um comportamento o leva e como o comportamento começa a resolver o problema que o originou.

Nesse sentido, a premissa cai do nível da consciência à medida que é cada vez menos questionada. Esse se constitui o terceiro nível, que o autor considera ser os pressupostos subjacentes da vida organizacional. Esse nível indica porque os membros da organização fazem o que fazem em seu dia a dia de trabalho e, com frequência, são tão granulares que não podem ser facilmente articuladas, o que exige pesquisas com entrevistas aprofundadas para esclarecê-lo.

Conforme mencionado, as características organizacionais visíveis e perceptíveis, mas superficiais, são conhecidas como artefatos e incluem tudo o que representa a cultura a organização, por meio dos produtos, serviços e dos padrões de comportamento dos colaboradores, incluindo manifestações físicas, comportamentais e verbais[(15)]. O autor acreditava que as organizações desenvolviam uma cultura ao longo do tempo, à medida que os colaboradores experimentavam várias mudanças, adaptavam-se ao ambiente externo e resolviam os problemas organizacionais.

Ao se entender a cultura organizacional como um iceberg, como apresentado na Figura 1, somente uma pequena parte superior de gelo está visível aos olhos, e a maior parte submersa em águas profundas. Dessa forma, a cultura organizacional é, geralmente, expressa apenas pela parte que é visível, como por exemplo, a logomarca da empresa, sua missão e visão publicados em seu site, materiais publicitários etc. e elementos dispostos nos escritórios.

Ainda com a visão do iceberg em mente, os valores estão abaixo da linha da água, mas ainda em profundidade rasa. Já os pressupostos, em uma camada mais profunda do *iceberg*, na metáfora proposta por Schein, precisam de grande consciência e habilidade para ser compreendidos e considerados no plano estratégico de transformação cultural.

No entanto, ocorre que nem sempre a parte submersa do iceberg são conhecidas pelos gestores e, para realmente compreender uma cultura e para aprender de modo mais completo os valores e o comportamento de um grupo, é imperioso atuar em nível dos valores e pressupostos, que normalmente são inconscientes, mas que, na realidade, determinam como os membros do grupo percebem, pensam e sentem.

Um breve resumo sobre *competing value frameworks*

Robert E. Quinn e John Rohrbaugh criaram a Estrutura de Valores Concorrentes ou *Competing Values Framework* (CVF) em 1983 como uma ferramenta

(15) SCHEIN, 2010.

para analisar e compreender a cultura empresarial. Baseada em duas dimensões importantes:

- Foco x Flexibilidade: Esta dimensão mostra como a organização prefere a estabilidade e a previsibilidade à mudança e à adaptação.
- Interna X Externa: A ênfase da organização nas relações e procedimentos internos, em oposição ao seu ambiente externo e os *stakeholders*.

A intersecção destas duas dimensões forma quatro quadrantes, cada um dos quais representa uma combinação particular de fatores organizacionais e pessoais, Clã, Adhocracia, Hierarquia. A CVF é uma estrutura com valores antagonistas, ou seja, cada tipo de cultura tem suas próprias características e abordagens(16).

A cultura de Clã é caracterizada pela proximidade e pelas relações interpessoais, uma forte ênfase na cooperação, solidariedade e trabalho em equipe(17). Esse tipo de cultura hesita em correr riscos ou adaptar-se à mudança, por ter uma mentalidade voltada ao interior(18). Em uma cultura de Adhocracia, é comum encontrar ambientes desorganizados e caóticos; no entanto, também há destaque para sua ênfase na inovação e flexibilidade(19).

Embora eficientes e bem geridas, as culturas hierárquicas costumam ser caracterizadas pela burocracia e resistência à mudança. A eficiência, a ordem e o controle são prioridades nesse tipo de cultura, que valoriza bastante a consistência e a previsibilidade, sendo orientada internamente(20). Isso ocorre principalmente devido à ênfase em estrutura e conformidade com regras e procedimentos.

De acordo com CAMERON e QUINN, (2010) e QUINN e ROHRBAUGH, (1983) as culturas de mercado se destacam pela sua ênfase no desempenho, na concorrência e nos resultados. Essa cultura geralmente valoriza a estabilidade e a previsibilidade, além de ter uma orientação voltada para o exterior. Empresas com culturas de mercado podem ser percebidas como impessoais e competitivas, devido à priorização dos resultados.

---

(16) QUINN; ROHRBAUGH, 1983+

(17) *Idem.*

(18) CAMERON; QUINN, 2010; *Idem.*

(19) *Idem.*

(20) *Idem.*

Articulações de teletrabalho e cultura organizacional

O resgate à literatura e aos princípios da cultura organizacional permite uma análise mais cuidadosa do fenômeno dos modelos de trabalho na era 'Pós-Pandemia de Covid-19'. A partir da analogia das dimensões da cultura organizacional com um *iceberg*(21), é possível deduzir que o trabalho presencial, nos escritórios, não é determinante para a disseminação de cultura. A sua esfera mais significativa, chamada de pressupostos e representada pela parte mais profunda do *iceberg*, se manifesta a partir de comportamentos coletivos do grupo, que por sua vez são influenciados pelos valores, normalmente propostos e exercidos pelas camadas mais altas da liderança.

Tais valores se refletem em todos os tipos de decisão, como a escolha de novas contratações; a promoção de profissionais; a forma de lidar com desafios; dilemas éticos; entre outros. E se manifestam em reuniões virtuais, no envio de comunicados oficiais, trocas de *e-mails*, mensagens instantâneas e mesmo nas decisões acerca de políticas de trabalho, independentemente do formato, presencial ou virtual.

Por outro lado, os elementos que compõem os artefatos visíveis podem reforçar o papel do escritório como símbolo de status, não somente pela distinção visível de ambientes desenvolvidos para líderes, como pelo acesso livre que esses têm às suas equipes em qualquer momento, a despeito de estarem ocupados, em atividades de concentração ou foco(22). Além disso, uma das origens do dilema de modelos de trabalho em países como o Brasil possivelmente advém da distância de poder que existe em países da américa latina(23). No contexto do presente artigo, porque alguns que concentram poder e renda tomam decisões que afetam os que tem necessidade de trabalho.

Sob outra perspectiva, as organizações podem utilizar a cultura organizacional, por meio do CVF, para compreender melhor suas culturas atuais e identificar áreas onde seria desejável introduzir melhorias, com foco nas discrepâncias entre a cultura atual e a desejada(24). O modelo também pode ser usado para apoiar os líderes e equipes de Recursos Humanos na criação de planos para uma melhor gestão de mudança em se tratando da implementação do modelo de trabalho flexível, e na adequação de práticas de recursos humanos que favoreçam o modelo,

---

(21) SCHEIN, 2010.

(22) MCCALLUM, 2023.

(23) SCHNEIDER, 2009.

(24) CAMERON; QUINN, 2010.

como integração, especialmente na compreensão da cultura organizacional pretendida, do estímulo à colaboração, treinamentos e avaliação de desempenho[(25)].

Empresas que se identifiquem com a cultura Clã, que favorece elementos de seu interior e a proximidade nas relações, no primeiro momento podem apresentar uma resistência à implementação de novos modelos de trabalho. De tal modo, é importante que as práticas de Recursos Humanos promovam a colaboração, o treinamento, desenvolvimento de equipes virtuais eficazes e a comunicação aberta, para manter a coesão da equipe e a continuidade na criação de laços e na promoção de um sentimento através uma conexão psicológica com a organização para ganhar confiança[(26)]. Já o líder em uma cultura de clã pode precisar de se concentrar na criação de procedimentos mais eficazes e na tomada de decisões mais rápidas, para a compensar a falta de estrutura e de autoridade presente nesta cultura e tendo em vista que seu principal papel é o de aumentar o comprometimento emocional da equipe[(27)].

Em uma cultura de *Adhocracia*, com ambientes mais dinâmicos e que fomentam inovação, o teletrabalho integral pode fluir de maneira natural permitindo que os funcionários explorem novas abordagens e inovações[(28)]. Para otimizar essa dinâmica, as práticas de Recursos Humanos devem promover a autonomia, criatividade, experimentação e estimular a colaboração virtual e a troca de ideias[(29)]. Para maior eficácia, seus líderes podem precisar concentrar-se na implementação de uma nova estrutura para os processos de trabalho e mecanismos de controle para o atingimento de metas.

Em culturas Hierárquicas, a transição para o teletrabalho pode requerer uma revisão das práticas de Recursos Humanos, especialmente no que diz respeito à supervisão direta, no controle na execução de tarefas e de modo a evitar que funcionários remotos se tornem uma anomalia na própria empresa, pois não têm oportunidade de observar outros comportamentos para imitar as normas pré-estabelecidas[(30)]. No entanto, é importante buscar equilíbrio, pois os modelos de

(25) HARTMANN *et al.* 2023.

(26) WALDORF, 2019.

(27) KIM, 2014; DANI *et al.* 2006.

(28) LEAL-RODRÍGUEZ, 2019.

(29) SILVA *et al.* 2018.

(30) OSTROFF *et al.* 2003.

trabalho mais flexíveis demandam autonomia e autorresponsabilidade por parte dos funcionários, e as práticas de Recursos Humanos devem refletir essa mudança[(31)].

Finalmente, em culturas de Mercado, a introdução do teletrabalho pode não representar um desafio significativo. Pelo contrário, ele pode aumentar a flexibilidade e a produtividade. No entanto, para que a transição seja bem-sucedida, as práticas de Recursos Humanos devem garantir o estabelecimento de metas claras e métricas de avaliação e recompensas justas para os funcionários que trabalham remotamente, promovendo, assim, um ambiente transparente e produtivo[(32)].

Considerações finais

Embora o teletrabalho seja discutido há décadas, seu histórico e a migração compulsória no ano de 2020 não garantiram os aprendizados para a manutenção. A implementação desta modalidade de trabalho requer adequações intencionais e significativas nas práticas de recursos humanos, porém, profissionais de recursos humanos e líderes se viram diante de desafios intensos relacionados à saúde, e poucos puderam investir recursos para reinventar a forma de trabalhar.

Apesar de haver influências dos traços de cultura organizacional apresentados nos modelos do CVF na adoção de teletrabalho, conforme apresentado, é possível que as áreas de recursos humanos e liderança promovam ajustes necessários para adequação. De modo reduzir a resistência à mudança de um lado, e minimizar os impactos da falta de processos, de outro, aproveitando assim, os aspectos positivos dos 04 modelos de cultura. Para tanto, é recomendado que haja projetos cuidadosos por meio os mapeamentos das características organizacionais para a definição de modelos e para a decisão de introduzir o teletrabalho de forma integral ou híbrida.

O processo requer entrevistas neutras com recursos humanos, profissionais e líderes para identificar os valores e pressupostos subjacentes e que interferem na cultura organizacional e nas formas de trabalho pretendidas e percebidas. Uma análise de documentos cuidadosa para identificar mensagens dúbias e conflituosas, departamentos ou casos pontuais negligenciados. Uma avaliação da capacidade tecnológica da empresa para entender investimentos necessários e cuidados com questões legislativas e de proteção de dados.

(31) WALDORF, 2019.

(32) HARTNELL; OU; KINICKI, 2011.

E principalmente, é preciso que ocorra uma mudança de mentalidade por parte de tomadores de decisão, para neutralizar opiniões que não tenham embasamento de dados e patrocinar as mudanças precisas para acomodar, da melhor forma, interesses de empresas e de profissionais, e assim, encontrar o modelo de trabalho mais adequado ao negócio, no futuro.

Referências

AL-ALI, A. A. *et al.* Change management through leadership: the mediating role of organizational culture. *International journal of organizational analysis,* v. 25, n. 4, p. 723–739, 2017.

ALVESSON, M. *Understanding Organizational Culture.* 1 Oliver's Yard, 55 City Road, London EC1Y 1SP United Kingdom: SAGE Publications Ltd, 2002. Disponível em: <https://doi.org/10.4135/9781446280072>.

______; BERG, P. O. *Corporate Culture and Organizational Symbolism:* An Overview. Berlin, New York: De Gruyter, 1992. Disponível em: <https://doi.org/10.1515/9783110136074>.

CAMERON, K. An introduction to the competing values framework. *Organizational culture white paper*. Haworth, 2009.

CAMERON, K. S.; QUINN, R. E. *Diagnosing and changing organizational culture:* based on the competing values framework. 3. ed. San Francisco: Jossey-Bass, 2011.

DANI, S. S. *et al.* The implications of organizational culture and trust in the working of virtual teams. Proceedings of the Institution of Mechanical Engineers, Part B: *Journal of Engineering Manufacture*, v. 220, n. 6, p. 951–960, 2006.

DUTTON, J. E. *et al.* The cultures of work organizations. *Administrative science quarterly*, v. 40, n. 3, p. 534, 1995.

FISCHER, A. L. et al. *Satisfação e desempenho na migração para o* home office*:* um estudo sobre a percepção de gestores, técnicos de nível superior e professores. São Paulo: FEA/USP, 2020.

HARTMANN, *et al.* A adaptação das práticas de recursos Humanos à adoção do *Home Office* durante a Pandemia da Covid-19. *EnANPAD*, XLVII, 2023, São Paulo. Anais de evento.

HARTNELL, C. A.; OU, A. Y.; KINICKI, A. *Organizational culture and organizational effectiveness: a meta-analytic investigation of the competing values framework's theoretical suppositions*, v. 96, n. 4, p. 677–694, 2011.

KIM, H. Transformational leadership, organizational clan culture, organizational affective commitment, and organizational citizenship behavior: A case of south Korea's public sector. *Public organization review*, v. 14, n. 3, p. 397–417, 2014.

LEAL-RODRÍGUEZ, A. L. *et al.* Understanding how organizational culture typology relates to organizational unlearning and innovation capabilities. *Journal of the knowledge economy*, v. 10, n. 4, p. 1497–1514, 2019. Disponível em: <https://doi.org/10.1007/s13132-015-0344-6>.

MCCALLUM, E. The Neuroscience of Hybrid Working. *edenmccallum.com*, 2023. Disponível em: <https://edenmccallum.com/the-neuroscience-of-hybrid-working/>.

MICROSOFT. *Why Managers and Employees Can't Agree on How Much Work Is Getting Done*. Disponível em: <https://www.microsoft.com/en-us/worklab/why-managers-and-employees-cant-agree-on-how-much-work-is-getting-done>.

MOLLONA, E. *et al.* PERCEIVE project – deliverable D7.6 "guidelines on Cohesion Policy communication". *Alma Mater Studiorum* – Università di Bologna, 2019. Disponível em: <http://dx.doi.org/10.6092/UNIBO/AMSACTA/6247>.

Naviskas, M. (2020). *6 empresas que adotaram o home office para sempre após a pandemia.* Disponível em: <https://br.financas.yahoo.com/noticias/6-empresas-que-adotaram-o-home-office-para-sempre-apos-a-pandemia-135743963.html>.

NEGÓCIOS, É. Microsoft vai permitir trabalho remoto permanente para os funcionários. *Época Negócios*. Disponível em: <https://epocanegocios.globo.com/Empresa/noticia/2020/10/microsoft-vai-permitir-trabalho-remoto-permanente-para-os-funcionarios.html>. Accesso em: 16 out. 2023.

NILLES, J. M. Traffic reduction by telecommuting: A status review and selected bibliography. *Transportation research*, v. 22, n. 4, p. 301–317, 1988.

OSTROFF, C. *et al.* Organizational culture and climate. In: BORMAN, W. C. et al. (Eds.). *Handbook of psychology:* Industrial and organizational psychology, vol. 12, p. 565–593. John Wiley & Sons, Inc., 2003. Disponível em: <https://doi.org/10.1002/0471264385.wei1222>.

PETTIGREW, A. M. On Studying Organizational Cultures. *Administrative science quarterly*, v. 24, n. 4, p. 570, 1979. Disponível em: <https://doi.org/10.2307/2392363>.

QUINN, R. E.; ROHRBAUGH, J. A spatial model of effectiveness criteria: Towards a competing values approach to organizational analysis. *Management science*, v. 29, n. 3, p. 363–377, 1983.

SACKMANN, S. *Culture and performance*. SAGE Publications, Inc., 2011. Disponível em: <https://doi.org/10.4135/9781483307961>.

SCHEIN, E. H. Coming to a New Awareness of Organizational Culture. *Sloan Management Review*, v. 25, n. 2, 1984

SCHEIN, E. H. *Organizational Culture and Leadership*. 4 ed. San Francisco, CA: Jossey-Bass, 2010.

SCHNEIDER, B. et al. Organizational Climate and Culture. *Annual Review of Psychology*, v. 64, n. 1, p. 361–388, 2012. Disponível em: <http://dx.doi.org/10.1146/annurev-psych-113011-143809>.

SCHNEIDER, B. R. Hierarchical market economies and varieties of capitalism in Latin America. *Journal of Latin American studies*, v. 41, n. 3, p. 553–575, 2009.

SENA, V. Heineken adota *home office* definitivo para todos os funcionários corporativos. *Exame.* Disponível em: <https://exame.com/carreira/heineken-adota-home-office-definitivo-para-todos-os-funcionarios-administrativos/>. Acesso em: 16 out. 2023.

SILVA, L. P. D. *et al.* Commitment to Work and its Relationship with Organizational Culture Mediated by Satisfaction. *Revista Brasileira de Gestão de Negócios*, v. 20, p. 401–420, 2018. Disponível em: <https://doi-org.emporiastate.idm.oclc.org/10.7819/rbgn.v20i3.3947>.

SMIRCICH, L. Concepts of culture and organizational analysis. *Administrative science quarterly*, v. 28, n. 3, p. 339, 1983.

SØRENSEN, J. B. The strength of corporate culture and the reliability of firm performance. *Administrative science quarterly*, v. 47, n. 1, p. 70–91, 2002. Disponível em: <https://doi.org/10.2307/3094891>.

TRICE, H. M.; BEYER, J. M. *The cultures of work organizations.* Englewood Cliffs, NJ: Prentice Hall, 1993.

WALDORF, J. *The impact of virtual vs. traditional work on organizational culture.* 2019. Tese de Doutorado. Emporia State University.

WEICK, K. E.; QUINN, R. E. Organizational change and development. *Annual review of psychology*, v. 50, n. 1, p. 361–386, 1999.

YAMMARINO, F.; DANSEREAU, F. *Multilevel issues in organizational culture and climate research.* SAGE Publications, Inc., 2010. Disponível em: <https://doi.org/10.4135/9781483307961>.

O Teletrabalho como Possibilidade de Carreira para a Pessoa com Deficiência e Neurodivergente

Tania Casado[1]
Marcos da Costa[2]
Ignácio Poveda[3]

Introdução

As preocupações e os debates sobre a inclusão de pessoas com deficiência e pessoas neurodivergentes têm sido cada vez mais presentes em todos os segmentos da sociedade.

O Estatuto da Pessoa com Deficiência apresenta o conceito de deficiência no seu art. 2º:

> "Considera-se deficiência toda restrição física, intelectual ou sensorial, de natureza permanente ou transitória, que limita a capacidade de exercer uma ou mais atividades essenciais da vida diária e/ou atividades remuneradas, causada ou agravada pelo ambiente econômico e social, dificultando sua inclusão social."[4]

---

(1) Professora Titular – FEA/USP. Assessora Especial da Secretaria de Estado dos Direitos da Pessoa com Deficiência – SP. ECar – Escritório de Desenvolvimento de Carreiras – USP. AOM – Academy of Management – Past Division Chair – Careers Division. AOM – Academy of Management – International Commitee – GDO Division. Faculdade de Economia, Administração e Contabilidade. Universidade de São Paulo – FEA/USP

(2) Secretário de Estado dos Direitos da Pessoa com Deficiência – Advogado militante. Presidente da OAB-SP nas gestões 2013/2015 e 2016/2018.

(3) Professor Titular de História do Direito. Atualmente é procurador-geral e superintendente de Relações Institucionais da USP. Membro do Conselho Superior da Fapesp. Membro do Conselho Universitário da Unicamp e membro do Conselho Curador da Univesp.

(4) BRASIL. Presidência da República. *Lei n. 13.146, de 6 de julho de 2015*. Institui a Lei Brasileira de Inclusão da Pessoa com Deficiência (Estatuto da Pessoa com Deficiência). Disponível em: <http://www.planalto.gov.br/ccivil_03/_Ato2015- 2018/2015/Lei/L13146.htm>. Acesso em: 18 set. 2023.

A definição consensada na legislação, e aqui utilizada, inclui expressamente a importância do ambiente econômico e social tanto para o agravamento da deficiência como para a inclusão da pessoa com deficiência e da neurodivergente.

Dentre as deficiências citadas no Estatuto estão as físicas, as auditivas, as visuais, as intelectuais, o autismo e as condutas típicas. Neste capítulo, chamaremos as pessoas com autismo e com condutas típicas de neurodivergentes e as pessoas com as demais deficiências nominadas, de modo geral, como pessoas com deficiência.

Para além das formulações conceituais, podemos observar que cada vez mais pessoas estão ativamente se envolvendo não só nas conversas sobre o tema, mas também buscando alternativas para que mais pessoas com deficiência e neurodivergentes sejam incluídas. Contudo, ainda há muito a fazer.

O trabalho é, sem dúvida, uma das principais formas de inclusão por seus aspectos sociais e econômicos, mas principalmente por representar a expressão do potencial humano. É por meio do trabalho que a inclusão pode atingir seu ponto culminante, garantindo a realização profissional, a interação entre as pessoas e a autonomia de todos.

Os resultados do Censo de 2022[(5)] são preocupantes e sinais evidentes de que todos os atores sociais precisam se engajar na luta da inclusão pelo trabalho. Vale a pena comparar a taxa de participação na força de trabalho das pessoas sem deficiência (66,4%) com o encontrado entre as pessoas com deficiência: 29,2%. Esses dados ficam ainda mais injustos, quando sabemos que 55,0% dos trabalhadores com deficiência estão na informalidade, enquanto para os trabalhadores sem deficiência esse percentual é de 38,7%; e que o rendimento médio das pessoas com deficiência é 30% menor do que o das pessoas sem deficiência.

A sociedade toda deve ser informada e mobilizada: governos em todas as instâncias, organizações de todos os setores, as famílias das pessoas com deficiência e neurodivergentes, bem como as pessoas com deficiência e neurodivergentes, pois muitas vezes o desconhecimento e a informação incorreta consolidam pensamentos e práticas inadequadas para a real inclusão.

Este capítulo traz inicialmente um breve histórico sobre a perspectiva do trabalho na inclusão. Na sequência, conceitos sobre Inclusão, Trabalho e Carreira são apresentados, com destaque para os novos modelos de carreira; e, finalmente,

---

(5) IBGE – Censo Demográfico 2022. Disponível em: <https://censo2022.ibge.gov.br/> Acesso em: 18 set. 2023.

são apresentadas sugestões de como aplicar o Teletrabalho para a Inclusão, compatível com o modelo contemporâneo de Carreira.

Breve histórico: Exclusão — Segregação — Integração — Inclusão

No passado, por volta dos anos 1960 e 19970, as palavras usadas para nominar pessoas com deficiência eram: aleijado, defeituoso e, o que à época parecia menos desrespeitoso: inválido. Uma breve busca no dicionário mostra a definição do adjetivo que durante muito tempo foi utilizado por pessoas de boa fé e que acompanhou as pessoas com deficiência: sem valor, nulo, inútil. A sociedade, então, afastava o que não tinha valor, excluindo. Não possibilitar a entrada das pessoas com deficiência era, muitas vezes, acompanhada de um sentimento paternalista de proteção, fundamentado na convicção de que aquela pessoa "não era útil", que não poderia cumprir seu papel na sociedade e, caso fosse desafiada para tal, poderia sofrer frustrações; portanto, a **exclusão** era a alternativa piedosa e conveniente para toda a sociedade.

Com o passar do tempo, foram criadas organizações específicas para as principais deficiências, possibilitando que as pessoas com deficiências pudessem frequentar a escola, utilizar algum tipo de transporte e mesmo realizar certos trabalhos de baixa complexidade. Surgiram escolas especializadas e dirigidas somente a pessoas com deficiência, ônibus escolares específicos para atender os alunos dessas escolas, e treinamento em tarefas simples que, mais do que assegurar um trabalho digno e autonomia, visava "ocupar" a pessoa com deficiência, para que se sentisse minimamente útil. Nessa época de **segregação**, os ambientes destinados às pessoas com deficiência eram "protegidos" e fechados às demais pessoas, que estudavam, trabalhavam e viviam em ambientes distantes para as pessoas com deficiência. A palavra "incapacitado" foi utilizada com frequência até a década de 1980.

Por volta dos anos 1990, movimentos sociais, econômicos e tecnológicos passaram a disseminar a cultura da integração, em todas as áreas e em todos os setores da sociedade. Blocos econômicos integrando países, celulares e internet promovendo uma maior interação entre as pessoas, e o incremento no fluxo de conhecimentos, informações e ideias propagadas por tais movimentos propiciaram reflexões sobre o lugar da pessoa com deficiência na sociedade. No Brasil ainda se usava a expressão "portador(a) de deficiência", onde a pessoa era um coadjuvante da sua deficiência, transportando-a para todos os lugares. Nessa época, a Associação Americana de Deficiência Mental passou a considerar a deficiência intelectual não mais como um traço absoluto da pessoa, mas sim como um atributo, que interage com a sociedade. Movimentos e políticas públicas e organizacionais passaram a propagar a **integração** da pessoa com deficiência nas diferentes instâncias da sociedade.

Foi somente na década de 2000, mais precisamente em dezembro de 2016, que a expressão "pessoa com deficiência" foi aprovada mundialmente e adotada pela Assembleia Geral da ONU no texto da Convenção sobre os Direitos das Pessoas com Deficiência. No Brasil, a expressão passou a figurar nos textos formais e oficiais a partir de 2008.

Desde então, muita coisa tem mudado em busca da real **inclusão.** Fóruns de discussão, pesquisas acadêmicas e inovações em equipamentos que focalizam o potencial, a independência e a autonomia das pessoas com deficiência, garantindo sua atuação contributiva para uma sociedade mais produtiva e mais digna. Por exemplo, em 2010 a empresa Berkeley Bionics(6) lançou o equipamento eLegs, criado para proporcionar independência e liberdade para paraplégicos e para pessoas com outras deficiências de locomoção.

Mais recentemente, além dos temas sobre Pessoas com Deficiência, as questões relativas às neurodivergências foram inseridas nos debates e publicações sobre Diversidade, Equidade e Inclusão. Pesquisas, organizações e políticas públicas têm sido aperfeiçoadas para abordar corretamente e promover a **Inclusão**.

Como parte da evolução do pensamento e das ações na sociedade, as questões de Diversidade, Equidade e Inclusão têm sofrido transformações ao longo do tempo. Cabe a todos nós contribuir para mudanças significativas e positivas na busca de uma sociedade mais digna, mais justa e mais inclusiva.

Inclusão

Como definir Inclusão? Trata-se de um constructo e existem várias definições razoáveis para isso. Uma das mais completas é o estabelecido no texto do art. 8º da Lei n. 13.146, Estatuto da Pessoa com Deficiência. Inclusão é:

> "... assegurar à pessoa com deficiência, com prioridade, a efetivação dos direitos referentes à vida, à saúde, à sexualidade, à paternidade e à maternidade, à alimentação, à habitação, à educação, à profissionalização, ao trabalho, à previdência social, à habilitação e

(6) *Berkeley Bionics*. Disponível em: <https://bleex.me.berkeley.edu/project/elegs/>. Acesso em: 18 set. 2023.

à reabilitação, ao transporte, à acessibilidade, à cultura, ao desporto, ao turismo, ao lazer, à informação, à comunicação, aos avanços científicos e tecnológicos, à dignidade, ao respeito, à liberdade, à convivência familiar e comunitária, entre outros decorrentes da Constituição Federal, da Convenção sobre os Direitos das Pessoas com Deficiência e seu Protocolo Facultativo e das leis e de outras normas que garantam seu bem-estar pessoal, social e econômico."

Tal definição abrange os vários aspectos da vida humana: seus direitos como pessoa, seus diferentes papéis sociais, a expressão de seu potencial criativo, seu desenvolvimento pessoal e profissional, seu reconhecimento como cidadão, sua liberdade de ir e vir, seu acesso à informação e conhecimento, seu convívio com os demais e sua autonomia. Mais do que uma parte da Lei, a Inclusão é uma questão de Justiça Social.

Para que a Inclusão no mercado de trabalho ocorra, barreiras precisam ser ultrapassadas e eliminadas. Há barreiras físicas, tais como espaços que impedem o acesso de pessoas com deficiência e, por suas características, são de uso impossível por neurodivergentes. Mas também precisamos falar das barreiras sociais, calcadas em preconceitos e que não consideram o potencial, as habilidades e a determinação das pessoas com deficiência. Barreiras sociais que ainda enxergam a pessoa com deficiência e a neurodivergente como doentes, como incapazes ou como inválidas. Há ainda as barreiras de conhecimento, principalmente no caso dos neurodivergentes, pois as pesquisas nessa área são ainda raras e recentes.

As barreiras arquitetônicas são históricas limitações a serem enfrentadas por pessoas com deficiência. São o fruto de projetos de construção de edifícios e de outros itens de infraestrutura que desconhecem a diversidade humana e suas necessidades. Escritórios, fábricas, escolas e edifícios nem sempre são construídos para atender demandas específicas de funcionários, usuários e clientes com deficiência e neurodivergentes. Carência de veículos e outros equipamentos adaptados às diferentes necessidades e custos proibitivos para a aquisição individual dos raros veículos adaptados dificultam ainda mais a inclusão de pessoas com deficiência no mercado de trabalho.

As barreiras físicas à inclusão também incluem o mobiliário, a iluminação, a sinalização e os equipamentos do espaço de trabalho. E, mais uma vez, tais aspectos não são considerados nos projetos de tais espaços.

Mas talvez as barreiras mais difíceis para a inclusão no trabalho sejam as barreiras sociais, onde se incluem a desinformação, o preconceito e o descaso de uma sociedade que alimentam estigmas, isolamento e menos oportunidades para as pessoas com deficiência e neurodivergentes.

O capacitismo é uma das formas de preconceito e discriminação contra a pessoa com deficiência, considerando-a incapaz para atividades corriqueiras do dia a dia, realizadas por pessoas sem deficiência. Essa discriminação se fundamenta na Corponormatividade, conceito que trata da comparação do corpo da pessoa com deficiência com os corpos das pessoas sem deficiência, traduzidos e padronizados como corpos "normais".

Muitas vezes, a família da pessoa com deficiência contribui, sem saber, para o capacitismo, quando adota postura extremamente superprotetora, desestimulando a exposição do familiar com deficiência a situações desafiadoras que podem ajudar no seu crescimento e desenvolvimento profissional. O desconhecimento do real potencial das pessoas com deficiência e neurodivergentes pode provocar seu distanciamento do trabalho e da educação formal.

Um dos resultados mais dramáticos das barreiras sociais é a diferença nos níveis de alfabetização e formação escolar entre pessoas com deficiência e pessoas sem deficiência. No Brasil, a taxa de analfabetismo das pessoas sem deficiência é de 4,1%, enquanto entre as pessoas com deficiência é de 19,5%. Os dados sobre conclusão de Ensino Médio são ainda mais graves: enquanto 57,3% das pessoas sem deficiência concluíram esse nível de formação, apenas 25,6% das pessoas com deficiência tiveram acesso ao diploma de Ensino Médio.

A obtenção de diploma de Ensino Superior é outro item que apresenta grande diferença entre pessoas sem deficiência (20,9%) e pessoas com deficiência (7%) no Brasil. A formação escolar é fundamental para a entrada no mundo do trabalho; portanto, para as pessoas com deficiência o cenário é ainda mais difícil, em períodos melhores ou piores da economia.

Inclusão e interseccionalidades

Quando se fala em Inclusão de pessoas com deficiência e neurodivergentes, há que se dedicar especial atenção ao fenômeno da Interseccionalidade.

O termo Interseccionalidade foi cunhado, em 1989, por Kimberlé Crenshaw, Professora da Faculdade de Direito da Universidade da Califórnia (UCLA) e da *Columbia Law School.*

Trata-se de um conceito para analisar os fenômenos da diversidade, do preconceito e da falta de inclusão. Nas palavras de Kimberlé Crenshaw, é "uma conceituação do problema que busca capturar as consequências estruturais e dinâmicas da interação entre dois ou mais eixos da subordinação". A interseccionalidade permite que vejamos como as diferentes formas de opressão não são isoladas, mas se interconectam e se reforçam mutuamente. Diferenciar essas nuances permite compreender e abordar a discriminação em sua totalidade, em vez de tratá-la de forma fragmentada.

Num país como o Brasil, com seus aspectos culturais, sociais e econômicos, é absolutamente imprescindível levar em conta as interseccionalidades para analisar e intervir em Inclusão no mundo do trabalho.

Figura 1 – Interseccionalidades.

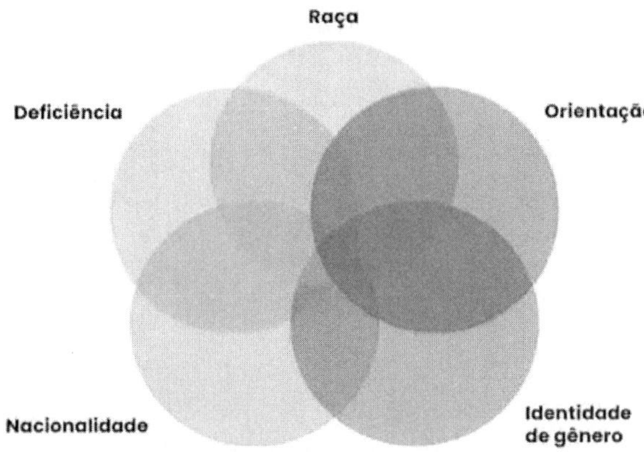

Os resultados do Censo de 2022 considerando Deficiência e Gênero, e Deficiência e Cor mostram o impacto da interseccionalidade para a Inclusão. Obviamente, se agregarmos a variável econômica, o quadro geral se torna ainda mais complicado e difícil para a Inclusão de Pessoas com Deficiência e Neurodivergentes no mercado de trabalho.

Figura 2 – Deficiência, gênero e côr.

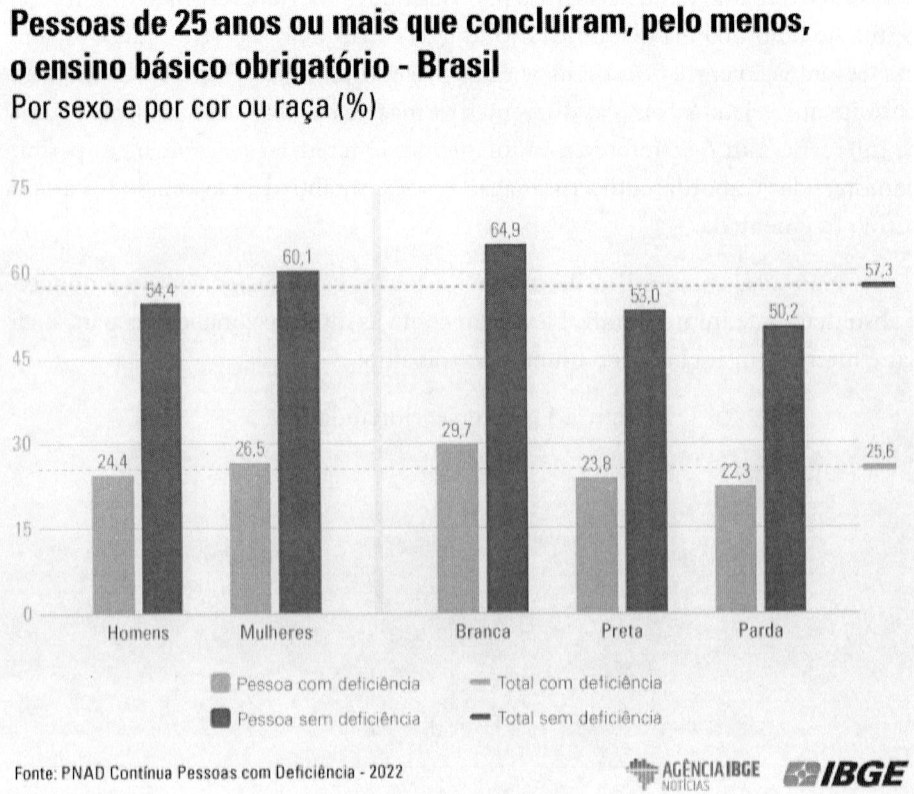

A importância e a complexidade do tema Inclusão no Trabalho de Pessoas com Deficiência e Neurodivergentes requerem medidas que vão além do atendimento aos números de vagas definidos pela legislação brasileira. As interseccionalidades, as características culturais, sociais e econômicas do Brasil e a importância do Trabalho para a vida plena do ser humano exigem mais do que simplesmente vagas. É necessário pensar em condições de trabalho que possibilitem o desenvolvimento de uma Carreira que traga satisfação, dignidade e autonomia para a pessoa com deficiência e para a neurodivergente.

Carreira e não uma vaga ou um emprego

Nos estudos sobre trabalho e gestão de pessoas, o tema Carreiras é o que oferece, constantemente, mais novas perspectivas. As mudanças sociais, tecnológicas, políticas, econômicas e ambientais imprimem necessidades de mudanças paradigmáticas à trajetória profissional.

No passado, a trajetória profissional era entendida como a "vida na empresa", preferencialmente por toda a vida produtiva do trabalhador dedicada a uma mesma organização, onde tecnologias que permaneciam inalteradas por anos dispensavam grandes mudanças nos processos de trabalho e, consequentemente, faziam da repetição das tarefas aspectos favoráveis ao desempenho do profissional. Portanto, era natural que as políticas e os procedimentos para a trajetória profissional estivessem sob o comando da organização onde o trabalhador passava toda a sua vida laborativa.

Mas o cenário atual é totalmente diferente. Mudanças contínuas e constantes nas tecnologias à disposição da sociedade, novas demandas suscitadas pelos eventos ambientais em todo o mundo, reviravoltas políticas e sociais em todos os cantos do planeta, e a sequência de fatos econômicos inesperados... tudo isso se mistura e se funde lançando tendências e desafios para as novas Carreiras.

A Carreira, antes vista como a sequência de cargos, é agora definida como: "a sequência de experiências pessoais de trabalho ao longo do tempo".[(7)] Um breve exame da definição de Arthur, Hall e Lawrence (1989) ressalta importantes aspectos: a) A Carreira é uma só, onde a sequência dos eventos integra as vivências do passado ao presente, e onde o aprendizado do presente forma as possibilidades do futuro na Carreira; b) experiências pessoais, e não mais a lista de tarefas e atribuições, definem a Carreira; c) experiências pessoais de trabalho, não de emprego; portanto, o trabalho autônomo e mesmo o trabalho voluntário estão incluídos na nova concepção de Carreira, que está agora sob o comando do indivíduo, cabendo a ele o papel principal no planejamento, na preparação e nas transições que realizará, mesmo que numa mesma organização.

O termo que sintetiza essa nova perspectiva de Carreira é "Carreiras Sem Fronteiras". Publicado pela primeira vez em 1996, o livro de Michael Arthur e Denise Rousseau *"The Boundaryless Career: a New Employment Principle for a New Organizational Era"* se fundamenta no conceito de Carreiras Sem Fronteiras elaborado por Michael Arthur em 1993: Carreiras Sem Fronteiras são as Carreiras que transcendem a organização.

As Carreiras agora não têm mais fronteiras de espaço, de tempo, de formação e nem fronteiras psicológicas. As fronteiras de espaço e de tempo não mais existem, pois trabalhadores podem realizar suas tarefas independentemente do local e do horário nos quais as realizam. Com a mudança frenética da tecnologia,

(7) Arthur, M.; Hall, D. T.; Lawrence, B. *Handbook of Career Theory*. USA, 1989.

dos produtos e dos serviços, a especialidade de formação dá espaço ao aprendizado constante e contínuo, e novas possibilidades de desenvolvimento profissional vão se desenrolando. As fronteiras psicológicas são as mais difíceis de transpor, pois muitos ainda estão presos a modelos antigos e ultrapassados de carreira.

Nessa nova perspectiva de Carreira, as antigas estratégias já não são tão efetivas. O modelo das Carreiras Sem Fronteiras arregimentou seguidores, estudiosos de vários países que, ao mesmo tempo em que se rendiam às evidências das novas Carreiras, lançavam perguntas e provocações sobre qual seriam agora as estratégias de desenvolvimento de trajetórias fora dos padrões até então conhecidos e aceitos.

Em 1995, dois anos após o surgimento do conceito das Carreiras Sem Fronteiras, Michael Arthur apresenta a resposta aos questionamentos da comunidade acadêmica sobre qual modelo de desenvolvimento seria eficaz para que seja construída uma Carreira contemporânea: o modelo de desenvolvimento Carreiras Inteligentes.

O modelo de Desenvolvimento Carreiras Inteligentes se alicerça em três pilares, chamados de três *knowings*: *knowing-why, knowing-how e knowing-whom*. A Figura 3 mostra os três pilares, que exercem influência uns sobre os outros.

Figura 3 – Carreiras inteligentes.

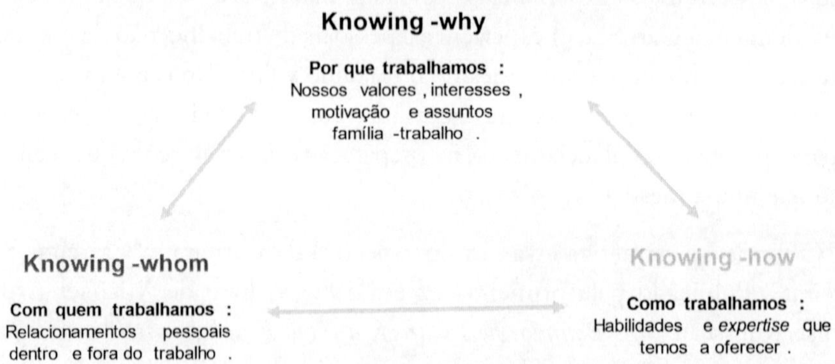

(Arthur, Claman , & DeFillippi , 1995; Arthur, DeFillipi , & Lindsay, 2008)

O primeiro pilar, *knowing-why*, trata do autoconhecimento, dos interesses, das motivações e dos valores dos indivíduos. As questões de integração entre vida pessoal, familiar e profissional estão também neste pilar. Para o aprimoramento desse pilar, o autoconhecimento, a reflexão e o atendimento às questões individuais são imprescindíveis para o planejamento e a realização de uma carreira de sucesso.

O segundo pilar, *knowing-how*, diz respeito aos conhecimentos e habilidades que precisamos para nossa trajetória profissional. O aprendizado constante e a observação das oportunidades são base para a construção desse pilar.

Finalmente, o terceiro pilar, *knowing-whom*, trata das relações interpessoais, dentro e fora do ambiente de trabalho, que podem impactar na vida profissional. São as redes de relacionamento formadas que apoiam o desenvolvimento do profissional.

Dentro do Modelo das Carreiras Inteligentes, as pessoas precisam atentar para os três pilares e na dinâmica de interação entre eles. Exemplo: ao buscar aprendizado (*knowing-how*) sobre algo que interessa a ele (*knowing-why*), o profissional estabelecerá contatos com pessoas (*knowing-whom*) que poderão auxiliá-lo no seu desenvolvimento. Esses novos contatos poderão não só fornecer conhecimentos, como também provocar novos interesses no indivíduo.

Esse modelo de desenvolvimento de Carreira pode ser de grande ajuda para a inclusão de pessoas com deficiência e neurodivergentes no mercado de trabalho, oferecendo bem mais do que a simples ocupação de uma vaga resultante da lei. O modelo oferece alternativas de reflexão para oportunidades de desenvolvimento de uma trajetória profissional condizente com o reconhecimento e a aplicação do potencial da pessoa com deficiência, incluindo seus interesses, identificando conhecimentos e habilidades a serem aprimorados, e atentando para a rede de relacionamentos que apoiará a trajetória profissional da pessoa com deficiência e da pessoa neurodivergente.

O tripé da Carreira Inteligente fortalece os aspectos importantes da Inclusão, ao mesmo tempo em que atua, diretamente, no planejamento da Carreira da pessoa com deficiência e da pessoa neurodivergente.

O teletrabalho como oportunidade para a carreira da pessoa com deficiência e da pessoa neurodivergente

O Teletrabalho foi regulamentado no Brasil em 2011, por meio da Lei n. 12.551, mas foi durante a pandemia Covid-19 que ganhou mais importância, atraiu mais adeptos e se mostrou como uma grande alternativa para os trabalhadores. Hoje, o teletrabalho inclui a modalidade "*home office*", os espaços compartilhados denominados telecentros, e uma determinada categoria, onde não há local de trabalho definido ou determinado, chamada de trabalho nômade.

As características do Teletrabalho são compatíveis com muitas das necessidades das pessoas com deficiência e das pessoas neurodivergentes. A possibilidade de ser executado em qualquer lugar, evitando excessivos deslocamentos, tirando proveito de ambientes previamente preparados para as necessidades específicas das pessoas e adequando-se à rotina dos cuidados diários demandados pelas deficiências faz do teletrabalho uma excelente alternativa para a inserção das pessoas no mercado de trabalho.

Contudo, cabem aqui alguns pontos de atenção na implementação de postos em teletrabalho para pessoas com deficiência e pessoas com neurodivergência:

- A pessoa em teletrabalho precisa ter atividades com interação em equipes, respeitadas as suas necessidades específicas de cuidado.

- O programa de trabalho deve incluir reuniões, encontros e visitas que sirvam para colocar a pessoa em teletrabalho em contato direto, pessoal e presencial, com colegas de trabalho, gestores e clientes.

- A organização deve conhecer e aplicar o potencial individual de cada colaborador e isso é mais verdade e imprescindível no caso da pessoa com deficiência ou neurodivergente.

- A organização deve fornecer equipamentos adequados às necessidades do trabalho e da pessoa com deficiência.

- A organização deve propiciar programas de treinamento que habilitem o trabalhador e que garantam seu desenvolvimento para patamares superiores em sua trajetória profissional.

- A organização deve implantar programas de treinamento e desenvolvimento de gestores com foco em gestão de teletrabalho e, principalmente, de gestão de colaboradores com deficiências e neurodivergentes.

- A organização deve contar com sistema de avaliação e acompanhamento do desempenho de todos os colaboradores, incluindo as pessoas com deficiência e neurodivergentes.

- A implantação de teletrabalho não elimina, nem diminui, a responsabilidade da organização em prover espaços físicos, equipamentos e rotinas que garantam a inclusão das pessoas nas dependências da organização.

- A implantação do teletrabalho deve estimular a organização e seus gestores para sua atuação cidadã, servindo de oportunidade para que sejam vozes importantes no diálogo e defesa da Inclusão junto às demais organizações, ao poder público e à sociedade em geral.

O modelo das carreiras inteligentes aplicado ao teletrabalho

O Modelo das Carreiras Inteligentes tem sido utilizado por organizações em todo o mundo, incluindo os Escritórios de Carreira das principais universidades(8) e se constitui numa base sólida para o desenvolvimento da Carreira de pessoas com deficiência e neurodivergentes em Teletrabalho. Os três pilares que a compõem alinham-se perfeitamente aos cuidados e ações para um Teletrabalho inclusivo, conforme ilustra a Figura 4.

O primeiro pilar, *Knowing-Why*, trata do cuidado em conhecer a pessoa, seu potencial diferenciado, suas necessidades e reais limitações, sem deixar de estimular o autoconhecimento e seu papel de protagonista de sua Carreira. Aqui entram as questões de motivação profissional e todos os assuntos que envolvem a integração vida pessoal-vida familiar-vida profissional. Trata-se de um importante aspecto para incluir o papel da família no planejamento de desenvolvimento da Carreira da pessoa com deficiência ou neurodivergente. Muitas vezes a família, numa atitude superprotetora, pode diminuir as expectativas do profissional, aumentando as barreiras psicológicas sobre as forças que o indivíduo possui. A família deve atuar como incentivadora, apoiadora nos momentos de desafios pessoais e profissionais da pessoa com deficiência. A família deve também buscar informações para que possa apoiar a pessoa com deficiência e a neurodivergente advogando, sempre que necessário, em causa da Inclusão.

O segundo pilar, *Knowing-How*, apresenta ações que a organização pode apoiar, oferecendo treinamento, oportunidades de desenvolvimento na trajetória, e desafios pertinentes às escolhas e necessidades da pessoa com deficiência e neurodivergentes. Promover avaliações e *feedback* de desempenho justas, não paternalistas e assertivas é uma das grandes tarefas do gestor para este segundo pilar. Outra oportunidade de desenvolvimento da Carreira da pessoa com deficiência e da pessoa neurodivergente é envolvê-la como instrutora ou facilitadora em treinamentos e desenvolvimentos de outros colaboradores. Obviamente, esse papel merece atenção e preparo, que deve ser estimulado pelo gestor ou pelo órgão de treinamento da empresa.

---

(8) ECar – Escritório de Desenvolvimento de Carreiras da USP. Disponível em: <https://sites.usp.br/ecar/>. Acesso em: 18 set. 2023.

O terceiro pilar, *Knowing-Whom*, é de extrema importância para a Inclusão da pessoa no ambiente de trabalho, pois trata das redes de relacionamento a serem criadas, consolidadas e desenvolvidas. Com quem trabalha, com quem aprende, quem aprende com ela são algumas questões a serem pensadas para o aprimoramento dos relacionamentos frutíferos para o trabalho da pessoa com deficiência e da pessoa neurodivergente. Este pilar é visto como o de mais difícil desenvolvimento, mesmo para pessoas sem deficiências, entre os estudiosos do tema. Principalmente em culturas como a brasileira, onde as relações interpessoais possuem caráter muito afetivo que podem, no caso das relações de trabalho, dificultar abordagens mais pragmáticas para o planejamento e para as ações de Carreira(9), conforme já demonstrado em pesquisas sobre o tema.

As relações interpessoais para o planejamento de Carreira são uma parte importante do modelo Carreiras Inteligentes e abriram uma nova frente de estudo, pesquisa e aplicação, denominada Redes Sociais de Desenvolvimento para a Carreira. Monica Higgins e Kathy Kram, respectivamente professoras da *Harvard University* e da *Boston University*, derivaram e criaram seu modelo de aprimoramento das redes a partir dos estudos realizados por Michael Arthur em Carreiras Sem Fronteiras e Carreiras Inteligentes.

As Redes Sociais de Desenvolvimento para a Carreira referem-se aos contatos e relacionamentos com resultados positivos para a carreira do indivíduo. De acordo com o modelo, são dois os tipos de apoio que podem ser oferecidos pela rede: apoio técnico e apoio psicossocial. O apoio técnico diz respeito às questões técnicas da carreira, tais como conhecimentos, informações sobre a organização. O apoio psicossocial trata do oferecimento de novos contatos, de apoio emocional em situações difíceis da trajetória profissional.

Outro aspecto importante do modelo de Higgins e Kram é a definição de Arenas de apoio. As duas autoras apresentam cinco arenas de desenvolvimento das redes: Família, Escola, Trabalho, Amigos e Comunidade. Este ponto também é de grande interesse e aplicação para o desenvolvimento da Carreira das pessoas com deficiência e para neurodivergentes. Alguns exemplos de como aproveitar as relações em cada uma das arenas:

Família – a família deve prover o apoio psicossocial, estimulando o autoconhecimento e incentivando a pessoa para lutar pelos seu espaço no mundo

(9) KISHORE, Angeli. *Redes Sociais de Desenvolvimento para a Carreira.* Dissertação de Mestrado apresentada à Faculdade de Economia, Administração, Contabilidade e Atuária da Universidade de São Paulo, FEA/USP. São Paulo, 2013.

do trabalho. Deve também advogar na causa, para o benefício do seu familiar. Pesquisas mostram que profissionais brasileiros citam a Arena Família como relevante para sua Carreira.

Escola – as relações criadas e mantidas nos bancos escolares, com colegas e professores, podem ser contínuas fontes de aprendizado, mas também são conexões que podem ser utilizadas para novas oportunidades de trabalho. A Arena Escola é pouco mencionada nas pesquisas sobre Redes Sociais de Desenvolvimento em Carreiras de brasileiros. Está aqui um excelente ponto diferencial a ser explorado. Contudo, sabe-se que a Inclusão nas escolas ainda é deficiente. Portanto, mais uma razão para que se promova a inclusão em outros espaços que interferem na inclusão para o trabalho.

Trabalho – as interações na Arena Trabalho são muito frequentemente mencionadas nas pesquisas sobre Carreiras de brasileiros. Juntamente a Arena Família, apresenta as frequências mais altas. Na Arena Trabalho podemos encontrar o apoio técnico, vindo de colegas, gestores, clientes e até mesmo fornecedores. Na Arena Trabalho também podemos encontrar o apoio psicossocial, que fortalece os laços entre colegas. Por isso, essa Arena é de importante papel para a Inclusão e se constitui em mais uma razão para que as pessoas sejam informadas sobre as questões fundamentais de processos de Inclusão.

Amigos – curiosamente, esta Arena é pouco citada por profissionais brasileiros quando se trata de rede para desenvolvimento da Carreira. Embora o brasileiro seja um povo que, rapidamente, estabelece relações de amizade, questões culturais fazem com que os profissionais deste país não utilizem as redes que são capazes de criar. Um estudo que comparou as redes entre executivos americanos e executivos brasileiros identificou que a cultura brasileira não é favorável à utilização das redes de amigos para situações objetivas de Carreira. A Arena Amigos pode auxiliar tanto em apoio técnico, por meio de conversas acerca das questões técnicas do trabalho, como em apoio psicossocial, no auxílio a lidar com as situações de frustração relacionadas à Carreira. Outro bom exemplo é que Amigos podem estender sua rede para que o profissional estabeleça outros contatos, contando com o aval de sua Arena Amigos.

Comunidade – esta Arena é muito pouco utilizada no Brasil. A história e a cultura não apresentam tradição nas ações elaboradas e realizadas por grupos comunitários. Ações voluntárias em empresas costumam ter boa adesão, depois de vencidos alguns obstáculos nos mecanismos de comunicação, mas em geral, quando o objetivo é usar a Arena para fins de desenvolvimento de Carreira, os grupos comunitários não são procurados. Esta Arena é de particular interesse para os programas de Inclusão, pois a criação de Grupos de Apoio e de Grupos de Afinidade podem fortalecer as ações de Inclusão. A criação de grupos de Afinidade é uma das boas práticas encontradas em organizações que possuem bons programas de Diversidade, Equidade e Inclusão.

Figura 4 – Carreiras inteligentes, teletrabalho e inclusão.

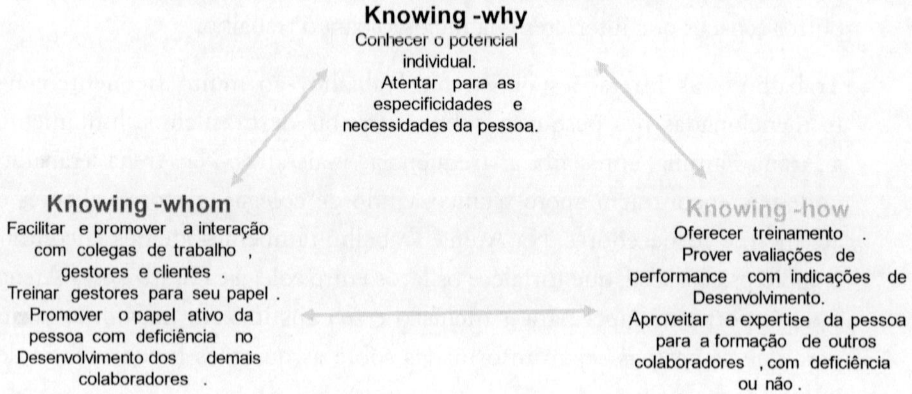

Fonte: os autores.

Em síntese, o modelo das Carreiras Inteligentes, associado às possibilidades do Teletrabalho podem alavancar os programas de Inclusão de Pessoas com Deficiência e Pessoas Neurodivergentes no mundo do trabalho, com grandes ganhos para o profissional, para a organização e para a sociedade.

Vantagens na implantação do teletrabalho

A implantação do Teletrabalho atendendo aos requisitos aqui apresentados trará, com certeza, resultados importantes para toda a organização, além de promover a adequada Inclusão.

• Justiça Organizacional – a percepção de justiça nas relações de trabalho penetra na vida organizacional, impactando o Clima Organizacional, afetando positivamente a confiança, o desempenho, a motivação e o comprometimento. A Justiça Organizacional também tem influência positiva nas relações entre líderes e liderados e na reputação da empresa.

• Imagem da Organização – a sociedade toda está atenta às questões de Diversidade, Equidade e Inclusão. Todos os públicos de interesse da organização estão atentos às ações realizadas pela empresa; portanto, a implantação adequada do Teletrabalho contribuirá para a imagem da organização, trazendo bons resultados para seu crescimento e sobrevivência no mercado.

• Desenvolvimento dos colaboradores – a oportunidade de conviverem com pessoas diversas, de experimentarem interações com indivíduos resilientes que não se curvam às dificuldades para realizar seu potencial e de atuarem como facilitadores do desenvolvimento de outras pessoas, acrescenta valor e sentido à vida profissional e pessoal de todas as pessoas, com deficiência ou não, da organização.

• Promoção de uma sociedade mais digna – organizações e seus gestores têm em seu papel a tarefa de promover e fornecer condições para uma sociedade mais digna, onde cada um expresse, realize e desenvolva seu potencial e contribua para uma sociedade mais equalitária, digna e inclusiva.

Comentários finais

A Inclusão deixou de ser um tema de debate acadêmico e passou a ser condição necessária para indivíduos, organizações e sociedade. Por sua natureza complexa e abrangente, necessita também de abordagem multidisciplinar, onde especialistas de diferentes áreas devem contribuir. Contudo, é muito importante que os principais atores, as pessoas com deficiência e as neurodivergentes, façam parte dos debates e das decisões que as envolvem. Seu "lugar de fala" deve ser ouvido e considerado, como sintetiza uma importante frase cunhada por um ativista da inclusão — William Rowland — e imortalizada por outro ativista, acadêmico e pessoa com deficiência, Tom Shakespeare que se tornou o lema e um dos símbolos da luta pela Inclusão:

"Nada sobre nós sem nós."

Referências

ARTHUR, Michael B.; HALL, Douglas T.; LAWRENCE, Barbara. *Handbook of Career Theory*. USA. 1989.

______; ROUSSEAU, Denise M. *The Boundaryless Career:* A New Employment Principle for a New Organizational Era. Oxford University Press, 1996.

BORTMAN, D.; LOCATELLI, G.; BANDINI, M.; REBELO, P. *Equipes integradas para inclusão, acompanhamento e permanência das pessoas com deficiência no trabalho*. Associação Nacional de Medicina do Trabalho, ANAMT. Curitiba, Paraná. 2016.

KISHORE, Angeli. *Redes Sociais de Desenvolvimento para a Carreira.* Dissertação de Mestrado apresentada à Faculdade de Economia, Administração, Contabilidade e Atuária da Universidade de São Paulo, FEA/USP. São Paulo, 2013.

RODRIGUES, Caroline K. *Percepção do autista e sua inclusão nas organizações:* "Nada sobre nós, sem nós". Dissertação de Mestrado apresentada à Faculdade de Economia, Administração, Contabilidade e Atuária da Universidade de São Paulo, FEA/USP. São Paulo, 2023.

SHAKESPEARE, Tom. The Social Model of Disability. In: DAVIS, Lennard J. (Ed.). The Disability Studies Reader. *Psychology Press*, p. 2-197 (2006).

Bem-Estar no Teletrabalho: Um Caminho Estratégico de Gestão de Pessoas

Tatiane Paschoal[(1)]

Gisela Demo[(2)]

Lívia Ramalho[(3)]

Resumo: O presente capítulo aborda a temática do bem-estar no trabalho no cenário impulsionado pelas recentes mudanças que afetaram diretamente as formas de trabalhar em organizações brasileiras públicas e privadas. Sustentadas pelas tecnologias de informação e comunicação, essas mudanças têm instigado o debate sobre onde, como e quando as pessoas estão trabalhando. No caso do teletrabalho, pesquisas diversas têm apontado resultados positivos para as organizações e os profissionais. O capítulo discute os principais antecedentes e consequentes do bem-estar no teletrabalho e ressalta a importância de intervenções e adaptações que perpassem a estrutura organizacional, o *layout* de trabalho, as práticas de gestão e o comportamento organizacional nos seus diferentes níveis. Com base nos achados mais consistentes disponíveis na literatura científica, o capítulo traça dicas de promoção do bem-estar no teletrabalho para inspirar gestores e atores organizacionais rumo à construção de um ambiente de trabalho mais saudável, humanizado, estratégico, produtivo e sustentável.

Palavras-chave: Bem-estar no trabalho — Trabalho híbrido — Trabalho Remoto.

(1) Professora Adjunta da Universidade de Brasília. Doutora em Psicologia Social, do Trabalho e das Organizações (UnB).

(2) Professora Titular da Universidade de Brasília. Doutora em Psicologia Organizacional (UnB), com pós-doutorado em Management (UCLA).

(3) Mestra em Ciências da Saúde (UnB). Psicóloga e Assessora na Diretoria de Inovação – Ministério da Gestão e Inovação (MGI).

Abstract: This chapter addresses work well-being in a context driven by recent changes that have directly impacted the ways of working in both public and private Brazilian organizations. Supported by information and communication technologies, these changes have spurred the debate on where, how, and when people are working. In the case of teleworking, many studies have pointed to positive outcomes for both organizations and professionals. The chapter discusses the key antecedents and consequences of telework well-being and emphasizes the importance of interventions and adaptations that encompass organizational structure, work layout, management practices, and organizational behavior at various levels. Based on the most consistent findings available in scientific literature, the chapter provides tips for promoting telework well-being to inspire managers and organizational stakeholders toward creating a healthier, more humanized, strategic, productive, and sustainable work environment.

Keywords: Work well-being — Hybrid work — Remote work.

Introdução

O papel estratégico desempenhado pelas pessoas no ambiente de trabalho tem ganhado cada vez mais relevância nos estudos e nos cenários organizacionais, uma vez que elas são protagonistas na produção de conhecimento e resultados, constituindo competência organizacional essencial e colaborando para uma melhor performance institucional (DEMO *et al*, 2022a).

Assim, a adoção de práticas de gestão de pessoas pelos líderes desvela-se como decisão necessária para promover um ambiente de trabalho mais saudável, o que resultará em um maior bem-estar das pessoas (GUERCI *et al*, 2022; Demo *et al*, 2022b). Privilegiar esse bem-estar deveria ser o objetivo prioritário de qualquer organização, uma vez que os resultados desejados e a competitividade são consequências desse tipo de ambiente laboral que preconiza a valorização de servidores e colaboradores (DEMO, 2016). Especificamente na esfera pública, uma gestão de pessoas mais humanizada e estratégica contribui, também, para a melhoria da transparência e o uso eficiente dos recursos públicos, com reflexo direto no atendimento, na qualidade e na celeridade dos serviços prestados aos cidadãos e à sociedade em geral (MEDEIROS; DEMO, 2021).

O bem-estar no trabalho (BET) faz parte da agenda de pesquisadores há tempos. A ênfase nas experiências positivas no trabalho, por sua vez, tem conquistado destaque cada vez maior desde a consolidação da Psicologia Positiva, a partir dos anos 1990, cujo foco está nas virtudes e nas emoções positivas como fatores impulsionadores das potencialidades das pessoas e das organizações, em detrimento do paradigma de estudos que se concentravam nos estados psicológicos negativos, nas psicopatologias e suas consequências (CARR *et al.*, 2020).

Na esfera prática e aplicada, também é possível observar a consolidação da temática nas agendas de gestores e organizações e na própria mídia de massa. Muitas empresas buscam ser reconhecidas por associações e institutos profissionais, como a *American Psychological Association* ou *The Great Place to Work Institute*, como um local de trabalho promotor de bem-estar, na tentativa de atrair os melhores talentos profissionais e fortalecer a imagem da organização (KAZEMI, 2017).

Achados recentes sugerem que uma organização com colaboradores que vivenciam bem-estar pode elevar o desempenho e fortalecer o capital psicológico, representado pelos fatores esperança, autoeficácia, resiliência e otimismo, bem como o envolvimento do trabalhador na cultura organizacional, além dos relacionamentos positivos com colegas e líderes (ARYANTI *et al.*, 2020). O BET, portanto, apresenta- se como um fenômeno central para a sustentabilidade e efetividade organizacional, na medida em que tem implicações positivas para a construção de organizações de trabalho saudáveis (SUTTON, 2020).

O presente capítulo aborda a temática do BET no cenário impulsionado pelas recentes mudanças que afetaram diretamente as formas de trabalhar em organizações brasileiras públicas e privadas. Com a pandemia da Covid-19, o teletrabalho permitiu que organizações de todos os setores continuassem a oferecer seus produtos e serviços durante o período de isolamento social. Neste contexto, o BET é um fenômeno de central relevância quando se abordam as formas flexíveis de trabalho, principalmente porque está associado à saúde física e mental geral do trabalhador, ao seu desempenho e à sustentabilidade das organizações (CHARALAMPOUS *et al.*, 2019).

Discutiremos neste capítulo as relações do teletrabalho com o BET, destacando achados de pesquisas e desafios recentes e, por fim, dicas com as melhores práticas de promoção do bem-estar no teletrabalho para inspirar gestores e atores organizacionais rumo à construção colaborativa de um ambiente de trabalho mais saudável, humanizado, estratégico e sustentável.

Teletrabalho e bem-estar: o que dizem as pesquisas e quais são os desafios atuais?

A literatura científica sobre BET está repleta de uma variedade de conceitos, modelos e medidas. Com base nos pontos teóricos consensuais e nas dimensões operacionais mais centrais nos campos da Psicologia Organizacional e da Gestão de Pessoas, Demo e Paschoal (2016) definem o BET como a prevalência de afetos positivos no trabalho e a percepção de realização pessoal por parte do indivíduo, por meio do desenvolvimento do seu potencial individual.

Quando consideramos o bem-estar geral, desvinculado de um contexto específico, as características ou traços pessoais, como traços de personalidade, são os principais preditores de como as pessoas se sentem em relação à vida (CALVO et al., 2015). Quando focalizamos dimensões específicas da vida e fazemos um recorte no contexto do trabalho, o cenário é diferente. A análise da literatura científica revela como principais antecedentes as variáveis do próprio contexto laboral (FERNANDES *et al.*, 2023; WARR, 2007).

Em qualquer trabalho e organização coexistem demandas e recursos diversos que interagem e determinam as experiências pessoais positivas e/ou negativas. As demandas são aqueles elementos do dia a dia de trabalho que requerem esforços físicos, cognitivos e emocionais, exigem habilidades e comportamentos de enfrentamento e podem gerar custos pessoais (BAKKER; DEMEROUTI, 2008; SCHAUFELI;TARIS, 2014).

Exemplos de demandas são sobrecarga de trabalho, má distribuição das tarefas nas equipes, pressão de tempo, ambiguidade e conflito de papéis. Os recursos, por sua vez, são os elementos que ajudam a pessoa a lidar com as demandas e impactam diretamente as oportunidades de desenvolvimento e crescimento pessoal no trabalho (BAKKER; DEMEROUTI, 2008; SCHAUFELI;TARIS, 2014). Como exemplo de recursos, podemos citar o suporte social no trabalho, a comunicação e o *feedback* nas equipes, a autonomia e a oportunidade de controle sobre as tarefas, a participação nas decisões e as oportunidades de desenvolvimento de novas competências.

As novas tecnologias de informação e comunicação (TICs) trouxeram profundas mudanças nos cenários econômico, social, político e cultural, especialmente, quando nos referimos ao mercado de trabalho. Tais mudanças têm promovido o surgimento de novas formas de organização das atividades laborais e, consequentemente, de atuação dos indivíduos, transformando as relações de trabalho entre as pessoas e as organizações (MISHIMA-SANTOS; RENIER; STICCA, 2020).

Segundo dados divulgados pela Sociedade Brasileira de Teletrabalho e Teleatividades (SOBRATT, 2018), 45% de uma amostra de empresas pesquisadas já adotavam regularmente o teletrabalho em 2018 e 15% planejavam implantá-lo, de forma que essa não é uma forma nova de organização do trabalho. Atualmente, já se discutem e se avaliam arranjos flexíveis mais complexos, com o uso do termo *smart working*, por exemplo, que não envolve apenas onde se trabalha, mas como e quando se trabalha (MASSIMO, 2017).

Pesquisadores diversos têm discutido os impactos das TICs na vida e no trabalho dos profissionais e salientado os potenciais efeitos positivos e negativos. Por exemplo, Massimo (2017) demonstra como as TICs podem impulsionar a autonomia e o maior controle no trabalho e, ao mesmo tempo, elevar a níveis sem precedentes o monitoramento eletrônico, a sobrecarga de trabalho, o estresse, a intrusão do trabalho na vida pessoal e no tempo de lazer.

Por meio da Pesquisa Nacional por Amostra de Domicílios (PNAD Covid-19), organizada pelo Instituto Brasileiro de Geografia e Estatísticas (IBGE), em junho de 2020, 8,7 milhões de pessoas ocupadas no Brasil exerciam suas atividades por meio do teletrabalho, o que corresponde a 12,7% do total ocupado. Desse total, três milhões de pessoas atuavam no setor público (24,7% do total) e 5,7 milhões (8,0% do total) no setor privado.

Muitos dos benefícios potenciais encontrados na adoção planejada do teletrabalho foram afetados no contexto da pandemia, deixando trabalhadores mais vulneráveis e com transtornos emocionais que impactaram seu desempenho laboral (BARBOSA *et al.*, 2022). O conflito trabalho-família foi intensificado pela permanência de filhos em aulas remotas, disputando os espaços da casa. Além da falta de espaço físico, em termos ergonômicos, muitos teletrabalhadores não dispunham de equipamentos e móveis adequados ao exercício do teletrabalho (WANG, LIU, QUIAN, & PARKER, 2021).

Um cuidado essencial na análise da experiência compulsória da Covid-19 é não traçar linearidade e causalidade entre o teletrabalho e os efeitos citados acima. Nessa modalidade, são necessários esforços e planejamentos intencionais para prover aumento de práticas como *feedback*, organização de trabalho, rede social, estratégias de desenvolvimento, oportunidades de carreira e aumento da autonomia, elementos esses que se tornaram escassos no momento de crise.

É importante ressaltar que, independentemente do tipo de arranjo e das formas de trabalho, os preditores citados anteriormente são centrais para entender e explicar o BET. Estudos recentes demonstram que elementos como condições de trabalho, práticas de organização do trabalho, práticas de reconhecimento e crescimento, identificação/prazer no trabalho são os núcleos que estruturam as percepções pessoais sobre o que é a qualidade de vida no trabalho e sobre as fontes de bem-estar ou mal-estar no trabalho (FERREIRA, 2017). Assim, quanto melhores e mais bem avaliadas forem essas variáveis, maior será o bem-estar e a consequente qualidade de vida no trabalho, esteja a pessoa trabalhando nas dependências centrais da organização ou de forma remota.

Existe uma extensa literatura sobre efeitos positivos e negativos do teletrabalho sob a ótica do teletrabalhador. Destacam-se como efeitos positivos a redução do tempo de deslocamento entre casa e trabalho, a redução do custo com transporte e alimentação, maior segurança, menos exposição à violência e poluição, mais tempo para a família, mais privacidade, mais motivação para trabalhar, aumento da autonomia do trabalhador, possibilidade de participação em diferentes projetos, maior equilíbrio na relação trabalho e família, maior produtividade e flexibilidade. Nos aspectos relacionados à atividade profissional, autonomia, motivação, produtividade, flexibilidade de horário, menos interrupções e qualidade do trabalho foram considerados ganhos importantes (FILARDI; CASTRO; ZANINI, 2020; VILARINHO; PASCHOAL; DEMO, 2020).

Fazendo uma síntese das evidências científicas encontradas, Fernandes *et al* (2023), por meio de uma revisão sistemática da literatura, identificaram os principais antecedentes e consequentes do bem-estar no trabalho. Quanto aos antecedentes, destacaram-se: relacionamentos positivos, engajamento no trabalho, suporte organizacional, recursos pessoais, apoio social, autonomia e liderança, que serão detalhados na sequência.

Conforme as referidas autoras, o antecedente mais citado foi os relacionamentos positivos. Uma boa qualidade das relações humanas na organização aparece tanto como fator preventivo ou remediador de situações problemáticas e de sofrimento no trabalho, quanto como necessária para o alcance da felicidade. Além disso, o engajamento, no sentido de envolvimento/pertencimento à organização, além do "sentir que o trabalho é significativo", está muito relacionado ao sentimento de felicidade no local de trabalho. No que tange aos consequentes do BET, encontrou- se que a motivação e o desempenho dos colaboradores aumentam quanto mais e melhores os programas de bem-estar nas organizações. Outro resultado importante para as organizações que investem no bem-estar é a retenção dos melhores talentos, já que o bem-estar reduz fortemente a intenção de deixar a organização (Fernandes *et al.*, 2023).

Diante das necessidades psicológicas básicas de autonomia e competência, organizações e gestores podem apoiar os teletrabalhadores ao prover um ambiente de confiança no trabalho, oportunidades de escolha, livre expressão de ideias e sentimentos, expectativas e *feedback*s claros sobre o desempenho. Nesse cenário, espera-se que o gestor discuta problemas e preocupações abertamente, esteja disponível e observe atentamente a saúde mental dos seus colaboradores e seu desempenho (VIANNA, 2023).

Assim, no âmbito prático e gerencial, devemos ressaltar que a implementação de arranjos flexíveis de trabalho, como o caso do teletrabalho, requer intervenções e adaptações que perpassam a estrutura organizacional, o *layout* de trabalho, as práticas de gestão e o comportamento organizacional nos seus diferentes níveis (IANNOTTA; MERET; MARCHETTI, 2020).

Por fim, sabe-se que a simples introdução de novas formas de organização do trabalho pode não alcançar os resultados desejados quando não consideram a cultura nacional, organizacional e o conjunto habitual de práticas de gestão. Não existe, portanto, um guia definitivo sobre o que funciona ou não funciona quando falamos de teletrabalho. Variáveis dos profissionais, como motivações pessoais, traços de personalidade, variáveis do trabalho, como o conteúdo e a natureza das tarefas, e variáveis organizacionais, como práticas habituais de gestão, estrutura e cultura, devem ser analisadas caso a caso. É com base nesse cenário desafiador e nos achados mais consistentes disponíveis na literatura científica que traçamos algumas dicas de promoção do bem-estar no teletrabalho para inspirar gestores e atores organizacionais rumo à construção de um ambiente de trabalho mais saudável, humanizado, estratégico, produtivo e sustentável.

Dicas práticas para gestores promoverem o bem-estar no teletrabalho

Seguem algumas dicas práticas que podem ajudar os gestores que lideram equipes remotas e híbridas:

1. Discuta com as equipes os motivos para a adoção do teletrabalho na sua organização. O que se espera com teletrabalho? Quais resultados deverão ser alcançados e quais as relações com o planejamento estratégico da organização? Este é um passo importante para a legitimação do arranjo na organização e envolvimento das pessoas com o sucesso do processo;

2. Considere as premissas para os arranjos flexíveis, em especial o teletrabalho, e compare com a cultura organizacional e as práticas habituais de gestão. Avalie se são necessárias mudanças de curto e longo prazo e quais caminhos e ações podem contribuir para elas;

3. Analise as atividades de trabalho dos diferentes cargos, grupos e unidades e avalie a adequação do trabalho remoto. Considere as atividades prescritas (aquilo que é registrado e acordado formalmente) e as atividades reais (aquelas que muitas vezes não estão nos documentos, mas fazem parte da rotina);

4. Garanta que sejam elaborados e, principalmente discutidos e pactuados, os indicadores e objetivos nos diferentes níveis, com base no planejamento estratégico da organização. O teletrabalho exige uma mudança de paradigma quanto ao acompanhamento e à avaliação de resultados. Bons indicadores e objetivos são o ponto de partida para a adequada gestão do desempenho e organização do trabalho;

5. Oriente a preparação de planos de trabalho individuais, que serão discutidos e acordados. Estes planos de trabalho devem complementar os planos de trabalho e processos já existentes;

6. Estabeleça prioridades com a sua equipe;

7. Divida equipes grandes em equipes menores e multifuncionais, com linhas de registo claras;

8. Discuta como o trabalho pode ser feito da melhor maneira. Compartilhe rotinas que estão funcionando bem;

9. Convide as pessoas certas e crie pautas assertivas quando planejar reuniões para que elas sejam mais efetivas e agradáveis;

10. Realize mapeamento de competências profissionais, que permita identificar quem está sendo subaproveitado e quem está sobrecarregado. Se necessário, redistribua tarefas e invista em cursos ou ações de mentoria para os profissionais;

11. Pactue os resultados esperados e ofereça *feedback* constante;

12. Encoraje os trabalhadores a comunicarem suas dificuldades e experiências, inclusive relacionadas à sua saúde e bem-estar. BET e desempenho/resultados têm uma forte interface e requerem acompanhamento constante;

13. Discuta com a equipe quais ferramentas e ações funcionam melhor para a troca de experiências, relacionamentos informais e o tão importante suporte social. Equipes distribuídas geram novas demandas e experiências de comunicação e relacionamento interpessoal;

14. Desenvolva diagnósticos constantes sobre a qualidade de vida no trabalho na sua organização. Estabeleça indicadores que norteiem a elaboração e o acompanhamento de um programa de intervenção com base nos diagnósticos traçados. Proponha ações que identifiquem as causas do bem-estar/mal-estar no teletrabalho e intervenha sobre elas;

15. Promova espaços de diálogos entre pares e com as lideranças. Ampliar os olhares para as pessoas além do âmbito do trabalho estimula a confiança e fortalecimento de vínculos. Estratégias como mentorias e atividades de conexão podem ser bons caminhos.

16. Enfatize práticas que estimulem a gestão participativa na organização. Quando as pessoas participam e tomam decisões juntas, elas se sentem implicadas, engajadas e comprometidas com a organização e a equipe. O teletrabalho exige uma série de adaptações na estrutura e nas práticas organizacionais/gerenciais. Ouvir as pessoas e estimular sua participação nas decisões é um elemento chave para o sucesso de qualquer arranjo que venha a ser adotado.

Conclusão

Em tempos de transformações rápidas e significativas, a discussão e a adoção de práticas capazes de sustentar e conciliar a saúde mental e a produtividade é uma responsabilidade urgente e crucial dos líderes.

Com o crescimento acelerado do teletrabalho no contexto pós-pandêmico, as contribuições desse capítulo sustentam uma maior compreensão da importância em tornar o bem-estar das pessoas pauta prioritária e estratégica para indivíduos e organizações. O desenvolvimento de políticas e práticas de gestão que considerem essa nova realidade organizacional, as especificidades dos perfis gerenciais e dos colaboradores e servidores, uma capacidade adaptativa rápida, bem como a avaliação constante da natureza das atividades frente ao teletrabalho são fundamentais.

Esperamos que este capítulo possa inspirar os gestores em suas tomadas de decisão rumo à construção de ambientes laborais mais saudáveis, sustentáveis e humanizados, que efetivamente privilegiem o bem-estar dos trabalhadores enquanto estratégia profícua de gestão de pessoas.

Referências

ARYANTI, R. D.; SARI, E. Y. D.; WIDIANA, H. S. A literature review of workplace well-being. In: *International Conference on Community Development* (ICCD 2020), 2020, Atlantis Press, p. 605-609.

BAKKER, A. B.; DEMEROUTI, E. Towards a model of work engagement. *Career Development International*, v. 13, n. 3, p.209-223, 2008. DOI: 10.1108/13620430810870476.

BARBOSA, M. A. *et al.* Physical and psychological fatigue, and work performance among Brazilian workers during the SARS-CoV-2 (Covid-19) pandemic in Brazil. *Psychology, Health & Medicine*, 2022. Disponível em: <https://doi.org/10.1080/13548506.2022.2104887>.

BARBOSA, M. *Home office* de servidores gera corte anual de gastos de até R$ 500 milhões. *Correio Braziliense*, Brasília/DF, 05 jul. 2020. Economia. Disponível em: <https://www.correiobraziliense.com.br/app/noticia/economia/2020/07/05/internas_economia,869461/home-office-de-servidores-gera-corte-anual-de-gastos-de-ate-r-500-mil.shtml> Acesso em: 05 out. 2023.

BELZUNEGUI, A.; ERRO, A.; PASTOR, I. The telework as an organizational innovation in the entities of the third sector. *Journal of Electronic Commerce in Organizations*, v. 12, n. 1, p. 1-15, jan./mar. 2014.

BUCH, Robert. Leader–member exchange as a moderator of the relationship between employee–organization exchange and affective commitment. *The International Journal of Human Resource Management*, v. 26, n. 1, p. 59-79, 2015.

CAILLIER, J. G. Are teleworkers less likely to report leave intentions in the United States Federal Government than non-teleworkers are? *The American Review of Public Administration,* v. 45, n. 1, p. 72-88, jan. 2013.

CALVO, R.; ARCAYA, M.; BAUM, C. F.; LOWE, S. R.; WATERS, M. C. Happily Ever After? Pre-and-Post Disaster Determinants of Happiness Among Survivors of Hurricane Katrina. *Journal of Happiness Studies*, v. 16, p. 427-442, 2015.

CARR, A.; CULLEN, K.; KEENEY, C.; CANNING, C.; MOONEY, O.; CHINSEALLAIGH, E.; O'DOWD, A. Effectiveness of positive psychology interventions: a systematic review and meta-analysis. *The Journal of Positive Psychology*, 2020, p. 1-21.

CHARALAMPOUS, M.; GRANT, C. A.; TRAMONTANO, C.; MICHAELIDIS, E. Systematically reviewing remote e-workers' well-being at work: A multidimensional approach. *European Journal of Work and Organizational Psychology*, v. 28, n. 1, p. 51-73, 2019. DOI: 10.1080/1359432X.2018.1541886.

DEMO, G. Políticas e Práticas de Gestão de Pessoas: possibilidades de diagnóstico para gestão organizacional. In: H. MENDONÇA, M. C. FERREIRA, & E. R. NEIVA (Ed.). *Análise e Diagnóstico Organizacional: teoria e prática*, p. 117-148, São Paulo: Vetor, 2016.

______; PASCHOAL, T. Well-Being at Work Scale: Exploratory and Confirmatory Validation in the USA. *Paideia*, v. 26, n. 63, p. 35-43, 2016.

______; COURA, K.; FOGAÇA, N.; COSTA, A. C.; SCUSSEL, F.; MONTEZANO, L. How Are Leadership, Virtues, HRM Practices And Citizenship Related In Organizations? Testing Of Mediation Models in the Light of Positive Organizational Studies. *Sustainability,* v. 14, p. 1508, 2022a.

______; NEIVA, E. R.; COURA, K. V.; GOMIDE JR, S.; COSTA, A. C. R. Do Organizational Virtues Enhance Work Well-being? The Mediator Role of HRM Practices. *Revista de Administração Contemporânea*, v. 26, n. 6, e-200144, 2022b.

FERNANDES, T. M.; BERTIN, M. E.; ARAÚJO, A. C. A.; DEMO, G.; PASCHOAL, T.; MELO, T. Antecedentes e consequentes do bem-estar no trabalho: itinerários da produção científica e novos caminhos a percorrer. *Anais do Encontro Nacional da Associação Nacional de Pós-Graduação e Pesquisa em Administração* (EnANPAD), São Paulo, SP, Brasil, v. 47, set. 2023.

FERREIRA, M. C. *Qualidade de vida no trabalho.* Uma abordagem centrada no olhar dos trabalhadores. 3. ed. Brasília: Paralelo 15, 2017.

FILARDI, Fernando; CASTRO, Rachel Mercedes P.; ZANINI, Marco Tulio Fundão. Vantagens e desvantagens do teletrabalho na administração pública: análise das experiências do Serpro e da Receita Federal. *Cadernos Ebape. Br*, v. 18, p. 28- 46, 2020.

FISHER, D.; WILDER-SMITH, A. The global 11ommunity needs to swiftly ramp up the response to contain Covid-19. *Lancet (London, England)*, v. 395, n. 10230, p. 1.109-1.110, 2020. Disponível em: <https://doi.org/10.1016/S0140-6736(20)30679-6>.

GUERCI, M.; HAUFF, S.; GILARDI, S. High performance work practices and their associations with health, happiness and relational well-being: are there any tradeoffs? *The International Journal of Human Resource Management*, v. 33, n. 2, p. 329-359, 2022.

IANNOTTA, M.; MERET, C.; MARCHETTI, G. Defining Leadership in Smart Working Contexts: A Concept Synthesis. *Frontiers in Psychology*, v. 11, 2020. DOI: 10.3389/fpsyg.2020.556933.

INSTITUTO BRASILEIRO DE GEOGRAFIA E ESTATÍSTICA – IBGE. Resultados Pesquisa Pnad Covid-19 – Indicadores mensais – jun. 2020 – mercado de trabalho. 2020.

KAZEMI, A. Conceptualizing and measuring occupational social well-being: a validation study. *International Journal of Organizational Analysis*, v. 25, n. 1, p. 45-61, 2017.

MAGYAR, J. L.; KEYES, C. L. M. Defining, measuring, and applying subjective well-being. In: GALLAGHER, M. W.; LOPEZ, S. J. (Eds.). Positive psychological assessment: a handbook of model and measures. *American Psychological Association*, 2019. p. 389-415.

MASSIMO, N. *Smart working: una prospettiva critica*. Bologna: TAO Digital Library, 2017.

MEDEIROS, J.; DEMO, G. Attributes of a Relationship Management Model for the Public Sector (CiRS Exec). *Brazilian Business Review*, v. 18, n. 1, p. 101-117, 2021.

MISHIMA-SANTOS, Viviane; RENIER, Fabrício; STICCA, Marina. Teletrabalho e impactos na saúde e bem-estar do teletrabalhador: revisão sistemática. Psicologia, Saúde & Doenças, v. 21, n. 3, p. 865-877, 2020.

OLIVEIRA-CASTRO, G. A.; BORGES-ANDRADE, J. E.; PILATTI, R. Percepção de suporte organizacional: desenvolvimento e validação de um questionário. *Revista de Administração Contemporânea*, v. 3, p. 29-51, 1999.

SCHAUFELI, W.; DIJKSTRA, P.; VAZQUEZ, A. C. *Engajamento no trabalho.* Casa do Psicólogo, 2013.

SCHAUFELI, W. B.; TARIS, W. T. A Critical review of the Job Demands-Resources model: Implications for improving work and health. In: BAUER, G. F.; HÄMMIG, O. (Orgs.). *Bridging Occupational, Organizational and Public Health: A Transdisciplinary Approach*. NY: Springer, 2014. p. 43-66.

SOCIEDADE BRASILEIRA DE TELETRABALHO E TELEATIVIDADES (SOBRATT). *Pesquisa* Home Office. 2018. Disponível em: <https://www.sobratt.org.br/site2015/wp-content/uploads/2018/12/pesquisa-sap-2018-completa.pdf>. Acesso em: 10 out. 2020.

SUTTON, A. Living the good life: a meta-analysis of authenticity, well-being and engagement. *Personality and Individual Differences*, v. 153, 109645, 2020.

VIANNA, Lilia Moreira *et al.* Teletrabalho em Períodos de Crise: o Redesenho como Imperativo para o Desempenho e o Bem-Estar no Trabalho. *Revista Psicologia: Organizações e Trabalho*, v. 23, n. 1, p. 2.338-2.347, 2023.

VILARINHO, K. P. B.; PASCHOAL, T.; DEMO, G. Teletrabalho na atualidade: quais são os impactos no desempenho profissional, bem-estar e contexto de trabalho? *Revista do Serviço Público*, v. 72, n. 1, p. 133-162, 2021. Disponível em: <https://doi.org/10.21874/rsp.v72i01.4938>.

WANG, B. *et al.* Achieving effective remote working during the Covid-19 pandemic: A work design perspective. *Applied Psychology*, v. 70, n. 1, p. 16-59, 2021. Disponível em: <https://doi.org/10.1111/apps.12290>.

WARR, P. B. Happiness and mental health: A framework of vitamins in the environment and mental processes in the person. In: *Handbook of stress and health: A guide to research and practice*. 2017. p. 57-74.